中国金融科技
运行报告
（2021）

主　编／杨　涛　贲圣林

副主编／杨　东　宋　科　刘　勇

社会科学文献出版社

SOCIAL SCIENCES ACADEMIC PRESS (CHINA)

编写单位简介

主编单位

国家金融与发展实验室（NIFD） NIFD系中央批准设立的国家级高端金融智库，遵循科学性、建设性、独立性和开放性原则，针对国内外金融发展、金融治理、货币政策、金融监管和国际宏观政策协调等领域，展开高质量、专业性、系统化、前瞻性研究，为提高我国经济和金融综合研判能力、战略谋划能力及风险管理能力服务，为国家制定货币金融政策和宏观经济政策服务，为各地区金融发展服务，为推动国内外金融学术交流和政策对话服务，为国内外科研组织、金融机构和工商企业提供应用性研究成果和咨询服务。2017年底，NIFD正式成立金融科技研究中心，其目标是建设成为国内外金融科技领域的理论、政策与实践研究高地。

中国社会科学院金融研究所（IFB） IFB成立于2002年，是中国社会科学院直属的研究机构，其前身为创建于1994年的中国社会科学院金融研究中心。IFB着眼于中国特色金融理论建设，为中国金融发展建言献策。主要研究领域涉及宏观金融，货币理论，银行、保险与资本市场，国际金融，金融风险与监管，金融科技等。相应地，IFB设置了货币理论与货币政策研究室、银行研究室、资本市场研究室、保险与社会保障研究室、国际金融与国际经济研究室、金融风险与金融监管研究室、金融科技研究室，以及综合研究部（《金融评论》编辑部）和综合办公室。IFB与国内外知名院校、国际组织、著名智库和金融机构开展广泛的学术交流，并建立了多种形式的合作关系，取得了广泛、深厚的学术和社会影响力，为深入推进"三大体系"建设、繁荣发展中国特色哲学社会科学努力拼搏。

金融科技50人论坛（CFT50） CFT50于2017年4月22日在北京发布成立。紧密围绕金融科技理论、实践与政策前沿，努力建设成为服务于"政产学研用"的独立优秀学术平台，并积极推动金融科技领域的交流协作与教育培训。参与出版的《中国金融科技运行报告》《全球金融科技创新实践》《中国金融科技青年论文》《金融科技15讲》《数据要素：领导干部公开课》等学术成果，在金融科技领域具有较大的影响力。

支持单位

中国支付清算协会金融科技专业委员会

中国社会科学院产业金融研究基地

中国人民大学国际货币研究所

浙江大学互联网金融研究院

北京立言金融与发展研究院

腾讯金融研究院

神州信息

蚂蚁安全实验室

主要编撰者简介

杨　涛　研究员，博士生导师，拥有中国注册会计师与律师资格证书。国家金融与发展实验室副主任，中国社会科学院产业金融研究基地主任、支付清算研究中心主任，兼任北京立言金融与发展研究院院长、北京金融科技研究院监事长、厦门鹭江金融科技研究院院长。主要学术兼职为金融科技50人论坛学术委员、中国人民银行支付结算司外部专家、中国人民银行清算总中心博士后专家委员会委员、中国证券业协会学术专家、北京市金融学会学术委员等。主要研究领域为宏观金融与政策、金融市场、金融科技、支付清算等。长期从事金融理论、政策与实务研究，注重经济学、金融学、社会学、信息技术等跨学科交叉研究。近年来在各类学术期刊上发表了大量学术论文，主编出版了一系列重要报告与著作，主持了众多具有理论和实践价值的研究课题，长期写作内报并向相关部门提供政策咨询，积极面向行业和公众分析热点问题。曾获得中央国家机关五一劳动奖章，中国社会科学院优秀决策信息对策研究类一等奖、二等奖、三等奖，中国人民银行金融研究重点课题一等奖，中国支付清算协会优秀论文等各类奖项。

贲圣林　博士，浙江大学教授，博士生导师，浙江大学国际联合商学院院长、互联网金融研究院院长，兼任中国人民大学国际货币研究所联席所长，金融科技50人论坛学术委员，全国工商联国际合作委员会委员，中华海外联谊会常务理事，中央统战部党外知识分子建言献策专家组成员，浙江省政协常委、经济委员会副主任，浙江省人民政府参事，浙江互联网金融联合会联合主席，广东金融专家顾问委员会顾问委员，《中国金融学》执行主编，中国国际金融有限公司、兴业银行股份有限公司、物产中大集团股份有限公司等独立董事，中国建设银行股份有限公司监事等职。拥有丰富的国际金融业从业经历，主要研究领域为金融科技、创业金融、国际金融、国际商务等。先后获得清华大学工程学学士学位、中国人民大学企业管理硕士学位和美国普渡大学经济学博士学位，曾参加中共中央党校、中央社会主义学院及中国浦东干部学院等有关培训。

杨　东　中国人民大学监管科技与金融科技实验室执行主任，教育部"长江学者"特聘教授，教育部创新创业教育指导委员会委员，中国人民大学区块链研究院执行院长、竞争法研究所执行所长，金融科技 50 人论坛学术委员。担任联合国国际电联数字货币焦点工作组顾问、中央网信办关于党的十九届五中全会精神专题宣讲团成员、中欧数字经济和网络安全专家工作组成员。在《中国社会科学》等期刊上发表论文多篇，出版专著《链金有法：区块链商业实践与法律指南》《区块链＋监管＝法链》等，以及英文著作 *Block Chain and Coken Economics：A New Economic Era*（中文译名《区块链与共票经济：新经济时代》）。获国家级教学成果奖一等奖、教育部优秀科研成果奖二等奖，连续两次获得北京市哲学社会科学优秀成果奖一等奖。

宋　科　经济学博士、副教授，中国人民大学财政金融学院党委副书记、国际货币研究所副所长、金融科技研究所执行所长，中国银行业研究中心副主任，兼任中国国际金融学会理事、金融科技 50 人论坛学术委员、中国人民大学国家发展与战略研究院研究员、中国财政金融政策研究中心研究员等。主要研究领域为货币金融理论与政策、金融科技等。在国内外核心期刊上发表学术论文数十篇，出版专著《黄达传略》《宏观审慎政策研究》等，主持和参与国家社会科学基金、国家自然科学基金以及中国人民银行、科技部等多项省部级以上重大课题。

刘　勇　中关村互联网金融研究院院长，中关村金融科技产业发展联盟秘书长，金融科技50人论坛学术成员，中国互联网金融三十人论坛秘书长，国培机构董事长。主持和参与"北京市促进金融科技发展规划（2018年～2022年）""北京加快推进国家级金科新区建设三年行动计划（2020～2022年）""小微企业融资环境评价报告""中关村金融科技行业发展研究报告""金融科技赋能金融服务科技中小微企业融资的模式及政策研究""亚洲金融合作协会金融科技实践报告"等多项金融科技与互联网金融专项课题研究。在《清华金融评论》《中国大学教学》《金融时报》《金融电子化》《中国农村金融》等报刊上发表论文多篇。著有《中国金融科技创新：数字金融应用场景实战》《金融科技十讲》《开放银行：服务无界与未来银行》《智能投顾：开启财富管理新时代》《保险科技》《区块链：重塑经济与世界》《互联网金融》《中国金融科技与数字普惠金融发展报告》等，主编"互联网金融职业能力"系列丛书，曾被评为中信出版集团年度最佳作者，荣获第二届金融图书"金羊奖"。

摘　要

《中国金融科技运行报告（2021）》系国家金融与发展实验室、中国社会科学院金融研究所与金融科技50人论坛联合推出的系列年度报告的第四本。报告旨在系统分析国内外金融科技创新与发展状况、演进动态与市场前景，充分把握国内外金融科技领域的制度、规则和政策变化，不断完善金融科技相关的理论基础与研究方法。

报告主要包括五个部分。一是深入分析当金融拥抱科技时，究竟有哪些"科技"需要关注。围绕大数据技术、人工智能技术、互联技术、分布式技术、安全技术等，"技术篇"从基础技术及其应用层面着手，针对相关技术类别，进行理论探讨与动态跟踪。二是技术创新早已成为金融变革的主线，只是在新形势下才趋于"质变"。由此，"行业篇"从银行业、证券业、保险业、信托业的角度，深入探讨传统金融行业拥抱科技的情况及前景。三是根据金融稳定理事会和巴塞尔委员会的分类方法，金融科技活动主要分为支付结算、存贷款与资本筹集、投资管理、市场设施四类。依托该分类原则，"业务篇"侧重于分析金融科技创新的新模式、新形态。四是金融科技的健康发展，离不开对风险与安全的深入思考，风险识别、监管与合规本身就构成金融科技研究的重要领域，"风险篇"试图在此方面弥补现有研究的不足。五是立足全球视野，"比较篇"努力探索金融科技理论、政策与实践的比较研究范式。

报告致力于为金融科技相关监管部门、自律组织及其他经济主管部门提供重要的决策参考，为金融科技企业和金融机构的业务探索提供有效支撑，为金融科技领域的研究者提供文献素材。

Abstract

China FinTech Annual Report (*2021*) is the fourth report co-published by National Institution for Finance & Development, Institute of Finance & Banking in Chinese Academy of Social Sciences and China FinTech 50 Forum. The report is aimed at improving the theoretical basis and research methods in FinTech with systematic analysis of the innovation and development, the evolution and market prospects, and the standard and policy changes in FinTech area at home and abroad.

The report consists of five parts. The first part is to deeply analyze which technologies need to be concerned when finance embraces technology. Focusing on artificial intelligence, big data, distributed technology, interconnect technology and security technology, Technology Part of the report carries on the theoretical exploration and dynamic tracking of relevant technology categories from the basic technology and application. Secondly, technological innovation has already become the thread of financial reform, and it is only under the new situation that it tends to change qualitatively. Therefore, Industry Part still discusses the situation and prospects of traditional financial industry embracing technology from the perspective of banking, securities, insurance and trust industry. Thirdly, according to the classification of Financial Stability Board and Basel Committee, FinTech business are mainly divided into four segments: payment and settlement, deposit and loan and capital financing, investment management and market facilities. Based on this classification methods stated above, Business Part focuses more on the new modes and forms of FinTech innovation. Fourthly, healthy development of FinTech business depends on the deep understanding of risk and supervision. The identification, management and supervision of risks constitute to an important research area of FinTech. Risk Part tries to make up for the lack of the existing research. From a global perspective, the fifth part explores a comparative research paradigm of theory, policy and practice in FinTech area.

This report can be a reference book for regulators, self-regulatory organizations and other economic authorities in their decision-making related to FinTech. It also offers basic materials to financial institutions, FinTech enterprises and researchers in FinTech area.

目 录 ↰

业务篇：金融科技与金融服务拓展

风险篇：金融科技与风险识别及监管

比较篇：全球视野下的金融科技理论与实践

附　录

CONTENTS ↰↗

Business Part: FinTech and the Expansion of Financial Service

Risk Part: FinTech and the Identification and Supervision of Risk

Comparison Part: FinTech Theory and Application with a Global Perspective

Appendices

前　言
2020年金融科技运行及2021年展望

2020年，中国金融科技增长稳定，发展潜力不断被激发。金融科技底层技术蓬勃发展，金融数字化转型发展进程加快，金融科技在不同应用场景持续创新发展。在政策监管层面，安全、健康、可持续成为2020年金融科技政策的关键词，在顶层设计、数据安全、创新监管试点、标准化、借贷新规、数字人民币试点六个方面的体制机制不断完善。目前，我国金融科技正处于从稳定发展到集聚发展的过渡阶段，在业务模式、应用场景、技术创新、融合发展、隐私保护等领域呈现不同的发展趋势。为更好地顺应金融科技发展趋势，应对金融科技发展新阶段出现的新问题、新挑战，应从技术创新、融合发展、联动机制建立、标准制定、人才培养、试点推进、监管科技应用七个方面采取相应措施。

一　2020年金融科技总体情况

随着科技创新力量的不断迸发，以科技推动产业发展、加快经济社会数字化转型升级成为全球共识。金融科技已经成为全球金融中心竞争的焦点，各国金融科技竞争更加激烈。但随着新冠肺炎疫情在国际上的不断蔓延，中

---

* 杨涛，国家金融与发展实验室副主任，中国社会科学院产业金融研究基地主任、支付清算研究中心主任，北京立言金融与发展研究院院长，金融科技50人论坛学术委员；刘勇，中关村互联网金融研究院院长，中关村金融科技产业发展联盟秘书长，金融科技50人论坛学术成员，中国互联网金融三十人论坛秘书长，国培机构董事长。

美贸易摩擦变数增多，给全球金融科技产业发展带来了更多的不确定性。整体来看，当前的国际形势对金融科技发展产生的影响利大于弊，主要表现在以下三个方面。一是加快了金融科技发展变革和融合应用。疫情中金融科技不断发挥自身优势，在推动金融线上服务、聚焦中小企业信贷需求、优化生活服务领域等方面加快了改革发展步伐。二是以人工智能、5G、物联网等为主的关键核心技术创新突破逐渐成为国际竞争焦点，推动金融科技发展模式不断创新。三是安全发展被摆在了一个更为突出的战略位置，金融科技监管和标准化工作进程加快。尤其是部分金融科技企业通过跨界混业经营成长为 BigTech（大型科技公司），反垄断也被提上日程。全球形势变化加速了我国金融科技"双稳"① 结构的成形和新阶段的塑造。我国金融科技已经进入高质量发展、优结构运行的新阶段，发展稳定、后劲充足的特征已经显现。

2020 年是全面建成小康社会和"十三五"规划的收官之年，也是金融科技优化结构、稳定发展的提升之年。中国金融科技增长稳定，发展潜力不断被激发。据相关资料统计，2020 年，金融科技企业营收规模稳步增长，约为 2 万亿元。② 相关企业融资规模趋于稳定，截至 2020 年底，预计规模将达到 2013.6 万美元。金融科技企业发展迅猛。有多家金融科技企业在美国、中国香港上市，如在美国纳斯达克上市的金山云、慧择保险、亿邦通信，在港交所上市的移卡科技等。支付和大数据领域备受资本青睐。据相关数据统计，2020 年第一季度，支付和大数据领域的融资金额占总融资额的48%，分别为 111.4 亿元和 65.7 亿元。支付、大数据、区块链、互联网银行、互联网保险、网贷和证券 7 个领域的融资金额均超过 10 亿元。在融资数量上，区块链获投项目数量位列第一，共 67 笔；其次是大数据和支付，分别为 44 笔和 33 笔。③

金融科技底层技术在市场和政策的双重加持下发展速度加快，相关产业

---

① "双稳"是指产业规模稳定增长、单个企业融资规模稳定增长。
② 根据 CB Insights（中国）和中关村互联网金融研究院数据库整理。
③ 数据来源于零壹财经。

蓬勃发展。人工智能与其他技术融合属性进一步凸显，AIaaS（人工智能即服务）正在成为云计算领域越来越重要的组成部分。根据互联网数据中心（IDC）预测，未来5年，AIaaS市场规模的年均复合增长率为66%。区块链产业规模加速增长。2020年上半年，区块链产业规模达到17.15亿元，较2019年上半年增长了246.5%。国家互联网信息办公室"境内区块链信息服务备案"数据显示，2020年国内已备案的提供区块链信息服务的公司已经超过600家，共1015个项目，其中备案约300项金融服务。云计算发展后劲充足。新冠肺炎疫情下，各行业对远程办公的需求持续增长，公有云服务相关细分市场规模显著扩大。大数据产业规模持续扩大。2020年，大数据市场整体规模预计将首次超过100亿美元，较2019年增长15.9%。5G商用步伐加快。《中国移动经济发展报告2020》数据显示，2020~2025年，中国运营商对5G网络的资本投入将超过1600亿美元，占总体资本支出的90%，占全球5G资本支出的19%。量子技术的战略价值进一步凸显。2020年12月，中国科学技术大学成功研制了76个光子的量子计算原型机，实现了"量子计算优越性"的里程碑式突破。

金融数字化转型发展进程加快。新冠肺炎疫情加速了银行数字化转型，为银行自动化、科技化、智能化发展打开了快速增长的新通道。非接触银行①成为数字化转型的加速器，开放银行蓬勃发展。截至2020年，我国已有超过50家银行上线或者正在建设开放银行业务，银行系金融科技子公司创新发展。2020年新成立交银金科和农银金科两家银行系金融科技子公司。金融壹账通、建信金科、光大科技、民生科技等企业营业收入和净利润增速依然较快，数据生态服务体系逐步健全；民营银行发展势头依然强劲。2020年，19家民营银行实现净利润92.13亿元，同比大幅增长12.35%②；虚拟银行有条不紊推进。截至2020年9月底，包括众安银行、天星银行在内的7家虚拟银行正式开业；截至2020年10月，7家虚拟银行共吸引近30万零

---

① 非接触银行由中关村互联网金融研究院首席研究员董希淼提出，其定义为：基于互联网手机应用程序App、客户服务电话等载体提供银行服务的服务模式。
② 数据来源于中国银保监会发布的《2020年四季度银行业保险业主要监管指标数据情况》。

售客户。① 保险数字化变革程度进一步加深。互联网人身保险市场集中度较高，健康险成新"蓝海"。新技术持续全链式赋能，科技农险创新发展，"保险＋"生态圈逐步完善。证券数字化推动业务全面升级。据艾瑞咨询估计，2020 年，证券行业技术投入将达到 257. 80 亿元。数字化技术渗透到各领域，证券经纪、投行、机构、投资和资管等业务的智慧化服务水平不断提升。

金融科技在不同应用场景持续创新发展。智能投顾发展稳定，模式变革开启。随着金融科技的不断发展和人均消费结构的不断升级，"以费代佣"收费模式将逐渐替代传统模式；供应链金融与区块链技术加快融合，在反向保理、保兑仓融资、应收账款融资、供应链金融 ABS（资产证券化）等场景中发挥重要作用；消费金融数字化水平不断提升。目前，我国消费金融公司数量已经达到 30 家，银行仍然是消费金融机构的主力军。但随着互联网流量巨头的介入，超过两成的持牌消费金融公司引入了互联网基因；第三方支付快速平稳增长。2020 年第三季度，中国第三方移动支付交易规模增加至 65 万亿元，同比增长 16. 2%；监管科技业务快速拓展。我国监管科技已经基本能够覆盖包括身份管理控制/客户尽职调查、风险管理和系统评估、合规管理与报送、数字化报告和内部行为监管等应用场景。

二 2020年的政策与制度环境

自 2019 年中国人民银行发布《金融科技（FinTech）发展规划（2019～2021 年)》以来，我国延续"严监管、促发展"的态势，密集出台各类金融科技监管政策，安全、健康、可持续成为 2020 年金融科技政策的关键词。

进一步优化监管顶层设计。2020 年 6 月，证监会增设科技监管局，履行证券期货行业金融科技发展与监管相关的八大职能。此外，上海、重庆、成都、北京等城市也相继出台支持金融科技发展的规划及相关政策。2020

---

① 数据来源于香港财政司司长陈茂波在"香港金融科技周2020"活动上的讲话。

年 10 月，中国人民银行发布《金融科技发展指标》（JR/T 0201—2020）金融行业标准，对统计和量化考核金融机构的金融科技成果意义深远。2020年 10 月 23 日，在"2020 金融街论坛年会"政策发布专场活动中，中国人民银行金融研究所副所长莫万贵表示，中国人民银行将在京设立国家金融科技风险监控中心，未来金融科技风险将被纳入全国的统一监控。2020 年 11月，中国人民银行发布《中国金融稳定报告（2020）》，提出下一步金融管理部门将做好统筹与协同，强化监管顶层设计和整体布局，加快完善符合我国国情的金融科技监管框架。一是以创新监管工具为基础，在总结金融科技创新监管试点经验的基础上，完善风险监控体系，适时发布白皮书，尽早推出符合我国国情、与国际接轨的金融科技创新监管工具。二是以监管规则为核心，及时出台具有针对性的监管规则，确保金融科技在业务合规、技术安全、风险防控等方面有章可循，解决规则滞后带来的监管空白和监管套利等问题。三是以数字化为手段，建设数字监管报告平台，采用人工智能技术实现监管规则形式化、数字化和程序化，加快数字监管能力建设，提升监管穿透性和专业性。

金融信息数据安全规范体系不断健全。2020 年，我国陆续出台《个人金融信息保护技术规范》《金融分布式账本技术安全规范》《关于开展金融科技应用风险专项摸排工作的通知》《商业银行互联网贷款管理暂行办法》《关于开展监管数据质量专项数据治理工作的通知》等 10 多项政策，对个人金融信息和行业数据的收集、传输、存储、使用等生命周期各环节的安全防护进行了明确要求。另外，《个人金融信息保护技术规范》将个人金融信息从高到低分为 C3、C2、C1 三个类别。这是中国人民银行第一次清晰、明确地对个人金融信息做出分类。2020 年 11 月 27 日，全国信息安全标准化技术委员会发布《网络安全标准实践指南——移动互联网应用程序（App）使用软件开发工具包（SDK）安全指引》（信安秘字〔2020〕85 号），提出了 SDK 常见的安全风险，针对当前 App 使用 SDK 过程中存在的 SDK 自身安全漏洞、SDK 恶意行为、SDK 违法违规收集 App 用户个人信息等问题，结合当前移动互联网技术及应用现状，给出了 App 提供者、SDK 提供者针对

SDK 安全问题的实践指引。

金融科技创新监管试点工作稳步推进。截至 2021 年 1 月 22 日，全国 9 个试点城市已合计公布 80 个创新应用。其中，"首发城市"北京已公布三批试点名单，苏州、雄安新区、深圳、上海各公布两批，成都、重庆、杭州、广州各公布一批。从已公布的 80 个创新应用类型来看，金融服务类共计 45 项，科技产品类共计 35 项，占比分别为 56.25%、43.75%。① 传统持牌金融机构、互联网巨头、研究类机构等各类主体积极参与，应用场景涵盖智能服务、知识产权质押融资、供应链、支付、反欺诈等各类场景。在金融科技监管试点中，数字普惠金融、小微金融等项目较多，金融服务实体经济的程度进一步加深。

金融科技标准化建设进程不断加快。2020 年 2 月 13 日，中国人民银行发布《商业银行应用程序接口安全管理规范》（JR/T 0185—2020），对商业银行与场景应用方合作，以及应用程序接口设计、集成运行、运维监测、系统下线等全生命周期过程提出安全技术与安全管理要求。2020 年 10 月 13 日，重庆国家金融科技认证中心有限责任公司在重庆成立，该中心将依托国家统一推行的金融科技产品认证体系，打造金融科技认证核心竞争力，建设一流的权威专业化认证机构，成为我国金融科技多元共治体系的中坚力量。2020 年 10 月 16 日，中国人民银行发布《云计算技术金融应用规范 技术架构》（JR/T 0166—2020）、《云计算技术金融应用规范 安全技术要求》（JR/T 0167—2020）、《云计算技术金融应用规范 容灾》（JR/T 0168—2020）三项金融行业标准，对云计算技术在金融中的应用做出了明确的技术要求。2020 年 10 月 21 日，中国人民银行发布《金融科技创新应用测试规范》（JR/T 0198—2020）、《金融科技创新安全通用规范》（JR/T 0199—2020）、《金融科技创新风险监控规范》（JR/T 0200—2020）三项金融行业标准，从不同的角度对金融科技创新进行管控。

借贷行业迎来严监管新办法。2020 年 7 月 17 日，中国银保监会发布

---

① 数据来源于《北京商报》。

《商业银行互联网贷款管理暂行办法》，明确了商业银行不得以任何形式为无放贷业务资质的合作机构提供资金用于发放贷款，不得与无放贷业务资质的合作机构共同出资发放贷款。2020年7月22日，最高人民法院与国家发改委共同发布《关于为新时代加快完善社会主义市场经济体制提供司法服务和保障的意见》，提出应大幅度降低民间借贷利率的司法保护上限，坚决否定高利转贷行为、违法放贷行为的效力。2020年9月23日，中国人民银行等八部门联合发布《关于规范发展供应链金融支持供应链产业链稳定循环和优化升级的意见》，明确规定不得无牌或超出牌照载明的业务范围开展金融业务。2020年11月2日，中国银保监会、中国人民银行共同发布《网络小额贷款业务管理暂行办法（征求意见稿）》，叫停了网络小贷的跨区业务，并对联合贷款出资比例等提出了更严格的要求。2020年12月7日，中国银保监会发布《互联网保险业务监管办法》，明确规定非保险机构不得开展互联网保险业务。2020年12月25日，中国银保监会发布《商业银行理财子公司理财产品销售管理暂行办法（征求意见稿）》，明确规定未经金融监管部门许可，任何非金融机构和个人不得直接和变相代理销售理财产品。

数字人民币试点开启。2020年8月，商务部提出在京津冀、长三角、粤港澳大湾区及中西部具备条件的地区开展数字人民币试点。2020年11月，除了已经公布的雄安新区、苏州、成都、深圳外，还将继续新增上海、长沙、海南、青岛、大连、西安六地试点。

三　2021年发展展望及建议

我国正处于技术与金融高度融合的金融科技发展4.0时代。这个时代会经历三个发展阶段。第一个阶段是双稳阶段。在这个阶段，产业发展规模和单个企业融资规模趋于稳定，市场和创新后劲充足。第二个阶段是集聚阶段。在这个阶段，新一轮企业并购重组将开启，优质金融科技资产和创新资源进一步整合，跨域、跨境创新成为发展新常态。第三个阶段是共赢阶段。在这个阶段，数据联通机制将建立，创新共赢突破地域、行业、社会限制，造就科技共享、利益共分的金融科技新时代。目前我国金融科技正处于双稳阶段向集聚阶段的过渡期，随着创新资源的不断丰富以及各类社会基础机制的建立，合作共赢将成为金融科技的主旋律。在此基础上，我国金融科技呈现不同的发展趋势。

一是底层技术乘数效应显现，加速带动上层业务深度融合。随着金融科技底层技术的不断迭代，大数据、人工智能、区块链、云计算等底层技术的相互融合更加明显，"ABCD"（人工智能、区块链、云计算、大数据）逐渐转化为"A×B×C×D"，底层技术创新乘数效应取代各项技术的单点突破。同时，随着底层技术的加快融合，下游金融应用场景会不断拓宽，用户管理、产品定价、渠道营销、运营模式等业务场景将发生重大变革，金融科技产业链运转将更加顺畅。

二是农村数字普惠金融服务更加精准。农村金融一直是我国金融体系中的薄弱环节，2020年是实施乡村振兴"三步走"战略目标任务第一步的完成之年与打赢脱贫攻坚战的收官之年。随着农村地区5G、大数据、人工智能、互联网等数字经济新型基础设施建设与农村金融服务体系的完善，农村金融改革力度将进一步加大，农村地区金融服务的数字化水平将逐渐提升，农村数字普惠金融将迸发出新的活力。

三是新基建推进金融科技B端服务，加速智慧社会建设。在数字化浪潮下，我国数字经济蓬勃发展，传统信息技术与金融基础设施已经无法满足数字经济时代的需求。新基建通过建设云平台、数据中心等数字底层平台，带动传统基础设施转型升级，构筑起数字化时代的底层支撑，以指数级速度提高社会全要素生产率，并重塑金融科技发展格局。随着新基建推动产业互联网高速发展，企业对线上化、数字化的需求提升，To B端尤其是小微金融科技业务发展将迎来新的突破，为金融机构对公业务科技化转型提供新的想象空间。新基建通过兼顾短期扩大有效需求和长期扩大有效供给，从底层全面重塑工业时代形成的生产关系并释放数字生产力，借助金融科技带动数据等要素资源的合理配置，构建全新的智慧社会。

四是数字人民币应用场景逐步扩展。新冠肺炎疫情防控期间，无现金支付趋势加快，我国加强数字人民币研发，数字人民币呼之欲出。目前，我国C端、B端、G端数据存在跑马圈地、互相割裂的状态。数字人民币的二元架构体系有利于中国人民银行实现穿透式监管并加强宏观经济调控，打通C端、B端、G端即零售端、企业端、政府端的多种应用场景。数字人民币作为货币形态的数字化跃迁，使得交易支付数据实现线上化与可视化，随着研发力度的加大与应用场景的扩容，将逐步构筑起数字经济时代坚实的基础设施。

五是金融机构全流程数字化转型力度加大。据中关村互联网金融研究院统计，2019年上市银行已披露的金融科技投入规模为1054.1亿元。其中，建行居首位，紧跟其后的是工行和农行。大部分上市银行增加了金融科技投入，并加强金融科技战略制定。随着"无接触"金融服务的普及，以数字化、智能化的方式提供金融服务倒逼银行业等金融机构加快信息化建设与技术力量投入，金融机构数字化转型的价值链逐渐由重视前端应用向前、中、后端并重发展，数字化转型势不可当。

六是区块链与实体经济融合更加深入。2019年，区块链技术的研发应用正式上升为国家战略，区块链发展进入与产业深度融合的新阶段。"产业区块链"已经成为行业共识，区块链技术因其不可篡改、加密等特性，可以增进上下游企业的现实信任，解决供应链金融中的信息不对称问题，有效推动数字供应链金融的发展。未来，区块链将拓展在各领域，特别是"区块链＋金融""区块链＋商业""区块链＋民生""区块链＋智慧城市""区块链＋政务服务"等典型场景的应用，全方位赋能实体经济的高质量发展。

七是金融科技监管更加全面、系统。2020年11月，国务院第40次政策例行吹风会释放出如下信号：银保监会将完善风险全覆盖的监管框架，增强监管的穿透性、统一性和权威性，按照金融科技的金融属性，把所有的金融活动纳入统一的监管范围。银保监会主席郭树清在2020年新加坡金融科技节上的演讲中指出，大型科技公司往往利用数据垄断优势，阻碍公平竞争，获取超额收益。一些大型科技公司涉足各类金融和科技领域，跨界混业经营。必须关注这些机构风险的复杂性和外溢性，及时精准"拆弹"，消除新的系统性风险隐患。随着《金融控股公司监督管理试行办法》和《关于实施金融控股公司准入管理的决定》的实施，金融科技反垄断方式将不断探索创新。

八是金融科技与科技金融、绿色金融赋能效应凸显。金融科技通过技术创新提升金融效率，而科技金融则通过金融手段提升科技企业融资效率。金融科技的发展，将推动科技金融服务业务线上化、智能化，优化场景应用，同时推动科技金融精准融资，加速资本高效对接。科技金融将为金融科技发展提供资本支持。二者之间可以相互赋能，以"金融＋技术"新动能、新模式互补互促，最终形成发展闭环。金融科技和绿色金融融合探索场景进一步扩大，"ABCD"技术将更广泛地应用于绿色项目投融资、绿色贷款等方面。

九是数据隐私保护进入新时代。2020 年 5 月，《中华人民共和国民法典》正式颁布，将隐私权和个人信息保护提升到了前所未有的高度，很好地呼应了数字时代发展的新态势，回应了个人信息保护的法律需求。在数字经济大发展的背景下，数据成为重要的生产要素，每天有大量的数据产生和使用，与之相关的数据保护问题逐渐成为金融科技创新发展的关键。

在明晰金融科技发展趋势的基础上，应采用不同的措施，以应对金融科技发展新阶段所产生的新问题、新挑战。

一是进一步鼓励底层技术创新与转化。积极营造技术创新氛围，积极出台金融科技发展规划以及支持人工智能、区块链等底层技术创新发展的政策；重点培育一大批技术领军型企业，鼓励企业自主研发与创新，前瞻性布局底层关键技术，攻克"卡脖子"技术，实现核心技术自主可控，掌握国际话语权；促进金融科技成果转化，推进金融科技孵化器、加速器、实验室、基金、研究院等产学研协同与一体化的要素汇聚，完善金融科技产业链，形成金融科技发展的良好生态。

二是推动金融科技融合创新演化。加强产业内融合，关键是强化"金融科技＋创新服务"，推动业务各环节的智慧化、自动化，最终实现业务能级转化提升。加强产业间融合，关键是强化"金融科技＋科技金融"，通过金融科技赋能科技金融，为各产业提供普惠和精准服务，最终形成生态圈金融。加强产城融合，关键是强化"金融科技＋智慧城市"，通过金融科技与智慧社保、智慧医疗等的融合，打造面向未来的新金融城市。

三是建立国际金融科技联动发展机制。加强与其他国家在研发、贸易、服务、风控等方面的合作，实现金融科技发展的互利共赢。建立联合监管机制，在反垄断、反欺诈、反洗钱等领域加强交流。推动跨境支付基础设施建设，拓展区块链技术在跨境支付场景中的应用，探索法定数字货币在跨境支付中的应用。

四是加强金融科技国际标准合作制定。进一步强化国际标准在金融法律法规等制度执行中的作用。做好金融科技标准储备和研究储备，加快研制机器可读等国际标准，鼓励国内领先科技企业主动贡献科技成果和实践经验，积极参与国际金融科技标准建设，提高在国际标准制定中的实质性参与程度和话语权，争夺未来发展"制高点"。

五是加强金融科技人才培养。建立金融科技复合型人才培养和认定机制，构建国家级金融科技从业人员资格认证体系，探索人才考核与培训模式。加强国际人才的引进培育，建立金融科技人才的国际流动机制。

六是做好金融科技监管创新试点及数字人民币试点工作。在试点的基础上加快推广步伐，在保证安全的同时创新发展模式，以试点为原点撬动新型金融科技市场。

七是强化监管科技研发应用。建立中国特色金融风险科技管理机制，研发基于机器学习、数据挖掘等技术的监管平台和工具，提升风险探视感知和计划能力，增强金融监管的穿透性、统一性和权威性。

参考文献

IDC：《2021年V1全球大数据支出指南》，2021年3月。

艾瑞咨询：《2020Q3 & 2020Q4e中国第三方支付市场数据发布报告》，2021年1月。

赛迪研究院：《2020年中国区块链发展现状与展望（上半年）》，2020年10月。

技术篇｜可应用于金融的科技探索

Technology Part: Technology Exploration Applicable to Finance

第一章　大数据技术及其应用

王强　邱艳娟　李曼*

摘　要：　步入"十四五"时期，大数据终于迎来数据要素市场化的新征程。然而当前大数据发展仍处于价值尚未得到高效释放的初级阶段。数据资源的内部管理治理与外部流通交易是横亘在数据要素市场化进程中的关卡。只有持续创新大数据治理及流通关键技术，夯实大数据关键基础设施，优化数据要素发展的政策环境与管理机制，才能保障数据要素市场化步入正轨，使得数据赋能真正惠及经济社会生活。

关键词：　数据市场化　数据治理　数据管理　数据交易　数据基础设施

一　大数据发展整体态势

经历了2019～2020年数据治理的严管阶段，大数据终于迎来数据要素市场化的新征程。自2015年党的十八届五中全会首次提出"国家大数据战略"、同年国务院发布《促进大数据发展行动纲要》以来，大数据浪潮席卷了整个"十三五"时期，各级政府积极出台扶持政策，支持大数据产业发

---

* 王强，中国信息通信研究院产业与规划研究所人工智能与数据治理中心副主任，主要从事大数据、人工智能、区块链等领域的研究与咨询；邱艳娟，中国信息通信研究院主任工程师，主要从事人工智能、大数据、数字经济等领域的研究与咨询；李曼，中国信息通信研究院工程师，主要从事大数据、人工智能等领域的研究与咨询。

展，各垂直行业领域持续创新大数据应用。"十三五"期间，我国大数据发展的确取得了令人瞩目的成绩，如互联网和移动互联网大规模普及，截至2020年底，我国互联网普及率达70.4%，2020年全年移动互联网接入流量达1656亿GB[1]，数据资源规模高速扩张；数据中心、5G布局高效，截至2020年底，我国已建设71.8万个5G基站[2]，网络及算力基础设施有力地支撑了大数据产业发展；知名互联网企业引领大数据基础软硬件技术创新步伐，阿里云首次进入Gartner全球数据库领导者象限，大数据核心技术取得较大突破；大数据产业链不断完善、延伸，产品服务日益丰富、提升。

然而，整体而言，大数据发展仍处于价值尚未得到高效释放的初级阶段，尤其是数据资源的内部管理治理问题与外部流通交易问题，这两大问题是横亘在数据要素市场化进程中的关卡，也是大数据实现进阶性突破的关键。若寄望于数据资源成为生产要素，就必须持续创新大数据治理及流通关键技术，夯实大数据关键基础设施，优化数据要素发展的政策环境与管理机制，这样才能保障数据要素市场化步入正轨，使得数据赋能真正惠及经济社会生活。

二　大数据关键技术

大数据技术的内涵持续延伸，经过"十三五"时期的发展，已从面向海量数据的存储、处理、分析等传统关键技术，延展到面向海量数据的管理治理、流通交易等新兴关键技术。大数据管理治理技术能够实现数据整合、集成，以及数据资产的管理，助力提升数据质量与可用性。大数据流通交易技术能够实现安全合规下的数据共享及交易，助力提升数据流通性。

（一）大数据管理治理技术

数据管理相关的概念和方法论近年来备受关注，在大数据浪潮下，越来

---

[1]　中国互联网络信息中心：《第47次中国互联网络发展状况统计报告》，2021年2月。
[2]　工业和信息化部：《2020年通信业统计公报》，2021年1月。

越多的政府、企业等组织开始关注如何管理好、使用好数据，从而使数据能够借由应用和服务转化为额外价值。技术总是随着需求的变化而不断发展提升。在较为基本和急迫的数据存储、计算需求已在一定程度上得到满足后，如何将数据转化为价值成为下一阶段最主要的需求。起初，企业与组织内部的大量数据因缺乏有效的管理而普遍存在数据质量低、获取难、整合不易、标准混乱等问题，使得数据后续的使用存在诸多障碍。在此情况下，用于数据整合的数据集成技术，以及用于实现一系列数据资产管理职能的数据管理技术随之出现，提升了数据的质量与可用性。

大数据管理技术包括元数据管理、数据集成、数据建模等，通过汇聚盘点数据和提升数据质量，增强数据的可用性和易用性，进一步释放数据资产的价值。

元数据管理是对数据采集、存储、加工和展现等数据全生命周期的描述信息，能够帮助用户理解数据关系和相关属性。元数据管理工具可以了解数据资产分布及产生过程，实现元数据的模型定义并存储，在功能层包装成各类元数据功能，最终对外提供应用及展现；提供元数据分类和建模、血缘关系和影响分析，方便数据的跟踪和回溯。元数据管理方面比较有代表性的开源软件和数据管理平台主要有 Apache Atlas、DataHub。Apache Atlas 是 Hadoop 社区为解决 Hadoop 生态系统的元数据治理问题而产生的开源项目，它为 Hadoop 集群提供了包括数据分类、集中策略引擎、数据血缘、安全和生命周期管理在内的元数据管理核心能力。Apache Atlas 与 Hadoop 关系紧密，深度集成了 Hadoop 大数据组件。DataHub 是由 LinkedIn 的数据团队开源的一款提供元数据搜索与发现的工具，其前身是 LinkedIn 为提高数据团队工作效率，于 2016 年开发并开源的 WhereHows。WhereHows 具有局限性，无法满足不断发展的元数据需求，即跨各种数据实体以及将它们连接在一起的元数据图的一致的搜索和发现体验。因此，LinkedIn 扩展了项目的范围，构建了一个完全通用的元数据搜索和发现工具 DataHub，目前 DataHub 2.0 版本可支持 LDAP、Hive、Kafka、MySQL、DB2、Firebird、SQL Server、Oracle、Postgres、SQLite、ODBC 等多种数据源。

数据集成的目的是将互相关联的分布式异构数据源集成到一起，使用户能够以透明的方式访问这些数据源。集成是指维护数据源整体上的数据一致性，提高信息共享利用的效率；透明的方式是指用户无须关心如何实现对异构数据源数据的访问，只需关心以何种方式访问何种数据。数据集成方面比较有代表性的开源软件和数据管理平台主要有 DataX 和 Kettle。DataX 是阿里云开源的异构数据源离线同步工具，致力于实现包括关系型数据库（如 MySQL、Oracle）、HDFS、Hive、ODPS、HBase、FTP 等在内的各种异构数据源之间稳定高效的数据同步功能，实现了高效的标签识别以及数据去冗余。Kettle 是一款国外开源的 ETL 工具，纯 Java 编写，可以在 Windows、Linux、Unix 上运行，绿色且无须安装，数据抽取高效稳定。

数据建模指的是对现实世界各类数据的抽象组织，确定数据库需管辖的范围、数据的组织形式等直至转化成现实的数据库，将经过系统分析后抽象出来的概念模型转化为物理模型后，在数据建模工具中建立数据库实体（实体一般是表）以及各实体之间关系的过程。数据建模方面比较有代表性的开源软件和数据管理平台主要有 ERWin、PowerDesigner。ERWin 全称为 ERWin Data Modeler，是 CA（Computer Associates）公司的一款优秀建模工具，历经数年的开发和维护，市场占有率较高。使用 ERWin，用户可以可视化地设计维护数据库、数据仓库，并对企业内部各种数据源模型进行统一规划管理。PowerDesigner 是 Sybase 公司的 CASE 工具集，使用它可以方便地对管理信息系统进行分析设计，它几乎包括了数据库模型设计的全过程。利用 PowerDesigner 可以制作数据流程图、概念数据模型、物理数据模型，也可以为数据仓库制作结构模型，还能对团队设计模型进行控制。

目前以上技术大多集成于数据管理平台，作为开展数据管理的统一工具。但是数据管理平台仍存在自动化、智能化程度低的问题，实际使用过程中需要人工参与很多细分环节操作，带来居高不下的人力成本。更加自动化、智能化的数据管理平台需求迫切，可助力数据管理工作高效进行。在基于机器学习的人工智能技术不断进步的情况下，将有关技术应用于数据管理平台的各项职能，以减少人力成本、提高治理效率，成为当下数据管理平台研发者关注的重点。其中，数据建模、数据标准应用、数据剖析是主要的应用方向。数据建模方面，机器学习技术通过识别数据特征，推荐数据主题分类，进一步实现自动化建立概念数据模型。同时，对表间关系的识别将大大降低逆向数据建模的人力成本，便于对数据模型进行持续更新。数据标准应用方面，基于业务含义、数据特征、数据关系等维度的相似度判别，在数据建模时匹配数据标准，不仅扩大了数据标准的应用覆盖面，而且减少了数据标准体系的维护成本。数据剖析方面，基于机器学习的人工智能技术可通过分析问题数据和学习数据质量知识库，提取数据质量评估维度和数据质量稽核规则，并识别关联数据标准，实现自动化数据质量的事前、事中、事后管理。华为、浪潮、数梦工场、数澜科技、Datablau 等数据管理平台供应商也在各自的产品中不断更新自动化、智能化的数据管理功能。

（二）大数据流通交易技术

数据确权、数据定价和数据安全是数据流通交易领域的三大核心内容。其中，数据确权需要明确数据资产的产权划分，数据定价在数据确权的基础上评估数据价值及收益分配，两者更侧重于法律和经济层面，目前依然处于持续探索阶段。从技术角度看，最主要的是要保障流通交易过程中的数据安全，保证共享数据不被第三方获取，隐私数据和原始数据不被共享方获取（见图 1 - 1）。

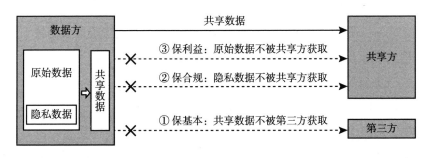

图 1 - 1　数据流通交易中数据安全技术要解决的三大问题

1. 身份认证：保证共享数据不被第三方获取

数据流通过程中涉及的网络数据传输安全需求与其他场景类似，目前网络身份认证技术发展比较成熟，可以确保网络用户身份的真实性、合法性和唯一性，防止非法人员进入系统，通过各种违法操作获取不正当利益、非法访问受控信息、恶意破坏系统数据的完整性等情况的发生。常用网络身份认证方式如下。

静态密码认证。静态密码认证是指采用用户名及密码认证的方式，用户名及密码认证方式是最简单、最常用的身份认证方法。

动态口令认证。动态口令认证是应用最广的一种身份识别方式，主要有动态短信密码和动态口令牌（卡）两种方式，口令一次一密。

USB Key 认证。USB Key 认证是软硬件相结合、一次一密的强双因子认证模式。每一个 USB Key 都有硬件 PIN 码保护，用户只有同时取得了 USB Key 和用户 PIN 码，才可以登录系统。

生物识别认证。生物识别认证是通过可测量的身体或行为等生物特征信息进行身份认证，包括指纹识别、视网膜识别、声音识别等。

CA 认证。CA（Certificate Authority）是负责发放和管理数字证书的权威机构，作为电子商务交易中受信任的第三方，承担公钥体系中公钥合法性检验的责任。CA 的数字签名使得攻击者不能伪造和篡改证书。

2. 数据脱敏、差分隐私：保证隐私数据不被共享方获取

全球隐私保护合规监管日趋严格，一方面促进了数据权利主体和数据处理行为组织者隐私保护意识的增强，另一方面加重了企业对数据流通与协作合法合规的担忧。目前在数据流通中保护隐私数据方面应用较多的技术主要有数据脱敏和差分隐私。

（1）数据脱敏

数据脱敏（Data Masking）就是利用脱敏规则将一些敏感信息（如客户的身份证号码、账号、密码、地址、电话等信息）进行数据的变形，最终实现对这些敏感信息的有效、可靠保护。利用数据脱敏技术，可以有针对性地保护与当前分析无关的信息，并保证分析挖掘的有效进行。

泛化。使用一般值来替代生产数据，使生产数据的局部特征得到保留，因此泛化后的数据具有不可逆性。泛化的具体方法包括数据截断、偏移取整、规整等。

抑制。对生产数据的部分信息进行隐藏，从而实现对生产数据值的转换，即隐藏技术。抑制的具体方法包括掩码等。

扰乱。对生产数据加入噪声来进行干扰，使生产数据发生扭曲及改变，生产数据被扰乱后，其分布特征仍保持不变。扰乱的具体方法包括加密、重排等。

（2）差分隐私

差分隐私（Differential Privacy，DP）是 Dwork 在 2006 年针对统计数据库隐私泄露问题提出的一种新的隐私定义。在此定义下，对数据库的计算处理结果对具体某个记录的变化是不敏感的，单个记录是否在数据集中对计算结果的影响微乎其微。所以，一个记录因其加入数据集中而产生的隐私泄露风险被控制在极小的、可接受的范围内，攻击者无法通过观察计算结果来获取准确的个体信息。当从统计数据库查询数据时，差分隐私旨在最大化数据查询的准确性，同时最大限度地减少识别其记录的机会。

传统的差分隐私方案大多为中心化的差分隐私方案，即数据通常由可信第三方添加噪声。但在实际应用中，为了减少对可信第三方的需求，近年来也提出了一些去中心化的隐私保护方案，如本地差分隐私（Local Differential Privacy，LDP）等。本地差分隐私是在基于不可信第三方的前提下，客户端在数据被收集和聚合前，在本地对数据进行差分隐私保护。本地差分隐私已经被谷歌、苹果和微软等公司用于保护用户隐私。但是相较于传统的中心化差分隐私方案，本地差分隐私方案对数据添加的噪声更大，在面向数据统计时数据的可用性更低。

3. 多方安全计算、联邦学习、可信执行环境：保证原始数据不被共享方获取

与土地、设备、资金等其他资产不同，数据作为一种新型资产要素具有很强的可复制性。因此，为了保障自身的商业利益，在数据流通交易过程中，数据方往往不希望因原始数据流入他人手中而失去对数据的唯一控

制权。目前，基于原始数据加工处理的数据服务方式在业界应用比较广泛，如用户身份校验等。但这种方式只能用于单方数据计算场景，无法适用于多方数据协同计算的复杂场景。针对多方数据协同计算的复杂场景，保障数据不流出或少流出的技术主要包括多方安全计算、联邦学习、可信执行环境。

（1）多方安全计算

20世纪80年代，姚期智院士提出了"百万富翁"问题：两个百万富翁想比比谁更有钱，但是出于隐私，都不想让对方知道自己到底拥有多少财富。如何在不借助第三方的情况下，让他们知道彼此之间谁更有钱？为了解决这个问题，多方安全计算技术应运而生，并成为现代密码学的重要分支。该技术可以使多个非互信主体在数据相互保密的前提下进行高效数据融合计算，最终实现数据所有权和数据使用权相互分离，使数据"可用而不可见"，并控制数据的用途和用量。

多方安全计算涉及的隐私保护技术和算法非常多，可分为秘密分享、混淆电路、不经意传输、同态加密四大类以及其他技术，其中每一大类又可细分出很多不同的算法。

（2）联邦学习

联邦学习技术最先由谷歌于2016年提出，原本用于解决安卓手机终端用户在本地更新模型的问题，其设计目标是在保障大数据交换时的信息安全、保护终端数据和个人数据隐私、保证合法合规的前提下，在多参与方或多计算节点之间开展高效率的机器学习，有望成为下一代人工智能协同算法和协作网络的基础。

根据联合建模数据提供者提供的样本和特征的重叠情况，可将联邦学习分为横向联邦学习、纵向联邦学习和迁移联邦学习三大类。横向联邦学习也称"特征对齐的联邦学习"，适用于数据提供方的数据特征重叠较多但样本重叠较少的场景。纵向联邦学习也称"样本对齐的联邦学习"，适用于数据提供方的样本重叠较多但数据特征重叠较少的场景。迁移联邦学习适用于数据提供方的样本和数据特征重叠都较少的场景。

与多方安全计算相似，联邦学习能够保障计算过程中多个数据方的隐私数据不泄露。区别在于，联邦学习仅适用于机器学习建模场景。此外，联邦学习可能使用多方安全计算中的数据保护算法，也可能使用其他算法。

（3）可信执行环境

可信执行环境（TEE）通过硬件技术对数据进行隔离保护，将数据分类处理。在支持 TEE 的 CPU 中，会有一个特定的区域，该区域的作用是为数据和代码的执行提供一个更安全的空间，并保证其机密性和完整性。因为 TEE 提供了一个与外部环境隔离的特征环境（有时也称为"安全飞地"）用以保存用户的敏感数据，TEE 可以直接获取外部环境的信息，而外部环境不能获取 TEE 的信息。

目前引入 TEE 较为成熟的技术有 ARM 的 TrustZone 和 Intel 的 SGX 等。

三　大数据关键基础设施

基础设施是大数据技术发挥作用和实现价值的关键平台。大数据基础设施从"十三五"初期发展到现在，从概念范畴来看，其最大的特点是不仅以数据中心为唯一焦点，其内涵也逐渐向数据要素主要生命周期延伸，包括数据存储计算、数据管理治理、数据流通交易等方面。围绕数据管理治理，各行业大数据管理平台已释放卓著能效，是数据管理治理环节的重要发力者。围绕数据流通交易，数据共享交换平台、数据开放平台以及数据交易平台是数据流通市场化的重要承载体。

（一）大数据管理治理基础设施

数据资源质量是大数据管理治理的核心，只有夯实数据管理之基，才能提升数据资源质量，支撑上层的数据流转与应用，充分发挥数据资源的价值。近年来，大数据管理治理概念正逐步从机构内部向外部延伸，从只服务于机构内部的平台解决方案向可提供集团内公共服务的基础设施转变。

从本质来看，大数据管理治理基础设施是数据全生命周期管理应用平台，通过对数据从产生到消亡的全过程进行管理治理，保证了平台主体业务数据在采集、预处理、存储、计算整个过程中的完整性、准确性、一致性和时效性，从而帮助平台主体建立起符合自身特征的数据架构和数据治理体系。大数据管理治理基础设施能够为主体建立统一的数据标准、优化整体数据架构、健全数据模型，从而提升数据管理治理的规范性。

从形态来看，大数据管理治理基础设施可分为两类：一类是企业级大数据管理平台，用于服务内部多个子单位、子系统间的数据管理，是集团或机构业务运营的核心基础设施；另一类是政府大数据公共服务平台，用于服务各级政府部门的数据管理，是政务大数据资源实现共享开放的核心基础设施。

金融、电信、互联网行业主体的数据管理能力普遍优于其他行业，其优势主要体现在业务与数据的强耦合以及具备扎实的大数据技术基础。金融领域庞大的系统内积累了大量高价值的数据，拥有用于数据分析的基础资源，金融领域是大数据技术应用落地最早，也是最成熟的领域之一，当前大数据技术与中小银行整体业务的融合度已超过90%。[1]

各级政府大数据平台不断实施数据质量提升工程，以期解决数据服务接口不统一、数据完整性较差、缺少实时数据服务等现状问题。例如，海南省政务大数据公共服务平台已完成元数据管理系统、数据质量管理系统、数据标准管理系统、数据分析系统、共享体系等系统的完善升级，构建了数据指标管理系统与标签管理系统，并实现了317个政务系统、43037张表、77万个信息项、48亿条记录数的归集。再如，青岛市公共数据服务平台构建了多元数据流通平台、供需精准对接平台、融合创新应用平台、安全精细管控

---

[1] 中小银行互联网金融（深圳）联盟、金融壹账通、金融科技50人论坛：《中小银行金融科技发展研究报告（2020）》，2020年10月。

平台，整理形成了数据需求清单、数据供给清单、数据应用场景需求清单、数据应用场景供给清单"四张清单"，具有数据资源、数据服务、数据应用、需求大厅、数字实验室五大功能模块。

（二）大数据流通交易基础设施

数据流通性是大数据资源价值的核心体现，开展数据流通交易探索，实现数据要素市场化，是盘活数据资源的必选路径。围绕数据流通交易，数据共享交换平台、数据开放平台以及数据交易平台是数据流通市场化的重要承载体。近年来，我国大数据流通交易基础设施建设稳步推进，但突破性不足，亟须在"十四五"初期开展变革性尝试。

国家政策大力引导政府数据共享流通，数据共享平台取得初步成效。2016年9月，国务院发布《关于印发政务信息资源共享管理暂行办法的通知》，要求各部门业务信息系统尽快与国家数据共享交换平台对接。2017年，国务院办公厅《关于印发政务信息系统整合共享实施方案的通知》等政策陆续出台，进一步明确了数据共享要求。各地均加快数据共享节奏，积极搭建省、市、县数据共享交换平台，与国家数据共享平台形成联动，并出台治理政策以规范平台运营机制。截至2021年2月，贵州省数据共享交换平台累计受理通过数据共享申请4300次，签发通过3731批次；累计交换数据2.06亿余批次（7397亿余条）；累计汇聚发布90个省直部门、9个市州和贵安新区数据目录13576个，挂接数据资源8804个；汇聚发布国家数据目录14394个，挂接数据资源12172个。①

数据开放平台直接面向社会主体与民众，进展较为可观。从国家部门数据开放看，少数部门已建设了数据开放平台。交通领域是当前国内数据开放和应用最重要的领域，交通数据的商业价值和社会价值非常高。截至2021年3月，交通部"出行云"综合交通出行大数据开放云平台开放的数据集有195个，其中原始数据集共161个，开放数据较多的是班线客运、

---

① 《贵州省政府数据共享开放情况（2021年2月）》，贵州综合信息网，2021年3月31日。

地面公交、高速公路等领域，分别开放了 42 个、33 个和 31 个数据集。①
从地方数据开放看，各地数据开放进入规模化发展阶段。截至 2020 年 10
月，我国已有 142 个省级、副省级和地级政府上线了数据开放平台，与
2019 年下半年相比，新增了 4 个省级平台和 36 个地级（含副省级）平台。
山东省、广东省和浙江省内的绝大多数地市已上线了政府数据开放平台，
形成我国最为密集的省级"开放数林"。在开放数据集总量上，全国开放
数据集总量已从 2019 年 10 月的 71092 个增加到 2020 年 10 月的 98558 个，
增幅为 38.6%。②

　　数据交易平台多地建立，行业处于初级探索阶段。健全数据要素市场，
除法律、制度、技术之外，还需要完备的数据交易基础设施作为支撑。我国
已有多个地方性和行业性的数据交易平台，贵阳大数据交易所、上海数据交
易中心、中关村数海大数据交易平台等已形成确定的运营模式，率先探索大
数据交易市场化。2021 年 3 月 31 日，北京金控集团牵头发起成立北京国际
大数据交易所，将着眼于数据要素赋能产业升级，着力破解数据交易痛点问
题，打造国内领先的数据交易基础设施和国际重要的数据跨境流通枢纽。目
前各类交易平台以大企业入驻为主，实际上中小企业的数据行业细分影响很
重要，缺乏国家级数据平台统筹。此外，交易平台方面尚未形成多级联动体
系，制约了数据交易规模的扩大和效率的进一步提升，数据重复存储、结构
多元现象广泛存在。

四　金融业大数据治理及流通实践

　　金融领域在大数据治理及流通方面走在各行业前面，相关主体积极探索
实践，为其他行业积累了宝贵的经验。

---

① 综合交通出行大数据开放云平台，https://transportdata.cn/traffictravel/open/list? key =
&type = all&data_ type = % E5% 85% A8% E9% 83% A8。
② 复旦大学数字与移动治理实验室：《中国地方政府数据开放报告（2020 下半年）》，2021 年
1 月。

（一）数据管理治理实践

案例1　微众银行："一站式"金融级数据管理平台[①]

为满足金融与互联网结合后对可靠数据存储和管理方案的多个需求，比如应能兼容不同来源和不同结构的数据，能审核、管理异质来源的数据质量，能支持便捷分析数据甚至支持机器学习，能做好数据生命周期管理和资源成本管控，能支持数据隐私保护，等等，微众银行开发了名为WeDataSphere的开源开放的"一站式"金融级数据管理平台套件，涵盖了数据管理开发全流程。

该平台套件的基础功能层基于Hadoop、Spark、Hbase等各种开源组件，构建可靠的基础计算存储数据交换能力及强大的机器学习能力。在基础功能层之上，套件包含平台工具、数据工具、应用工具三大层次。其中，平台工具包含平台门户、数据计算中间件和运营管理系统，数据工具包含数据地图、数据脱敏工具、数据质量工具和跨Hadoop集群的数据传输工具，应用工具则包含开发探索工具、图形化工作流调度系统、数据展现BI工具和机器学习支持系统。这三大层次工具关注用户各类功能需求的工具实现，形成了完整的大数据平台技术体系，有力地支持了数据安全存储和计算。

案例2　中国银保监会：开展监管数据质量专项治理[②]

中国银保监会一直重视并密切关注数据质量监管。2018年5月，中国银保监会发布《银行业金融机构数据治理指引》（以下简称《指引》），要求银行业金融机构提高数据管理和数据质量质效，将数据应用嵌入业务经营、风险管理和内部控制的全流程。在数据质量控制方面，《指引》要求银

---

① 微众银行：《打造数据新基建　释放数据生产力——微众银行数据新基建白皮书》，2020年12月。
② 《中国银保监会办公厅关于开展监管数据质量专项治理工作的通知》（银保监办发〔2020〕45号）。

行业金融机构建立数据质量监控体系，覆盖数据全生命周期，对数据质量进行持续监测、分析、反馈和纠正。加强数据源头管理，确保业务信息全面、准确、及时地录入信息系统。信息系统应当能自动提示异常变动及错误情况。《指引》还要求银行业金融机构建立组织架构健全、职责边界清晰的数据治理架构，明确董事会、监事会、高级管理层和相关部门的职责分工，并可结合实际情况设立首席数据官。

2020年5月，中国银保监会办公厅下发《关于开展监管数据质量专项治理工作的通知》，以切实提升银行业、保险业监管数据质量，并同步下发《中国银保监会监管数据质量专项治理方案》，此次专项治理数据范围包括监管数据及相关源头数据。数据质量主要包括数据的真实性、准确性、完整性、及时性等。按照方案计划，已完成监管检查评估，当前处于问题整改阶段，计划于2021年5月开展总结交流。

（二）数据共享流通实践

案例3　广州银行：基于联邦学习的数据安全共享解决方案①

广州银行积极研究探索联邦学习在解决"数据孤岛"问题、保护数据方面的现实应用场景，形成数据安全共享方案。

一是探索"联邦学习＋理财推荐"应用。广州银行针对传统银行业在理财产品营销推荐场景中普遍存在第一方数据稀少、需要快速冷启动、数据安全要求高、用户兴趣随时变化的问题，探索利用联邦学习技术进行理财产品的联邦推荐，利用联邦推荐技术的数据不出本地、联合多方建模等优点，打通行内存量数据与外部多方数据源的关联渠道。首先在行内做好数据治理工作，通过体系化框架的规划设计，梳理7个主题共1224项

---

① 郑立志：《基于联邦学习的数据安全在银行领域的探索》，《中国金融电脑》2020年第9期，第22～26页。

基础类数据；其次通过企业级数据仓库平台对数据进行加工整合，以此在本地训练推荐模型；最后将模型权值参数输送到外部，与其他多方的模型参数进行一次联合建模学习。得到的联合模型反馈结果，一方面注入现有的业务执行逻辑中，结合数据埋点综合提供业务服务；另一方面作为新的数据资产，导入内部已搭建的阿尔法统一数据分析平台，持续为全行业服务。

二是探索"联邦学习＋小微企业贷款风险管理"应用。目前，大多数银行将白名单机制用于小微企业贷款的风险管理，而白名单是通过筛选规则和风险模型来实现的。以上两种工具都依赖于对小微企业及其控制人相关数据的了解，对于单一银行而言，其所能获取的数据较为有限。因此，广州银行针对行内存量数据不够丰富多源的情况，基于打造的大数据风控平台，积极探索使用联邦学习，借助其多方建模优势，实现行内存量数据与外部征信报告、税收、财务报告、企业知识图谱等数据的联通，与其他沉淀了中小微企业交易数据的电商公司、发票公司合作，共同针对小微企业贷款进行联合风控建模。广州银行首先基于已有的风险量化模块和自优化的机器学习模型，训练基于存量数据的贷款评测模型；其次将模型权值参数传递到联邦学习联合建模端服务器，与外部多源模型权值参数训练；最后等待服务器回馈风控模型判断结果，并结合行内的评分类、授信决策、量化评分以及贷前预报、贷中预警、贷后反馈等一系列参数，综合完成中小微企业贷款风险管理工作。

在"联邦学习＋理财推荐"和"联邦学习＋小微企业贷款风险管理"两个应用过程中，原始数据始终不出本地，不仅能够保障数据安全，而且可以提升业务质量和效率。其中，前者将在理财业务的交叉营销推荐场景中发挥作用，提高理财推荐的转化率和获客率；后者纵向联邦建模的 AUC[①] 值较原行内风控模型有所提升，能够降低不良贷款率。

---

① AUC，全称为 Area under the Curve，在机器学习领域是一种模型评估指标，被定义为 ROC 曲线下与坐标轴围成的面积。

案例 4　中金金融认证中心：基于数据标记技术的
金融数联网服务平台①

中金金融认证中心（CFCA）联合中国民生银行、上海数据交易中心，推出基于数据标记技术的金融数联网服务平台，可在数据安全合规的前提下，为金融机构高效获取小微企业分散的信用信息提供便利，实现企业自助申请、银行自动审批和在线放款等全流程服务。例如，某小微外贸企业受新冠肺炎疫情影响，资金回流出现困难，复工面临较大资金缺口。某银行通过该平台调取相关数据信息，及时完成审批并放款，在复工当日即为该企业发放 50 万元专项贷款，解决了企业的资金困难。

该服务由上海数据交易中心提供技术支撑，对金融数据中的敏感 ID 信息运用标记化技术处理，使数据在不失可识别性的前提下，保障数据安全与隐私。同时，通过数据标记化技术，搭建数联网服务平台，构建数据交换与融合渠道，在一定程度上解决了金融机构与客户信息不对称的问题，连接"数据孤岛"，扩展金融数据来源，提升金融机构数据应用水平和质效。该服务还构建了依法合规的数据融合应用机制、完善的数据流通与安全保护制度，并制定了数据融合应用标准规范，以促进数据资源融合应用，增强金融惠民服务能力。其业务功能模块包括密钥管理、数据标记生成与转换、数据流通、监测分析。

该服务可应用于金融机构融合外部数据身份核验、客户识别、信贷流程与客户评价模型等场景。利用中国金融认证中心现有证书技术与管理体系，形成适合金融行业数据流通所需的具有"可匿名、可隔离、可关联"特征的数据标记化管理技术，帮助中国金融业在切实保护信息主体隐私的前提下，为金融大数据应用提供"安全、合规、高效"的数据流通服务。

---

① 《科技赋能金融服务——"金融科技发展与监管纵横谈"之六》，中国人民银行微信公众号，2020 年 5 月 13 日。

参考文献

复旦大学数字与移动治理实验室：《中国地方政府数据开放报告（2020下半年）》，2021年1月。

矩阵元、陀螺研究院：《隐私计算技术发展报告》，2020年9月。

刘海、张瞩熹、任雯、肖岩平：《面向异构数据源的分布式集成工具研究与设计》，《计算机应用研究》2020年第S01期。

《什么是元数据以及元数据管理架构》，知乎，2020年3月10日，https：//zhuanlan. zhihu. com/p/110976711。

《数据集成》，CSDN博客，2018年5月13日，https：//blog. csdn. net/raymond_ lan/article/details/80302870。

《数据集成工具Kettle、Sqoop、DataX的比较》，CSON博客，2018年4月5日，https：//blog. csdn. net/ice_ fire2008/article/details/79827681。

苏建明、叶红、吕博良、程佩哲：《联邦学习在商业银行反欺诈领域的应用》，《中国金融电脑》2021年第2期。

谭培强、谢谨：《多方安全计算助力金融数据治理》，《中国金融》2020年第22期。

王磊：《"十三五"大数据产业发展回顾及"十四五"展望》，《中国经贸导刊》2020年第21期。

吴信东、董丙冰、堵新政、杨威：《数据治理技术》，《软件学报》2019年第9期。

叶水勇：《数据脱敏全生命周期过程研究》，《电力与能源》2019年第6期。

《元数据治理Apache Atlas》，开源中国，2019年6月20日，https：//my. oschina. net/sunmin/blog/3064462。

中国信息通信研究院：《大数据白皮书（2020年）》，2020年12月。

中国信息通信研究院安全研究所、阿里巴巴集团安全部、北京数牍科技有限公司：《隐私保护计算技术研究报告（2020年）》，2020年11月。

第二章 人工智能技术及其应用

张 骁 李小庆*

摘 要： 2020年新冠肺炎疫情突袭而至，加快了我国经济数字化转型步伐，推进了人工智能等新型基础设施建设的进程。在"新基建"政策和标准化顶层设计的引领下，人工智能应用加速落地，产业智能化转型加快发展，"AI抗疫"发挥了重要作用。在技术方面，超大规模的机器学习模型不断涌现，微型人工智能成为落地的关键，跨模态的融合应用持续提升智能表现。在治理方面，人工智能行业应用仍存在较大风险和伦理挑战，企业自律成为人工智能治理的重要准则。当前，在人工智能、大数据、云计算等技术的驱动下，智能金融扑面而来，全流程、全场景的智能金融服务成为金融业数字化转型的主要方向。5G、云计算、大数据与人工智能的融合创新，在智能营销、智能客服、智能风控、智能服务、智能运营等金融服务流程和服务模式中发挥了良好作用，极大地推动了金融业向智能化深入发展。

关键词： 人工智能 多模态学习 联邦学习 大数据 云计算

---

* 张骁，农信银资金清算中心云支付中心产品经理，信息系统项目管理师，中国社会科学院大学金融系博士研究生，主要研究领域为产业金融、金融科技、支付清算等；李小庆，管理学博士，金融科技专家，中国农业发展银行总行信息科技部数据服务处处长，主要研究领域为金融科技创新、大数据、人工智能等。张骁负责本章第一至第三部分的撰写，李小庆负责本章第四部分的撰写。

一 政策与市场环境

（一）国内政策支持：加快推进"新基建"和标准化顶层设计

2020 年初突袭而来的新冠肺炎疫情，加快了我国经济数字化转型步伐，推进了人工智能等新型基础设施建设的进程。新型基础设施建设，尤其是"AI 新基建"，加速了人工智能应用落地，为我国发展数字经济、构筑智能社会提供了基础支撑。人工智能基础设施包括四个方面的核心内容：一是以政府、企业、高校、开源社区等为主体构建的公共数据集；二是开源的算法框架和各类工具集资源；三是 AI 芯片、AI 云服务、智能计算中心等算力基础资源；四是赋能各行业应用的开放平台。此外，"AI 新基建"也离不开5G、物联网等网络基础设施的发展以及标准化体系的建设。

2020 年 2 月，中央全面深化改革委员会第十二次会议提出要"统筹存量和增量、传统和新型基础设施发展"。2020 年 3 月，中共中央、国务院发布的《关于构建更加完善的要素市场化配置体制机制的意见》明确指出要"加快培育数据要素市场"，将数据视为五大生产要素之一，并将推动政府公共数据开放和数据资源有效流动。2020 年 4 月，国家发展和改革委员会明确了新型基础设施的概念，指出新型基础设施主要包括信息基础设施、融合基础设施和创新基础设施三个方面的内容。一方面，开放、共享的公共数据集，以数据中心、智能计算中心为代表的算力基础设施，以及以 5G、物联网等为代表的通信网络基础设施，为人工智能的发展提供了内生动力，体现了信息基础设施在人工智能发展中的公共基础性；另一方面，人工智能技术本身作为信息基础设施的一部分，支撑传统基础设施转型升级，与实体经济各领域深度融合，体现了人工智能在融合基础设施和创新基础设施中的技术赋能性。

2020 年 8 月，国家标准化管理委员会等五部门联合印发《国家新一代人工智能标准体系建设指南》，加强人工智能领域标准化顶层设计，推动人工智能产业技术研发和标准制定，促进产业健康可持续发展。人工智能标准体系包括基础共性、支撑技术与产品、基础软硬件平台、关键通用技术、关键领域技术、产品与服务、行业应用、安全伦理八个部分。其中，在行业应用的智能金融领域，重点在于规范线上支付、融资信贷、投资顾问、风险管理、大数据分析预测、数据安全等应用技术，辅助提升金融资产端的征信、产品定价、投资研究，以及客户端的支付方式、投资顾问、客服等业务能力。

在产业政策方面，以试验区建设为导向的区域引领机制和以开放平台为核心的行业应用生态，成为人工智能与经济社会发展深度融合的主线。2020年，科技部批复重庆、成都、西安、济南、广州、武汉 6 个城市建设国家新一代人工智能创新发展试验区，获批试验区数量增至 13 个[①]，已获批试验区的落地建设工作加速推进。同时，已入选国家新一代人工智能开放创新平台的 15 家企业（见表 2-1）也在积极推动相关工作持续落地。

表 2-1　国家新一代人工智能开放创新平台情况

入选企业	开放平台领域	入选年份
百度	自动驾驶	2017
阿里云	城市大脑	2017
腾讯	医疗影像	2017
科大讯飞	智能语音	2017
商汤	智能视觉	2018
依图科技	视觉计算	2019
明略科技	营销智能	2019
华为	基础软硬件	2019
平安	普惠金融	2019
海康威视	视频感知	2019
京东	智能供应链	2019
旷视科技	图像感知	2019
360 奇虎	安全大脑	2019
好未来	智慧教育	2019
小米	智能家居	2019

---

① 已获批的国家新一代人工智能创新发展试验区共计 13 个，按照获批时间先后顺序分别是北京、上海、天津、深圳、杭州、合肥、德清县、重庆、成都、西安、济南、广州和武汉。

（二）国内市场环境：应用落地与产业智能化转型不断发展

1. AI 产业化和产业智能化持续发展，"AI 抗疫"发挥重要作用

据中国信息通信研究院数据研究中心测算，2020 年我国人工智能产业规模为 3031 亿元，同比增长 15.1%，产业规模持续扩大。截至 2020 年 11 月，我国人工智能企业共计 1454 家，占全球人工智能企业总数的近 1/4，仅次于美国，产业体系逐渐成形。总体来看，生物识别、智能客服、精准营销等通用型应用已具有一定的成熟度，产业智能化升级成为企业寻求业务增长、提升用户体验、保持核心竞争力的刚需。IDC（互联网数据中心）调研结果显示，2020 年上半年中国人工智能行业应用渗透率排名前 5 的行业依次为互联网、政府、金融、电信和制造（见图 2－1），超过九成的企业正在使用或计划在未来 3 年内使用人工智能技术。①

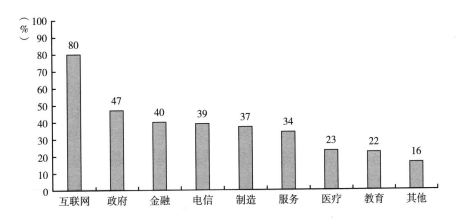

图 2－1 2020 年上半年中国人工智能行业应用渗透率

资料来源：IDC、浪潮集团：《2020～2021 中国人工智能计算力发展评估报告》，2020 年 12 月。

在抗击新冠肺炎疫情中，我国自主研发的人工智能技术发挥了重要作用，不仅广泛用于自动测温、口罩佩戴检测、辅助诊疗、CT 影像识别、病

---

① IDC、浪潮集团：《2020～2021 中国人工智能计算力发展评估报告》，2020 年 12 月。

毒溯源、流行病学调查、机器人配送等防疫措施，而且助力各行各业积极复工复产，推动数字化转型，尤其是在金融领域打造"无接触"的智能金融服务。

2. 云边算力协同发展，AI 中台提升企业快速构建能力

随着 5G、物联网等网络基础设施的不断发展以及业务实时性需求的日益增长，人工智能正在从云计算向边缘计算延伸。尽管实时数据更多地依赖于边缘的计算能力，但具有海量参数的模型训练仍完全依赖于云端的算力支持，未来将形成云计算与边缘计算协同发展的态势。

人工智能应用场景的大规模拓展对企业快速落地 AI 应用的能力提出了巨大的挑战，催生了 AI 中台的应用模式。AI 中台以平台化的开发模式替代传统"竖井式"的开发架构，结合自动化、低门槛的建模流程，帮助企业提升 AI 应用的开发效率和业务响应的敏捷性。相较于其他行业，AI 中台在金融行业的进展最为迅速。目前，大型银行和头部券商已经完成中台架构的搭建，主要集中在营销和风控领域。此外，"AI + RPA"① 的联合应用也有助于企业实现横跨多个系统的全流程自动化和智能化。

3. AI 创新保持活跃态势，跨国科研合作提高国际影响力

继 2019 年超越美国成为人工智能专利申请量最高的国家后，我国人工智能技术创新在"新基建"政策的鼓励下继续保持活跃态势。截至 2020 年10 月，我国人工智能专利申请量累计达 69.4 万余件，同比增长 56.3%。其中，在新冠肺炎疫情防控方面申请的人工智能专利达 3036 件，分布于疫情监测、防控救治、资源调配等领域。从申请人分布看，百度、腾讯、阿里巴巴等互联网企业，清华大学、浙江大学、北京航空航天大学等高等院校，以及华为、浪潮集团等信息技术制造业企业成为人工智能领域的重要创新主体。

从过去 10 年人工智能领域发表的科研论文来看，美国和中国的高水平论文发表量明显多于其他国家，中国紧随美国之后，居第二位。同时，美国

---

① RPA 是 Robotic Process Automation（机器人流程自动化）的简称，是指可模拟人类在计算机等数字化设备上的操作，完成基于固定规则的重复性工作任务，从而实现业务流程自动化处理的机器人软件。

和中国也是开展跨国科研合作较多的国家，且互为重要的科研合作伙伴。开展国际科研合作已成为中美两国人工智能研究成果产出的重要方式，提高了研究成果的国际影响力。

4. 资本市场融资反弹，科创板迎来 AI 企业上市热潮

近年来，我国资本市场对人工智能行业抱有较高的热情，一级市场融资额在 2019 年虽有所回落，但 2020 年前三季度便已实现反弹。同时，超过68% 的投资机构在 2020~2021 年将人工智能行业作为重点投资领域。从各轮次融资额来看，"B +"轮之后的项目融资额占比逐年回落，表明近两年市场上还未出现新一批人工智能独角兽公司。

随着科创板和注册制改革成效的凸显，2020 年迎来了我国人工智能企业首批上市潮。继 AI 芯片设计独角兽企业寒武纪在科创板成功上市后，包括依图科技、云从科技、云天励飞等在内的多家人工智能企业相继提交了科创板招股书，掀起上市热潮。此外，上海人工智能产业投资基金与上海证券交易所发行上市服务中心共同建设成立了"科创板 AI 产业工作站"，将为与人工智能产业关系密切的优质企业提供资本市场服务。

5. 人才供应依旧短缺，高等教育和普及教育加速起步

我国人工智能发展历程较短，人才储备不足，培养机制不完善，高校、企业等各界人才培养速度无法匹配产业需求扩张速度，导致人工智能产业人才供需严重失衡，预计当前有效人才缺口达 30 万人。

2020 年 2 月，教育部公布了 2019 年度普通高等学校本科专业备案和审批结果，全国共计 180 所高校获得人工智能专业本科建设资格，相较于2018 年度首批的 35 所，增幅明显，但其占全国高校总量的比例仍然较小，人工智能高等教育处于起步和发展阶段。在普及教育方面，教育部正在全面开展义务教育课程修订工作，初步确定在小学和初中阶段开设信息科技课程，根据需要将人工智能教育相关内容纳入其中。

（三）国际发展环境：各国战略引领和国际合作持续深化

全球主要经济体持续加强人工智能战略布局，将政策着力点聚焦于加大

投资力度、加强人才培养、促进合作开放、完善监管和标准建立等方面，力争引领人工智能创新或从人工智能发展中获得数字红利。

1. 美国持续加强战略引导，巩固人工智能在全球的领先地位

2020 年 2 月，美国白宫科技政策办公室（OSTP）发布《美国人工智能倡议首年年度报告》，总结过去一年美国政府在投资人工智能研发、释放人工智能资源、消除人工智能创新障碍、培育具备人工智能技能的劳动力、改善人工智能创新的国际环境以及政府服务和任务中使用可信人工智能六个方面的重大进展。2020 年 10 月，美国白宫发布《关键和新兴技术国家战略》，旨在促进和保护美国在人工智能等尖端科技领域的竞争优势。美国不仅将人工智能视为政府预算和规划中的优先事项，而且重视与其盟国在人工智能应用方面的国际合作，积极营造促进支持美国人工智能创新发展的国际环境。2020 年 9 月，美国和英国政府正式签署《人工智能研究与开发合作宣言》，以促进两国在人工智能发展方面的合作。

2. 欧盟坚持创新与监管并重，完善治理体系和数据共享机制

2020 年 2 月，欧盟委员会发布《人工智能白皮书：通往卓越与信任的欧洲之路》，旨在构建一个卓越、可信赖的人工智能生态体系，推动公共部门和中小企业应用人工智能，向世界推广其以尊重人权、包容性和多样性、安全和非歧视、注重个人隐私和数据保护为核心的人工智能价值观与规则，并建立欧洲共同的人工智能监管框架，按照风险分级实现监管与创新的有效平衡。2020 年 11 月，欧盟委员会通过了《欧洲数据治理条例（数据治理法）》建议稿，以促进成员国之间的数据共享，为涉及他方权利的公共数据的二次利用建立统一架构，从而实现覆盖健康、交通、制造、金融服务、能源、农业等领域的"数据单一市场"。

3. 其他国家持续跟进，人工智能国际合作机制日益多元

2020 年，韩国发布数字新政推进人工智能发展，德国更新了人工智能战略规划，挪威、沙特阿拉伯等国家发布人工智能国家战略。截至 2020 年 12 月，全球已有 39 个国家和地区制定了人工智能战略政策、产业规划。同时，人工智能全球合作进一步深化，各国政府积极搭建开放合作平台，企业

投资并购热情不减，人才和技术交流合作日益广泛，国际行业组织持续关注人工智能技术标准和伦理道德规范。

二　人工智能技术的进展与趋势

在技术进步方面，学术界和工业界的研究路径出现了显而易见的分野，前者更加热衷于超大规模的机器学习模型以实现更强大、更通用的性能表现，后者则不断探索微型人工智能模型的可能性以实现更经济、更实际的落地应用。而基于多模态的机器学习和跨模态的融合应用成为学术界和工业界的共识。此外，量子计算所带来的巨大算力优势让其与机器学习的结合成为潜在的研究方向，虽然这一研究仍处于原型阶段，但未来可能会带来全新的技术变革。

（一）大模型和少样本学习

2020 年 5 月，位于美国旧金山的人工智能非营利组织 OpenAI 发布了有史以来最强大的自然语言处理模型 GPT－3，它能够模仿人类娴熟地运用语言，既能组词造句、撰写文章，又能做阅读理解、文本翻译，被学术界视为人工智能发展道路上的里程碑事件。这是继 DeepMind 的 AlphaGo 之后，又一个能够引发公众想象的人工智能模型，甚至带来关于 GPT－3 是否第一个通用人工智能模型的讨论。引起专家、学者热议的不仅仅是 GPT－3 强大的语言能力，还在于其多达 1750 亿个的超大规模模型参数。近年来，自然语言处理模型的参数规模呈指数级上升，继 2018 年参数规模跨过亿数量级、2019 年跨过 10 亿数量级后，2020 年 GPT－3 参数规模直接跨过千亿数量级，可谓"没有最大，只有更大"。[①] 2021 年 1 月，谷歌大脑发布的 Switch Transformer 语言模型参数多达 1.6 万亿个。

规模越来越大的语言模型正推动人工智能的语言处理能力不断攀升且更

---

① Benaich, N., Hogarth, I., "State of AI Report", Oct. 1, 2020.

加通用，在给定少量样本提示的语言推理任务中取得了更好的效果，推动了少样本学习的发展。语言模型通过在大规模的无标签语料上进行预训练，学习到通用的语义表示，再通过预训练模型的参数权重初始化下游模型，将预训练阶段学习到的先验知识传递给下游任务，以减少下游任务对大量有标签数据的依赖，加快模型收敛速度，从而提升模型在下游任务上的泛化能力。具体来看，GPT-3在高达45TB的超大规模无标签语料上进行预训练，学习到多种任务的自然语言统一表示，从而获得在下游任务上进行无监督推理的能力，实现下游任务的少样本或零样本学习。因此，超大规模的模型参数和预训练数据是GPT-3具备通用语言能力的根本原因。

然而，GPT-3的研究架构本质上并没有脱离上一代GPT-2的架构，缺乏实质性的创新，只是一场硬件、参数与数据堆积的胜利，与真正意义上的智能无关。这种"大力出奇迹"的背后是巨大的算力需求、费用成本和能源消耗，不具备经济性和实用性，产生了"太大而不能部署"（Too Big to Deploy）的问题。在人工智能模型训练需要越来越多算力的同时，传统计算机架构却在逐渐接近摩尔定律的终点。通用处理器的性能平均每两年翻一番，而算法模型对算力的需求每3~4个月翻一番，芯片算力的发展速度与人工智能算法对算力的需求增长之间存在巨大的差距。在费用成本方面，根据目前的云服务算力价格，训练拥有1750亿个参数的GPT-3可能需要花费数百万美元的费用。高昂的训练费用，不仅让众多研究人员和中小企业望而却步，而且可能形成由少数科技巨头控制的技术垄断。此外，GPT-3巨大的电力能源消耗也违背绿色环保、控制碳排放的可持续发展理念。

（二）微模型和边缘计算

与学术界更加热衷于超大规模的机器学习模型研发相比，工业界正在不断探索模型缩小、剪切的可能性，以使其更好地应用于实际生产和生活中。以轻量级算法、专用AI芯片、边缘端部署为特征的微型人工智能（Tiny AI），正成为业内寄予厚望的研究方向。由于微型人工智能具有广泛的应用场景和广阔的发展前景，因此它被《麻省理工科技评论》评选为2020年

"全球十大突破性技术"之一。

在算法方面，利用模型剪枝与量化、模型压缩与分解、知识迁移与蒸馏等技术，在保证算法功能的前提下缩小现有的算法模型，降低其计算复杂度，使其适合在终端应用。同时，由于终端应用场景复杂多样，可使用的数据量相对较少，算法正从有监督学习向无监督学习发展。在硬件方面，结合人工智能算法的特性，设计硬件架构与算法相辅相成的专用人工智能芯片，将更多的算力集成在更紧密的物理空间中，带来了更低的功耗和更高的能效。在部署方面，微型人工智能具备边缘端部署的能力，将引导人工智能技术从云端向边缘和物联网设备快速渗透，拓展人工智能技术的应用范围，在满足更多业务实时性需求的同时，也保障了数据的安全性。

（三）跨模态和融合发展

虽然现阶段大多数人工智能应用在完成特定任务方面已经达到甚至超越人类的能力，但其仍然缺乏人类大脑的通用性和灵活性。例如，计算机视觉和语音识别技术让人工智能具备强大的感知能力，但无法使用语言来描述事物；自然语言处理技术让人工智能可以使用语言文字与人类交互，但缺乏任何感官能力。于是，基于多模态的机器学习和跨模态的融合应用，成为解锁人工智能通用能力的重要研究方向。

2020年，我们看到了越来越多的人工智能模型具备跨模态处理事务的能力，各细分技术领域的界限逐渐模糊。从文本标题生成图像、从图像生成文字摘要等模型，展示了算法将自然语言与计算机视觉关联的能力。同时，已在自然语言处理中取得巨大成功的 Transformer[①] 模型架构，也开始应用于过去以卷积神经网络（Convolutional Neural Networks，CNN）为主导的计算机视觉任务中，并成为一个新的研究方向。此外，随着多模态技术的蓬勃发展，以及基于"动态密码"的声纹识别在金融 App 登录等场景中开始普及，

[①] Transformer 是谷歌公司于 2017 年提出的一种基于注意力机制的自然语言处理模型，已成为当前机器学习算法的热门研究领域，也是近年来不断实现性能超越的语言模型（包括 GPT-3）的基础架构。

以"人脸＋声纹"这种跨越视觉和语音的融合识别成为更安全的身份认证方式。

三　人工智能治理

当前，新一代人工智能技术在全球范围内蓬勃发展并得到广泛应用，深刻改变着人类的生产生活方式，给现有的伦理准则、社会治理带来了巨大的冲击。因此，如何实现人工智能领域的有效治理，成为近年来国内外社会各界的共同关注。

（一）人工智能治理体系仍需不断完善

从全球主要经济体发布的人工智能战略规划中可以看出，人工智能治理成为战略规划中的重要组成部分。主要国家和国际组织先后发布人工智能伦理准则或治理原则，如欧盟的《人工智能伦理准则》、中国的《新一代人工智能治理原则——发展负责任的人工智能》、经济合作与发展组织（OECD）的《负责任地管理可信 AI 的原则》、二十国集团（G20）的《G20 人工智能原则》等。发展安全、可信赖、负责任的人工智能已成为国际共识。此外，新加坡金融管理局、荷兰中央银行、香港金融管理局先后发布了金融行业应用人工智能的高级原则，值得我国金融监管机构借鉴和思考。以伦理为导向的社会规范体系可以为人工智能的技术研发和行业应用提供价值判断标准，约束和指导各方对人工智能进行协同治理。

人工智能治理体系不仅需要"柔性的伦理"，而且需要"刚性的法律"来划定底线，规制人工智能行业发展，防范技术创新带来的诸多风险。相较于人工智能伦理准则和指引，全球人工智能领域的立法进展较为缓慢，主要体现在数据治理、算法规制等方面，如欧盟的《通用数据保护条例》、美国的《算法问责法》、加拿大的《自动化决策指令》等。2020 年，我国颁布的《中华人民共和国民法典》对数据和隐私的范围进行了延展，增加了保护"私人生活安宁"这一项内容。同时，《数据安全法（草案）》进入立法程序，《个人信息保护法（草案）》公开征求意见，上述法律将为我国人工智能应用的数据安全和个人隐私保护提供基本遵循。在金融领域，中国人民银行发布的《个人金融信息保护技术规范》从安全技术和安全管理两个方面，对个人金融信息保护提出了规范性要求。此外，针对人脸识别等争议较大的人工智能应用，各国也陆续出台了相关特殊规定，限制人脸识别技术在诸多场景中被滥用的趋势。

总体来看，全球主要国家和地区对人工智能治理依然停留在原则和框架层面，法律规制仍需不断完善，尚未形成体系化的政策法规，具体到人工智能技术开发规则等落地层面，也缺乏明确的解决方案。未来应在伦理约束、法律规制的框架下，推动由政府、行业组织、企业、公众等多元主体参与的协同共治模式。

（二）人工智能行业应用仍存在较大风险和伦理挑战

当人工智能嵌入人类社会生产生活的方方面面，在劳动行为被智能算法、机器部分替代的同时，人类行为本身已作为数据的一部分被算法所研究。在不知不觉中，人工智能具有影响人类行为的巨大能力，间接控制了人类的行为，带来了安全、公平、隐私、法治等方面的风险和伦理挑战。

在安全方面，人工智能算法本身仍存在弱鲁棒性、算法黑箱等技术局限，诸如对抗样本攻击、算法后门攻击、模型窃取攻击等新型安全攻击不断涌现，容易引发人工智能安全事故和侵害事件。同时，不合理的算法控制和应用也增大了部分社会群体的安全风险。例如，外卖平台借助人工智能算法优化安排订单及规划配送路线，将配送时间压缩到了极致，虽然提升了运营效率和赢利能力，但"外卖小哥"不得不在算法的控制下以违反交通规则、危险驾驶的方式按时完成配送，其直接后果是外卖骑手遭遇交通事故的数量急剧上升。

在公平方面，人工智能对传统人力劳动者的替代，直接带来了对劳动密集型行业人员就业的冲击，由此可能引发社会公平危机，加剧贫富分化，扩大数字鸿沟。社会中固有的偏见与歧视也可能通过人类行为数据、算法学习的正反馈机制被无限放大。看似个性化的新闻推送，却将人类局限在各自有限的偏好中，如同身处"信息茧房"，可能影响人类思想意识的客观公正，从而诱发更多非理性行为。看似精准的营销推荐，在发挥数据商业价值、提升用户体验的同时，也被平台方用来预测用户行为，实现针对消费者个体定价的价格歧视和"大数据杀熟"。

在隐私方面，人工智能对大规模、不间断地收集和使用个人信息数据的过度依赖，加剧了个人隐私泄露的风险。传统的"知情－同意"机制在人工智能和大数据时代受到严峻的冲击和挑战。人工智能的广泛应用扩大了数据隐私的范围，超出了传统法律的界定，而数据结构分散、算法黑箱、数据与隐私的界限逐渐模糊等问题也增大了个人隐私保护的难度。2020年，"中国人脸识别第一案"一审宣判、购房者被迫"戴着头盔去看房"、天津等多地出台新规整治违规滥用人脸识别技术等热点事件，也在一定程度上提高了公众对个人信息保护的重视程度。

在法治方面，人工智能的技术自主性使其行为结果不能完全归因于其背后的设计者或开发者，这将导致法律责任认定和划分难度增大。例如，当自动驾驶汽车出现事故导致人员伤亡时，当智能医疗诊断给出错误建议导致患者病情加重时，如何界定各方主体责任等核心问题有待解决。此外，人工智能是否具备法律人格、其生成内容或作品是否享有著作权以及相关权利归属问题在全球范围内尚有争议。2020年1月，广东省深圳市南山区人民法院一审审结原告深圳市腾讯计算机系统有限公司诉被告上海盈某科技有限公司侵害著作权及不正当竞争纠纷一案，成为全国首例认定人工智能生成文章构成作品的案件，对今后同类型案件的审理具有一定的借鉴意义。

（三）企业自律成为人工智能治理的重要准则

企业作为人工智能的主要创新者和拥有者，掌握了资金、技术、人才、市场等大量资源，在推动人工智能治理规则和标准落地等方面发挥着决定性作用。人工智能企业理应承担相关社会责任，严格遵守法律法规、伦理规范和技术标准，实现有效的自律自治。因此，企业自律是人工智能治理不可或缺的重要准则，也是人工智能治理的源头和关键。

面对人工智能应用引发的伦理问题，国内外科技巨头、领先科技企业纷纷提出企业层面的人工智能价值观和伦理原则，并在内部设立专门机构或伦理道德委员会，切实防范人工智能发展过程中的各类伦理风险，践行人工智能伦理准则。2020年，欧盟有关方面和微软、IBM等科技巨头共同签署了《人工智能伦理罗马宣言》，讨论如何规范人工智能的社会影响。IBM、亚马逊、微软相继宣布暂停为美国警方提供人脸识别服务，直至美国出台相关法律能够有效管控和约束这项技术。谷歌公司继2019年启动800多名员工的初始"技术道德"培训后，2020年针对人工智能原则问题发布培训新版本，已有5000多名云员工参加了该培训。在国内，人工智能治理的先行者当属旷视科技，该公司不仅于2019年公开发布《人工智能应用准则》并成立了"旷视人工智能道德委员会"，而且于2020年设立了AI治理研究院，并在每件产品上配备了"正确使用人工智能产品的倡议书"。"行胜于言"，企业自律自治为人工智能治理的落地提供了有力保障。

四 人工智能金融应用的创新和发展趋势

随着金融科技的快速发展，人工智能、大数据、云计算等先进技术在金融领域获得广泛的运用，推动了金融业务创新和业务模式的变革。特别是生物识别、自然语言处理、计算机视觉、深度学习、联邦学习、知识图谱等智能技术的研究和发展，使人工智能在智能客服、智能运营、智能服务、智能营销、智能风控等金融领域中得到广泛应用，并在金融服务流程和服务模式创新中发挥了良好作用，极大地推动了这些领域向智能化发展。

（一）智能营销、智能客服、智能风控成为金融领域更偏爱的 AI 应用形态

2017年7月，国务院发布了《新一代人工智能发展规划》[①]，将人工智

---

① 2017年7月8日，国务院印发并实施《新一代人工智能发展规划》。该规划是为抢抓人工智能发展的重大战略机遇，构筑我国人工智能发展的先发优势，加快建设创新型国家和世界科技强国，按照党中央部署要求制定的。

能的发展提升到国家战略高度，极大地推动了人工智能在各行各业的应用。金融行业作为国民经济的命脉，对经济发挥了不可替代的金融资源配置和调节作用，其在金融资源和服务方面的改革与创新，能够有效化解金融供给和资源配置的失衡矛盾。人工智能为金融行业业务模式变革带来了良好的机遇，通过多模态感知、深度学习、跨界融合、群智开放，与金融业务深度融合，实现数字化、智能化场景服务，推动金融供给侧结构性改革和服务创新，重塑金融发展模式，优化金融资源供给，促进传统金融向现代金融转型，推进金融业迈进智能化时代。

人工智能领域的多分类体系纷繁复杂，在不同行业领域，人工智能技术应用重点不尽相同，其在金融领域主要应用语音识别、自然语言处理、计算机视觉、机器学习、联邦学习、知识图谱等关键技术，这些关键技术能够为重构业务流程、优化运营管理、提升客户服务水平提供全新的方法和路径。在大数据智能时代，客户个性化的需求成为客户营销、客户服务和客户维系的关键，通过"人工智能＋大数据"，对客户特征和行为进行全景分析展现，对客户进行更深入的理解、认识、分析和判断，构建覆盖全流程、全业务、全客户的金融服务平台和产品，为客户提供极致的体验，增强客户对金融机构的黏性，提高客户的忠诚度和满意度。

在进行客户营销时，采取指纹识别、人脸识别等生物特征识别技术，采用多模态学习，快速地确定客户身份，识别客户的身份特征，为其提供不同的客户体验和金融产品。在客户服务过程中，采取深度学习等智能算法分析客户的特征、需求和风险偏好，为其定制个性化的金融产品或投资组合，设置人工智能服务机器人，专业化、智能化地开展咨询，提升客户服务体验和效率。在风险管理过程中，基于人工智能算法和大数据融合，构建可信的、合理的、科学的智能风险评估模型，采取全面、全程、全新的风险管理措施，形成对贷前调查、贷中评级授信、贷后监测催收的全方位、一体化的智能风控体系。

（二）金融领域5G、云计算、大数据和人工智能技术的融合创新

人工智能融合创新是指将 5G、云计算、大数据作为人工智能技术应用框架中的有机组成部分，充分利用 5G 高带宽、低时延、高可靠性、海量连接等移动网络特性和大数据云服务平台汇聚海量处理、实时计算的数据能力，实现更快捷、更精准和更高效的学习、感知、理解、推理等智能计算，推动人工智能技术和应用能力的跃升。同理，在 5G、云计算、大数据中融入人工智能技术，增强智能组网、灵活调度、资源调配能力，并推动业务场景应用中连接更加快捷、服务更加智能、体验更加流畅，取得更好的应用效果。人工智能融合创新能够推动彼此向更高层次演进，并能在金融行业获得广泛的应用，推动金融产品不断创新和服务模式持续变革。

5G、云计算、大数据和人工智能技术融合创新架构从底向上可以分为四层（见图 2-2）。最底层是基础层，包括 5G 移动网络、云计算、边缘计算等基础技术，它作为人工智能应用框架中不可或缺的有机组成部分，是人工智能数据处理、信息交互的基础网络支撑。第二层是算力层，包括大数据服务云平台和含有人工智能的各类芯片计算器件，利用大数据开展各类智能计算。第三层是算法层，包括机器学习、计算机视觉、语音识别、自然语言处理、决策树等人工智能模型和算法。第四层是应用层，是指人工智能在金融等具体场景的应用，这也是人工智能价值的最终体现。特别是随着生物识别、自然语言处理、计算机视觉、知识图谱等智能技术的研究和发展，这些技术与 5G、云计算等基础技术融合，将会在金融服务流程和服务模式创新中发挥支撑作用，极大地推动金融业务领域智能化发展。

通过加强 5G、云计算、大数据和人工智能技术的融合与应用，在开展金融服务和产品创新时融入智能基因，实现客户服务、营销活动、运营管理、投资理财和风险管控等多个层面的智能化，加大优质金融资源供给，提升金融服务内涵。

1. 智能客服

通过 5G 和生物识别、语音识别、自然语言处理、深度学习等智能技术，

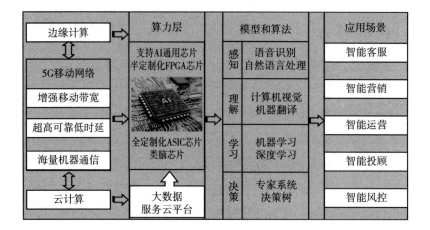

图2－2　5G和人工智能技术融合创新架构

配置智能导览台、智能机器人、智能机具、互动营销桌、全息投影等智能设备和元素，打造轻型、智能、高效的网点。结合机器学习、深度学习，对于客户口语化、表述不清的提问，基于下文关联关系分析，将语义理解抽象化后做降维，合理进行分词，解决语句歧义问题，准确理解客户的语义和意图，更好地实现语音咨询、语音交互和专业答复，为客户提供最佳的服务体验。

2. 智能营销

通过收集、融合客户相关的内外部大数据，采取知识图谱等技术，分析客户的基本特征、行为偏好、业务需求及业务关联等信息，对客户进行多维度的刻画，实现客户精准画像。通过聚类、分类等智能学习算法，对客户群体进行细分，准确识别、定位客户的偏好，对客户潜在需求进行充分分析，对客户行为进行预测，开展有针对性的客户营销活动，提高客户营销和产品推介的精准度。

3. 智能运营

结合边缘计算技术应用，解决金融服务中复杂交易卡顿、无响应等影响客户体验的问题，特别是在无感支付、移动支付、虚拟现实（VR）客服等金融服务过程中实现流畅无感的体验。将智能OCR、机器学习等技术融入运营流程，替代人工识别和操作，进行智能化的业务判断和集中处理，实现自动批量处理作业，推进运营自动化、批量化和智能化处理。

4. 智能投顾

全面收集市场情况、产品情况和客户情况，基于随机森林、高维度机器学习、决策树等算法进行自动计算调整投资组合，提供实时的线上投资建议服务，从而降低财富管理的门槛。智能投顾主要体现在要为投资者提供更多的市场和产品信息，解决信息不对称问题，提出合适的投资产品和组合建议。同时，做好情绪管理，适当控制好客户的情绪，如贪婪和恐慌的情绪波动，实现客户投资风险可控。

5. 智能风控

将大数据、人工智能等技术运用到信用评估过程中，充分收集工商、税务、司法等外部数据，结合行内数据，建立企业信用评估模型，通过机器学习、神经网络等算法进行学习训练，完善企业信用评估模型参数，科学评估企业的信用风险，综合分析判断企业发展能力、抵御风险能力和偿债能力，对蕴含的风险进行预测，准确分析并反映企业的客观情况。在贷中、贷后管理过程中对企业的经营发展状况进行动态监测，及时发现风险并进行预警，采取必要的干预措施，从而减少因企业的不良发展而带来的资金损失。

（三）多模态学习带来更安全的身份认证和更充分的数据挖掘

每一类型信息的来源或者外在形式，都可以称为一种模态，包括常见的文字、图像、语音、视频或雷达、红外等传感器获取的信息。多模态学习是指通过机器学习实现处理和理解两种或两种以上多源模态信息的方法，目前应用效果较好的是图像、视频、音频、语义之间的多模态学习。多模态学习是人工智能重要的发展趋势之一，它以机器学习为支撑，以多模态感知、多模态交互、多模态语义理解为核心，构建内外部特征数据相互融合的数据生态，形成融合信息、融合学习、融合分析的框架，建立传感器捕获、语义解析、学习训练、结果输出的分析流程。

多模态学习在金融领域客户身份认证方面获得了良好的应用。通过多种传感器感知，进行多源信息采集，将指纹识别、虹膜识别、人脸识别、静脉识别等多种生物识别融合在一起，建立多模态生物识别平台，进行多种模态信息的统一获取、清洗整合、模型学习、结果反馈，将多种识别技术融为一体进行融合识别，实现安全认证资源共享。通过两种或两种以上的生物识别方式，发挥各类生物识别技术自身的独特优势，能够使身份核实的过程更加精准、安全、高效，全面提高安全认证水平。

多模态学习充分将多模态信息传感、大数据分析和机器学习等技术统一结合起来，实现复杂环境下的多模态感知和学习融合，在标记数据不全、数据质量不高且具有大量噪声的情况下，通过不同模态之间的知识迁移，使之相辅相成、互为补充，校准模态偏差，不断迭代升级，提高模型的性能和学习质量，有效缓解复杂环境中单模态信息识别技术能力不足的问题，提高识别系统的安全性、准确率和抗攻击能力。

由于多模态学习技术具有传统核身手段所无法比拟的优越性，在金融领域的应用日趋广泛，通过多模态学习模型开展数据分析挖掘，深度融入场景，在金融服务中具有较多应用结合点，特别是在远程开户、支付结算、转账取款、核保理赔、智能客服等金融场景中，不仅能够快速、准确地识别客户，完成身份认证，而且能够实时感知分析客户的情绪特征，为更好地开展智能客服提供交互依据。探索推出基于多模态学习的反欺诈机器人，通过充分识别表情、声纹、头部动作等特征，结合情感计算引擎、深度学习模型和心理学专家模型，全面刻画客户的情绪以及各种心理特征，及时对欺诈行为进行预警，避免银行资金损失，同时结合客户其他各类数据，分析客户风险承受能力和违约概率，为金融业务决策提供深度支持。

（四）联邦学习金融应用带来更有效的数据交互和个人隐私保护

随着人工智能的深度应用，金融业务处理过程中会用到客户的各类数据，不仅涉及客户资金交易相关数据，而且涉及客户身份信息等敏感数据，这些数据中有一些是金融机构的商业秘密，有一些是客户的隐私。这些信息一旦遭受攻击和破坏，将会被不法分子掌握，对金融服务造成致命的打击，严重的还将威胁整个社会信用体系的稳定。因此，金融机构要高度重视，加强敏感信息的保护，在数据使用过程中，最大限度地保护客户的隐私和金融机构的商业机密，确保其在安全可控的范围之内。

2018 年 5 月，欧盟正式发布《通用数据保护条例》①（General Data Protection Regulation，GDPR），强调所有与个人相关的信息都是个人数据，对数据的使用必须有用户的明确授权。2021 年 6 月，全国人大常委会颁布《中华人民共和国数据安全法》②，确立了数据分级分类管理以及风险评估、监测预警和应急处置等数据安全管理各项基本制度，明确了开展数据活动的组织、个人的数据安全保护义务，落实数据安全保护责任。这些条例或法律对银行采集、处理和运用客户数据提出了更高的要求。

联邦学习是一种基于加密数据的分布式机器学习技术，在各个参与方对底层数据加密保护的情况下进行联合建模。各参与方可以相互利用对方的数据进行模型训练或在运行时使用，但不接触其原始数据，数据使用时通过加密数据交互，从而保护各参与方的数据不泄露。联邦学习具有以下三个特征。一是数据进行隔离。在建模过程中，由于数据加密使用，源数据被限制在参与方的内部，因此不会直接暴露给其他参与方，从而满足了用户隐私保护和数据安全的要求。二是开展联合建模。通过多方联合建模、共同训练，共同利用双方的数据，实现数据价值的充分挖掘和结果的充分运用。三是参与方地位平等。参与方联合建模，相互之间是对等的，根据其提供数据的贡献给予奖励，实现建模方之间的公平。

商业银行、证券机构、保险公司等金融机构要实现跨界服务，出于建设金融生态服务的考虑，需要打通内部与外部数据联通的渠道，并加以综合运用，以更好地开展金融服务。通过加强外部合作，建立数据加密和交互机制，全面获取工商、税务、司法、行政处罚、涉恐名单、房产信息以及客户经营、交易行为等各类数据，基于数据特征工程建立分析指标，通过联邦学

---

① 《通用数据保护条例》于 2018 年 5 月 25 日在欧盟成员国内正式生效实施，任何收集、传输、保留或处理涉及欧盟所有成员国内个人信息的机构或组织均受该条例的约束。
② 2021 年 6 月 10 日，《中华人民共和国数据安全法》颁布，自 2021 年 9 月 1 日起施行。

习建立共享式的机器学习模型，在保证数据不泄漏的情况下开展联合建模，进行模型联合训练、验证和评估，并投入金融服务场景中加以实际运用，做到数据资源在获得安全保护的前提下相互利用，有效提升数据挖掘应用和数据安全防护水平。

在全流程的客户信用评级、反欺诈、风险评估、授信管理、业务监测、贷后管理等金融业务场景方面，通过部署联邦学习系统，确保各方敏感数据不出本地，通过加密后开展建模联合学习，在保护数据隐私的基础上，充分发挥联合建模的优势，将彼此的数据价值挖掘出来，为全面刻画客户特征以及进行精准客户画像、客户营销准入、运营流程优化、金融产品创新、量化风险管理等提供良好的决策支持。

（五）拥抱智能，赢得未来

当前国家正在加速推动经济双循环战略，经济结构不断升级优化，中国人民银行推进贷款市场报价利率（LPR）代替央行基准利率，有力地促进了金融市场化改革，推动金融资源更好地服务实体经济，金融行业面对的宏观经济环境正在发生深刻变化。随着金融科技的蓬勃发展，在内外部环境急剧变化的背景下，金融机构也在积极探索转型，通过金融科技赋能，推动业务模式向深度智能化发展，推进金融业形态不断演变以及经营、服务和管理模式不断创新。

在人工智能、大数据、云计算等技术驱动下，智慧金融迎面扑来，全流程、全场景的智慧金融服务成为金融业数字化转型的主要方向，金融机构要紧紧抓住人工智能融合创新带来的契机，建立良好的创新体制机制，加速推进人工智能在客服、营销、运营、融资、投顾和风控等领域的融合创新和深度应用，为金融业开展金融服务、产品创新和风险管理插上智慧的翅膀，不断提高客户的忠诚度和满意度，增强客户对金融机构的黏性，推进金融业高质量发展。

参考文献

艾瑞咨询：《中国人工智能产业研究报告（Ⅲ）》，2020年12月。

爱分析：《破解AI工程化难题，AI中台助力企业智能力——2020爱分析·中国AI中台应用趋势报告》，2020年11月。

爱分析：《新基建助推，人工智能应用迈入新阶段——2021爱分析·中国人工智能应用趋势报告》，2021年1月。

谷澍：《打造智慧银行生态体系　提升金融服务供给效能》，《金融电子化》2020年第1期。

国家工业信息安全发展研究中心：《2020年AI新基建发展白皮书》，2021年1月。

国家工业信息安全发展研究中心、工信部电子知识产权中心：《2020人工智能中国专利技术分析报告》，2020年11月。

李瑾瑜、黄炳：《全面应用人工智能技术，推进智慧银行建设》，《中国金融电脑》2020年第11期。

李小庆：《金融领域5G和人工智能融合创新及应用》，《金融科技时代》2021年第1期。

李小庆：《智慧场景金融建设的研究与实践》，《中国金融电脑》2020年第7期。

清华大学人工智能研究院、清华-中国工程院知识智能联合研究中心：《人工智能发展报告2011~2020》，2021年1月。

人民智库课题组：《2020年度全球十大人工智能治理事件及变革趋势前瞻》，《国家治理》2021年第3期。

王斌、王育军、崔建伟、孟二利：《智能语音交互技术进展》，《人工智能》2020年第5期。

张夏明、张艳：《人工智能应用中数据隐私保护策略研究》，《人工智能》2020年第4期。

中国信息通信研究院、中国人工智能产业发展联盟：《人工智能治理白皮书》，2020年9月。

中国信息通信研究院安全研究所：《人工智能安全框架（2020年）》，2020年12月。

中国信息通信研究院政策与经济研究所、人工智能与经济社会研究中心：《全球人工智能战略与政策观察（2020）——共筑合作新生态》，2020年12月。

中国信息通信研究院政策与经济研究所、人工智能与经济社会研究中心：《全球人工智能治理体系报告（2020）》，2020年12月。

Benaich, N., Hogarth, I., "State of AI Report", Oct. 1, 2020.

IDC、浪潮集团：《2020~2021中国人工智能计算力发展评估报告》，2020年12月。

第三章　互联技术及其应用

朱太辉　张彧通　张夏明*

摘　要：　互联技术是第四次科技革命迅速兴起并蓬勃发展的内在驱
动，5G网络、工业互联网、物联网、智能网联汽车、虚拟现
实等终端技术和应用深刻改变着人们的生产和生活方式，促进
实体经济各个领域加快数字化转型。互联技术的联通性、交互
性以及跨域叠加的特征在数字经济和新一轮产业升级中表现愈
加明显，随着技术的深入研发，以及技术与多元化场景的深度
融合，不同互联技术板块的融合将产生更大的规模效应、协同
效应、网络效应，形塑持续良好的金融科技生态。

关键词：　互联技术　5G网络　工业互联网　物联网　智能网联汽车

一　2020年互联技术发展与应用概况

（一）5G网络

信息通信技术伴随互联网技术，是推动人类发展的重要信息桥梁，从
2G、3G、4G到当今的5G，消费者需求正在影响移动宽带服务的发展。据

---

* 朱太辉，经济学博士，国家金融与发展实验室特聘研究员，主要研究方向为金融科技与金融
监管；张彧通，法学博士，加州大学洛杉矶分校访问研究员，主要研究方向为金融科技与数
字经济；张夏明，中央财经大学法学院博士研究生，主要研究方向为金融科技与区块链金融。

相关研究报告测算，预计 2020～2030 年，流量将增加 10～100 倍，设备和服务数量也将增加，对提高可承受性和用户体验的需求将需要创新的解决方案。从 2025 年起，互联网上连接的设备数量预计将达到 500 亿台。[①] 第五代移动技术（5G）以更大的带宽、更快的速度传输大量数据，可靠地连接大量设备，并以最小的延迟处理大量数据，在智能网络通信环境中连接人、物、数据、应用、交通系统和城市，支持传统 3G 和 4G 网络目前所不能支持的智慧家庭和建筑、智慧城市、3D 视频、云中工作和娱乐、远程医疗服务、虚拟现实和增强现实以及用于工业自动化的大规模机器对机器通信等应用。5G 意味着服务的随时性、便捷性和连接的无界性，实现"天—地—人"全天候、全方位、多领域的信息传输。

我国正在推进 5G 网络工程建设，根据相关统计数据，我国已建成全球最大的 5G 网络，2020 年底全国已开通 5G 基站超过 71.8 万个，实现所有地级市以上城市 5G 网络全覆盖，终端连接数超过 2 亿个。[②] 在第十三届全国人民代表大会第四次会议上，工信部表示将在 5 年内建成系统完备的 5G 网络。

（二）工业互联网

2012 年，美国通用电气公司首次提出"工业互联网"的概念，工业互联网拥有三大核心要素——人、数据和机器，工业互联网就是这三大要素的连接手段。2017 年 11 月，国务院发布《关于深化"互联网＋先进制造业"发展工业互联网的指导意见》，提出工业互联网是以数字化、网络化、智能化为主要特征的新工业革命的关键基础设施，其本质是通过开放的、全球化的通信网络平台构建网络、平台、安全三大功能体系，打造人、机、物全面互联的新型网络基础设施，形成智能化发展的新兴业态和应用模

[①] 《5G——第五代移动技术》，国际电信联盟网站，2019 年 12 月，https：//www.itu.int/zh/mediacentre/backgrounders/Pages/5G – fifth – generation – of – mobile – technologies.aspx。

[②] 黄鑫：《我国已建成全球最大 5G 网络》，人民网，2020 年 12 月 16 日，http：//it.people.com.cn/n1/2020/1216/c1009 – 31967793.html。

式。工业互联网是推进制造强国和网络强国建设的重要基础，是建设社会主义现代化强国的有力支撑。设备、生产线、员工、工厂、仓库、供应商、产品和客户紧密地连接起来，共享工业生产全流程的各种要素资源，实现数字化、网络化、自动化、智能化，从而提升效率和降低成本。工业互联网，就是 IT（信息技术）、CT（通信技术）、OT（操作技术）的全面融合和升级。它既是一张网络，也是一个平台，更是一个系统，实现了工业生产过程所有要素的泛在连接和整合。工业互联网发展前景广阔，现在已经有很多应用场景冒出。下一步，"5G + 工业互联网""工业互联网 + 实际应用场景"的发展，不仅会呈现给大家更多好的应用，满足人民群众对美好生活的追求，而且将为经济的发展提供更多的载体、平台和融合的空间。

我国工业互联网处于加速发展阶段，自 2017 年 10 月国务院发布《关于深化"互联网 + 先进制造业"发展工业互联网的指导意见》以来，我国工业数字化飞速推进。2020 年 12 月，工信部发布《工业互联网创新发展行动计划（2021 ~ 2023 年）》，提出到 2023 年新型基础设施进一步完善、融合应用成效进一步彰显、技术创新能力进一步提升、产业发展生态进一步健全、安全保障能力进一步增强，在此基础上开展 10 余项重点任务，包括网络体系强基行动、标识解析增强行动、平台体系壮大行动、数据汇聚赋能行动、新型模式培育行动等。

（三）物联网

物联网诞生于 20 世纪 90 年代，把所有物品通过射频识别等信息传感设备与互联网连接起来，实现智能化识别和管理。物联网通过智能感知、识别技术与普适计算、泛在网络的融合应用，形成无处不在的末端设备和设施，实现现实世界向网络空间的同等映射，被誉为继计算机、互联网之后世界信息产业发展的第三次浪潮。物联网具有三大特征（三大步骤），即全面感知、可靠传递和智能处理。首先，利用 RFID（射频识别）、二维码、传感器等随时随地获取物体的信息；其次，通过电信网络与互联网的融合，将物体的信息实时准确地传递出去；最后，运用模糊识别、云计算等智能计算技术，对海量数据进行分析和处理，对物体实施智能化控制。软件层面和硬件层面共同构成物联网的底层操作系统，配合基础硬件、5G、边缘计算、云计算、人工智能等底层技术，端云一体化推动服务升级。随着技术的进步，物联网在智慧城市、智慧医疗、智能家居、智能交通、智慧农业、智慧安防等方面发挥着越来越重要的作用。

　　2009年物联网被首次写入《政府工作报告》，成为国家五大战略新兴产业之一。根据艾瑞咨询的数据，预计到2023年，中国物联网的连接量将增加至超过150亿个（见图3-1）。尤其是随着工业数字化的纵深推进，各行各业对物联网的需求增加，产业物联网设备链接数量将大幅拉升。就市场规模来看，未来物联网有较大的发展空间，虽然新冠肺炎疫情减缓了商业物联网发展的速度，但提升了物联网终端设备对生活场景的渗透率，预计到2023年中国物联网市场规模将达到1438亿元。如果终端渗透率达到50%，物联网市值将超过5000亿元。

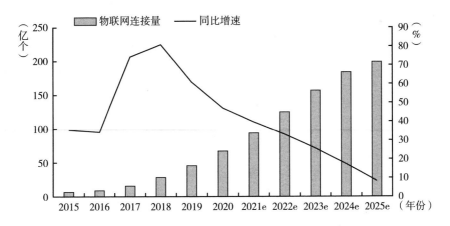

图3-1　2015～2025年中国物联网连接量及其同比增速

注：2021～2025年为预测数。

资料来源：艾瑞咨询：《2021年中国商业物联网行业研究报告》，2021年3月。

（四）智能网联汽车

智能网联汽车产业是汽车、电子、信息通信、道路交通运输等行业深度融合的新型产业形态。发展车联网产业，有利于提升汽车网联化、智能化水平，实现自动驾驶，发展智能交通，促进信息消费，对我国推进供给侧结构性改革、推动制造强国和网络强国建设、实现高质量发展具有重要意义。

目前，智能网联汽车发展已提升至国家战略高度，国务院、工业和信息化部、交通运输部、科学技术部、国家发展改革委、公安部等部门出台一系列规划及政策推动我国智能网联汽车产业发展。2017 年 2 月，国务院发布《"十三五"现代综合交通运输体系发展规划》，提出构建新一代交通信息基础网络，明确提出加快车联网建设和部署。随后，相关部门纷纷制定规章、发展指导文件和行业标准，如《汽车产业中长期发展规划》《智能网联汽车道路测试管理规范（试行）》《车联网（智能网联汽车）直连通信使用 5905 – 5925 MHz 频段管理规定（暂行）》《车联网（智能网联汽车）产业发展行动计划》《智能汽车创新发展战略》《关于促进道路交通自动驾驶技术发展和应用的指导意见》等，引导智能网联汽车产业转型升级和规范发展。2014 ~ 2023 年中国智能网联汽车市场规模见图 3 – 2。

（五）互联终端

1. 手机

我国是世界上最大的手机市场之一，受到各大手机厂商的重视。但相关数据显示，曾经高速增长的智能手机市场正在经历寒冬。2021 年 1 ~ 3 月，国内智能手机出货量为 4773. 6 万部，同比下降 34. 7%。[①]

---

① 艾媒咨询：《2019 ~ 2021 年中国 5G 手机行业发展现状及产业链分析报告》，2019 年 11 月。

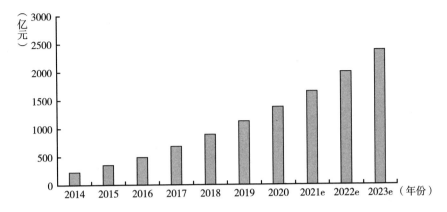

图 3 - 2 2014 ～ 2023 年中国智能网联汽车市场规模

注：2021～2023 年为预测数。
资料来源：智研咨询。

自 4G 发展到 5G 后，5G 基础设施的不断完备加速了智能手机的更新换代。未来 5G 移动终端智能手机的形态将有无限可能。对于手机来说，实现多模全频段的通信能力保持实时在线、保证连接云端、增强与用户的交互和体验是重要的要求。手机具备的功能会越来越多，也有部分功能会被其他移动终端所替代。

2. 音箱

智能音箱是在传统音箱基础上增加智能化的功能，主要体现在两个方面：一是技术上具备 WiFi 连接功能，且可进行语音交互；二是功能上可提供音乐、有声读物等内容服务，信息查询、外卖等互联网服务，以及场景化智能家居控制能力。智能音箱声音浑厚，低音强、音频足，适合家居、汽车等多种环境，具备富有弹性的装饰功能，以及较高的舒适度和抗干扰性。随着人工智能技术的不断完善，智能家居产品种类日益增多，智能音箱逐步与人类生活密切联系在一起。智能音箱市场的竞争也十分激烈，国际上亚马逊、谷歌出货量分别占全球市场的 35.5% 和 30%，苹果 HomePod 出货量占全球市场的 4.1%，国内阿里巴巴、百度和小米出货量也在迅速增长，占全球市场的7.3%。① 在竞争白热化的环境下，未来可能的趋势为：补充视觉交互，屏幕音箱是大势所趋；技术升级，产品配置专业化；市场更加细分化，开始布局儿童音箱市场。2020～2022 年中国智能音箱市场销量及其同比增速见图3-3。

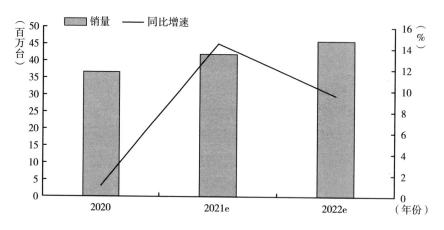

图3-3 2020～2022 年中国智能音箱市场销量及其同比增速

注：2021～2022 年为预测数。

资料来源：中商产业研究院：《2019 年中国智能音箱市场前景研究报告》，2019 年5月。

3. 汽车

在前期汽车大规模普及并满足基本出行需求后，消费者对汽车产品也赋予了更多价值，汽车逐渐成为连接家和办公场所的第三空间，人们对产品也有了高颜值、高安全性、高科技含量等期望，更加注重车内体验。ADAS（高级驾驶辅助系统）、信息娱乐系统逐渐成为消费者新的关注热点，而辅助驾驶、语音交互、车载视频、车辆联网等新型驾乘体验，直接依赖于传感器、车载屏幕、计算平台、车载通信等汽车电子的使用。

汽车行业正在经历电动化、智能化和网联化三种颠覆式技术创新，汽车产业链面临变革和重构，汽车逐渐成为一个可移动的智能空间，汽车对人们

① 中商产业研究院：《2019 年中国智能音箱市场前景研究报告》，2019 年5月。

生活的价值和意义被重新定义。在电动化方面，其核心动力驱动装置变为简单的电动机，进一步带动底盘和传动装置的简化，极大地降低了汽车的机械复杂度和制造门槛，更多非传统企业（如互联网科技企业）纷纷进入汽车行业。在智能化和网联化方面，汽车的计算能力和网络能力正在快速提升，逐步构建具备数据融合、高速计算、智能决策、协同控制能力的智能计算平台。同时，5G 高速网络已成为车联网的标准协议，汽车本身已成为新一代的移动计算基础设施。无人驾驶技术也让汽车从代步的交通工具转变为一种服务设施，所有人都变成了乘客，人们在车内的时间和注意力被释放出来，其中蕴含巨大的商业机会。

4. AR/VR

AR（增强现实）是一种基于现代计算技术生成附加信息对使用者所看到的真实世界进行认知增强或扩张的技术，包括系统显示技术、跟踪定位（注册）技术、用户交互技术；VR（虚拟现实）是一种可以创建和体验虚拟世界的计算机仿真系统，利用计算机生成一种模拟环境，并使用户沉浸到该环境中。两种视觉应用技术异曲同工，但在沉浸感、视觉呈现方式、注册内容、系统性能要求等方面有所区别。AR/VR 的主要应用领域有军事、工业、商业（如导航、古迹复原、旅游、展览）、消费（如教育、游戏、视频）等（见表 3 - 1）。相比之下，AR 较 VR 发展速度更快，市场占有率更高，2020 年 AR 市场规模达 900 亿美元。AR/VR 的出现代替了部分其他终端设备的功能，如大型 AR 游戏/视频等场景中 AR/VR 眼镜代替了传统手机、游戏机，带给用户更佳的体验。

5. 其他

移动终端范围广泛，除手机、音箱、汽车、AR/VR 外，还有智能家居（如扫地机器人、智能电视）、智能医疗设备、终端手表、终端阅读器等。智能医疗的移动终端还包括 5G 急救车、无线监护、远程监测、远程手术、医疗设备、管理等。终端设备打破了产品和服务的时空界限，随时随地通过接口嵌入不同场景中，满足用户个性化的使用需求。

表 3 - 1 AR 的应用场景

应用领域		应用方式
军事		军队通过 AR 技术,创造出虚拟坐标以及所在地点的地理数据,帮助士兵进行方位的识别,获得实时所在地点的地理数据等重要军事数据,进行模拟军事训练
工业		通过头盔显示器将各种辅助信息显示给用户,包括虚拟仪表的面板、设备的内容结构、设备零件图等
商业	导航	利用手机摄像头获得需要导航的街道,通过 GPS、陀螺仪确定用户当前的位置和方向,通过算法结合实景路况,把当前导航提示在路面上
	古迹复原、旅游、展览	文物古迹的信息以 AR 的方式提供给参观者,用户不仅可以获取古迹的文字解说,而且能够看到遗址残缺部分的虚拟重构
消费	教育	AR 技术可以将静态的文字、图片读物立体化,增强阅读的互动性、趣味性
	游戏	AR 技术可以让位于不同地点的玩家,结合 GPS 和陀螺仪,以真实世界为游戏背景,加入虚拟元素,使游戏虚实结合
	视频	通过 AR 技术可以在转播体育比赛时实时将辅助信息(如球员数据)叠加到转播画面中,使观众得到更多的信息

资料来源:中泰证券、华辰资本等。

二 工业互联网的发展与应用趋势

(一)工业互联网平台

工业互联网是工业系统与高级计算、分析、感应技术以及互联网连接融合的一种结果。通过高效共享工业经济中的各种要素资源,使用自动化、智能化的生产方式降本增效,可以帮助工业企业延长产业链,推动其转型发展。工业互联网平台面向制造业数字化、网络化、智能化需求,构建基于云平台的海量数据采集、汇聚、分析服务体系,支撑制造资源泛在连接、弹性供给、高效配置。2018 年 7 月,工业和信息化部印发《工业互联网平台建设及推广指南》,对工业互联网平台进行了整体规划和统筹部署。2020 年 3 月,工业和信息化部发布《关于推动工业互联网加快发展的通知》,提出要深化工业互联网行业应用,加强装备、机械、汽车、能源、电子、冶金等领域的工业互联网融合应用。经过近几年的快速发展,我国工业互联网发展走在了世界前列。在 2020 年工业和信息化部启动的工业互联网试点示范项目申报工作中,共有网络化改造集成创新应用类项目 4 个、标识解析集成创新应用类项目 11 个、"5G + 工业互联网"内网改造集成创新应用类项目 14 个、平台集成创新应用类项目 50 个、安全集成创新应用类项目 26 个。2020 年共发生 98 起与工业互联网相关的投资事件。2020 年 3 月,工业和信息化部公布了第九批国家新型工业化产业示范基地名单,"工业互联网·北京顺义区、海淀区、朝阳区、石景山区""工业互联网·湖北武汉""工业互联网·深圳宝安区"入围。2020 年 11 月,工业和信息化部分别复函支持山东省和广东省创建工业互联网示范区。① 工业互联网平台生态初步形成。一系列工业互联网平台的建设标准不断完善,涉及提升工业互联网平台设备管理能力、强化工业互联网平台应用开发能力、打造面向工业场景的海量工业App、实施工业设备上云"领跑者"计划、培育工业互联网平台应用新模式、建设工业互联网平台新型服务体系、推动平台间数据与服务互联互通等方面。

目前我国工业互联网平台快速增长。截至 2020 年底,我国平台类产品超过 500 个,具备一定产业影响力的工业互联网平台数量超过 70 个。② 这些工业互联网平台的主要提供商有信息通信企业、领先制造企业、工业软件服务商和工业设备提供商。在这些平台中,装备行业、消费产品行业、电子信息行业、原材料行业是我国工业互联网平台应用的主要方向。

工业互联网平台还存在一些制约因素并面临一定的挑战。全球工业化平台数量虽然增长很快,但均处于发展初期,业务模型、技术能力、商业模式、生态组织等还在探索中,工业互联网平台从功能到形态还有很大的创新空间。从国内视角看,我国工业互联网平台目前主要受到数据采集、工业

---

① 中国工业互联网研究院:《2020 年度中国工业互联网十件大事》,2021 年 1 月。

② 中国互联网络信息中心:《第 47 次中国互联网络发展状况统计报告》,2021 年 2 月。

PaaS（平台即服务）、工业 App 三个方面的制约。工业互联网平台面临的主要挑战包括以下几个方面：一是平台对底层工业数据资源的调度管理能力不足，表现为设备连接数量不足、协议转换和数据获取能力较弱、边缘计算能力有待提升；二是平台对工业数据分析和工业应用开发的技术能力不足；三是平台面向工业用户和开发者的服务供给能力不足。2018 年 7 月工业和信息化部出台的《工业互联网平台评价方法》是推动我国提升平台可持续发展能力的重要举措。一是从工业操作系统定位延伸出基础功能要求，包括平台资源管理能力要求和应用服务能力要求。二是从平台边缘层、IaaS（基础设施即服务）层、平台层（工业 PaaS 层）和应用层四个维度明确关键技术要求。三是从平台可持续、高质量发展延伸出应用效益（投入产出能力）要求，包括平台研发投入、平台产出效益、平台应用效果、平台质量审计等方面。四是围绕平台应用方向的差异性提出特定能力要求，针对特定行业的平台，需要增强行业设备接入能力、行业软件部署能力和行业用户覆盖能力；针对特定领域的平台，需要增强关键数据打通能力和关键领域优化能力。

（二）制造业数字化模式

当前，全球智能制造兴起，人工智能、大数据、云计算等一系列新兴技术与产业的融合程度越来越深。智能制造从本质上看可以提高生产效率，而数字化转型将是中国企业实现持续增长、转型升级和高质量发展的强力引擎。随着制造业智能化转型升级和高质量发展的逐步推进，信息技术与传统制造业的跨界融合成为必然趋势，智能生产、远程运维、数字化制造是当前智能制造的主要落地方式。为促进包括传统制造业在内的制造业转型升级，我国相继出台了一系列战略规划和政策措施，如 2016 年 5 月国务院印发《关于深化制造业与互联网融合发展的指导意见》，对制造业数字化转型进行了全面部署；2016 年 12 月工业和信息化部、财政部印发《智能制造发展规划（2016~2020 年）》，2018 年 5 月工业和信息化部印发《工业互联网发展行动计划（2018~2020 年）》，明确了制造业数字化转型的具体目标和重点任务。这些政策文件从顶层设计的角度为我国制造业数字化指明了方向，推动数字化健康发展。

但制造业数字化发展中难免存在问题，如缺乏权威统一的数据标准、数据安全保障有待提升、数据开放与共享水平不高、核心关键技术能力不足，在工业设计软件、高端通用芯片、机器人高精度减速器等诸多领域仍有众多关键核心技术尚未突破，这些问题严重阻碍了制造业数字化转型的效果和进程。目前制造业数字化主要通过"数字化 + 智能化"的模式提升制造业综合竞争力。"数字化 + 智能化"变革正在成为传统制造业向创新密集型制造业转型升级的一个基本范式。但是从产业链底层的"计算材料学"到产业链顶层的复杂系统"数字孪生"，实现数智化变革是一个巨大的技术和管理挑战。高水平数智化解决方案供应商是推动制造业整体转型升级的关键力量，也是加快我国制造业转型升级的一个重要前提。

《中共中央关于制定国民经济与社会发展第十四个五年规划和二○三五年远景目标的建议》指出，要锻造产业链供应链长板，立足我国产业规模优势、配套优势和部分领域先发优势，打造新兴产业链，推动传统产业高端化、智能化、绿色化，同时还指出，要补齐产业链供应链短板，实施产业基础再造工程，加大重要产品和关键核心技术攻关力度。未来可以以智能化手段推进制造工艺层面的原发性创新，坚持边云协同，聚焦边缘智能，从制造业全链条出发创新发展工业互联网。

（三）应用场景

当前工业互联网平台初步形成四大应用场景：一是聚焦设备、生产线、车间等工业现场，通过对实时生产数据的分析与反馈对整个生产过程进行优化；二是向上延伸到企业运营层面，利用平台来打通设计、管理、供应链等各环节数据，并基于大数据挖掘分析实现管理决策优化；三是在整个产业层面，将供需信息、制造资源、创新资源汇聚到平台中，通过基于数据分析的重新组织，实现资源优化配置与协同；四是从产品全生命周期流程入手，在平台中进行产品设计、生产、服务等数据的集成管理和优化应用。

与 5G 结合是未来工业互联网的发展趋势。根据电信运营商的研究报告，"5G＋工业互联网"主要有以下几种应用场景。

一是"5G＋智能工厂"。5G的悄然到来，将突破4G时代人与人的连接，开启工业变革的大门，实现人与物、物与物的万物互联。5G作为智慧工厂的重要支撑载体，将"打通"各生产要素，配合智能化技术，实现不同生产要素间的高效协同，从而提高生产效率，使智慧工厂的智能感知、泛在连接、实时分析、精准控制等需求得到满足，实现制造环节中的操作空间集中化、操作岗位机器化、运维辅助远程化、服务环节线上化，把员工从现场解放出来，实现少人、无人作业，彻底解决现阶段工业制造领域的痛点。综上，5G网络性能的全面提升将赋予工业制造更多可能，5G将给工业互联网带来"以移代固""机电分离""机器换人"三大需求。

二是"5G＋智慧钢铁"。通过信息化和工业化深度融合以及组织结构优化，"5G＋智慧钢铁"以智能化为抓手，提高智能生产、智能管控、智能服务等方面的能力，实现行业发展的质量变革、效率变革、动力变革，赋能钢铁行业转型升级。利用5G高速率、大带宽、低时延等特点，融合边缘计算、机器视觉、人工智能等新兴技术，打造钢材质检、无人天车、设备远程控制等应用，实现钢铁行业设备的智能化改造，推动钢铁企业各环节的少人化、无人化，促进新兴技术与钢铁行业传统技术融合，助力钢铁制造技术与装备转型升级，从而促进创新发展，坚持绿色发展，推动智能制造，提高我国钢铁工业的发展质量和效益，智慧钢铁成为钢铁行业发展的必然趋势。

三是"5G＋智慧港口"。把握5G大带宽、低时延、海量连接等特性，全面实施"5G＋"计划，推进"5G＋4G"协同发展，配合"5G＋AICDE（人工智能、物联网、云计算、大数据、边缘计算）"新技术融合，共建"5G＋Ecology"新生态，实现"5G＋X"，加速推动5G在智慧港口领域的应用，提升港口的自动化能力，为典型港口企业提供5G智慧港口整体解决方案和产品能力。港口的数字化与自动化发展不仅能够降低码头用工成本，最大限度地减少人机接触，保障人员安全，而且可以实现港口的高效、安全生产运营。

四是"5G＋智慧风电"。风电上网电价正在逐年下降，如何缓解成本压力，提高风电机组发电效率，逐渐成为行业关注的焦点。在此背景下，以信息流贯穿风电机组生产、运维等关键环节的智慧风电应运而生。利用5G大带宽、低时延、海量连接等特性，在风电场部署5G网络，实现风电场海量数据上云，驱动风电场大数据在风电行业的升级和落地。5G作为面向工业领域的新一代通信技术，实现了"信息物理融合"，助力风电行业实现新的跨越式发展。

（四）行业趋势

工业互联网向纵深发展，未来将呈现以下发展趋势。

在技术层面，人工智能技术大展身手，推动工业互联网的智能化深度发展。工业智能被认为是工业知识和人工智能的综合体现。用工业知识解决问题是白箱模式，用人工智能算法解决问题是黑箱模式，目前在很多工业场景中，工程师已经开始运用以白箱为主、黑箱为辅的模式来解决问题。未来，工业智能会成为从设计到生产、制造再到销售等环节的一套完整的解决方案。

区块链技术的独特优势，为解决工业互联网的发展痛点问题提供了一条可行途径：一是借助机器共识、共享账本、智能合约、隐私保护四大技术变革，为工业互联网提供在依据行业规范及标准、遵守企业间协定前提下的数据互信、互联和共享；二是区块链"物理分布式、逻辑多中心、监管强中心"的多层次架构设计，为政府监管部门和工业企业之间提供了一种"松耦合"的连接方式，在不影响企业正常生产、开展商业活动的前提下提供了"柔性"合规监管的可能；三是分布式的部署方式能够根据现实产业的不同状况，提供分行业、分地域、分阶段、分步骤的建设和发展路径。

在目标层面，工业互联网助力解决普惠金融问题。工业互联网不仅仅是"工业＋互联网"，还是新一代信息通信技术与工业经济深度融合的产物；它不仅是基础设施，更是商业模式和工业生态。在工业互联网革命下，工业类企业实现产融结合反而比金融类企业更具优势，工业互联网的模式可以帮助普惠金融解决风险控制和使命偏移等难题。

工业互联网将实现产融结合和智能工厂的体制机制。产融结合是通过打通全产业链的工业和金融数据，实现贯穿产业链全周期的数据透明，穿透产品和业务流程，真正把风险控制的黑箱变成白箱。智能工厂具备足够的柔性能力，产品和服务具有较大的弹性以及较高的延展性和兼容性，同时可以自我协同，还可以通过网络实现与外界的互联，具备灵活性和敏捷化发展的能力。

三 物联网的发展与应用趋势

（一）物联网硬件与软件系统

根据物联网的基础结构，从纵向看，可以将其大致分为感知层、网络层和应用层。感知层即对各类场景、各种类型数据进行采集；网络层的主要功能是实现更广泛、更快速的网络互联；应用层是数字化的平台，包括支撑平台子层和应用服务子层，前者主要用于跨行业、跨系统、跨应用之间的数据传输、共享和协同，后者主要用于实现终端层面的人机交互、人人交互。从横向看，物联网由硬件端和软件端组成，硬件端主要包括传感和通信设备，软件端主要包括运用 SaaS（软件即服务）和 PaaS（平台即服务）等模式搭建模块化的应用组装引擎，通过开发人员积木式的自由组合，以满足用户个性化的定制服务需求。

（二）应用场景

物联网技术的应用主要分为消费物联网和工业物联网两大类。

根据不同的主体和场景应用，消费物联网可细分为家用物联网和个人物联网。家用物联网是指以家庭为中心向消费者提供智能化的产品与服务，旨在提升人们居住的体验，创造更加便捷、舒适、安全、节能的家庭生活环境。我国消费物联网产业链见图 3 - 4。

智能家用安防是家用物联网中落地最快且最具象的应用场景。智能家用

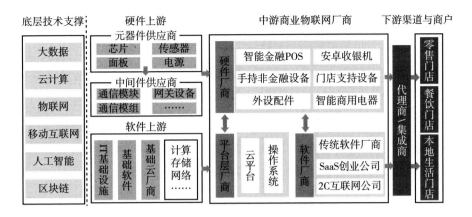

图 3 - 4 我国消费物联网产业链

资料来源：艾瑞咨询。

安防是家居生活的刚需场景，不仅涉及室外安全预警、防盗，室内看护、烟火警报等多个方面，而且涉及视频监控等大量数据感知与处理服务，用户更青睐后台的云端服务，如相关消息推送、视频回放、安全预警等。目前，家庭安防场景的智能化路径正从厂商提供智能单品向提供安防套装方案转变。终端用户的需求也不再局限于单个场景的单独联动，用户更期冀智能化、多场景、自主联动的实现。因此，厂商需要从刚性的安防场景出发，向全屋智能突破，利用刚性的需求场景打破用户认知，助力消费群体由高端走向大众化。此外，良性的竞争环境与快速的市场普及推动解决方案商实现项目快速复制与成本降低，未来全屋智能解决方案价格也将更加亲民，进一步推动家用物联网普惠大众。个人物联网覆盖用户从晨起到归家的全路程，涉及居家、出行、教育、办公与娱乐消费等场景。

工业物联网主要分为四大应用模式。一是网络化协同。形成众包众创、协同设计、协同制造、垂直电商等一系列新模式，大幅降低新产品开发制造成本，缩短产品上市周期。二是智能化生产。实现从单个机器到生产线、车间乃至整个工厂的智能决策和动态优化，显著提升全流程生产效率，提高质量、降低成本。三是个性化定制。基于互联网获取用户个性化需求，通过灵活柔性组织设计、制造资源和生产流程，实现低成本大规模定制。四是服务化转型。通过对产品运行的实时监测，提供远程维护、故障预测、性能优化等一系列服务，并反馈优化产品设计，实现企业服务化转型。

（三）行业趋势

随着云计算、大数据、人工智能等技术的不断发展和进步，未来个人物联网、家用物联网以及工业物联网的数据终将打通，各个联通的设备将消除数字与物理、人与机器之间的障碍，充当万物互联的接口。

四　智能网联汽车的发展与应用趋势

（一）智能网联汽车的互联技术

智能网联汽车是指搭载先进的车载传感器、控制器、执行器等装置，并融合现代通信与网络技术，实现车与X（人、车、路、云端等）智能信息交换、共享，具备复杂环境感知、智能决策、协同控制等功能，可实现"安全、高效、舒适、节能"形式，并最终实现代替人来操作的新一代汽车，是汽车、信息、通信等多学科、多技术深度融合的典型应用。

智能网联汽车技术体系涉及信息通信、交通、汽车等行业，以安全为支撑，对车、路、云端产生的信息流进行融合感知、计算、决策与信息下发。智能网联汽车的具体技术架构可划分为"三横两纵"。其中，"三横"包括车辆关键技术（环境感知技术、智能决策技术、控制执行技术、系统设计技术）、信息交互关键技术（专用通信与网络技术、大数据云控基础平台技术、车路协同技术）、基础支撑关键技术（人工智能技术、安全技术、高精度地图和定位技术、测试评价技术、标准法规）；"两纵"包括车载平台和基础设施两个维度（见图3-5）。智能网联汽车是智慧交通落地应用的突破口，助力智慧交通系统建设，同时也是融合"新基建"的重要方向。

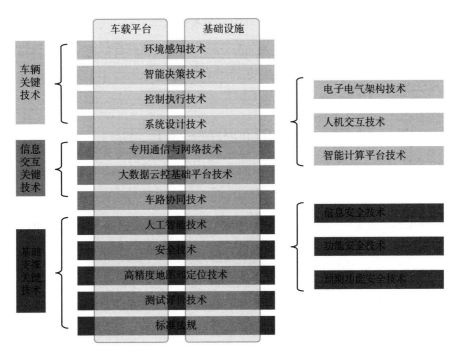

图 3 − 5 智能网联汽车"三横两纵"技术架构

资料来源：民生证券研究院。

（二）智能网联汽车产业链

智能网联汽车产业链包含上游的关键系统、中游的系统集成以及下游的应用服务。其中，上游涵盖了感知系统（摄像头、雷达、地图定位）、控制系统（算法、芯片、操作系统）、执行系统（集成控制系统）等关键系统；中游涵盖了智能驾驶舱、自动驾驶解决方案以及智能网联汽车等集成系统；下游涵盖了出行服务、物流服务等应用服务。

（三）行业趋势

智能网联汽车的技术发展最终会实现自动驾驶以及车与万物互联。车联网作为汽车的"五官"，可以更好地了解汽车外部环境和内部运行状况；人工智能作为汽车的"大脑"，可以根据信息综合判断并做出决策。车联网是实现自动驾驶的前提，而车联网的应用在自动驾驶时代会得到更充分的发展。

2021 年 2 月 24 日，中共中央、国务院印发《国家综合立体交通网规划纲要》，提出建设融合感知平台，推动智能网联汽车与现代数字城市协同发展。

五　AR/VR 的发展与应用趋势

（一）AR/VR 与互联技术

AR（增强现实）通常通过使用智能手机上的相机将数字元素添加到实时视图中。VR（虚拟现实）意味着一种完全沉浸式体验，参考物理世界创造"平行空间"，通过使用 HTC Vive、Oculus Rift、Google Cardboard 等 VR 设备，用户可以被传送到真实世界和许多想象的环境中，给其带来身临其境的体验。

2016 年是 VR 产业元年，随着 5G 技术的成熟及其商用化范围的拓展，2019 年 AR/VR 也搭上了快车道，通过云端提供数据存储、数据交换等服务，进一步渗透市场。随着技术和市场的发展，2020～2021 年成为 VR 驶入产业、开拓场景和市场的关键发力时期，有望成为工业数字孪生、沉浸式教学等传统行业转型升级与长、短视频领域的重点发展路径。在新冠肺炎疫情的影响下，视频社交、视频会展等 VR 创新应用市场逆势增长，其对"新型基础设施"的需求越来越大。AR/VR 本质上更偏向于终端应用，其技术生态主要包含"五横两纵"的框架与发展路径。其中，"五横"是指近眼显示、感知交互、网络传输、渲染计算与内容制作，"两纵"是指 AR 与 VR。AR 与 VR 技术的互联是贯穿整个 AR/VR 产业发展的关键底层驱动。

（二）应用场景

1. AR 应用场景

"AR + 商贸会展"。AR 有助于提升会展组织的与会体验感与线上参与度。新冠肺炎疫情下，国家大力倡导"云上会展"，以"云展示、云对接、云洽谈、云签约"实现远程多方协作，唤醒企业运营与供应链活力，将成为未来会展发展的新动能与新常态。

"AR+工业生产"。AR作为新一代人机交互工具，可为开发设计、生产制造、营销销售、运营维护等人员搭建数字世界和现实世界的桥梁，可以低成本、高效率地实现不同场景的交互，提升企业数字化转型过程中数据获取的维度。

"AR+地产营销"。依托AR等技术，用户不用亲临现场即可获得房屋的三维体验，监督房屋的施工进度，并根据用户偏好生成家装效果预览，增强行业差异化竞争能力。

"AR+医疗健康"。AR可以广泛应用于模拟医学、医疗工具、诊疗方案等方面，便于医学用户学习专业知识，实践专业技能。同时，可面向外科医生在重大手术前开展模拟和训练，对手术风险进行提前预判。

"AR+文娱休闲"。AR可应用于旅游、商超、社交、游戏、活动直播等场景，可以大量汇集人流、物流、资金流和信息流，进而挖掘用户数据、进行用户画像。作为高频次、大流量、趋势性的消费场景，可以在转播体育比赛时实时将辅助信息（如球员数据）叠加到转播画面中，使观众接受到更多信息。AR是推广信息化应用、培育新型信息消费模式的新载体和理想试验田。[1]

2. VR应用场景

"VR+医疗"。医生可以通过VR技术来模拟、指导医学手术所涉及的各种过程，包括手术计划制订、手术排练演习、手术教学、手术技能训练、术中引导手术、术后康复等。

"VR+教育"。以优质的教育资源为核心，集应用系统、平台、内容于一体，为学生创造真实的学习环境。

"VR+零售"。在线虚拟购物方案，为商户拓宽销售渠道。

---

[1]　中国信息通信研究院、华为技术有限公司、京东方科技集团股份有限公司：《虚拟（增强）现实白皮书》，2019年1月。

"VR+5G"。流畅的场景式购物体验，离不开 VR 技术的沉浸感属性和标准化制作过程，也离不开安全便捷的 5G 高速网络服务。

（三）行业趋势

行业的发展越来越趋向于轻量化、移动化、开放化、快捷化、完善化、普及化，而装备制造应用是 VR 技术的重要应用领域之一，在此领域中，VR/AR 中的大规模场景真实感建模技术、复杂异构数据转换与集成技术、复杂对象的物理行为建模技术等关键技术都可应用到企业中来，为社会创造更多的财富。

参考文献

艾瑞咨询：《2021 年中国商业物联网行业研究报告》，2021 年 3 月。

《工信部部长："十四五"期间将建成系统完备的 5G 网络》，中国财经，2021 年 3 月 8 日，http：//finance. china. com. cn/news/special/lianghui2021/20210308/5513902. shtml。

华辰产业研究院：《计算机行业 AR/VR 研究报告》，2020 年 7 月。

前瞻产业研究院：《2021 年中国物联网行业市场现状与发展趋势分析》，2021 年 1 月。

沈建光、金天、龚谨等：《产业数字化——驱动中国经济打造新模式、新赛道和新生态》，中信出版社，2020。

王芳、傅鸣非：《汽车智能网联化风起云涌，万亿市场蓄势待发——汽车智能网联化专题报告》，民生证券研究报告，2021 年 1 月。

许雪荷：《工业互联网发展趋势：重视工业智能的价值》，工业互联网观察微信公众号，2021 年 2 月 16 日，https：//mp. weixin. qq. com/s/PjvVRr_ 2vMKBxZZrzHay4g。

杨芳：《一文详解新基建：各地投资有何优势？ 科技公司布局哪家强？》，新浪财经，2020 年 8 月 19 日，https：//finance. sina. cn/zl/2020 - 08 - 19/zl - iivhuipn9537929. d. html。

张龙：《解读政府工作报告 | 赛迪顾问：如何加快制造业数字化转型》，赛迪顾问微信公众号，2021 年 3 月 8 日，https：//mp. weixin. qq. com/s/819bSOIOlv 0mwHOmEUuNSg。

中国信息通信研究院：《〈工业互联网平台评价办法〉解读 PPT》，搜狐网，2018 年 10 月 18 日，https：//www. sohu. com/a/260312158_ 478183。

中国移动：《5G + 工业互联网应用场景白皮书》，2020 年 1 月。

中商产业研究院：《2019 年中国智能音箱市场前景研究报告》，2019 年 5 月。

第四章　分布式技术及其应用

薛春雨　陈宏鸿　梅 江*

摘　要：　随着技术的快速发展，云计算进入了一个全新的阶段，以容器和微服务为基础的云原生技术已成为云计算发展的主要方向。目前基本上所有的云厂商都在围绕云原生进行产品布局，并且相关细分领域的技术也在快速发展，像微服务、容器、DEVOPS等均已经在很多行业落地实践。另外，作为云计算一个全新的方向SERVERLESS，虽然目前还处在发展初期，但其整体思路已经被行业认为是未来的重点方向，可预见在未来2~3年迎来一个高速发展期。在区块链领域，随着国家政策的不断推动，国内区块链的发展正处在一个快速发展期，但区块链如何与具体的业务场景结合，真正为社会创造价值还在不断地探索，但从目前国内的发展情况来看，积极参与国家级区块链相关领域的建设，将是实现价值的一个非常好的机会。同时，金融行业引入分布式技术进行架构转型的步伐也在加快，并且在很多细分领域已经形成多种可落

* 薛春雨负责本章的整体规划，以及第三部分的编写。薛春雨，神州信息工程院副院长、云原生与分布式研发中心总经理、应用基础架构专家，中国电子工业标准化技术协会团体标准《分布式平台联机事务处理通用技术要求》的主要起草人。
陈宏鸿负责本章第二部分的编写。陈宏鸿，北京神州数码方圆科技有限公司总经理、神州信息金融科技首席架构师，负责公司ESB、微服务、开放平台、区块链等产品研发，SOA和微服务领域建模专家、区块链专家，著有《商业银行服务治理实践与探索》，参与数十家银行IT系统实施和咨询。
梅江负责本章第一部分的编写。梅江，神州信息服务战略本部云产品与云服务部技术总监、云计算专家，参与完成多个大型软件项目的架构设计和交付。

地的具体实践。从长远发展来看，分布式架构与容器及云原生的衔接也将是必然趋势。

关键词： 分布式技术　云原生　区块链　金融科技

一　云计算在金融科技领域的应用

（一）云计算发展整体态势

1. 全球云计算发展整体态势

2020 年，席卷全球的新冠肺炎疫情深刻影响着社会经济的方方面面，科技金融与金融科技相互影响、融合的同时，也在加快重塑。云计算作为关键 IT 基础设施，在数字化转型过程中所发挥的重要作用得到更为广泛的认同。2020 年全球公有云支出约达到 2575 亿美元[①]，较 2019 年 2427 亿美元[①]增长 6%（见表 4-1）。

表 4-1　全球公有云服务终端用户支出

单位：百万美元

终端名称	2019 年	2020 年	2021 年	2022 年（预测）
Cloud Business Process Services(BPaaS)	45212	44741	47521	50336
Cloud Application Infrastructure Services(PaaS)	37512	43823	55486	68964
Cloud Application Services(SaaS)	102064	101480	117773	138261
Cloud Management and Security Services	12836	14880	17001	19934
Cloud System Infrastructure Services(IaaS)	44457	51421	65264	82225
Desktop as a Services(DaaS)	616	1204	1945	2542
总计	242697	257549	304990	362262

资料来源：Gartner，2020 年 11 月。

在全球数字化转型驱动力和新冠肺炎疫情压力双重作用下，越来越多的企业、机构选择上云，并加速向云上迁移的进程。2020 年，云计算支出占全球 IT 支出的 9.1%，预计到 2024 年这一比例将达到 14.2%。[①]

此外，金融服务公司（FS）和技术、媒体和电信公司（TMT）之间开始一轮新的融合，彼此的界限变得模糊。业务与技术同时发生着演变，涌现出跨领域的业务、技术创新：无服务器部署及管理、提供给特殊用户使用的绝密云、云应用现代化、跨云软件定义产品等。而在云计算领域内部，也出现通过某类云锁定的边界被混合云、多云服务打破的情形。混合云服务提供商开始提供跨云环境的数据、分析、人工智能、数据库、集成工具、物联网等服务的同时，公有云服务提供商也在自行打破原先划定的边界。调查显示，多数企业选择多云（多个公有云和私有云混合）策略，并且更倾向于使用云服务商提供的 PaaS 服务。表 4 - 2 显示的是增长最快的 5 个被频繁使用的 PaaS 服务。[②] 其中，容器化服务、无服务器部署在 2020 年被用户所采用的比例分别为 56% 和 48%。这些服务能够用来加速部署、扩展操作、提高运行时的工作负载效率等，以应对多云部署所带来的基础设施管理复杂化的挑战。

表 4 - 2　Top Growing Cloud PaaS 服务被用户采用的比例

名次	服务	2019 年	2020 年	增长
1	IoT	29%	35%	6 个百分点
2	Container as a Service	48%	56%	8 个百分点
3	机器学习（Machine learning/AI）	35%	41%	6 个百分点
4	容器化服务（Data warehouse）	50%	56%	6 个百分点
5	无服务器部署（Serverless）	43%	48%	5 个百分点

资料来源：Flexera：《Flexera 2020 年云状态报告》，2020 年第一季度。

---

① https：//www. gartner. com/en/newsroom/press - releases/2020 - 11 - 17 - gartner - forecasts - worldwide - public - cloud - end - user - spending - to - grow - 18 - percent - in - 2021.

② https：//www. flexera. com/blog/industry - trends/trend - of - cloud - computing - 2020/.

在金融服务领域，越来越多的独立软件提供商推出更多基于云的解决方案，而多数金融科技公司直接利用云平台为金融机构提供业务平台或云原生的金融服务，同时上云的金融应用范围也从边缘业务向核心业务扩展。

2. 国内云计算发展整体态势

在当前科技革命和数字化转型的大潮中，我国云计算产业保持强劲增长势头。预计到 2023 年，我国云计算整体市场规模将从 2019 年的 1334 亿元，提升至 3800 亿元。① 在新冠肺炎疫情、复工复产复学等多种因素催化下，企业上云进程进一步加快，用云程度也在进一步加深。在金融科技领域，包含云计算在内的技术要素，已经在企业借贷与融资、支付、清结算、DCEP、多方安全计算（智能风控与开放银行）、证券资产管理等多种业务中发挥重要的赋能作用。

云计算作为核心基础设施，通过对计算、存储、网络等资源的池化管理，提供基础算力支撑。这样的基础算力可以和5G、工业互联网、物联网结合，形成"云网融合"，满足网络化应用需要；可以和人工智能、区块链、大数据等技术结合，形成新型技术平台，推动行业应用创新；可以直接对既有业务模式产生影响，推动行业专业化程度和质量的提升。2020 年 5 月，国家发展改革委员会明确云计算是新技术基础设施之一，属于"新基建"的一部分，支撑传统基础设施转型升级形成的融合基础设施。

目前，我国云计算产业生态链初步形成，覆盖咨询、设计、实施、运营、运维等各个环节。但是，仍然面临云计算发展不平衡、不充分等问题，全栈自主可控的云计算平台也仍然处于发展初期。2020 年，中央和部分地方推动金融科技发展的关键政策及举措相继出台，中国人民银行、银保监会、证监会相关金融科技监管政策也密集推出。此外，中国人民银行 2019年 8 月印发的《金融科技（FinTech）发展规划（2019～2021 年)》明确指出需要对云计算进行合理布局：构建集中式与分布式协调发展的信息基础设施架构，充分发挥云计算特性优势，强化云计算安全技术研究与应用，确保

---

① 中国信息通信研究院：《云计算发展白皮书（2020 年)》，2020 年 7 月。

金融领域云服务安全可控。2019 年 12 月,央行启动金融科技创新监管试点,截至 2020 年 7 月,包容审慎的中国版"监管沙盒"试点范围已经从北京扩大到全国 9 个地区。随着金融监管进一步强化,金融行业深度上云、用云,云计算相关行业标准不断完善,相关技术持续演进,相信云计算将为提升我国金融服务质量和效率,优化金融发展方式,增强金融核心竞争力,筑牢金融安全防线做出更大贡献。

(二)云计算技术发展趋势

随着技术的快速发展,云计算领域的新技术也层出不穷,有些技术已经为行业带来巨大的贡献,有些技术虽然现在还处在发展初期,但其设计理念非常先进,也代表了未来的发展方向。纵观这几年的发展情况,主要有如下几方面的技术代表了云计算的发展方向。

1. 容器技术

2007 年,Linux 内核开始支持 Cgroup 和 NameSpace,这两种技术是实现容器化的基础。dotCloud 于 2013 年 3 月将 Docker 项目开源,Docker 和 Docker 开源社区迅速火起来。谷歌在 2015 年将 Kubernetes 转移到 CNCF,目前 Kubernetes 已经成为容器编排调度的实际标准。从 2016 年开始,各大公有云都基于 Kubernetes 提供了云原生的 Kubernetes 服务。例如国外 Google 的 GKE、微软的 Azure AKS、AWS 的 EKS,国内华为云的 CCE、腾讯云的 TKE、阿里云的 ACK 等都是基于 Kubernetes 的云原生容器服务,Kubernetes 已经成为公有云的容器部署的标配。私有云领域也有众多厂商在建设基于 Kubernetes 的 PaaS 平台,例如 VMWare、Redhat、道云等。Gartner 预测到 2024 年,发达国家 75% 的大型企业将使用容器技术。

随着行业的快速发展,金融机构的业务模式逐渐转变为线上,线下的营业网点逐渐变少,金融企业在向线上转型的过程中存在诸如应用修改的需求非常迫切、应用的弹性不足、发布周期长以及并发能力不足等问题。而容器的六大特性能够解决上述问题,助力金融企业数字化转型。

(1)可移植性和灵活性。容器化让开发者能够把应用和依赖包打包到一个可移植的容器中，然后发布到任何流行的 Linux 服务器上运行，这就是 Docker 提出的"Build once，Run anywhere"。

（2）更小的计算开销，降低总体成本。容器与虚拟机部署方式相比，能显著降低操作系统部署所需的硬件配置，从而降低总体成本。

（3）轻量级特性和秒级启动能力。容器可以轻量化部署，大小只有几十兆，容器的启动和停止只需要几百毫秒。

（4）低风险的快速部署。采用容器化，容器包可以快速上线到测试和生产环境。若出现问题，直接回退，不会对操作系统造成严重影响或者持久化变更。

（5）持续集成和持续交付。容器化的应用部署可以通过 Jenkins 实现持续集成、持续部署、持续交付。

（6）微服务架构。微服务架构本身非常多样化，微服务的每个模块都封装成容器镜像，这使得自动化运维变得简单。

容器技术在金融行业的应用场景非常广泛，世界最大的三大商业银行都已经在使用容器技术。从容器技术的使用场景来看，以下五大场景非常适合金融企业容器化。

（1）构建 CI/CD 平台。金融 IT 采用容器技术的一个非常大的驱动力就是加速应用交付和迭代。容器的出现，为持续集成、持续交付和开发运维联动带来了新的思路。容器技术完整的 CI/CD 解决方案，实现了 Code to Cloud 全流程自动化。

（2）大规模集群管理。随着金融行业信息化的发展，金融 IT 环境日趋复杂，应用系统越来越多、物理机和虚拟机错综复杂、私有云和公有云资源共存等都导致 IT 资源的统一管理非常困难。使用容器云平台可以解决这些问题，轻松实现大规模集群管理。

（3）应用微服务化。微服务化就是将应用解耦拆分成多个小的应用，开发者可以对一个微服务进行更新升级，这使得应用的升级变得容易。

（4）大数据分析。随着 IT 技术的不断发展，金融企业产生了海量数据，这些数据存在巨大的商业价值。而大数据分析需要强大的计算能力，容器技术通过在分布式容器平台上合理地调度和分配应用资源，提供大数据分析所必需的算力。

（5）云原生应用。银行的电商平台、App、融资平台，证券公司的投资服务平台等都是非常典型的云原生应用。云原生应用有两种来源，一种是传统应用经过改造迁移到云上，另一种就是基于云而设计打造的应用。

2. 云原生

云原生是云计算时代的新兴热门技术，云原生基金会（Cloud Native Computing Foundation CNCF）对云原生的定义为："云原生技术有利于各组织在公有云、私有云和混合云等新型动态环境中，构建和运行可弹性扩展的应用。云原生的代表技术包括容器、服务网格、微服务、不可变基础设施和声明式 API。这些技术能够构建容错性好、易于管理和便于观察的松耦合系统。结合可靠的自动化手段，云原生技术使工程师能够轻松地对系统做出频繁和可预测的重大变更。"

根据这一定义，采用云原生技术构建的应用系统具备以下几个要素。

（1）微服务。基于微服务架构，实现高内聚松耦合的服务解耦和内聚，服务间通过 RESTful API 通信，可以独立部署、更新、扩展。

（2）DevOps。开发、运维协同合作，打通开发、测试及部署的自动化流水线，实现服务和应用的快速部署和持续交付。

（3）容器化。容器技术是云原生的基础和关键技术，容器技术具有基础设施不可变、更小的资源消耗、秒级启停、弹性伸缩和故障恢复等特性，为微服务架构和 DevOps 提供有效支撑。

可以看到，具备以上要素的应用将具有更短的开发周期、更灵活的弹性策略以及更好的可移植性，从而更好地支持业务创新和数字化转型的需要。

如果把云原生基金会创立的 2015 年视为云原生元年，云原生发展距今已有 6 个年头，其间，云原生技术随着云计算的发展浪潮持续高速发展，云原生生态不断壮大，所有主流云计算供应商都加入了该基金会，云原生也获得了各行业用户的广泛关注和持续应用。

根据 CNCF 的《2019 年中国云原生调查报告》提供的数据，云原生在中国使用广度和深度都在持续加强。49%的受访者在生产中使用容器，另有32%的受访者计划这样做（见图4－1）。与2018年11月相比，这是一个显著的增长，当时生产中仅20%的受访者使用容器。另外，72%的受访者在生产中使用 Kubernetes，高于2018年11月的40%（见图4－2）。

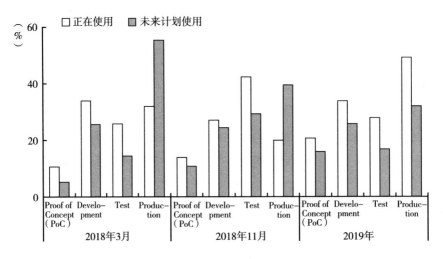

图4－1　国内容器使用情况

资料来源：云原生计算基金会：《2019年中国云原生调查报告》，2020年11月。

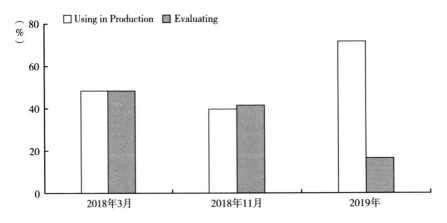

图4－2　国内 Kubernetes 使用情况

资料来源：云原生计算基金会：《2019年中国云原生调查报告》，2020年11月。

2021 年是"十四五"的开端，也是金融行业科技和业务变革及飞速发展的又一个五年，国家和行业层面都对金融科技的发展提出相应的要求和指引。在 2020 年 11 月出台的《中共中央关于制定国民经济和社会发展第十四个五年规划和二〇三五年远景目标的建议》（以下简称"十四五"规划）中，明确提出了加快数字化发展以及提升金融科技水平的要求。可以看到，继"十三五"规划中提出"互联网＋金融"规划后，金融行业在新的五年规划中将进一步推进和深化数字化发展工作。另外，在 2019 年 8 月中国人民银行印发的《金融科技（FinTech）发展规划（2019～2021 年）》（银发〔2019〕209 号）中，提出了建立健全我国金融科技发展的"四梁八柱"，进一步增强金融业科技应用能力的发展目标。

对于金融行业而言，这些规划和指引将催生更加广泛的金融服务场景，引发更多面向服务、场景化、互联网化的业务创新。金融行业将持续提升金融服务能力，同时降低金融服务成本，进一步提升金融科技的创新性、智能性、普惠性和聚焦客户体验的能力。

新的业务模式和创新需要技术架构提供高并发、多频次、大流量的业务支撑能力，业务及架构规模和复杂性增加的同时，还需要具备易于开发部署、灵活弹性扩展的特性，来简化系统的建设和运维工作。对于以上综合需求和挑战，云原生技术凭借其突出的快速响应需求、分布式微服务架构、弹性伸缩能力，为金融科技的创新发展及数字化转型提供了良好的支撑。

采用云原生技术构建的技术架构将提供以下能力：借助容器技术基础，实现秒级甚至毫秒级的弹性响应能力；借助云原生技术栈的分发调度及自动化能力，实现服务自治及故障自愈的能力；借助分布式架构，实现跨区域、跨平台的规模化复制部署能力。通过在开发、测试及生产环境中引入云原生技术，金融业务的部署、开发、运维将获得以下显著的收益：更快的部署时间、更好的可扩展性、更高的可用性、更好的跨云可移植性、更低的开发建设成本、更高的开发者生产力。

这些特性和能力，将支撑金融业务加速迭代更新，助推行业数字化转型升级，更好地助力金融业务创新。可以预见，进入 2021 年，云原生技术必将在金融和其他多个行业得到更加广泛和深入的应用，相关的技术和产品也将实现更加蓬勃的发展，并迎来在金融等行业快速落地的机会。

3. 混合云

根据《Flexera 2020 年云状态报告》，在全球市场中，有 93% 的企业采用多云架构，87% 的企业采用混合云架构，这一比例比 2019 年大幅提高了 33 个百分点，混合云继续加速在企业中的普及应用（见图 4－3）。

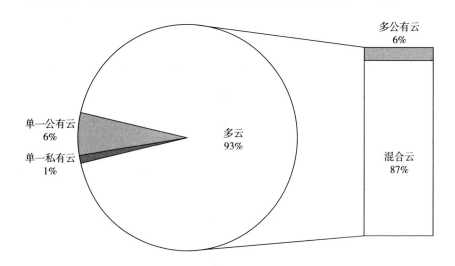

图 4－3 全球企业云状况

资料来源：Flexera：《Flexera 2020 年云状态报告》，2020 年第一季度。

中国信息通信研究院云计算与大数据研究所发布的《中国混合云发展调查报告（2019 年）》显示，从国内企业级市场的整体环境来看，当前的中国企业不仅积极上云，而且为了满足更多样化的需求，表现出新的特征，越来越多上云企业从单一的采购公有云转变为采用公有云加私有云的混合云架构。企业的云架构正在逐步向混合云、多云等更为复杂的系统转变，公有云、私有云、混合云、多云并存的大格局初现端倪。其中，由于混合云既具备公有云的弹性伸缩性，又可满足用户对于不同类型数据的存储要求，近年来应用范围越来越广泛。但国内行业用户混合云应用比例相比全球市场仍处于较低水平，但是比例在持续升高，混合云市场接受度也在不断提升。在接

受调查的所有企业中，目前已经应用云计算的企业占比达到 58.6%，相比
于 2018 年上升了 3.9 个百分点。其中采用混合云的企业占比为 8.1%，相比
2018 年提高 2.5 个百分点（见图 4 - 4）。由于各行业用户整体上云比例持续
增高，预计未来几年应用混合云的企业占比将持续上升。

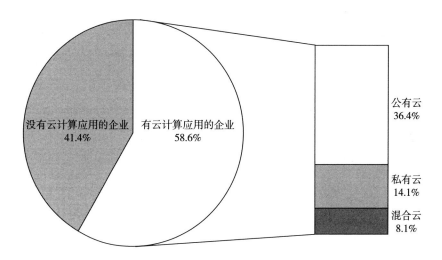

图 4 - 4　中国混合云市场占比

资料来源：中国信息通信研究院：《中国混合云发展调查报告（2019）》，2019 年
8 月。

企业尚未应用混合云的原因是现有技术不成熟和缺少适合的解决方案。
调查发现，37.5% 的企业认为现有技术不够成熟是其尚未应用混合云的原
因，缺少完善的混合云管理平台解决方案是这部分企业遇到的主要困难。
《Nutanix 2019 企业云指数报告》显示，国内金融行业在混合云部署方面已
领先于其他行业。目前，国内金融行业混合云部署渗透率已达 21%，高于
18.5% 的全球平均渗透率。结合金融行业强监管属性，从成本、安全性、合
规性及灵活性等诸多方面综合考虑，混合云成为金融市场上更多企业的优先
选择，并且是未来的主流。

混合云兼备了公有云和私有云之所长，私有云能够支撑核心金融业务的
稳定及持续运营，公有云满足了灵活的扩展性和敏捷性，二者合力将进一步

提升"互联网＋金融"业务的用户体验及业务创新能力。混合云在金融行业的主要落地方式集中在如下四种。

（1）灾难恢复。基于监管机构对金融行业业务连续性的监管要求，企业需要建立灾备机制，实现同城或异地灾备，而自建方式不仅成本高，而且周期长。从灵活度、运维复杂度等方面综合来看，混合云灾备提供了新的灾备方式，金融企业将涉及交易、客户等信息的敏感系统、核心系统运行在私有数据中心，将灾备机房运行在安全合规的金融公有云平台，大幅降低RTO（Recovery Time Objective），实现业务高可用。这种混合云灾备的方式，在满足监管要求的同时，最大程度提高了灾备的灵活性、扩展性，降低了运维复杂度。

（2）应用负载快速扩展。金融企业普遍面临这样的问题：在特定时间周期内，金融业务系统的访问量激增，而无法快速搭建、扩展新的负载实例来应对突发流量。而混合云场景可解决这种短时的流量激增问题。业务系统通常部署在私有数据中心，扩展实例部署在金融公有云环境。混合云场景下，应对突发流量时可快速拉起并负载分流到扩展实例，达到调峰目的，极大地节省时间和资源。

（3）数据备份。通常的应用方式是，业务系统运行在私有云环境，非敏感数据或脱敏数据备份在金融公有云，以达到合规且安全的目标。

（4）敏捷开发。通过构建混合云，将开发测试环境运行在金融公有云上，可以灵活构建弹性快捷的开发测试过程；而生产环境则运行在安全稳定的私有数据中心。这样就可以达到在业务系统不同生命周期阶段项目之间隔离独立，互不影响，且安全灵活的目的。利用DevOps流程工具，兼有公有云的灵活快捷与私有云的安全稳定。

4. Serverless

Serverless是近几年继容器、微服务后又一个新的架构技术，给应用设计带来全新的思维模式改变。该技术正在快速发展，应用场景还比较有限，但是该技术带来的好处值得金融行业关注。

Serverless的概念可以帮助金融行业朝云计算这个方向往前走一步，它提倡的是人们不需要关心应用逻辑以外的服务相关的事情，包括管理、配置、运维等，用多少就付多少。从这个角度来看，Serverless 是真正让云计算变成社会商业基础设施的一个路径，也更接近现在业内提倡的云原生的方式，因此人们在使用云计算的过程中自然就应该按照 Serverless 的方式来使用。

Serverless 的 2020 年状态报告 *Coding Sans of Serverless Report 2020* 反馈，64% 的公司和人因为不知道这项技术或缺少知识技能而抗拒采用，而采用 Serverless 架构的公司和个人 63% 是因为该技术架构伸缩和扩展能力极强、能加快产品开发速度而使用的。

Serverless 中文的含义是"无服务器"，其实它真正的含义是开发者再也不用过多地考虑服务器的问题，但是这并不代表完全去除服务器，而是我们依靠第三方资源服务器后端。比如使用 Amazon Web Services（AWS）Lambda 计算服务来执行代码，那么 Serverless 架构分为 Backend as a Service（BaaS）和 Functions as a Service（FaaS）两种技术。Serverless 是由开发者实现的服务端逻辑运行在无状态的计算容器中，它由事件触发，完全被第三方管理。

传统的架构模式是使用 C/S 架构的，在典型的 Web 应用程序中，服务器接收前端的 HTTP 请求处理，在保存或查询数据库之前，数据可能会经过多个应用层，最终后端会返回一个响应，比如它可以是 JSON 形式或其他格式等，然后它会将响应返回给客户端。在 Serverless 架构中，应用业务逻辑基于 FaaS 架构形成多个相互独立的功能组件，并且以 API 服务的形式向外提供服务。在 FaaS 中，后端的应用被拆分成为一个个函数，我们只需要编写完函数后部署到 Serverless 服务即可，也不用关心任何服务器的操作，整个流程就只需要一个前端工程师的角色来完成所有的开发工作，那么沟通成本就降低了。

Serverless 主要优点包括如下几个方面。

（1）降低开发成本。Serverless 会提供一系列的配套服务。比如，我们只需要在配置文件上写下数据库的名称，那么数据就会存储到对应的数据库里，并且会提供一系列的函数计算模板，我们只需要写好我们的配置即可，这一系列内容都可以自动、高效地完成任务。

（2）实现快速上线。对于一些传统项目来讲，我们在本地开发需要部署环境，到开发环境或测试环境还是需要部署环境。但是 Serverless 在部署上有优势，并且可以很轻松地实现上线。因为 Serverless 相当于有内建自动化部署功能，并且由供应商提供。每次我们写完业务代码后，只需要运行即可。

（3）能适应微服务架构和扩展性能力强。对于传统应用来说，要应对更多的请求方式，就是部署更多的实例，然而这个时候往往已经来不及了。而对于 FaaS 来说，我们并不需要这么做，因为 FaaS 会自动扩展，它可以在需要时尽可能多地启动实例副本，而不会发生冗长的部署和配置延迟。

当然，它的架构特点及目前的发展情况，还有如下一些缺点。

（1）不适合长时间运行应用。Serverless 在请求到来时才运行，当应用不运行时会进入"休眠状态"；下次当请求来临时，应用需要一个启动时间，叫冷启动。如果我们的应用需要长期不间断地运行，并需要处理大量的请求，那么可能就不适合用 Serverless 来架构了。

（2）缺乏调试和开发工具，排查问题困难。

（3）无法用于高并发运用。为每个请求启动一个进程开销太大，流量瞬间爆发容易超时。

目前行业内 Serverless 的应用场景主要包括物联网（IoT）或自动框架项目、数据统计分析、通知或定时任务。但随着技术的不断成熟，Serverless 将会给相关行业带来新的机遇。

二　区块链技术发展分析

工信部在《区块链的参考架构》中定义，狭义区块链是一种按照时间顺序将数据区块以顺序相连的方式组合成的一种链式数据结构，并以密码学方式保证的不可篡改和不可伪造的分布式账本。广义区块链技术是利用块链式数据结构来验证与存储数据、利用分布式节点共识算法来生成和更新数据、利用密码学的方式保证数据传输和访问的安全、利用由自动化脚本代码组成的智能合约来编程和操作数据的一种全新的分布式基础架构与计算范式。[1]

区块链技术本质就是一种分布式账本技术，是密码算法、共识机制、点对点通信协议、分布式存储、分布式计算等多种核心技术高度融合形成的一种分布式基础架构。

（一）区块链发展概述

回顾 2020 年，虽然新冠肺炎病毒肆虐全球，各行业受到了不同程度的冲击，全球区块链行业开发和技术人员活跃人数也减少了不少，但是区块链技术和应用在 2020 年取得一些可喜的进展。

1. 全球区块链发展概述

全球各国对于区块链技术在数据共享和价值流通方面的价值已经普遍持认可态度，2020 年全球对区块链的政策监管动向如下。

（1）沙盒制度鼓励创新

所谓沙盒制度，是指在监管机构可以控制的小范围内测试新产品、新服务等的一种机制，以保护消费者，支持真正的金融创新。沙盒测试可以为监管机构提供清晰的视角来看待监管规定与金融创新之间的辩证关系，及时发现因限制创新而有损消费者长远利益的监管规定，并第一时间调整，最终达到保护消费者、支持真正的金融创新的目的。

全球越来越多的国家和地区开始推行沙盒制度，以支持区块链技术和商业创新探索。部分国家对区块链技术采用监管和扶持并行的方式，通过多种方式扶持区块链技术发展，包括专项资金补贴、企业税收优惠以及成立沙盒制度等。

（2）各国政策和动态

2019 年，美国证券交易委员会（SEC）发布了指导方针，帮助明确数

---

[1]　工信部电子标准院：《区块链参考架构》，2017 年 5 月。

字货币的证券合法性。[1]

2019 年 10 月，美国国税局发布了 5 年来首份加密货币税收指南，并表示或将加大对加密货币交易者的审计力度。[2]

2019 年末，美国国税局又发布了有关加密货币分叉的征税指导。[3]

2019 年，土耳其发布了"2023 年数字战略"，计划在云计算、物联网（IoT）和开源项目中建立"国家区块链基础设施"，该计划还包括试点的测试环境和允许项目成长的监管沙盒。[4]

2020 年 1 月，澳大利亚央行表示，在以太坊上模拟测试央行数字货币。[5]

2020 年 2 月 7 日，澳大利亚启动有关葡萄酒业、银行金融业的国家区块链战略。

2020 年 2 月，新加坡金融管理局（MAS）颁布的《支付服务法案》正式生效，所有在新加坡境内提供数字货币支付服务的企业向金融管理局取得相关运营牌照后可以开展支付业务。

2020 年 3 月，美国商品期货交易委员会（CFTC）通过了《数字资产零售商品交易的指引》，明确了数字货币作为"实物交割"的情况，进一步确立了数字货币在期货交易中的合法性。

2020 年 3 月，印度最高法院推翻了中央银行对该国实行的为期两年的加密货币交易禁令。[6]

2020 年 4 月，法国央行也称，以太坊和 Ripple 或将为央行数字货币提供动力。[7]

2020 年 4 月 14 日，G20 金融稳定委员会（Financial Stability Board，

---

① https：//finance. sina. com. cn/blockchain/coin/2020 – 01 – 06/doc – iihnzahk2234107. shtml.
② https：//finance. sina. com. cn/blockchain/coin/2020 – 01 – 06/doc – iihnzahk2234107. shtml.
③ https：//finance. sina. com. cn/blockchain/coin/2020 – 01 – 06/doc – iihnzahk2234107. shtml.
④ http：//blockchain. people. com. cn/n1/2020/1118/c417685 – 31935625. html.
⑤ 火币研究院：《全球区块链产业全景与趋势年度报告（2020～2021 年度）》，2021 年 2 月。
⑥ https：//static. aminer. cn/misc/pdf/blockchain20. pdf.
⑦ 火币研究院：《全球区块链产业全景与趋势年度报告（2020～2021 年度）》，2021 年 2 月。

FSB）发布了《解决全球稳定币项目所引起的监管、监督挑战》，对稳定币提出 10 项监管建议，具有非常大的影响力。

（3）全球化的监管

监管机构和国际区块链行业组织，如 G20 金融稳定委员会（FSB）、美国证券交易委员会（SEC）、美国国税局、欧盟区块链观察站和论坛、世界银行区块链实验室、国际货币基金组织金融科技高级顾问小组等专门组织加强对区块链技术和加密货币的研究，以推进对其全球化的监管。[①]

从政策监管领域来看，数字资产运营、发行及交易等行为相关政策数量最多，资产定性类政策数量反而显著下降，而与传统政策融合的监管政策，则主要围绕反洗钱及税收展开。

另外，从技术角度来看，金融科技在扩容、性能提升、安全加固、跨链生态、价值交换等方面取得了长足的进步。在应用方面，稳定币推出，DeFi去中心化金融应用蓬勃发展，加密数字货币市值也创新高。除了技术上跨链实现外，2020 年公链生态中崛起了基于应用场景的资产跨链，其中声势最浩大的就是 BTC 跨链到以太坊。2020 年 5 ~ 11 月，以太坊的 BTC 锚定币数量快速增长了近 50 倍，从 3000 枚增长到如今的 15 万枚。[②] 截至 2020 年 11 月 24 日，BTC 锁仓价值达 27 亿美元，几乎占到 DeFi 整体锁仓量的五分之一。这说明公链的区块链应用正在快速落地。

2. 国内区块链发展概述

2019 年 10 月 24 日，中共中央政治局就区块链技术发展现状和趋势进行第十八次集体学习，中共中央总书记习近平在主持学习时强调"区块链技术的集成应用在新的技术革新和产业变革中起着重要作用"，将区块链技术的重要性提到一个新的高度。随后国家各个部门出台了相关政策，鼓励和扶持区块链行业的发展。[③]

---

① http：//blockchain. people. com. cn/n1/2020/1118/c417685 - 31935625. html
② 火币研究院：《全球区块链产业全景与趋势年度报告（2020 ~ 2021 年度）》，2021 年 2 月。
③ https：//static. aminer. cn/misc/pdf/blockchain20. pdf

2020 年 1 月，中国人民银行召开会议，强调 2020 年继续稳步推进法定数字货币研发。

2020 年 1 月，国务院办公厅发布《关于支持国家级新区深化改革创新加快推动高质量发展的指导意见》，指出要加快推动区块链技术和产业创新发展，探索"区块链＋"模式，促进区块链和实体经济深度融合。

2020 年 1 月，银保监会发布《关于推动银行业和保险业高质量发展的指导意见》，提及要充分运用包括区块链在内的新兴技术，改进服务质量，降低服务成本，强化业务管理。

2020 年 2 月，中央一号文件《中共中央、国务院关于抓好"三农"领域重点工作　确保如期实现全面小康的意见》指出，要依托现有资源建设农业农村大数据中心，加快物联网、大数据、区块链、人工智能等现代信息技术在农业领域的应用。

2020 年 2 月，央行等多部门发布《关于进一步加快推进上海国际金融中心建设和金融支持长三角一体化发展的意见》，探索区块链等新技术在金融领域的应用。

2020 年 2 月，央行发布金融业标准《金融分布式账本技术安全规范》。

2020 年 3 月，工信部发布《关于推动工业互联网加快发展的通知》，提出要引导平台增强 5G、人工智能、区块链等新技术的支撑能力，强化设计、生产、运维、管理等全流程数字化功能集成。

2020 年 4 月，国家发改委对"新基建"所覆盖的内容做了进一步的解释，区块链被正式纳入新基建范畴当中。

在中央和国家政策的示范效应下，2020 年以来，全国 20 多个地区陆续印发了关于区块链的支持政策，其中包括湖南省、贵州省、广州市、北京市、河北省、江苏省、广西壮族自治区等地，分别出台了 3 ~ 5 年区块链产业发展路径和规划，区块链技术和应用成为新基建的内容之一。[①]

在区块链的技术和应用发展方面，相比国外而言，国内的公链发展相对

---

① https：//new. qq. com/rain/a/20201215A0CT5900.

较慢，主要集中在联盟链的发展即无加密货币的联盟链技术和应用。而国内联盟链的发展更多的是体现在各种场景的应用，缺乏具有行业领导力的跨链技术标准和数据交换标准，联盟链各自为政，缺乏数据交换和价值交换，相应生态不完备，缺少典型标杆区块链的应用。

（二）区块链底层技术平台正在加快技术发展

1. 国外区块链技术发展

区块链主要分为公链和联盟链两种模式，不同国家对区块链的理解、认识及相关政策差别比较大，在国外公链相较联盟链发展得更快。

首先从公链的视角了解一下区块链技术的发展情况。

（1）比特币

比特币最大的技术进展在于签名算法安全性的提升。比特币目前使用的 ECDSA 签名算法与即将采用的 Schnorr 签名算法，都属于椭圆曲线数字签名算法。它们使用的椭圆曲线都是 secp256k1 和哈希函数 SHA256，能兼容目前的比特币公私钥生成机制。Schnorr 签名算法升级，是由比特币开发人员 Pieter Wuille 提出的，现在已经正式合入比特币代码的主分支中。

升级后的 Schnorr 签名算法和原来的 ECDSA 算法相比有以下优势：一是可证明安全性，具备选择消息攻击下的签名的强不可伪造性；二是签名不可延展性（Non-malleability），即第三方在不知道私钥的情况下，不能将针对某一公钥和消息的有效签名改造成针对该公钥和信息的另一个有效签名；三是签名的线性，使得多个合作方能生成对他们的公钥之和也有效的签名，这一特点对多重签名、批验证（Batch Verification）等应用非常重要，既能提高效率，也有助于保护隐私。

比特币的另一个技术进展在于 Taproot 升级，将复杂的交易脚本引用到脚本 Hash 值所用地址（Redeem Script）代替。对于协作式的脚本，采用 Schnorr 的多重签名方法。对于非协作式的脚本，采用 MAST 模式，通过 MerkleRoot 树表示法，将 P2SH 支付方法转化为常见的 P2PKH（支付到公钥哈希）方法。这样做的好处是将复杂的交易脚本代码变短，MAST 交易大小为对数增长，提高了交易性能。

另外，将构建脚本的工作转移至接收方而非发送方，除了接收方，任何其他方都可以不知道兑换脚本中包含的支出条件，比如在多重交易中，发送方可以不知道与多重签名地址有关的公钥，只在接收方支出资金时，才披露公钥，这样交易的隐私性更好。

（2）以太坊 2.0 扩容

以太坊 2020 年处于 2.0 的升级过程，此升级不会在单个时间点进行，而是分阶段进行。其中设计目标主要是通过改进共识机制和分片技术提高其性能，通过引入一些抗量子组件来提高将来针对量子的攻击性，升级新的虚拟机，其中包含以下要点。

● 共识机制。Ethernet 2.0[①] 信标链（Beacon Chain）由 POW 的挖矿机制转化为 Casper 的 PoS 的质押（Staking）机制，一方面可以避免超级矿池的垄断，避免算力的浪费，提高共识效率，另一方面通过质押让更多的 ETH 持有者参与进来，并通过质押获得相关利益。

● 网络重构。从 ETH2.0 开始以太坊将建立三层网络结构，包括现有的 PoW 主链、信标链和分片链（Sharding Chain）。信标链作为"灯塔"，不直接处理用户的转账、智能合约事务，而负责总体调度，指挥众多分片链达成共识，进行跨链沟通，各个分片链则负责独立处理分片内各类交易。在信标链网络，验证委员会成员将基于 PoS 共识机制，对信标链上不同分片网络中交易区块的状态结果的最终一致性进行投票。

● Rollup 技术。lay2 层以太坊的分片技术还没有完全实现，随着以太坊应用的急剧增加，以及交易费用 Gas 的居高不下，迫切需要一种技术，能短期提高交易效率，同时降低手续费，Rollup 技术应运而生。Rollups 将计算（以及状态存储）移至链下，但将每笔交易的一些数据放在链上。以发送一个 ETH 交易为例，原本在链上需要存放 112 个字节，通过 Rollup 技术，可以减少到只需 12 个字节。Rullup 技术可以改变使用区块链的方式，即压缩

---

① https：//docs. ethhub. io/ethereum－roadmap/ethereum－2. 0/.

交易上链数据和格式，提高每个块的交易数量，从而减少每笔交易 Gas，提高交易性能。

● 分片技术。以太坊 1.0 中每个节点都存储整个状态（账户余额、合同代码和存储等）并处理所有交易。这样保证了安全性，但极大地限制了可伸缩性和性能。因此，在很大程度上，比特币被限制为每秒 3 ~ 7 笔交易，以太坊被限制为每秒 7 ~ 15 笔交易。为了提高性能，以太坊 2.0 分为 64 个片，根据下载和验证的数据量多少，引入了轻节点（Light-Node）、全节点（Super-full Node）、单分片节点（Single-shard Node）和顶级节点（Top-level Node）。只要有足够多的节点验证每笔交易，那么整个系统就是安全的。在分片链（Sharding Chain）上分片分组处理交易，就能大大提高整个系统并发能力。

● 新虚拟机（EWASM）。以 WebAssembly 为一个开放标准，定义了指令集、中间源格式（浪费）和二进制编码格式（wasm），旨在利用广泛平台上可用的通用硬件功能，以本机速度执行 Wasm（是一种新的、可移植的、节省二进制大小和加载时间的格式）。主要的浏览器 JavaScript 引擎将特别具有对 WebAssembly 的支持，包括但不限于 Google 的 V8 引擎（Node. js 和基于 Chromium 的浏览器）、Microsoft 的 Chakra 引擎（Microsoft Edge）、Mozilla 的 Spidermonkey 引擎（Firefox 和 Thunderbird）。而 Ewasm 是 Wasm 的受限子集，以太坊新虚拟机将实现一个虚拟机执行 Ewasm 的智能合约，智能合约可以是 solidity、Rust、C 编写，最后编译为 Ewasm 执行。Ewasm 可在浏览器沙箱中执行，具有高效、内存安全等特点，这样也更方便智能合约的开发、运行以及推广。

（3）Polkadot——跨异构链网络

Polkadot 是由以太坊的联合创始人兼首席技术官 Gaven Wood 于 2016 年发起的一个区块链项目，使用 Rust 开发。Polkadot 同时是一种网络协议，它允许跨区块链传输任意数据，而不仅仅是令牌。这意味着 Polkadot 是真正的多链应用程序环境，Polkadot 可以在公共、开放、未经许可的区块链以及私有经许可的区块链之间传输数据。它使得异构区块链网成为一个可以在共同的安全保证的环境下交换信息的互联网。Polkadot 是一个活跃的网络，具有可治理和可升级的特性。该网络具有一套先进的管理工具，使用 WebAssembly 标准作为"元协议"，可以自主部署网络升级。Polkadot 可以适应不断增长的需求，而无须承担网络分叉的风险。

Polkadot 是在 Substrate 上构建的区块链，从本质上讲 Substrate 是三种技术的组合，即 WebAssembly、Libp2p 和 GRANDPA Consensus，是一个区块链开发框架。它既可以用于构建新区块链的库，又是区块链客户端的"万能钥匙"，能够与任何基于 Substrate 的链同步。Polkadot 现在是仅次于 Ethereum 的第二大活跃的 DeFi 生态系统，并且增长迅速，而且在任何的下一代协议中，Polkadot 也拥有最多的开发者，极具吸引力和黏性。[①]

另外，联盟链的技术也有一定的发展。

（1）HyperLedger Fabric

2020 年 Fabric 升级到了 2.0 版本，是 1.0 版本以来的第一个 Hyperledger Fabric 主发行版。2.0 版本做了以下功能升级。[②]

● 智能合约的管理。以前的智能合约是基于中心化的治理方式，Fabric 2.0 中引入了针对链码的去中心化治理、链码认可策略，A 组织提交智能合约后，需要同一个通道上其他足够多组织对其参数和策略进行认可才能和账本交互。

● 隐私安全。安全性和数据隐私也是 2.0 版本的重中之重。2.0 版本启用了用于处理和共享私有数据的新模式，可与链上的单个组织及其审计机构进行数据共享；2.0 版本还启用了新的对等缓存机制，代替之前使用的外部 CouchDB 状态数据库；从 2.0 版本开始，Fabric Docker image 将使用 Alpine Linux，这是一种安全的轻量级 Linux 版本，极大地降低了安全漏洞的风险。

● 性能提升。之前使用外部 CouchDB 状态数据库，形成了批准和验证阶段的读延迟瓶颈以及相应的高昂成本；2.0 版本启用了节点本地缓存来加

---

① https：//www.chainnews.com/articles/448328277794.htm.

② https：//hyperledger-fabric.readthedocs.io/en/release-2.3/whatsnew.html.

速读取状态数据。

●跨链支持。Hyperledger Cactus 是由埃森哲和富士通共同打造的区块链基础框架，具有区块链集成能力，可以打通各个区块链体系，形成统一生态，实现各个区块链之间的通信、操作和交易。

（2）Quorum

Quorum 是一个在以太坊 go-ethereum 发行版本上开发的分布式账本协议，可以看成企业版本的以太坊。为了保证企业许可和准入机制，在节点准入、共识算法、隐私安全、账户管理上做了以下修改，提高了性能。

●节点准入机制。只有经过批准节点才能加入现有网络，保证联盟链的安全。

●可插拔共识机制。不需要在许可的网络中使用 POW/POS，用户可选 Raft 共识、共识（一种 PBFT 共识算法）和共识算法（一种和 go-ethereum 绑定的共识算法）。

●隐私安全。同时支持公开交易和私有交易，通过公共和私有状态分离来支持公开智能合约交易和私有智能合约交易，并利用对等加密消息交换（Constellation 和 Tessera）将隐私数据定向传输到网络参与者。

●账户管理。账户使用插件化，该插件使 Quorum 或 clef 可以通过包括外部库在内的其他账户管理方法进行扩展。

2. 国内区块链技术发展

国内做公链的比较少，开源的更是凤毛麟角。2019 年 10 月 31 日，火币集团宣布 Huobi Chain（火币公链）正式开源。它基于 Muta、CKB-VM、Overlord、nervos-p2p 等开源组件深度定制，并面向金融应用的场景进行了扩展与优化，使用 Rust 开发。火币公链目前的主要技术特征有：共识算法采用自适应流水线算法提高交易吞吐量；采用聚合签名技术降低共识算法延迟；使用基于账户的 CKB-VM 实现编译器和硬件友好的高性能智能合约虚拟机；内置一等资产类型，对用户资产采用内置系统合约管理，大幅提高安全性、通用性并降低复杂度；支持原生跨链协议，火币公链、Nervos CKB 和基于火币公链或 Muta 技术开发的侧链可以直接实现跨链，支持高灵活性的虚拟机合约以及高性能的原生合约，适应不同业务场景。①

相对公链，国内的联盟链发展比较快，主要包括以下一些典型代表。

（1）FISCO—BCOS

2017 年 12 月，金融区块链合作联盟成立由微众银行、神州信息、华为、亦笔科技等 8 家成员单位组成的区块链开源工作组，并共同发起国内第一个区块链开源底层技术平台块 FISCO BCOS。FISCO BCOS 经过多年研发和众多实际应用场景的试验，已经成熟稳定并能够兼容以太坊上的智能合约，单链条处理性能达到 2 万多笔/秒，具有智能合约虚拟机、联盟多账本技术、高效共识算法等能力。2020 年 FISCO – BCOS 在跨链交易、DID 以及跨链的分布式事务方面取得了一些进展。

（2）超级链 XuperChain

XuperChain 是百度超级链体系下的第一个开源项目，用 GO 编写，是构建超级联盟网络的底层方案。采用 DPOS 共识算法，DPOS 确保了大规模节点下的快速共识；通过 XuperModel 模型，实现了智能合约的并行执行和验证；通过 WASM 虚拟机，做到了指令集级别的优化。在架构方面，其可插拔、插件化的设计使得用户可以方便选择适合自己业务场景的解决方案。通过 XuperBridge 技术，可插拔多语言虚拟机，从而支持丰富的合约开发语言。在网络方面，节点通信基于加密的 P2P 网络，支持广域网超大规模节点，且底层账本支持分叉管理，自动收敛一致性。在账号安全方面，内置了多私钥保护的账号体系，支持权重累计、集合运算等灵活的策略。

（3）Sm@rtGAS

国内领先的金融科技公司神州信息整合了 FISCO BCOS、Hyperledger Fabric、以太坊等技术，形成了具备行业跨链协作能力的区块链技术解决方案 Sm@rtGAS，具有一键组网、动态添加节点、整合数字钱包、支持数字货币、支持跨链交易等功能。在金融科技、智慧城市、农业、税务、企业服务等领域不断开展应用。Sm@rtGAS 作为行业成熟的区块链解决方案和产品，

---

① https：//github. com/yejiayu/huobi – chain.

成为区块链技术与金融市场业务之间的技术"桥梁"。目前已经在国有大型银行、股份制银行、城市商业银行、农商行等金融机构设计区块链应用场景，例如数字钱包、智慧城市市民卡、预付费卡、交易存证、发票管理、商业票据、对账清算、金融监管、供应链金融等，为区块链技术和金融行业的应用结合起到重大的促进作用。

（4）"工银玺链"区块链平台

金融机构中，中国工商银行依托金融科技优势，于2018年对外发布具有自主知识产权的企业级区块链技术平台"工银玺链"。"工银玺链"具有高性能的技术架构、金融级的隐私保护方案、软硬件结合的国密加速技术、易扩展的跨链互访能力，单链性能达到2万TPS的高性能指标。目前该平台已经取得150余项技术创新成果，提交41项专利，在企业级金融安全体系建设、节点资源动态扩容和伸缩配置、共识节点及记账节点热备智能切换、区块链平台集群资源监控、多种区块链产品的一键式组网、基于拜占庭共识的区块链并发处理能力等方面实现突破，应用于资金划收、资金清算、资金拨付、银企互联等60多个场景，在金融行业率先推出安全可靠的区块链服务。

其他的有蚂蚁金服的蚂蚁区块链、腾讯的TrustSQL、京东的JDChain、趣链科技的Hyperchain、平安金融壹账通的壹账链等自主底层技术平台。

（三）场景应用分析

区块链具有不可篡改、可追溯、信息安全共享等特点，将起到促进多组织之间数据共享、流程优化、降本增效的作用。目前区块链已在金融、供应链、电子政务、司法存证、产品溯源等领域有较大规模的应用。

1. 摩根大通JPM Coin和Liink支付网络

2020年，摩根大通成立了一个名为"Onyx by J. P. Morgan"的新业务部门，该部门负责该公司的区块链工作。Onyx的使命是使用分布式账本技术支持的网络和服务来重新构想如何利用新的基础架构来建立、运营和转换业务。

Onyx 拥有大量新产品，例如 Liink，这是第一家由银行主导的生产级、可扩展和点对点区块链网络，它解决了跨机构付款以及相关信息分享的问题。超过半数的世界最大的银行已经签署协议加入这一新范式。2021 年 2 月，印度国家银行加入摩根大通区块链支付网络①，使用区块链来简化有关资金移动的信息交换。银行能够通过共享有关网络的信息并开发应用程序将其数据资产货币化。

另一个产品是 JPM Coin②，这是一个基于区块链的支付工具，挂钩美元的稳定币，运行在其联盟链 Quorum 上。2020 年底，在区块链上实现 JPM Coin 和美元实时盘中兑换，只有通过摩根大通 KYC 的机构客户才能使用 JPM Coin 进行交易。

2. 中国工商银行"工银玺链"

中国工商银行依托于自研的"工银玺链"在金融领域展开如下实践。

在资金管理领域，工行打造的雄安征迁资金区块链管理平台支持各商业银行灵活接入，有效帮助政府实现拆迁资金线上化、透明化管理，成为"智慧雄安"的信息基础设施。

在供应链金融领域，工行运用区块链技术在业界率先推出银行增信无条件保兑产品"工银 e 信"，实现核心企业应收账款在上下游供应商中的信用转递、流转，较好解决了多级供应商授信问题，降低了企业融资成本，目前上链企业 1000 余家③，累计融资超 100 亿元。

在贸易金融领域，工行利用区块链技术研发了"中欧 e 单通"产品，通过参与方数据的联通和相互验证，为中欧班列沿线的中小企业融资提供贸易物流信息支持，结算金额已超 4 亿元，积极助力形成跨境贸易金融生态圈。

3. BSN 区块链政务专网上线运营

国家级区块链服务网络项目 BSN，由国家信息中心进行顶层设计，中国

---

① https：//www. mpaypass. com. cn/news/202102/24093200. html.

② "J. P. Morgan Perspectives Digital Transformation and the Rise of FinTech：Blockchain，Bitcoin and Digital Finance 2021".

③ https：//www. sohu. com/a/442348991_ 114984.

移动、中国银联等作为首批发展联盟成员参与，整合支持 Hyperledger Fabirc 和 Fisco BCOS 底层联盟链引擎，可在不改变现有政务内网和外网的情况下，将区块链系统与传统政务信息化系统进行融合，避免重复建设；同时专网能够与公网进行互联互通，为实现跨地区的数据共享与业务协同打下基础。2020 年，BSN 在杭州完成了"城管道路信息及贡献管理""酒店消毒管理""内部最多跑一次"等多个应用的上链。

4. 天平链司法存证

由北京互联网法院主导，联合北京市高等法院、司法鉴定中心、公证处等司法机构，以及行业组织、大型央企、大型金融机构、大型互联网平台等 20 家单位作为节点，共同组建了"天平链"。这是一个电子证据平台，旨在同时提升存证安全、诉讼取证采信的效率。该平台通过开放标准和协议，主动连接互联网交易主体，实现跨链互信及跨链验证；同时通过数据哈希值上链并返回存证编号，实现数据存证功能。平台通过智能合约实现"一键立案"功能，并基于分布式账本实现执行信息多方共享。截至 2021 年 3 月，平台已接入节点 21 个[①]，完成版权、著作权、互联网金融等 9 类 23 个应用对接，累计上链数据超 53352395 万条，在线验证证据超 20009 条，大大方便了司法存证和验证操作。

5. DeFi 去中心化金融拉开序幕

2020 年区块链技术在分布式金融领域取得了很大的进展，DeFi[②] 全称为 Decentralized Finance，即"去中心化金融"或者"分布式金融"。2020 年 6 月，DeFi 领域的关注度逐渐增加。借贷协议 Compound 发行治理通证 COMP，当用户使用 Compound 存入或者借出资产的时候，同时会获得 COMP 代币激励。由此，拉开了流动性挖矿的序幕，掀起 DeFi 热潮。

Uniswap 是一种基于以太坊的跨链资产互换协议，Uniswap 也可以被认为是一个 DeFi 项目、一个智能合约，完全部署在链上，任何个人用户只要

---

① http：//tpl. bjinternetcourt. gov. cn/tpl/.

② https：//www. coindesk. com/what－is－defi.

安装了去中心化钱包软件都可以使用这个协议，实现 ETH 和 ERC20 数字资产之间的自动兑换交易，在以太坊上自动提供流动性。Uniswap 还可以锚定稳定币，尝试利用去中心化协议来让数字资产交易过程彻底实现去中介化。

Uniswap 等资产交换协议导致资产的发行、交换和流通越来越便利，加上以太坊可编程智能合约的特性，DeFi 的市场规模急速扩大，这一领域的产品形态也日益丰富。在 2020 年之前，DeFi 产品主要以借贷平台和去中心化交易所为绝对主导，但随着市场规模和用户规模的扩大，自动化做市商（AMM DEX）、聚合理财（多种 DeFi 智能合约的打包）、NFT（非同质化 token）、保险、合成资产、衍生品等产品开始出现，DeFi 生态逐渐丰富，金融生态也越来越灵活。DeFi 也成为另一种加密资产增值的渠道，越来越多的资金涌入 DeFi。2020 年 12 月，DeFi 总锁仓量超过 150 亿美元。[①]

（四）区块链标准建设

国际化标准组织（ISO）于 2016 年设立了 TC307 技术委员会，开始定义区块链参考架构、分类和本体。截至目前，公开发布了一个区块链领域标准，另有 10 个标准正在制定中。

电气电子工程师学会（IEEE）作为在 160 多个国家拥有 42 万多名会员的全球最大的专业组织，于 2018 年启动了 IEEE 区块链计划，设立了 IEEE 消费电子协会区块链标准委员会。截至目前，在区块链领域，IEEE 共公开发布了 3 个正式标准、1 个标准草案，另有 52 个标准正在制定中。

中国自 2017 年 5 月首个区块链标准《区块链参考架构》出台后，陆续有多个国家标准正在制定中（见图 4-5）。标准的逐步完善将助力我国区块链行业技术更加规范，行业更加健康地发展。

2020 年 7 月 10 日，中国人民银行正式发布《区块链技术金融应用 评估规则》（JR/T 0193—2020）这一金融行业标准，规定了区块链技术在金

---

① https://new.qq.com/omn/20210115/20210115A0DQ2X00.html.

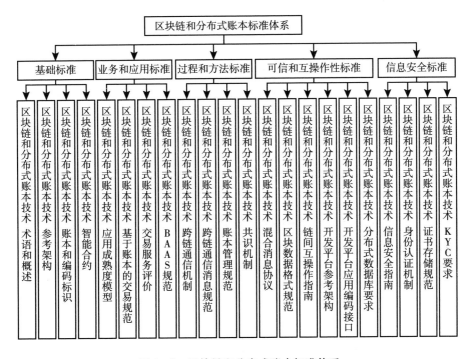

图 4 - 5　区块链和分布式账本标准体系

资料来源：https：//finance. sina. com. cn/blockchain/2020 - 03 - 20/doc - iimxxsth0 454912. shtml。

融领域应用的实现要求、评估方法、判定准则等，适用于金融机构开展区块链技术应用的产品设计、软件开发、系统评估环节。

2020 年 12 月 23 日，由中国电子技术标准化研究院牵头制定的《区块链系统的数据格式标准》（IEEE Standard for Data Format for Blockchain Systems）正式发布实施，规定了区块链和分布式账本技术相关的数据结构、数据分类、数据元素属性及数据规范。标准旨在统一和规范区块链系统的数据格式，指导区块链技术相关的数据库及系统的开发设计，支持区块链系统与其他相关信息系统间的数据交换与共享，提升不同平台的一致性和互操作性，为构建整体的区块链生态提供规范的基础信息资源框架，标志着我国在区块链和分布式记账技术研究与国际标准制定方面取得重大突破，进一步提升了我国在区块链领域的国际话语权和规则制定权。

（五）区块链发展面临的问题

1. 跨链缺乏统一标准且尚未成熟

2020 年以来，国外公链 Polkadot、Cosmos 的开发者很活跃，致力于创建一个区块链网络——一个能够以去中心化方式相互通信的区块链网络、一个连接各种异构区块链的网络平台。

相比国外，国内区块链在跨链特别是异构链上，研究较少，虽然 FISCO BCOS 进行了一些探索，但是怎么在异构链上进行数据和资产共享还需更多的努力。另外在 Polkadot、Cosmos 的基础上，设计开发一个新的区块链就是在前二者上写个应用程序，因此更容易成为打造区块链的基础设施，形成更好的开发生态。虽然如此，国外也是 2020 年下半年在加密资产跨链带来的利益推动下跨链的开发和研究才进入高潮，现在总体上还在开发阶段，还不成熟。

2. 安全需要进一步加强

在联盟链领域，随着各国对隐私安全的监管更严格，区块链作为连接多方的价值和数据交换的平台，在多方进行数据交换时，需要保证个人隐私信息的安全和参与方私有数据的安全。

在公链领域，根据《安全内参》[①]，2020 年发生了 122 起区块链相关攻击事件，有智能合约攻击、钓鱼攻击、应用软件漏洞攻击、51% 算力攻击、恶意欺诈攻击等，主要集中在以下几个领域：以太坊平台去中心化应用攻击事件 47 起，损失以太币 4.37 亿美元（当前价值）；加密货币交易所攻击事件 28 起，损失加密货币 3 亿美元（当前价值）；区块链钱包攻击事件 27 起，区块链钱包是最有利可图的目标，攻击事件共损失 30 亿美元（当前价值）。另外随着量子计算机的进展，在区块链底层平台中要考虑抗量子攻击的密码算法。

3. 国内应用场景落地较慢

国内区块链主要是联盟链，主要是核心企业或者政府引导，很多情况下

---

① https：//www. secrss. com/articles/28711.

区块链只是作为一个存证和取证的工具，很多应用只提供了上链和查询接口，智能合约变成了几乎不变的存证合约和取证合约，没有发挥出智能合约的威力。没有深层次应用，缺乏拳头性、标杆性应用，无法让众多企业直接看到区块链的真正价值。

究其原因，从技术层面看，数据和流程在区块链多方之间流转，必然引起价值的转移，而现在国内很多联盟链中都没有涉及价值的计量单位和支付手段，这些价值转移工作很多在链外进行。而在链外进行需要考虑多个系统接入，这不仅带来身份关联绑定认证等一系列问题，还需要考虑链上系统和链外系统交易的事务性、完整性和一致性。这样一个交易不仅在区块链的智能合约中无法形成闭环，而且给系统实施带来更高的复杂性和实施成本。连一个简单交易都不能形成闭环，复杂的交易更无法完成。这里需要着重说明的是，区块链平台中的价值计量单位和支付手段，不一定要通过加密货币或者 Token 进行，比如可以和央行数字货币结合。另外一个重要原因是智能合约以及合约运行的虚拟机需要对开发者和用户更友好。对开发者友好，功能强大，开发人员受众多，社区力量大；对用户友好，虚拟机不仅能跑在云端，也能跑在客户端。目前看以太坊 2.0 版本新虚拟机内核基于 WebAssembly 开发，就是在两个方向上进行优化。

4.加密货币需要加强监管

国外的公链上对应的 DeFi 项目火热后，欺诈跑路事件接踵而来。2020 年 DeFi 领域内已发生了 40 余起攻击事件，损失金额高达 1.774 亿美元[1]（其中约 4939 万美元已追回）。恍惚之间，DeFi 似乎变成了"科学家们"的提款机，甚至被冠以 HackFi 这一调侃式的昵称。

由于加密货币具有匿名性、链上资产转移路径复杂、技术追踪难度大，从而加大了相关部门执法的难度。除了完善相关的法律法规，全球执法机构亟待引入新的监管工具和技术手段。

---

[1]　https://www.8btc.com/article/6583377.

5. 区块链的底层存储还不能满足应用的需要

区块链在应用中，有结构化数据和非结构化数据，目前很多底层使用 KV 型数据库，虽然能满足业务扩展的需要，但是无法满足复杂的 SQL 查询请求。TIDB 能同时支持 KV 型数据和 SQL 查询，但稳定性和成熟性还需要进一步观察。另外区块链中有账本数据和应用数据，这两种数据有不同的访问权限。另外每个应用的数据可能属于不同的组织，从数据隐私安全角度考虑，有数据物理隔离和组织私密数据对外不可见的需求。目前现有区块链存储层能同时满足以上需求的几乎没有。

而实际应用中会根据需要同时部署两种或者多种不同类型的存储，通过多写的方式来满足要求。虽然能解决问题，但是这种解决方法给开发和部署以及推广带来了不便，成本也相应更高。

（六）2021年区块链技术展望

2020 年区块链技术取得了不少进步，展望 2021 年，区块链技术将迎来更加光明的一年。

（1）以 Polkadot 和 Cosmos 为代表的跨链基础平台将快速发展，将不同的区块链链接在一起，慢慢形成价值互联网。

（2）区块链和多方安全计算、隐私计算结合将带来更多的应用场景落地。

（3）各国央行的数字货币和区块链以及数字钱包的结合，能将用户、应用和支付形成闭环，加快区块链的应用落地。提高智能合约的灵活性、通用性和聚合性，能加快区块链生态建设。

（4）区块链、物联网、AI 三者结合。物联网将更多线下数据拉到了线上，区块链将多方数据进行有条件的共享，基于多方安全计算的 AI（联邦学习）将给更多组织提供全方位的服务。

（5）区块链和边缘计算结合，能完成更多跨组织实时计算的场合应用，比如自动驾驶。

三　分布式技术在金融行业的应用及发展

分布式应用架构作为分布式技术中的重要组成部分，在 2020 年也有了长足的发展，不仅微服务、分布式数据库等细分领域快速发展，并且很多金融机构都在积极尝试分布式架构的落地，整体来看金融行业的分布式技术应用已经进入了快车道。另外，云原生技术的快速发展，不仅推动着金融行业基础设施的不断创新，同样也推动着应用架构的快速发展，云原生和分布式技术的融合将是未来很长一段时间内的主要发展方向。

（一）金融行业的分布式技术应用进入快车道

1. 金融行业在积极进行分布式架构的探索

在 2020 年这样一个特殊的年份，虽然世界各国遇到了前所未有的挑战，但依然无法阻挡我国金融行业分布式技术应用的快速发展。

中国工商银行从 2014 年开始研发分布式技术体系，在 2017 年基本建设出一个比较完备的分布式技术体系并开始试点，在快捷支付、个人账户等热点场景进行应用，在后续的时间里继续完善体系建设。目前，工商银行已经实现分布式技术体系的规模化应用。基于开放平台的分布式架构已能实现核心业务完整闭环处理，基于开放平台分布式技术体系建立了境外核心银行系统，已在境外机构推广应用；同时，工商银行已初步构建起包括业务基础服务、核心账户体系、重点产品服务等体系较为完整的开放平台核心银行系统，实现了大型银行 IT 架构的关键性突破。不仅如此，工商银行还积极尝试微服务与容器化的结合，打造工商银行金融云。以实现超大规模资源池共享、弹性扩展、错峰使用、动态回收等能力为目标，工商银行基础设施资源利用效率提升 2～3 倍，资源供应时间由 2～3 周缩短至分钟，超过 80% 的管理流程实现自动化。

同样是分布式架构的探索，中信银行走出了一条独具特色的道路。2020 年 5 月 3 日，历经 4 年的基础预研与科技攻关，以"凌云"命名的中信银行分布式架构核心业务系统建设工程顺利投产。目前各项指标符合预期，为国内大中型银行核心业务系统分布式架构转型提供了高效可行的"中信银行方案"。目前，"凌云"系统支持 3 亿客户、15 亿账户，并可根据业务需要快速横向扩展，将为中信银行全力服务实体经济、积极防范金融风险、全面实施数字化转型提供强劲的"新引擎"。另外，中信银行"凌云"系统是国内率先采用自主金融级分布式数据库——GoldenDB 的银行核心业务系统，"凌云"的成功上线对分布式数据库在金融行业关键系统中的应用起到了非常积极的作用，也必将推动分布式数据库的快速发展。

除了上述两家外，还有不少大型银行也在进行分布式核心系统的建设，如建设银行、中国银行、农业银行、邮储银行、招商银行、广发银行、浦发银行等；另外还有一些也已经正式启动，如光大银行、平安银行。

在城商行领域，2020 年建设新核心系统的银行约为 16 家，占 2020 年银行核心在建数量的 50% 左右。由于城商行科技能力相对较弱，其核心系统一般都是由国内主要厂商承建，所以依然体现为国内厂商分布式核心系统角逐和竞争。到目前为止，营口沿海银行、宁夏银行、东莞银行、北部湾银行、贵州银行、曲靖市商业银行、晋商银行的分布式核心系统均已经成功上线。随着更多城商行的实践，可预见在未来很长一段时间内，分布式核心系统将是行业的普遍选择。

另外，在民营银行领域，新建的核心系统也均采用分布式架构。2020 年开工建设的有无锡锡商银行、辽宁振兴银行、梅州客商银行三家，其中无锡锡商银行已经成功上线，并且还将核心系统底层使用的分布式技术平台推广到全行使用，打造全行统一的分布式技术体系，助力锡商银行打造物联网金融特色科技型银行。

除了银行业外，证券、保险等金融领域也积极地引入分布式技术对现有业务系统进行创新。2020 年 6 月 29 日，东吴证券的分布式、全自主证券核心交易系统——A5 信创版上线。该系统在行业中首次成功实现以国产自研内存数据库全面替代国外商业数据库，并让交易速度全面跃入微秒级，开启了中国证券行业核心交易系统新的发展阶段。2020 年 6 月 19 日，中国人保财险自主研发的分布式核心系统项目顺利通过由中国信息通信研究院开展的"研发运营一体化（DevOps）能力成熟度模型"系列标准持续交付部分3级评估。

综观上述金融行业的应用情况，说明我国金融行业的分布式转型已经进入了快车道，这也会不断驱动相关领域的互联网转型，推动更多业务场景的创新，对我国金融行业的发展具有划时代的重要意义。

2. 信创对分布式落地的积极推动作用

分布式技术在金融行业之所以得到广泛应用，首先是因为它确实可以帮助金融行业应对互联网给金融IT系统建设带来的挑战，同时还可以最大限度地发挥互联网的优势，但还有一个原因是不可忽略的，那就是"信创"。

随着IT技术的持续发展，人类社会将走向智能化。对信息技术的依赖，已经成为当今社会的重要特征，信息安全问题也随之成为我们面临的严峻挑战。习近平总书记在2018年4月召开的全国网络安全和信息化工作会议上指出，"没有网络安全就没有国家安全，就没有经济社会稳定运行，广大人民群众利益也难以得到保障。"

金融业是国民经济的重要基石，行业性质决定了对信息技术的高度依赖。目前，金融业普遍存在着基础设施对外过度依赖的现象，这直接导致金融风险凸显。部分国外产品的持续服务下线增加了金融业务的连续性风险，IOE在某些领域的垄断导致了金融信息系统建设和运营成本的高企。与此同时，核心技术的对外过度依赖，也直接导致我们自身的话语权在悄然弱化。国外厂商通过终止服务等手段强制我国金融用户进行意义不大的升级，极大地消耗了我们的科技资源和预算，也限制了我们自己的创新和发展。因此，面对复杂的国际形势和日趋激烈的安全竞争环境，金融业关键信息基础设施的国产化是解决信息安全问题的必然路径。

习近平总书记在全国网络安全和信息化工作会议上指出，"核心技术是国之重器，要下定决心、保持恒心、找准重心，加速推动信息领域核心技术突破。"近几年，我们国家在硬件、基础软件、应用软件等领域，都有了自主品牌。同时，行业技术路线也在变迁，创新和开源在逐步替代封闭和守旧，虚拟化、分布式、云计算等技术的发展为金融业自主可控落地提供了可行性，金融业关键信息基础设施的国产化势在必行。

分布式是信创落地的一个非常重要的技术手段。通过分布式技术，可以将负载分解到多台物理设备上，不仅提升了系统整体处理能力，还降低了单台设备故障对系统的影响，提高了系统的可用性；在数据层面利用分布式的技术，可以大幅提升处理能力，并且可以很好地应对海量数据的挑战，切实满足金融行业互联网场景的实际诉求。另外，在中国人民银行提出的金融信创10项攻关任务中，也明确包括主机下移、分布式数据库、专项应用系统等内容，这些内容与分布式技术都有非常直接的关系。所以，随着信创的不断推进，金融行业在分布式技术的落地过程中也会探索出更多的可行方案，推动整个行业的快速发展。

（二）微服务领域的快速发展

金融行业 IT 领域飞速发展的今天，仅依赖一个单体系统的设计已经很难满足金融机构实现全部的业务价值与能力，而且依赖单体系统也不足以支撑企业的持续扩张与成长。所以，应用系统设计趋向专业化是一种必然的发展方向。但是在早期的银行系统架构中，彼此间多为复杂、网状、难以维护管理的紧耦合架构。不仅独立系统内部的设计逻辑复杂，而且系统间交互的接口也十分混乱，上下游系统间的接口没有统一规划和管理，充斥着大量的"私约"，不存在交易链路的概念，系统维护改造难度巨大。所以，在这样的背景下，行业内部发起了以面向服务架构（Service Oriented Architecture，SOA）为设计模式的革新，倡导通过建立规范的服务契约约束接口设计，整合全行业技术资产，形成层次丰富的金融服务库，降低各系统间的耦合度，提高信息系统总体架构的灵活性。总体上行业的服务架构转型包含了以下几个阶段。

（1）面向服务架构（Service Oriented Architecture，SOA）。以业务服务的角度和服务总线的方式管理系统架构和服务治理。

（2）微服务架构 1.0（MicroServices Architecture，MSA1.0）。微服务

1.0 架构可以看作面向服务架构和分布式服务架构的拓展，将单体系统进行部分层面的服务化、模块化解构。

（3）微服务架构 2.0（MicroServices Architecture，MSA2.0）。基于服务网格，使用更细粒度的服务和一组设计准则来规划大规模的复杂系统架构。

SOA 历史架构下，往往将企业服务总线（Enterprise Service Bus，ESB）作为技术平台。商业银行通过 SOA 架构建设，整合了商业银行的系统资源，为实现多层次、条线化、松耦合的系统架构奠定了基础。但是，无法回避的是，ESB 依然是中心式部署，尽管借助负载均衡技术，但 ESB 依然是全行架构的神经中枢，对网络与计算资源的依赖十分严重。

ESB 平台下的 SOA 架构提升了各个独立系统间的协同意识，使银行业内对 IT 技术资产的认识提高到一个新的高度，对于提高重用性和降低复杂度达成了共识。但是，SOA 无法解决另一个问题，那就是独立系统内部本身的复杂度没有被降低，系统边界的壁垒依然没有被打破，大型系统的维护和更新仍旧十分困难，不断形成技术债务，进入恶性循环。

微服务架构由此应运而生，即从打破系统壁垒的层面，降低复杂性，聚合业务资源，从另一个角度解决上述问题。同时引入服务注册中心、配置中心、监控中心等技术手段，协调服务注册及服务发现，通过远程过程调用（Remote Procedure Call，RPC）或 HTTP RESTful 实现服务间通信，并对服务的运行状态进行采集监控。这套体系或解决方案，被认为是微服务 1.0 阶段，也是分布式微服务框架在金融行业架构应用的起点。

微服务架构展现的性能和效果比传统架构有着明显的提升，但是代价和成本也是巨大的，并且受制于资本、人才、规模、技术等因素，银行的 IT 与科技建设模式中，主要是采购专业软件厂商的成熟产品系统，以此降低研发成本，缩短研发周期。然而各厂商的产品都带有各自的技术特征，一个银行架构内可能出现不同的技术栈、不同的服务架构和不同的运行平台，各产品之间缺乏统一的服务标准，产品与运行平台耦合紧密，使得各产品落地实施后形成庞杂的"系统孤岛"，导致中小银行系统异构程度非常高，也使得商业银行实施云计算、微服务的过程中改造成本高、实施进度缓慢。同时，零散的服务之间相互访问且隔离部署，随着业务需求的扩张，服务数量大幅增加，运维难度也随之成倍增加。

针对商业银行微服务架构转型过程中的现实困境和传统微服务构建模式中的一些技术盲区，基于边车模式的服务网格架构提供了新的解决方案（见图4-6）。服务网格（Service Mesh）是微服务2.0的一个典型的架构特征，即在每个微服务节点服务器上部署一个代理应用，使每一个接入服务和系统都处于一个应用平面，这个代理应用称为边车（Sidecar），其功能是代理微服务通信请求以及接收，弥合系统与服务间的通信规范差别，实现接口层面上数据交换的统一与解耦。

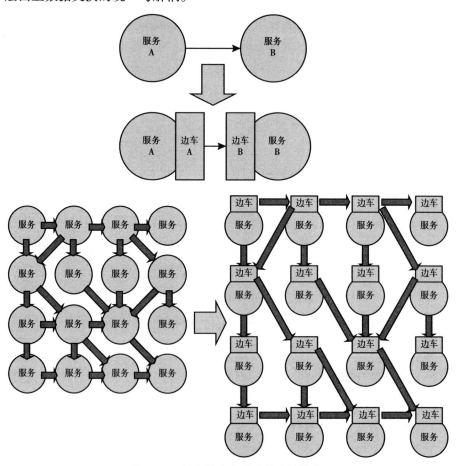

图4-6 基本模式向边车模式的转变

服务网格模式相对于传统的微服务架构模式最大的优势，就在于切断了业务应用与连接模式之间的必然联系，最大限度地降低微服务框架对业务应用的入侵，同时将管理逻辑与业务逻辑分开，让业务应用的开发者专注于业务逻辑，而不需要在每个微服务中编写配置代码，因此减少了微服务架构中的代码重复。另外，从一定意义上讲，通过边车代理模式，最大限度地降低了微服务架构转型的成本，让传统架构系统灵活地接入微服务体系，不仅兼容不同供应商、不同技术栈、不同业务域的系统，而且形成彼此间的隔离，方便后续对这些系统进行替换迭代和更新。从这个角度来说，对于银行的 IT 架构转型而言，"服务网格 + 边车"的构建模型具有非常特殊的优势。

另外，伴随着容器化技术的快速发展，将容器化与微服务技术结合的云原生框架迅速崛起。通过诸如 Docker、Kubernetes 等资源调度层框架，将计算、存储和网络整合为算力资源池、存储资源池和网络资源池，实现服务与资源的解耦（见图 4-7），所以容器化技术显而易见的优势就在于为微服务弹性调度计算资源，降低微服务的环境管理成本，提升运维水平和安全性。

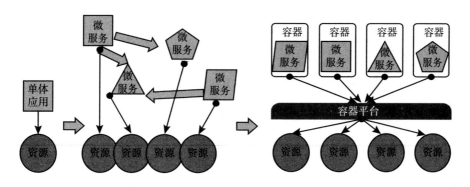

图 4-7 容器化技术实现服务与资源的解耦

同时，在 Kubernetes 框架下又提出了 POD 的概念。POD 可以理解为一个容器组或若干容器的集合，在一个 POD 上部署微服务应用以及边车应用，并由 POD 代理 DNS 地址服务，方便边车进行通信和寻址，同时 POD 自处的状态信息也可以成为服务运行的监控采集目标。通过 Service Mesh 服务管控能力收拢的流量控制，配合云原生动态分配资源，提升整个云原生框架的容

错与自愈能力，进一步提高整体架构的可用性和可靠性（见图4-8）。在
Service Mesh + 容器的配合下，金融机构还可以更加轻松地实现诸如蓝绿发
布、灰度发布、滚动发布等服务更新策略，结合 CI/CD 技术则可以更加有
力地支持业务端敏捷开发与迭代，推动 DevOps 模式落地。

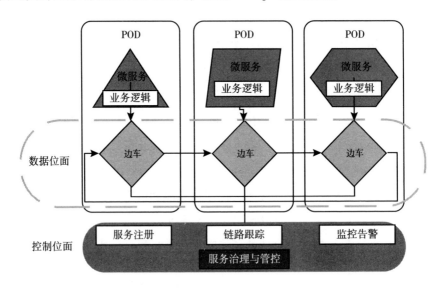

图4-8 Service Mesh 配合容器化技术实现集群管理

在云原生时代，云原生微服务体系将充分利用云资源的高可用和安全体
系，让应用获得更有保障的弹性、可用性与安全性。应用构建在云所提供的
基础设施与基础服务之上，充分利用云服务所带来的便捷性、稳定性，降低
应用架构的复杂度。云原生的微服务体系也会帮助应用架构全面升级，让应
用具有更强的可观测性、可控制性、可容错性等特性。

Service Mesh + 容器的云原生架构已经成为越来越多金融机构进行 IT 架
构建设或微服务架构转型的选择。

云原生产业联盟（CNIA）于2020年10月发布的《中国云原生用户调
研报告（2020年）》显示，中国的 IT 市场领域已经有8成用户计划或正在
使用微服务技术（见图4-9）。

在技术选型上，Spring Cloud 依然是市场首选，占据了7成以上的市场，

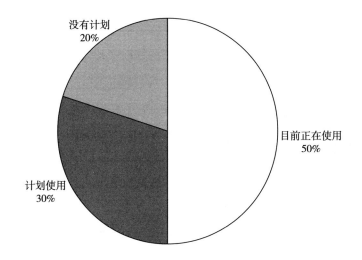

图4－9　用户使用微服务架构的情况

资料来源：云原生产业联盟（CNIA）：《中国云原生用户调研报告（2020年)》，2020年10月。

剩余市场份额则主要被 Dubbo 框架占据，也有部分用户基于自研架构构建微服务。另外，以 Istio、Consul 和 Likerd 为代表的服务网格也在进一步发展，总体在市场上也有一定占有率。

此外，目前国内微服务的应用承载已经成为容器技术最主要的运用场景（见图4－10）。由此可见，微服务与容器化搭配，已经广泛实现了云原生架构体系的落地。

截至目前，绝大多数的银行机构已经开始了微服务架构的落地，有些银行更是已经全面铺开，实施全体系的微服务架构转型。服务网格＋容器化＋CI/CD 已经成为银行数字化转型的架构基础。如荣获 InfoQ "十大云原生行业落地典范"的 "中原银行新一代信贷业务平台"正是依靠服务网格平台、容器云平台和 DevOps 平台进行搭建，成为荣获此项大奖的唯一一个金融机构，并为银行业微服务架构建设给出了可落地的方向。华兴银行的微服务治理平台项目，也是依靠服务网格技术和 CI/CD 持续集成平台，将架构转型的成本和风险降到最低，最大限度地保证既能实现微服务的目标架构又能安全迁移，提质增效，实现真正的 "大象起舞"，尤其适合中小银行 IT 架构的转型实践。

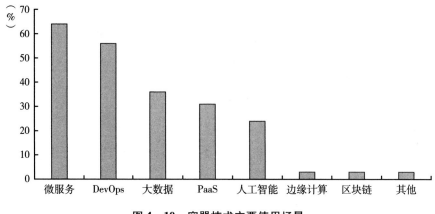

图 4 - 10　容器技术主要使用场景

资料来源：阿里云计算有限公司。

此外工商银行、浦发银行、广发银行等国有银行和股份制银行也都纷纷开展云原生框架的落地实践。

（三）数据层分布式百花齐放

数据层的分布式不仅能够解决数据量大的问题，而且间接提高了系统整体的可用性。金融行业对数据的正确性、一致性要求较高，所以在数据层分布式的具体落地方案中，很多金融机构都有自己不同的选择，当然这也与分布式数据库目前的发展情况有着非常紧密的联系。一些典型的分布式数据库如下。

1. 采用自研的分布式数据访问组件

工商银行自 2014 年开始进行分布式转型，到目前已经构建了完整的分布式技术体系，并且积累了大量的实践经验。其中，微服务基于 Dubbo 并结合工商银行的实际情况进行了深度的扩展，数据层面的分布式采用完全自研的分布式数据访问组件，底层直接对接 MySQL 数据库，其中信用卡核心已经基于该架构实现 10 亿数量级账户的稳定运行。目前行内大部分联机交易系统已经在该体系上运行，主机上的核心也在逐步迁移，并且将分布式与容器化、云进行对接，大幅提升了运维管理的效率。可以说，工商银行是目前国内在分布式实践方面做得最完整，也是最大规模的银行，并且实现了持续发展，其整体解决方案及实践经验对于同行业来说都具有重要的参考价值。

2. 直接选择分布式数据库

中信银行的核心分布式下移选择了一条比较有特色的路线，采用自研的工具将 AS/400 上的代码直接转换为 Java 代码，同时直接引入 GoldenDB 分布式数据库来解决数据层的分布式。该系统的正式上线运行，也论证了分布式数据库是可以应用到银行的关键业务系统中的，对整个行业也产生了积极的影响。

3. 采用单元化架构

单元化架构最早是由微众银行在 2015 年提出并实施的，目前邮储银行和中国银行在进行新一代核心系统建设时也采用了单元化的架构，将行内的核心系统拆分为多个独立的单元，在所有的服务访问时，首先通过全局路由映射确认在哪个单元，然后再发起到具体单元的访问，如果涉及跨单元的数据查询，则通过其他的架构配合完成。该模式中各单元之间完全独立，相互的影响比较小，但同样因为其完全独立，会给应用功能的实现及系统架构带来一定的复杂度。

4. 采用开源的分布式数据访问组件，同时积极跟进分布式数据库

广发银行虽然曾引入过阿里巴巴的 EDAS 和 OceanBase 产品，但在核心的分布式下移过程中则选择了另外一条道路：行内科技部门自研底层的分布式技术平台（难度系数比较大的部分与厂商合作），数据层的分布式目前采用的是基于开源的分库分表组件，但同时也在积极地对分布式数据库进行选型。

5. 采用分布式数据中间件

浦发银行于 2018 年开始研发自己的分布式技术平台，在数据层的分布式采用的是中间件的模式，2020 年 11 月开始尝试将现有核心系统的部分流量引入在建的分布式核心上进行验证，于 2021 年 4 月将部分分布式核心功能正式上线。

6. 分布式数据访问组件与单元化的结合

晋商银行作为省会级的城市商业银行对该级别的客户也具有重要的参考意义。它引入厂商完整的分布式技术体系，虽然数据量不是太大，但也通过分布式数据访问组件的方式对数据进行了拆分，并通过中心级优先访问的策略，实现了同城两个中心的读写多活，同时最大限度地提高了访问效率，降低了单元化架构带来的跨单元数据查询的复杂度。

从以上典型客户的分布式实战路径可以发现，微服务已经基本形成共识，但关于数据层的分布式目前的选择还是比较多的，主要包括分布式数据访问组件、分布式数据中间件、分布式数据库以及单元化架构，其中前三种都强调应用要尽可能透明，单元化架构则完全是另外一种思路的解决方案。

此外，一些中小型城市商业银行在数据层面的分布式则倾向于采用分布式数据库，但又觉得现阶段分布式数据库还不是很成熟，所以也有多种不同的选择。

一是暂时沿用集中式数据库，后续直接切换到分布式数据库。有些银行现有数据量不是很大，并且对未来2～3年的数据增量进行评估后也在可接受范围内，暂时沿用集中式数据库，等分布式数据库成熟后，再择机进行数据库的切换。

二是引入分布式数据访问组件，最终切换到分布式数据库。这种类型的银行现阶段数据量一般不是特别大，但短时间内的数据增速比较快，有可能超出现有集中式数据库的承载能力。所以，这类银行采用分布式数据访问组件的方式以应对短时间（1～2年）内可能面临的大数据量的挑战，但等分布式数据库成熟的时候，最终还是要切换到分布式数据库。

上述两种方式都有一些典型代表，且都比较关注向分布式数据库切换时对应用代码的改动要尽可能小。

（四）分布式数据库的快速发展

随着银行、保险业务的发展，交易并发量和数据量不断增长，传统数据库架构无法通过在线快速水平扩容来满足系统对性能容量的需求，迫切需要具备高扩展、高并发、高吞吐等关键特性的数据库支撑业务持续发展。根据《金融科技（FinTech）发展规划（2019~2021年）》的重点任务要求，金融科技发展需要做好分布式数据库在金融领域应用的长期规划，加强分布式数据库研发应用，促进分布式数据库行业发展取得突破。

1. 分布式数据库的里程碑

分布式数据库是物理上分散而逻辑上集中的数据库系统，利用分布式事务处理、数据自动分片、数据多副本存储等技术，将分散在计算机网络的多个逻辑相关的节点连接起来，共同并行对外提供服务，实现交易关系型应用场景的数据容量和性能横向扩展。

分布式数据库的理论成熟于1980年前后，2000年后进入产品研发落地及架构衍生阶段，其技术架构主要体现为数据分布式访问组件、分库分表中间件、事务型分布式数据库、事务和分析混合型分布式数据库等（见表4-3）。

表4-3 分布式数据库不同发展阶段

进阶	技术架构	代表产品	产品特征
第一阶段	数据分布式访问组件	TDDL、Sharding-JDBC、Galaxy_libra 等	(1) 在应用程序端嵌入一个数据库分布式访问组件，以连接操作后端集中式数据库； (2) 数据库访问组件实现了简单的读写分离、高可用、数据路由等，对跨数据分片的连接查询、事务处理等有一定限制
第二阶段	分库分表中间件	Amoeba、Cobar、MyCAT、DDB 等	(1) 在应用程序与集中式数据库之间前置一个分布式数据库计算引擎； (2) 计算引擎只实现了简单的数据路由、数据分片规则、数据排序聚合、读写分离、高可用等少量基础功能，尤其不支持跨数据分片的连接查询、事务处理等
第三阶段	事务型分布式数据库	OceanBase、HotDB、SeaSQL、PowerSQL、TBase、AntDB 等	(1) 在应用程序与等同集中式数据库能力的存储引擎之间前置一个分布式数据库计算引擎； (2) 存储引擎采用主备模式或基于分布式一致性协议的多副本来保障持久化数据的一致性； (3) 追求做到等同集中式数据库能力的应用透明、事务处理、唯一约束、锁机制、备份还原等； (4) 追求实现分布式数据库集群运行管理的"智能自治"

进阶	技术架构	代表产品	产品特征
第四阶段	事务和分析混合型分布式数据库	TiDB、PolarDB-x、GoldenDB、TDSQL等	（1）在应用程序与等同集中式数据库能力的存储引擎之间前置一个无状态分布式数据库计算引擎和旁路有状态的分布式协调器； （2）研发两种无状态计算引擎，分别是OLTP业务场景处理的计算引擎、OLAP业务场景处理的计算引擎（OLAP处理往往集成Spark）； （3）交易分析混合型分布式数据库往往会采用以某一种业务场景为主、另一种业务场景为辅的模式，如GoldenDB、TDSQL、PolarDB-x追求OLTP业务场景处理，其次才是OLAP业务场景处理

2. 分布式数据库的金融标准

随着信息技术的蓬勃发展，金融行业数据呈现体量巨大、类型繁多、处理要求高等特点，传统的集中式架构已经难以满足行业海量用户的数据服务和存储处理需求。为了应对金融业务场景对数据实时性、可靠性、吞吐量等方面的较高要求，分布式数据库应运而生。分布式数据库将计算层与存储层分离，在实现数据分散存储和横向扩展的基础上，提升了海量数据的处理和分析能力，保障了金融数据的可用性和可靠性，以更低的成本实现了更强的可扩展性与更高的吞吐量。2019年3月，标准工作组将相关文件的立项材料提交至全国金融标准化技术委员会，按照立项流程开展相关工作，以相关规章制度为依据，严格遵守《关系数据库管理系统检测规范》（GB/T 30994—2014）、《分布式关系数据库服务接口规范》（GB/T 32633—2016）中的规范要求，确立完整的技术架构、安全体系和容灾要求规范标准，分别从分布式数据库的技术框架、功能特性以及运维管理等方面进行了规定，从数据库的基础能力、存储能力、事务处理能力等方面进行了规范说明，并对数据库的可靠性、可用性、安全性和水平扩展能力等做出了具体要求。

依据中国人民银行发布的《分布式数据库技术金融应用规范 技术架构》（JR/T 0203—2020），提出了关系型分布式数据库的技术架构（见图4-11）。

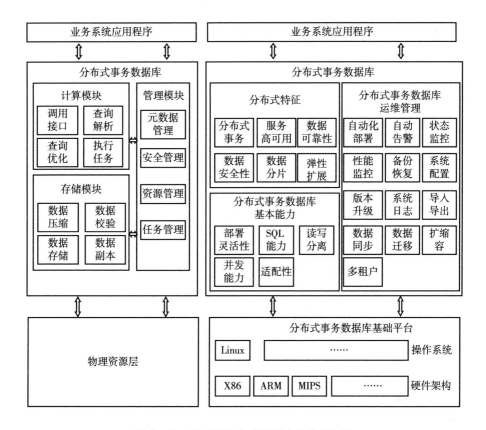

图 4 – 11 关系型分布式数据库的技术架构

3. 分布式数据库的发展现状

依据全国金融标准化技术委员会及中国信息通信研究院发布的规范标准,确立了关系型分布式数据库产品由三部分组成,分别为存储模块、计算模块、管理模块,也可以拆解成五部分,分别为存储引擎、计算引擎、管理平台、备份还原软件、数据容灾软件。通过分析国内主流的关系型分布式数据库产品,我们发现国内关系型分布式数据库厂商主要是在开源数据存储引擎之上进行产品研发,重点围绕分布式数据库的计算引擎、管理平台、备份还原软件、数据容灾软件开展研发工作。依据产品白皮书及官方资料整理分析得出的各款产品实际研发情况见表4 – 4。

表4-4 分布式数据库研发情况

厂商名称	产品名称	存储引擎	计算引擎	可视化管理平台	生态体系
阿里云	DRDS	MySQL Server + InnoDB 存储引擎	完全自主研发	完全自主研发	等同 MySQL 开源数据库生态
蚂蚁金服	OceanBase	自主研发，类似 MySQL 的 NDB 存储引擎	完全自主研发	完全自主研发	自建生态中
腾讯	TDSQL	MySQL Server + InnoDB 存储引擎	开源集成 + 自主研发	完全自主研发	等同 MySQL 开源数据库生态
中兴	GoldenDB	MySQL Server + InnoDB 存储引擎	完全自主研发	完全自主研发	等同 MySQL 开源数据库生态
热璞	HotDB	MySQL Server + InnoDB 存储引擎	完全自主研发	完全自主研发	等同 MySQL 开源数据库生态
平凯	TiDB	开源存储引擎 RocksDB 定制研发	完全自主研发	开源集成 + 自主研发	自建生态中
新华三	SeaSQL	MySQL Server + InnoDB 存储引擎	完全自主研发	完全自主研发	等同 MySQL 开源数据库生态
华为	GaussDB T	PostgreSQL 开源数据库	开源集成 + 自主研发	完全自主研发	等同 PostgreSQL 开源数据库生态
华为	DDM	MySQL Server + InnoDB 存储引擎	基于开源产品 MyCAT 的自主研发	完全自主研发	等同 MySQL 开源数据库生态
开源	MyCAT	MySQL Server + InnoDB 存储引擎	基于开源产品 MyCAT 的自主研发	开源集成 + 自主研发	等同 MySQL 开源数据库生态
开源	Vitess	MySQL Server + InnoDB 存储引擎	完全自主研发	完全自主研发	等同 MySQL 开源数据库生态

从国内金融行业的实际落地情况及实际诉求来看，在当前情况下，金融机构更看重分布式数据库的稳定性、数据一致性，以及相对于传统集中式数据库的改造量。但从长远来看，行业一定是在保证业务快速落地的同时，也会更加关注分布式带来的优势。

4. 分布式数据库的选型建议

目前分布式数据库技术在金融领域的应用尚处于起步阶段，现有数据库厂商的产品存在数据一致性不足、可靠性不够、技术路线差异大、架构转型路径不明确、标准不统一等问题，要求数据库厂商遵循分布式数据库技术在金融领域应用应具备的技术架构、灾难恢复要求和安全体系，鼓励和规范分布式数据库技术在金融行业的应用，打破分布式数据库在金融领域应用存在的瓶颈，借助规范标准引导金融机构合理应用分布式数据库技术。

金融机构进行分布式数据库选型时，建议依据中国人民银行发布的《分布式数据库技术金融应用规范　技术架构》（JR/T 0203—2020）、《分布式数据库技术金融应用规范　安全技术要求》（JR/T 0204—2020）、《分布式数据库技术金融应用规范　灾难恢复要求》（JR/T 0205—2020），把《分布式数据库技术金融应用检测规范》（编制中）、《分布式数据库金融系统应用检测指南》（编制中）作为产品选型的具体操作指南。

（五）分布式技术与金融业务场景深度融合的迫切性

由于不同金融机构的研发能力差别较大，所以在分布式技术的落地方式上也有明显的区别。一种是金融机构有较强的自研能力，再加上对自身的业务也比较了解，所以一般会将分布式技术与自身的业务场景深度整合，形成完整的解决方案，这种方式最典型的代表就是工商银行。还有一种方式是金融机构自身的研发能力较弱，一般会借助厂商来构建自身的分布式技术体系，提供这种类型服务的厂商又包括两类：一类是以阿里巴巴、腾讯等为代表的互联网企业，另一类是传统金融领域的服务提供商。不管是哪类厂商，将分布式技术与金融业务场景深度融合都是目前急需解决的一个问题。

1. 系统落地的压力

随着分布式技术在金融行业应用的不断深入，它由之前的在外围系统中的尝试逐渐向关键业务系统发展。关键业务系统的重要性不言而喻，并且这种业务系统的业务场景都比较复杂，并发度也比较高，所以其上线的压力比较大。分布式技术如果要真正落地，只有分布式技术平台是不够的，业务场景如何便捷、正确地使用分布式技术才是最大的挑战。由于一般的金融机构更关注业务领域，同时一些高端的分布式技术人员也比较缺乏，所以如果这部分工作完全交给金融机构去完成，难度系数还是比较大的，会对落地造成较大的风险。因此，如何提供完整的分布式技术平台，并能与金融典型业务场景深度融合，是摆在厂商面前的一个重要课题。

2. 发展面向行业的 PaaS 是必然选择

如果把分布式技术与云平台进行结合，那么分布式技术平台完全可以理解为 PaaS（平台即服务）的重要组成部分，而发展面向金融行业的 PaaS，就必须充分考虑对金融特性的支持能力。一方面，相对于通用的分布式技术平台，金融行业在某些方面有更高的要求，如分布式事务、分布式调度等；另一方面，要提供金融典型业务场景的快速支持能力，以及配套的快速开发能力。如果具备了这些条件，相关应用系统的开发人员就只需关注具体业务逻辑的实现，而不需要关注复杂的分布式技术，这将大大降低分布式技术在业务系统中落地的难度，提高落地的成功率。另外，这种诉求其实与 PaaS 本来的目的是一致的，云平台本身就是要为上层的用户提供最大的便利，一般都会提供开发、运行和运维的一揽子解决方案。

参考文献

阿里云计算有限公司：《原生架构白皮书》，2020。

国务院发展研究中心国际技术经济研究所：《中国云计算产业发展白皮书》，2019。

清华大学互联网产业研究院、区块链服务网络、火币研究院：全球区块链产业全景与趋势年度报告（2020～2021 年），2021。

云计算开源产业联盟：《混合云白皮书（2019 年）》，2019。

云原生产业联盟：《云原生发展白皮书（2020）》，2020。

云原生产业联盟：《中国云原生用户调研报告（2020 年）》，2020。

中国信息通信研究院：《云计算发展白皮书（2020 年）》，2020。

中国信息通信研究院：《中国混合云发展调查报告（2019 年）》，2019。

Coding Sans，"State of Serverless Report 2020"，2020。

Flexera：《Flexera 2020 年云状态报告》，2020。

Nutanix：《Nutanix 2019 企业云指数报告》，2020。

第五章　安全技术及其应用

韦　韬　黄　琳　王阳东*

摘　要：　安全技术贯穿金融行业的方方面面，包括业务、数据、应用
系统等。本章着重介绍安全技术的基础部分，首先讨论新的
基础设施建设和新兴技术，如密码学的最新进展、安全平行
切面新理念、芯片安全架构的现状、新基建之一的5G网络安
全等安全技术如何提升金融安全水平；其次介绍移动支付安
全的概况；最后简要讨论生物特征与多模态认证的安全性，
并就区块链应用安全进行探讨。

关键词：　后量子密码　可信计算　5G网络安全　移动支付安全

一　金融安全的基础设施

过去我们的安全建设，过多关注安全产品或平台，而深层次的安全建设
水平离不开基础设施、产品、平台的安全特性。安全和基础设施融合，是提
升安全水平的重点方向，给传统的安全建设带来了很多想象空间。本部分将
讨论若干基础安全技术在近年来的发展状况。

---

* 韦韬，蚂蚁集团副总裁、基础安全部负责人，蚂蚁集团安全隐私科技委员会主席，北京大学
软件与微电子学院客座教授，主要研究方向为系统与网络安全、隐私保护与数据安全；黄
琳，蚂蚁安全天宸实验室资深安全专家，主要研究方向为IoT安全、无线安全；王阳东，蚂
蚁安全天穹实验室安全专家，主要研究方向为恶意软件分析、云安全、IoT安全、AI安全、
红蓝对抗技术等。

（一）密码技术赋能数字金融发展

1. 密码技术是保障金融级安全的根基

密码是网络安全的核心要件，是数字经济的基础支撑。随着金融系统越来越数字化，密码技术在金融行业的应用也变得越来越重要。

在交易安全方面，密码主要用于银行卡、终端机具、后台的安全认证，以及报文的机密性和完整性保护、安全传输通道的建立等。在网上银行和非银行支付安全方面，密码主要用于身份认证、敏感信息和交易数据保护、交易签名、云平台安全、通道安全、终端安全等。

在金融关键基础设施安全方面，密码为银行业各中心节点、核心系统、电子票据系统、征信系统以及银行业清算机构和非银行支付机构支付清算平台等提供了安全支撑。

2. 密码相关的法律法规动态

2020 年 1 月 1 日，《中华人民共和国密码法》（以下简称《密码法》）正式实施。密码活动的相关制度已上升为国家法律，对关键信息基础设施等的密码使用和管理做出了明确规定，既有具体要求，也有处罚措施。

金融行业应遵循《密码法》的规定，正确选用合规的密码算法、密码技术、密码产品和密码服务。如果不能正确地进行设计、实现、部署、应用，就无法发挥密码的预期作用。对于信息系统集成商和运营者而言，最主要的是不要"想当然"和"自创"，要严格按照密码相关标准以及产品/服务安全策略进行密码应用部署。

2020 年 9 月，公安部出台《贯彻落实网络安全等级保护制度和关键信息基础设施安全保护制度的指导意见》（以下简称《指导意见》），进一步健全完善国家网络安全综合防控体系。

《指导意见》规定，网络运营者应贯彻落实《密码法》等有关法律法规规定和密码应用相关标准规范。第三级以上网络应正确、有效地采用密码技术进行保护，并使用符合相关要求的密码产品和服务。第三级以上网络运营者在网络规划、建设和运行阶段应按照密码应用安全性评估管理办法和相关标准，在网络安全等级测评中同步开展密码应用安全性评估。

金融行业的基础设施部分都属于三级或四级等级保护的范围，也属于关键信息基础设施，需要遵循《指导意见》的要求。

3. 后量子密码技术现状

目前常用的密码算法主要依靠两个数学问题：大数分解问题（Integer Factorization Problem）和离散对数问题（Discrete Logarithm Problem）。在传统计算机模型下，这两个问题是没有多项式时间解决方案的。这两个问题是目前所有广泛使用的公钥密码学的基础，而公钥密码学是互联网能够被广泛接受的决定性因素之一。

早在 1994 年，彼得·秀尔（Peter Shor）就提出了著名的秀尔算法（Shor's Algorithm）。给定一个周期函数，在量子计算模型下，这个算法可以在多项式时间内找到这个函数的周期。关于这个算法的一个直接结论是，大数分解问题和离散对数问题会变得很简单，随之而来的是目前所有的公钥密码学将随之瘫痪。这被称为量子启示录（Quantum Apocalypse）。虽然这个算法在 1994 年就被提出了，但是直到近年来随着国内外量子科技的突飞猛进，这个潜在的威胁才被认真地对待。

一个很自然的问题就是，量子计算机什么时候会出现？对于这个问题，学界提供了两种观点。乐观主义者将量子计算机的设计分为七个阶段，认为目前处于第三至第四阶段的过渡期。对于制造量子计算机而言，Google 实现的量子霸权（Quantum Supremacy）没有里程碑意义，而更多的是一种商业宣传。值得一提的是，当量子计算机的设计到达第四阶段，后面的阶段在理论上是没有任何难度的，需要更多的是来自工程学的创新以达到规模化的效果。

而即便是悲观主义者也赞同量子计算机迟早都会来临：这是一个不可改变的未来。

目前主流的抗量子密码算法大致可以分为五类。

（1）基于格的密码（Lattice-based Cryptography），提供密钥交换、加密、签名技术以及其他新兴的密码技术，如同态加密（Homomorphic Encryption）、零知识证明（Zero-knowledge Proof）等。

（2）基于多变量函数的密码（Multivariate-Quadratic Cryptography），提供签名技术。

（3）基于编码的密码（Code-based Cryptography），提供加密技术。

（4）基于哈希函数的密码（Hash-based Cryptography），提供签名技术。

（5）基于超奇异同源曲线的密码（Supersingular-Isogeny-based Cryptography），提供密钥交换技术。

在国际上，考虑到将来的量子计算机可能造成的大规模影响，美国国家标准与技术研究所（NIST）于2016年底开始了公开招标，评选下一代抗量子标准，用来取代目前被广泛使用的RSA、ECDH、ECDSA等算法。

经过4年、3轮的筛选，2020年，NIST筛选出了7个最终候选方案。

（1）加密/密钥交换：NTRU（格）、Kyber（格）、Saber（格）、McEliece（编码）。

（2）签名：Falcon（格）、Dilithium（格）、Rainbow（多变量）。

值得一提的是，NIST并不打算像SHA或者AES标准制定时那样只选择唯一的优胜者，而是对每一个研究方向都推出一个标准。NIST计划于2021年从这7个候选方案中选择4~5个进行标准化。

在国内标准化方面，作为一次技术摸底，中国密码学会也于2018年6月开启了后量子密码的算法竞赛，并于2020年初决出了3个一等奖算法。

（1）Aigis-sig，签名算法，基于格，来自上海交通大学的团队。

（2）Aigis-enc，密钥交换/加密，基于格，来自上海交通大学的团队。

（3）LAC-PKE，加密，基于格，来自中国科学院的团队。

据悉，我国将在NIST标准完成之后开启国产密码的标准化流程。就目前而言，国内资源严重向格密码倾斜。

从目前趋势来看，格密码有很大机会成为下一代的标准。格密码不仅可以用来构造基础的密码原语，如签名和密钥交换，而且可以用来构造功能更加强大的密码原语，如全同态加密（Fully Homomorphic Encryption）、基于属性的加密（Attribute-based Encryption）等，在机器学习、访问控制、区块链等金融行业中有诸多应用场景。

（二）安全平行切面防御体系新思路

1. 安全与业务之间的矛盾和挑战

当今网络空间安全保障面临的最大挑战是复杂性爆炸。大型数字化业务、系统、网络、应用、供应链等都在高速发展和快速变化，云上业务和安全边界实时弹性扩缩，进一步加剧了这一挑战。以往在小规模场景下简单的安全问题，在快速变化的复杂性爆炸场景下都会变成巨大的挑战。

要有效应对这些挑战，需要对系统和应用有更深入、更广泛的洞察力与干预能力。传统的边界安全或者外挂式安全已经很难满足复杂性爆炸场景下安全保障工作的需要，内生安全是未来，这一点已经是安全业界的共识。

但是，在互联网金融行业中，大型数字化业务在实践内生安全时，会发现容易落入一个两难困境——内生安全推动业务和安全深度耦合，但深度耦合后双方团队的节奏预期却经常是冲突的。如在漏洞应急修复时，安全团队需要小时级的止血响应，而大型业务团队经常面临十几个版本的碎片化测试和稳定性灰度上线压力，无法满足安全应急要求。这种安全与业务深度耦合导致的"绑脚走路"两难困境显然不是安全未来的出路。

2020 年 8 月 12 日，The Open Group 正式发布《在 TOGAF® 企业架构中集成风险和安全》指南，介绍了如何支持 TOGAF 标准，以及与其他 IT 安全和风险标准，如 ISO/IEC 27001、ISO 31000、国家网络安全框架等的关系。该指南指出，"安全架构是一个跨领域的关注点，贯穿整个企业架构"，"组织也需要从跨领域横切面（Cross-cutting）的角度全盘考虑"。

2. 安全平行切面的概念

2020 年 8 月，蚂蚁集团安全团队首次在 2020 年北京网络安全大会上提出了"安全平行切面防御体系"，并在 2020 年北向峰会上进一步做了详细的阐述。安全平行切面防御体系的核心思路是建立一套与业务相交织且平行的安全层，让安全能够深入业务逻辑，实现细致的观测和攻防，同时保证业务和安全的解耦合，使得业务和安全各自独立、各自高速发展，"内生"和"解耦"兼得。

这种正交融合的安全基础设施如何构建呢？这就需要链接两个正交维度空间的支点，切面（Aspect）恰恰提供了这样的一个支点。面向切面编程（Aspect-oriented Programming，AOP）是 1997 年 Gregor 等学者在著名的 ECOOP 编程语言会议上提出的，至今已经 20 多年。当时研究面向对象编程（Object-oriented Programming，OOP）的学者发现 OOP 不能解决所有的问题，特别是涉及大量类（Class）的横切（Cross-cut）系统性功能很难用 OOP 解决，所以他们提出了 AOP。AOP 通过预编译、运行时动态代理、注入等方式能够在不修改源码的情况下为程序动态添加或修改功能。AOP 自提出后在 AspectJ 和 Spring 等项目中有所应用，但一直没有产生大规模影响。将切面的概念应用到安全场景中，可以构建安全所需的正交融合的平行空间，从更高维度来进行安全的攻防，非常好地满足了正交融合的安全基础设施需求。

安全平行切面由一些关键功能原语支撑构建而成。

首先是切点体系。支撑上层安全功能的实现，要有大量切点的植入，才能将安全切面空间和应用空间相结合。这些切点的植入有很多方法，如流量层（网关/Service Mesh）、动态（AOP/hook）和静态框架 API 接入都是很好的方法。

其次是数据内视。如果不具备对应用内部数据流和状态的观察能力，那么切面与外挂式安全就没有什么区别。内部数据包括 Session 应用上下文、Session 安全独立的状态空间、调用栈信息等。在数据内视能力支撑下，安全平行切面的攻防和治理效果会比外挂式安全有质的提升。

最后是同步单元和异步单元。快速的安全阻断工作可以放在同步单元进行高速轻量级处理（H0），而比较复杂的操作和数据收集工作则可以放在异步单元进行处理。异步单元又可以分为数据传到本机进行处理的 L0 近源处置，以及传到云端做离线处理的 L1 处置等。

蚂蚁集团关于安全平行切面的实践从 2019 年开始，到目前已有近两年时间。2020 年"双十一"已经在不少关键系统里全量部署安全切面，经受住了"双十一"的考验，在资产感知、隐私管控、攻击感知与阻断等领域都获得了很好的实战效果。

（三）基于硬件的可信计算的进展与现状

基于硬件的可信计算是隐私计算技术的主要分支之一。可信执行环境（Trusted Execution Environment，TEE）通过硬件隔离手段对涉及隐私数据的运算和操作进行保护。在不破解硬件的前提下，攻击者无法直接读取其中的隐私数据和系统密钥，由此保障了数据的机密性。同时，攻击者无法通过固化的硬件逻辑和硬件层面篡改检测，以此确保相关系统在运行过程中不被恶意篡改。

基于以上特性，相较于纯软件隐私保护解决方案，结合 TEE 的解决方案通常表现出更好的性能和扩展性，因而受到广大平台服务商的青睐。从诸多方案展示的效果来看，结合 TEE 的解决方案似乎已经可以满足隐私保护在数据内容保护方面的安全需求。

但是，TEE 解决方案仍然要关注两大薄弱环节。一是侧信道攻击。对功耗和电磁辐射的分析，有可能提取出 TEE 中的关键密钥。对 TEE 攻击的研究，与传统的对 SE 攻击的研究略有不同，TEE 的内部架构和操作系统更为复杂。二是 TA 应用的漏洞。不安全的 TA 设计，有可能产生新的攻击面。

从 2014 年 Intel 发布 SGX 技术至今，TEE 技术已经发展了几年时间。在金融行业中，TEE 技术常用于服务端的隐私计算领域，确保用户的数据在一个隔离的环境中使用。TEE 也广泛应用于终端设备上，用于存储高度机密的密钥、证书或者指纹、人脸等生物特征。

1. Intel SGX

SGX 于 2014 年由 Intel 发布，并于 2015 年随 Skylake 微架构一起正式上线。2020 年 SGX 在技术框架上并无重大更新，仅持续添加各种小功能。

关于 SGX 技术的安全性，仍然有一些争论，尤其是近两年 Intel 与 AMD 的竞争十分激烈。虽然 SGX 的发布使 Intel 领先 AMD 一步，但作为对 SGX 和现有 Enclave 安全体系 TEE 的改进，TME（内存全加密）相关技术的推出还是 AMD 领先落地。

目前来看，TME 是未来 TEE 的发展趋势。但是尚不清楚 Intel 和 AMD

是否打算将此功能保留给企业客户，是否会为主流用户开启。

2. ARM TrustZone

ARM 于 2006 年提出了一种硬件虚拟化技术——TrustZone 及其相关硬件实现方案。由于 ARM 在市场中的主导地位，TrustZone 技术被广泛应用于手机以及对安全性有要求的嵌入式设备中。TrustZone 是所有 Cortex-A 内核处理器的基本标配，在个别 Cortex-M 平台也有适配。

ARM 在 ARMv6 中就开始引入 TrustZone，在 ARMv7 – A 和 ARMv8 – A 中把 TrustZone 作为架构可选的安全扩展。虽然称为可选，但所有 Cortex-A 的 CPU 都能实现。比较典型的使用场景如指纹识别、人脸识别、移动支付、企业应用、数字版权保护等，都是基于 TrustZone 来实现保护的。

2020 年，TrustZone 并未有重大安全漏洞与功能更新。

3. RISC-V TEE

基于 RISC-V 的 TEE 方案目前还处于较早期的阶段，暂无成熟的 SoC 应用落地。RISC-V 诞生于学术界，可以预期其未来在研究领域会产生较大的影响。此外，由于 RISC-V 具有的开源特性，如果业界能够形成完整生态，基于 RISC-V 的 TEE 方案自然有十分可观的应用场景。

上海交通大学并行与分布式系统研究所与上海瓶钵信息科技有限公司共同开源了基于 RISC-V 架构的全新 TEE 安全系统 Penglai Enclave，这是国内业界普遍比较关注的项目。

美国公司 Hex Five 的产品 MultiZone TEE 是首个推出的基于 RISC-V 架构的 TEE，目前支持 RISC-V 与 Cortex-M 两种。Keystone Enclave 由 MIT 与美国加州大学伯克利分校（RISC-V 的设计团队）合作开发，旨在实现一个完全开源的安全飞地（Secure Enclave）。

总体来看，由于硬件 TEE 属于底层基础架构，在方案确定后为确保硬件兼容，很难进行大规模更新。通过搜索各厂商的技术路线图可以看出，各厂商都在持续推出新的内存安全方案，如 Intel 和 AMD 的内存全加密、ARM 的 MTE 等，而 TEE 本身的架构与方案都较为成熟（也难以更改），更多的发展在于平台的适配、研究对抗类似 Spectre、Meltdown 等基于推测执行

（Speculative Execution）的侧信道攻击，进一步巩固对内存的保护。在 RISC-V 架构这一较新的平台上，由于指令集本身及大部分项目都开源，TEE 方案的潜力较大，后续或许会有更加新颖的硬件方案诞生。

（四）5G 与其他无线安全技术的进展

移动支付发展到今天，绝大部分终端在支付链路的底层，使用的是无线连接。如手机、平板电脑、笔记本电脑、智能手表和手环支付、NFC 支付、ETC 支付等都使用无线连接。使用的无线技术主要有移动通信网（即 4G、5G 网络）、WiFi、蓝牙、NFC。因此，无线系统的安全是"云 – 管 – 端"架构中重要的一部分，即管道安全。

1. 4G/5G 安全

4G 网络已经非常普及，手机终端使用 4G 网络和 WiFi 的比例相当。4G 网络的安全风险不大，已知的安全风险包括：4G 设备可以被追踪；PDCP 层用户面（User Plane）没有完整性保护，有中间人攻击的风险；可以被伪基站 DoS 攻击。

相比 4G 网络，5G 网络在安全性方面有一定的提升。关于设备追踪的风险，从 Release 15 版本开始，手机的用户唯一标识符 SUPI（传统 3G、4G 中的 IMSI）通过公私钥加密的方式加密为 SUCI，只有运营商可以解密手机真正的身份信息，因而追踪手机用户的风险能够被消除。但这项特性需要网络侧处于 5G SA 模式，同时终端中的 SIM 卡也需要升级为支持 SUPI/SUCI 的 SIM 卡。因此，彻底解决设备追踪问题，还需要比较长的过渡时间。

关于用户面缺乏完整性保护的问题，这种漏洞可能导致 DNS 被篡改，从而使移动支付流程访问的 IP 地址被篡改。Release 15 版本可以支持，按需提供空口到核心网之间的用户面数据加密和完整性保护，但只是一个"可选"而不是"必需"的要求，所以风险依然存在，预计"全面强制"完整性保护将在 Release 18 版本实现。

而关于伪基站攻击的防护问题，到目前为止依旧难以解决。

截至 2020 年底，中国三大运营商已在国内的一、二线城市实现了 SA 网络的基本覆盖。但是从终端的应用层面观测到的 5G 渗透率仍然非常低。而且，由于 5G 存在 NSA 模式，在 NSA 模式下，用户看到手机上显示 5G 图标，不代表他用的一定是 5G 网络，App 应用从操作系统层面也很难准确获取究竟是 5G NR 连接还是 LTE 连接。所以总的来说，对于移动支付而言，安全水平尚未因 5G 的到来而有所提升，5G 网络安全的演进需要分阶段进行。

在 "GeekPwn 2020 国际安全极客大赛" 上，腾讯安全玄武实验室高级研究员李冠成、戴戈演示了一项最新的 5G 消息安全研究成果，利用 5G 消息所采用的通信协议的设计问题，黑客可以 "劫持" 同一个基站覆盖下的任意一部手机的 TCP 通信，各类短信收发、App 和服务端的通信均有可能被劫持。

5G 消息是短信业务的升级，称为融合通信（Rich Communications Suite，RCS），基于 IP 技术实现业务体验升级，支持的媒体格式越多，表现形式就越丰富。

该漏洞实际上与 5G 无关，是通信协议中 RCS 消息的一个漏洞。该漏洞的技术细节没有公布，推测是假冒终端侵入基站向同一基站下的其他设备发送信息。这种风险不直接威胁银行账号安全，但银行或网银支付工具应通过流程优化，提高手机验证码、RCS 消息类验证因子的可信度，尽最大可能阻止用户信息泄露带来的资产异常流动。

2. WiFi 安全

除了移动支付终端使用 WiFi 之外，银行的办公网络通常也使用 WiFi。保证企业内网安全，是金融行业企业安全建设的内容之一。

2019 年 9 月 16 日，WiFi 联盟宣布启动 WiFi6 认证计划，WiFi 技术迎来新的变革期。新一代的 WiFi6 相比前几代具有速度更快、延时更低、容量更大、更安全、更省电的特点。

WiFi6 设备若需要通过 WiFi 联盟认证，必须采用 WPA3 安全协议，WPA3 能够防止黑客通过暴力破解的方式破解密码，并且即使黑客获取到密码，也无法解密被截获的数据，具备更高的安全性。

2020 年是 WiFi6 设备逐步普及的一年，中高端智能手机已经全面布局 WiFi6；支持 WiFi6 的路由器更加普及，价格也降低不少。要想使用 WiFi6，必须购买新的设备，因为 WiFi6 技术更新依赖于新的硬件。不过，在安全方面，对于非 WiFi6 的设备来说，厂商通过软件更新也使得传统设备具备了 WPA3 技术，可以加入安全性更高的 WPA3 网络。

3. 蓝牙安全

蓝牙连接在移动支付中的应用比较少，常见的如手表、手环上的扫码支付，智能网联汽车的数字车钥匙也主要使用蓝牙连接。

根据国际通用漏洞平台的数据，2007～2020 年，蓝牙 CVE 漏洞数量逐渐增多，自 2019 年开始，漏洞数量呈爆发式增长态势。

漏洞数量突然增多，一个原因可能是安全研究者的兴趣转移到蓝牙上；另一个原因可能是蓝牙协议本身确实非常杂乱、不严谨，各芯片厂商和操作系统对协议的实现完全按照自己的理解去做，容易出现漏洞。

在 2020 年 IEEE 安全与隐私（S&P）研讨会上，有研究者发布了一篇题为 BIAS：Bluetooth Impersonation AttackS 的论文，这是一种协议类漏洞，只要符合蓝牙标准的芯片，都存在该漏洞。研究者已将漏洞信息通报了蓝牙标准组织 SIG 和各芯片厂家。

该攻击可达到两种效果：冒充身份、中间人降级。但只能突破底层的鉴权流程，不能突破上层的会话密钥（Session Key）。要结合 KNOB 漏洞才可以爆破会话密钥。2020 年 5 月 18 日，蓝牙标准组织官方回应：要彻底解决这个问题，将在蓝牙标准的未来版本中考虑；建议密钥长度 >7 字节，这样爆破就非常困难了。

另一个漏洞 CVE‑2020‑9770 是一种 BLE 的降级攻击漏洞，来自 2020 年 USENIX 会议的一篇论文。这个漏洞可造成 DoS 类攻击的效果，其原理与 BIAS 漏洞非常像。BIAS 是针对经典蓝牙 BR/EDR 连接的，此漏洞是针对 BLE 连接的。两个漏洞都是利用了蓝牙设备没有互鉴权的能力，攻击者可以冒充连接。攻击者可以降级到 Legacy 模式，即 Just Work 方式，然后就能够与原设备建立连接。

这些协议和芯片类漏洞修复周期都非常长，风险将长期存在。总之，使用蓝牙技术的金融支付设备，需要特别警惕此类漏洞。

二　安全技术应用：以移动支付安全为例

就安全技术的应用来看，几乎在所有金融业务活动中都必不可少。在此，我们重点就移动支付中的安全技术展开案例分析。自 2010 年以来，智能手机、智能终端技术蓬勃发展，4G、5G 移动互联网快速覆盖，电商、快递、物流等行业兴起，越来越多的金融行为也伴随着这场数字化的东风完成了互联网转型。在智能手机普及的年代，消费者逐渐习惯了使用手机软件进行转账汇款、消费购物、投资理财等。

（一）扫码支付

扫码支付是指使用二维码、条形码等信息编码码和图像识别技术，关联确认付款/收款主体并完成数字支付的一种技术。

一般情况下，消费者进行扫码的场景分为主动扫码和被动扫码两种。

1. 主动扫码

主动扫码的交易过程一般为消费者使用支付类软件扫描商家的收款码，随后填写交易金额并完成支付。收款码一般由交易平台生成并下发到商家，该收款码的内容是一种商家在交易平台的账户主体标识，作为交易平台确认商家收款主体的一种方式。收款码可以是固定内容，也可以是可变内容。

主动扫码常见的资损场景在于商家使用的收款码被恶意替换，导致消费者的资金实际上转入了非商家的恶意账户。

为防御此类攻击，首先，商家应关注收款码的正确性，避免被其他人恶意替换或覆盖；其次，平台也可以加强交易发生时的到账通知提醒，从而在收款失败时让商家容易察觉到不正常状态，及时发现并及时止损。

2. 被动扫码

被动扫码是由消费者使用支付软件生成消费者付款码，由商家使用商家端软件进行扫码并关联交易双方，商家使用经营许可证在收款平台进行实名注册后方可使用，没有经过经营许可证登记的小微商家无法使用这种方式。

与商家收款码不同，消费者付款码作为一种可以从"数字钱包"中扣钱的账户标识，需要采用一定的密码学技术，保证其具有不可被重放、不可被暴力枚举等安全特性。一般情况下，消费者付款码会结合一次性密码（One Time Password，OTP）技术，基于当前时间、当前设备标识、付款码密钥等因素随机动态生成，该方法所产生的付款码，除了特定标识数字位外，其他数字具备唯一性、随机性，且时效较短，一旦被扫则无法再次使用。由于被动扫码采用了 OTP 技术，所生成的付款码的空间容量大、随机度高，难以被暴力破解，其具备的短时效和一次性使用等特性也使其难以被重放攻击。从技术的角度讲，很难在不发生异常的情况下成功猜解、暴力穷举出合法的付款码。

常见的被动扫码资损场景大多出现于人员密集的支付环境，在用户打开付款码后、商家扫码之前，恶意攻击者通过其他收款设备扫描消费者的收款码进行盗刷。

为防御此类攻击，首先，消费者要增强安全意识，只在需要扫码之前的较短时间内打开付款码，付款前注意遮挡保护，并快速完成扫码付款；其次，由于被动扫码只能在已注册的具有经营许可证的商家设备上使用，加强对已注册商家的交易进行检查，能够进一步遏制此类攻击行为。

（二）IoT 收银设备

IoT（Internet of Things）收银设备是指移动支付过程中商家用于收款的终端设备。近年来，随着物联网、新零售等技术的发展，越来越多的商家使用专业的收银结算机器完成日常交易收款。常见的收银机器包括人工扫码收银设备、生物特征收银设备、无人值守的自动售货设备（如自动货柜、无人超市）等。不同的使用场景和支付方式面临的安全风险也不同。

在无人售货的场景下，商品价格识别、账户关联、交易扣款等行为由收银设备内的软件完成。若收银设备存在可被利用的安全漏洞，被恶意黑客攻击并控制，黑客可以通过修改商品价格、关联商家账户等行为非法牟利，最终造成消费者和商家的财产损失。

在生物识别（如刷脸识别、指纹识别、掌纹识别等）支付方面，若收银设备存在可被利用的安全漏洞，被恶意黑客攻击并控制，除可能造成的资损外，消费者的隐私数据也可能被黑客记录。

由于以上风险的存在，不同场景、不同支付方式下收银设备的安全要求也不同，某些高安全要求的支付场景需要收银设备具备更强的安全能力，以对抗可能存在的风险。在高安全要求的场景下，设备的软硬件系统要具备金融级的安全防护功能，具有 TEE/SE 级别的关键数据保护能力，当设备被拆解、改装、遭遇黑客攻击时，能够检测到攻击行为，并上报交易中心，阻断交易发生，必要时可进行设备拉黑和设备远程抹除。

对于需要生物识别的支付设备，图像数据的采集使用需遵循最小化原则，按需使用，不过度使用不需要的冗余数据。数据传输和计算过程应进行足够强度的加密、签名、防重放等密码学操作。

（三）可穿戴支付设备

可穿戴支付设备是指智能手表、智能手环等非手机类的用户随身设备，近年来越来越多的智能可穿戴设备开始支持被动扫码、NFC 刷卡等移动支付功能。

这类设备的计算能力通常较弱，且不具备独立联网能力，无法像手机一样进行大型支付类软件的安装，需要结合手机进行支付账户的绑定与设置。以被动扫码为例，支付功能初始化配置时，手机端支付软件会生成可穿戴设备独立的密钥因子，同步准确的时间信息；在后续的可穿戴设备支付时，可穿戴设备使用其独有的密钥因子与时间信息，生成可穿戴设备独立的付款码，供商户扫描完成支付。

可穿戴支付设备在交易支付过程中的安全性依赖于所采用支付技术的安

全性，如被动扫码基于 OTP 技术；NFC 刷卡是基于 NFC（近场通信）技术，即银行卡闪付（Quick Pass）功能所使用的技术。

可穿戴支付设备在支付功能初始化的第一次设置过程中，需要与手机同步设备密钥信息，在这个过程中存在较为短暂的时间窗口会进行跨设备密钥传输。如果附近有恶意黑客通过专业无线电设备进行窃听，或中间人劫持，密钥信息就有被窃取盗用的风险，且密钥被盗用之后可用于生成动态付款码或 NFC 数据等。因此，在可穿戴支付设备的初始化阶段，需要支付软件和可穿戴设备使用符合要求的密码学机制完成密钥传递。可采用诸如 ECC（椭圆加密算法）等非对称加密算法对通信数据加密，以防止嗅探攻击；采用签名、消息认证码等手段验证通信方身份，降低中间人攻击的风险；限制通信数据包响应时间，从而控制通信连接的物理范围，降低风险。

三　新的挑战：生物特征及多模态认证

随着生物特征识别技术的发展，指纹识别、掌纹掌静脉识别、人脸识别、声纹识别等以前存在于影视剧作品中的"黑科技"也逐渐走进了我们的日常生活中，指纹支付、刷脸支付已经进入大众日常消费场景中。

在生物特征识别技术带来更多便利性的同时，我们也要充分认识到生物特征识别技术所特有的安全问题。相较于传统的密码口令，生物特征识别技术本身就具有一定的公开性，其保密性较弱，且不可修改、不可撤销。

（一）算法识别准确性

对于生物特征识别算法的准确性，通常使用认假率（False Accept Rate，FAR）和拒真率（False Reject Rate，FRR）两个指标进行综合衡量。

1. 认假率

认假率是指在标准生物特征数据库中测试生物特征识别算法时，不同特征的匹配分数高于给定阈值，从而被认为是相同特征的比例，简单地说就是

"把不应该匹配的特征当成匹配的特征"的比例。

2. 拒真率

拒真率是指在标准生物特征数据库中测试生物特征识别算法时，相同特征的匹配分数低于给定阈值，从而被认为是不同特征的比例，简单地说就是"把相互匹配成功的特征当成不能匹配的特征"的比例。

对于金融级的生物特征识别算法，应具备远低于传统识别算法的认假率与拒真率，具体场景的要求应结合资损率制定。

（二）生物特征真实性验证

生物特征识别技术除算法识别的准确性要求以外，还应具备假体识别能力。以人脸识别为例，比如摄像头拍摄，通过肉眼观察能够轻易地区别出真实的生物个体与人物蜡像等特征假体。对于金融级的生物特征识别与认证，要求识别设备能够准确地对真实生物个体和伪造生物假体进行区分。下面分别以指纹识别、掌纹掌静脉识别、人脸识别为例。

1. 指纹识别

指纹识别技术是较早得到广泛应用的技术，针对传统指纹识别设备，常见的攻击方案是使用橡胶倒模进行指纹图像复制，使用时粘贴到真实手指上模拟真实按压。针对此种攻击，可以使用更先进的超声波、射频技术的指纹传感器对真皮层指纹数据进行采集，增加假体攻击的难度。

2. 掌纹掌静脉识别

掌纹掌静脉识别技术是通过红外波段的图像采集，对手掌静脉特征进行分析比对的技术。相较于指纹，静脉隐藏于手指内部，肉眼不可见，并且按照静脉识别原理，只有流动中的血液才可吸收特定波长光线，并形成清晰的静脉图像，通过特定算法对图像进行分析比对，从而进行身份识别。目前这种技术应用较少，因此假体对抗的研究也属于初始阶段，但目前来看其安全性高于传统指纹识别技术。

3. 人脸识别

人脸识别是近年来应用发展最快的一种身份识别技术。自苹果公司发布具有人脸解锁功能的手机以来，越来越多的身份认证开始支持人脸。金融级的人脸识别除了对认假率、拒真率有更严格的要求外，其假体识别能力也尤为关键。常见的假体识别技术有表情检测和3D人脸识别。

（1）表情检测

不同于照片、蜡像等人脸假体，真实人脸可以动态地产生表情变化，通过对表情变化的实时检测，可以对假体和真实人脸进行分辨，从而识别并阻断假体攻击。

（2）3D人脸识别

通过对真实人脸进行3D特征采集，可以将真实人脸与平面照片进行区分，从而识别出基于照片、视频等平面图像的攻击。目前支持刷脸支付的公共支付机具普遍采用3D人脸识别技术，其识别精准度、安全性远高于传统的2D平面人脸识别技术。

（三）多模态

多模态即多模态生物识别，是指整合或融合两种及以上生物特征识别技术，利用其多重生物特征识别技术的独特优势，并结合数据融合技术，使得认证和识别过程更加精准、安全。

与传统的单一生物特征识别方式的主要区别在于，多模态生物识别技术可通过独立或多种采集方式合而为一的采集器采集不同的生物特征（如指纹、指静脉、人脸、虹膜图像等），并通过分析、判断多种生物特征识别方式的特征值进行识别和认证。

四 新的挑战：区块链安全

从技术角度讲，区块链是一种参与方共同维护的分布式账本，使用密码学保证数据传输和访问安全，并能实现数据一致、难以被篡改，以及数据可溯源等目的，是一种全新的去中心化基础架构与分布式计算范式。从管理角度讲，区块链构建了一种新型信任模式，解决了不可信环境下多主体信息共享、有效协作的问题，降低了对中心权威机构或中介机构的依赖，提高了生产效率。我们认为区块链技术是密码技术与分布式技术的创新融合应用，通过密码技术解决身份和数据可信问题，通过分布式技术解决多方协同问题，从而打通了信息流通和业务协作的壁垒，颠覆了诸多行业的业务模式和管理模式，有望推动信息互联网向价值互联网转变。

区块链技术具有去中心化、不可篡改、可追溯、开放透明等特点，在金融交易、资产管理、数据存储、数据公证等领域具有广泛的应用场景。利用区块链技术的智能合约功能可以将现实世界的业务逻辑表示成可以自动可信运行的计算机程序，大大减少了人工的参与，能够有效降低交易成本，提高交易效率，推动新一轮的商业模式变革。

（一）区块链在安全层面的挑战

当前，区块链系统仍然面临平台安全、应用安全的严峻形势，密码算法安全、私钥保护、共识机制安全、智能合约漏洞、隐私保护等问题依然突出。

首先，区块链底层以密码学为基石，给上层带来去中心化的特性，安全及隐私是其内生的属性。但是在实践中，区块链面临理论模型与真实系统设计折中的考量，而安全性可能会在实际系统设计时让步于功能、性能以及易用性等因素。

其次，区块链平台及外围系统结构复杂，交互和部署手段多样，在具体的运行和运维过程中，运维人员可能会因缺乏背景知识或者图一时便利而违反基本安全性假设，导致产生安全风险。例如，用户为了方便会随意明文存储账户私钥，也不在意交易行为是否在可信环境内，导致私钥泄露事件的发生。一些 BaaS（区块链即服务）平台也会出于方便用户的考虑，替用户产生私钥及对应证书，而违背私钥的信任基础。

再次，计算机技术的发展也给区块链应用的密码算法带来了安全风险。区块链底层应用了随机数生成、哈希算法、数字签名等密码算法，这些算法随着计算能力的逐步提升以及未来量子计算的出现，可能会暴露出新的安全隐患。

最后，区块链系统和合约软件设计的缺陷漏洞以及从交易所、矿池挖矿软件等引入的威胁也让区块链安全受到巨大挑战。由于合约是用户和区块链交互的入口，合约安全问题在区块链领域是最多也是最受关注的。近年来合约安全问题频发，是区块链系统安全的"重灾区"，在虚拟货币市场导致了巨量的资损。而交易所和矿池系统也因遭受入侵、账户私钥泄露而发生严重的安全事件。

（二）加强区块链技术安全性评估

密码技术是区块链技术的基石，同时贯穿区块链技术架构的各个层次。毫无疑问，依据《密码法》，加强区块链密码技术检测和应用安全性评估，设置强有力的安全卡点，对保障使用区块链技术的基础设施的安全性，以及区块链产业的持续健康发展具有重要意义。

一些区块链产品欠缺密码技术和安全层面的整体设计与评估，甚至有些产品是各种开源资源生拼硬凑而成的，用来提供密码服务的模块五花八门，也不清楚这些模块的来源，密钥管理较为随意，产品中对密码相关协议的设计也没有进行严谨的评估和验证，这样的产品一旦流入关键领域，将带来诸多安全隐患。同时，很多基于开源区块链技术开发的产品在密码组件上进行更改替换，容易触发其他国家和地区的管制规定，可能造成不必要的被动。

1. 区块链密码技术产品算法检测

对区块链密码技术产品进行检测，除了依据《密码模块安全技术要求》（GM/T 0028—2014）和《密码模块安全检测要求》（GM/T 0039—2015）对区块链产品中使用的密码算法、随机数、密码协议、密钥管理、证书管理和密码设备进行检测外，还要根据区块链技术的特点对区块链产品中的身份管理、区块存储、通信安全、交易（事务）安全、隐私保护、监管支撑等环节使用的密码技术进行有针对性的检测，对于可以依据现有标准检测的，应依据现有标准检测；对于暂无对应标准的新技术、新协议，应制定和提供标准的流程规范，进行评估和检测，同时根据其在整个产品结构中所处的位置和所起的作用，在检测结果上给予更细粒度的体现。一方面，可以保证检测结果的准确和客观；另一方面，可以避免以偏概全导致的业界对新的密码技术和协议不敢用或不敢检。密码技术是区块链的底座，同时区块链也是密码技术的机遇。

2. 区块链密码应用安全性评估

区块链技术的核心价值在于构建信任。区块链想要体现其价值，必须在一个体系中构建技术信任网络。相应地，对区块链密码应用的安全性评估，也必须从整体角度进行，立足整个系统安全和体系安全。

在生产环境中应用的区块链系统，除区块链平台本身外，还包括底层运行环境、上层应用和监管支撑。显然，单独对区块链平台的密码应用安全进行评估，是无法反映区块链系统的安全性的，必须依据《信息系统密码应用基本要求》（GM/T 0054—2018）对各个部分做整体评估，而基于区块链天然的网络属性，评估必然会涉及《信息系统密码应用基本要求》（GM/T 0054—2018）中所有评估层面。值得一提的是，其中有一些评估项，如密钥的备份和恢复，在遇到区块链链上资产等内容与密钥具有强绑定关系时，很可能需要不同的解读，或者通过密码技术的创新，提供更好的解决方案。类似的细节在实际环境中还有很多，这些都需要通过实践和创新去推动解决。

参考文献

360 公司：《5G 网络安全研究报告》，2019 年 4 月。

《多模态生物识别成趋势》，电子发烧友论坛，2020 年 3 月 11 日。

韦韬：《安全平行切面：我们要改变什么，我们要建设什么》，《北向文集　面向 2021》2021 年第 14 期。

《硬件化方案坚不可摧？　揭秘可信硬件 TEE 的是非功过》，PANews 网站，2020 年 6 月 18 日，https：//www.panewslab.com/zh/articledetails/D37119919.html。

Antonioli, D., Tippenhauer, N., Rasmussen, K., "BIAS：Bluetooth Impersonation

AttackS", 2020, https：//francozappa. github. io/about - bias/.

Boutin, C. , "NIST's Post-Quantum Cryptography Program Enters 'Selection Round'", NIST, 2020.

"CVE - 2020 - 9770", 2021, https：//cve. mitre. org/cgi - bin/cvename. cgi? name = CVE - 2020 - 9770.

Devoret, M. , Schoelkopf, R. , "Superconducting Circuits for Quantum Information：An Outlook", *Science*, No. 6124, 2013.

Github, "PENGLAI：Enclave", https：//github. com/Penglai - Enclave.

Hex-Five Security, "The First TEE For RISC-V", https：//hex - five. com/multizone - security - sdk/.

Li, G. C. , Dai, G. , "CVD - 2020 0035", https：//www. gsma. com/security/gsma - mobile - security - hall - of - fame/.

NCCoE, "NIST Cybersecurity Practice Guide, 5G Cybersecurity", 2021, https：//www. nccoe. nist. gov/projects/building - blocks/5g - cybersecurity.

NIST, "Post-Quantum Cryptography Project", https：//csrc. nist. gov/projects/post - quantum - cryptography.

Salter, J. , "A Detailed Look at AMD's New Epyc 'Rome' 7nm Server CPUs", 2019, https：//arstechnica. com/gadgets/2019/08/a - detailed - look - at - amds - new - epyc - rome - 7nm - server - cpus/#link_ sme.

Salter, J. , "Intel Promises Full Memory Encryption in Upcoming CPUs", 2020, https：//arstechnica. com/gadgets/2020/02/intel - promises - full - memory - encryption - in - upcoming - cpus/.

Zhang, Y. , Weng, J. , Dey, R. , Jin, Y. , Lin, Z. , Fu, X. , "Breaking Secure Pairing of Bluetooth Low Energy Using Downgrade Attacks", USENIX Security Symposium, 2020.

行业篇｜金融科技
与传统金融变革

Industry Part: FinTech and the Reform in Tradition Financial Area

第六章　银行业的创新与发展

宋科　王剑*

摘　要： 目前我国已进入金融科技3.0时代，新兴技术的高速发展冲击了银行传统业务，带来了全新挑战与发展契机。"十四五"规划提出加快数字化发展，加深实体经济与数字经济的相互融合，为商业银行的战略转型指明了前进方向。商业银行拥抱金融科技并向智能化、信息化、数字化转型，具有时代必要性。目前多数银行持续加大金融科技投入，建设科技人才队伍，成立金融科技子公司，加码数字化之争。银行利用科技赋能的内生驱动力，对内强化合规管理能力，创新智能风控模式，对外从业务全链条积极探索产品服务与技术融合，在大幅提升金融服务效率的同时也解决了传统金融的痛点与难点问题，优化了用户感知与服务体验，提升了自身竞争力。未来，"宽松＋严格"的监管趋势并行，普惠金融风向不变，商业银行在迎合政策主基调的同时，应警惕金融科技风险叠加，加强风控体系建设，找到金融科技创新与防范系统性风险的制衡点。此外，还要注重"金融＋技术"的复合型人才储备，为创新发展构筑坚实后盾。

关键词： 银行业　金融科技　数字化转型

＊ 宋科，中国人民大学国际货币研究所副所长、金融科技研究所执行所长，主要研究方向为货币金融理论与政策、金融科技；王剑，国信证券经济研究所金融业首席分析师，中国人民大学国际货币研究所特聘研究员，主要研究方向为银行业、互联网金融等。感谢国信证券经济研究所田维韦、中央财经大学郎峻的助研工作。

在经济发展、技术进步、政策支持的大背景下，商业银行逐步朝智能化、移动化、开放化方向发展。多数银行已将数字化转型升级确定为未来发展的战略目标，运用大数据、人工智能、区块链等新型科技手段做出了一系列战略布局，包括加大金融科技投入、注重科技人才队伍建设、成立金融科技子公司、加速金融业务与技术融合等。金融科技从内部和外部分别对银行业务实现创新赋能，对内，金融科技从交易去中心化、信息透明化、平台集成化三个方面加强内控合规管理，并运用智能风控、智能反欺诈、智能预警等多种手段实现信贷风控从贷前控制向贷中、贷后控制模式转移；对外，银行从资产端、负债端、支付端分别探索产品、服务、渠道及经营模式创新，实现了对客户需求的精准定位，打造"千人千面"的个性化、定制化产品和服务，加强多渠道场景建设，使金融服务融入日常生活，促进金融生态化建设，提升客户体验，增强客户黏性。科技嵌入金融业务将有利于银行提高服务效率，降低融资成本、经营成本、人工成本等，实现普惠性金融。

从行业整体动态与趋势来看，2020年监管政策密集落地，金融科技行业在"宽松＋严格"并行的监管主基调中不断发展，预计2021年监管部门将持续强化审慎监管。在未来的发展中，银行要继续加大对小微企业的扶持力度，同时警惕传统金融风险与新兴技术风险叠加，找到金融科技创新与防范系统性风险的制衡点。此外，还要注重"金融＋技术"的复合型人才储备，为创新发展构筑坚实后盾。

一 银行数字化转型战略定位

随着互联网科技的飞速发展，以及金融行业供给侧结构性改革的不断推进，商业银行发展面临多方面的冲击与挑战。在金融科技3.0时代，建设现代化数字银行，推动数字化科学战略转型是银行生存发展的必然趋势。大数据、人工智能、云计算、区块链等科技创新是战略转型实现的支撑手段。

（一）加快数字化转型具有时代必要性

2019 年 8 月，中国人民银行印发的《金融科技（FinTech）发展规划（2019～2021 年)》明确提出要将金融科技打造成为金融高质量发展的"新引擎"，鼓励支持包括商业银行在内的持牌金融机构在依法合规的前提下发展金融科技，提升金融服务质量和效率，将科技应用能力内化为金融竞争力。2020 年 11 月，《中共中央关于制定国民经济和社会发展第十四个五年规划和二〇三五年远景目标的建议》提出"发展数字经济，推进数字产业化和产业数字化，推动数字经济和实体经济深度融合"等数字化战略目标，为商业银行的战略转型发展指明了前进方向。在数字经济时代，商业银行应积极主动迎接数字化浪潮带来的挑战，拥抱金融科技，加快数字化转型具有时代必要性。

一是在科技驱动下"二次脱媒"进程加快，对商业银行的运营模式及产品服务都产生了巨大冲击。金融科技公司凭借自身的技术优势，采取以互联网低成本扩张为手段的业务模式来打破银行的垄断局面，覆盖被银行忽视的客群，不断蚕食银行最诱人的中间业务收入蛋糕。非银行金融机构金融创新产品层出不穷，依靠较低的融资成本吸引企业绕过银行直接获取资金，这无疑加剧了商业银行负债端的脱媒趋势。此外，金融科技加速推进利率市场化，收窄了商业银行存贷款利差，增大了负债成本，对银行现有的赢利模式提出了挑战。

二是"千禧一代"逐步成为消费主力，他们更看重服务的便捷性与移动性，追求个性化、差异化、定制化的产品和服务。商业银行需利用数字化渠道迎合客户需求，整合无缝的客户体验。在蓬勃发展的互联网背景下，"便捷"之外的"智能"需求应运而生，银行卡等传统产品无法满足用户场景和交互式体验，打造"更懂客户"的 App 将成为新一轮服务客户的新媒介。此外，服务模式将从"客群经营＋人工服务"向"客人经营＋人工智能"转变。在大数据、人工智能等技术的支持下，银行需关注客户的异质性需求，实现"一对一"的差异化服务供给，以数字化和智能化服务提升客户体验。

三是新技术应用日趋成熟，银行业内部竞争态势愈加激烈。金融科技为解决产品和服务同质化问题提供了新手段。运用大数据、人工智能技术获取海量客户数据，预测客户需求方向，实现精准营销，优化市场策略。运用区块链技术，为跨境支付、资产托管等业务提质增信。运用云计算、互联网等技术，推进银行智能化生态建设，将金融产品和服务融入客户的生活场景，提升触及和连接客户的能力，进行客户拓展和产品推介。在银行业绩分化的背景下，加快数字化发展进程将为提升业绩水平提供有力保障。

（二）立足实体经济，金融科技创新赋能

从技术与金融的融合程度来看，我国金融科技的发展历程可以分为三个阶段。银行在此过程中也随着技术创新不断转型升级，创新银行产品与业务渠道，适应经济与技术的发展背景。1980～2003年是金融科技1.0阶段，金融机构开始运用IT软硬件逐渐实现办公业务的电子化、自动化，提高金融机构的运营效率。但在此阶段中，IT是以内设部门的形式服务于金融机构的，而IT公司通常没有直接参与到公司业务环节。银行在此阶段不再仅仅依赖于物理网点开展银行业务，计算机开始应用到业务体系中，较为典型的应用包括银行的信贷系统、清算系统、ATM、POS机等。2003年支付宝的出现，标志着金融科技2.0阶段的到来，金融企业线上平台逐渐搭建，借助互联网或者移动终端完成信息收集，加速业务融合，变革传统业务渠道。在这一阶段中，网上银行、手机银行逐步涌现，用户可以随时随地通过银行提供的手机银行App办理转账、购买理财产品、支付等金融业务，银行业务趋向移动化。较为典型的应用包括移动支付、互联网基金销售、普惠金融、P2P网络借贷、云联网保险等。2015年金融科技概念引入中国，MinTech作为金融科技3.0阶段的领军企业正式成立。自2016年起，随着人工智能、区块链、云计算、大数据等新兴技术的发展与应用，新兴技术逐渐取代互联网金融，助力金融企业转型升级，重塑金融产业生态。其典型应用包括大数据征信、智能投顾、供应链金融等。银行在此过程中逐步向数字

化、信息化、智能化银行迈进，银行与客户的联系不再局限于银行所提供的金融产品，而是融入衣食住行等日常生活中。目前，我国已进入金融科技3.0时代，金融与科技深度融合，在大幅提升金融服务效率的同时也解决了传统金融的痛点问题。同时，银行随着金融科技的发展不断转型升级（见图6－1）。

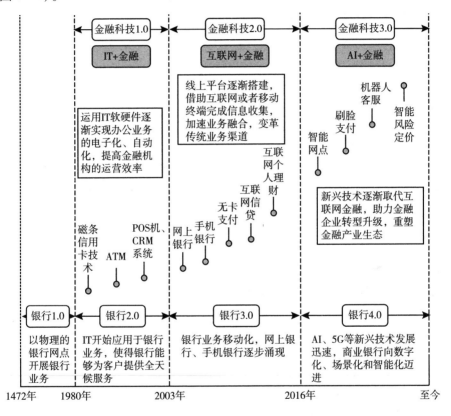

图6－1　银行随着金融科技的发展不断转型升级

资料来源：根据艾瑞咨询等公开资料整理。

金融科技发展至今，落脚点仍在金融，服务实体经济的本质并没有发生改变，是在技术变革趋势下让传统金融不断开展自我觉醒与创新。银行迎接科技创新浪潮，适时调整战略定位，将技术引领、创新驱动，以及打造数字化、智慧化银行作为新时代发展战略。在现有银行体系中，以大数据、移动互联、人工智能、区块链等为代表的金融科技是战略转型实现的支撑手段。金融科技带来的技术创新，实现了金融信息在传递、接收、分析、处理等方面的变革，借助数据技术优势，掌握客户流、资金流、信息流数据，驱动融资、信贷、支付结算等核心业务领域创新发展，银行致力于在科技引领业务的趋势下找到新的增长点。产品体系与业务体系的转型升级，能够进一步提高运营效率，降低交易成本，优化用户感知与服务体验，归根到底是为了更有效地服务实体经济，为普惠发展提供坚实动力。

（三）银行数字化转型竞争激烈

当前已进入数字化时代，银行所面临的竞争不再局限于传统金融企业之间的竞争，一些互联网科技企业涉足金融业务，也加入竞争之列。银行亟须充分利用自身信息化先行优势，在数字化时代自我革新，充分发挥科技赋能的内生驱动力，持续提升自身竞争力。特别是在新冠肺炎疫情的冲击下，促进了银行客户和业务从线下向线上转移，进一步加快了银行数字化转型的步伐。在疫情防控新常态背景下，非接触业务、远程工作模式将成为银行的新常态。目前来看，银行在金融科技投入、人才储备与培养、体制机制文化转变、数字化服务渠道拓展、业务与技术融合探索等方面均做出了努力。

1. 金融科技投入持续加大

《中国上市银行分析报告2020》数据显示，2019年，中国银行业整体技术投入达1214.8亿元，金融科技投入为230.8亿元。据艾瑞咨询预计，未来金融科技投入将持续加大，到2023年，中国银行业的金融科技投入有望达到457.9亿元。各家上市银行2020年年报披露数据显示，中国工商银行、中国建设银行、中国农业银行和中国银行的金融科技投入均超过100亿元（见图6-2）。其中，中国工商银行以238.19亿元的投入规模居首位，国有六大行的金融科技投入合计达956.86亿元。从投入强度来看，各家银行的金融科技投入占营业收入的比重普遍超过2%，其中招商银行的金融科技投入强度最高，达到4.45%。从增长趋势来看，2020年各家银行对金融科技的投入持续加大，其中中国工商银行、中国农业银行、中国银行的金融科技投入增速均在40%以上；交通银行的金融科技投入增速有所放缓，仅为13.46%；中国光大银行的金融科技投入增速更为迅猛，达到51.29%。

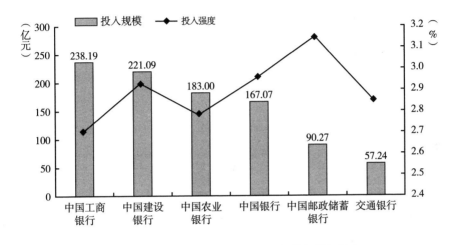

图6-2　国有六大行金融科技投入规模与投入强度

资料来源：根据各家上市银行2020年年报数据整理并绘制。

此外，银行也注重科技人才队伍建设。截至2020年末，国有六大行和股份制商业银行的金融科技人员整体已经突破8万人，并呈不断扩张趋势，大中型上市银行平均科技人员占比提升至4%以上。各家上市银行2020年年报披露数据显示，中国工商银行和中国建设银行的金融科技人员数量均超过1万人，其中中国工商银行的金融科技人员为3.54万人，占全体员工的比重为8.10%，居国有银行榜首（见图6-3）。从金融科技人员数量增速来看，上海浦东发展银行、招商银行增速均超过50%，吸纳与培养金融科技人才已成为银行机构加码数字化转型的共识。

2. 相继设立金融科技子公司

在组织模式上，多家银行采取设立金融科技子公司的方式推动银行数字化转型。2020年，中国农业银行、交通银行相继设立农银金科、交银金科子公司，标志着国有五大行金融科技子公司全部就位。除国有银行外，6家

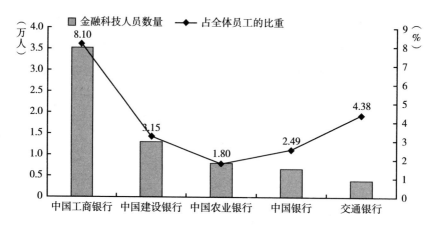

图6-3　国有五大行金融科技人员数量及其占全体员工的比重

注：中国邮政储蓄银行2020年年报中没有披露相关数据。

资料来源：根据各家上市银行2020年年报数据整理并绘制。

股份制商业银行、1家城市商业银行也设立了金融科技子公司，其中兴业银行是业内最早设立金融科技子公司的银行，开创了银行系金融科技子公司设立的先河。金融科技子公司注册资金规模普遍处于亿元级，其中超过10亿元的有2家，分别是建信金科和金融壹账通（见表6-1）。

表6-1　银行设立金融科技子公司情况（截至2020年）

金融机构	金融科技子公司	注册时间	注册资金（亿元）
兴业银行	兴业数金	2015年11月	5
平安集团	金融壹账通	2015年12月	12
招商银行	招银云创	2016年2月	0.5
中国光大集团股份公司	光大科技	2016年12月	2
中国民生银行	民生科技	2018年4月	2
中国建设银行	建信金科	2018年4月	16
华夏银行	龙盈智达	2018年5月	0.21
中国工商银行	工银科技	2019年3月	6
北京银行	北银科技	2019年5月	0.5
中国银行	中银科技	2019年6月	6
中国农业银行	农银金科	2020年7月	6
交通银行	交银金科	2020年8月	6

资料来源：根据公开资料整理。

银行通过设立金融科技子公司，找到一个创新试验田，既能保证母公司的稳定运营，又能不断探索体制机制改革创新，降低了试错成本，风险也更可控。此外，设立金融科技子公司可以有针对性地实现科技人才激励，建设高水平的科技人才队伍。目前来看，各家银行的金融科技子公司仍处于投入研发阶段，还没有实现盈利的子公司出现，未来需利用银行业务的先发优势，打造创新型场景化服务，提升互联网运营能力及用户体验。

3. 加速探索金融业务与技术融合

在数字化转型中，强化技术服务业务能力尤为重要，其关键在于构建合理的组织架构。搭建"开放＋生态＋智慧"的数字化平台架构是目前的主流趋势，不少银行都在这方面做出了努力。例如，吉林银行聚焦生态能力建设，遵照"科学、开放、敏捷、高效、安全、可控"六大原则，创新性地提出了"XMART"架构，该架构以新型技术为底层基础，实现智能化的数据治理及丰富的资源整合，开放"线上＋线下"的多渠道触达方式，构建多场景生态的金融服务，助力吉林银行实现数字化转型目标。建设银行全面上线"新一代"核心系统，重构业界领先的"集中式＋分布式"融合架构，在创新速度、处理效能等方面表现出竞争优势。中国工商银行提出的"智慧银行信息系统（ECOS）转型工程"以松耦合、分布式 IT 架构和标准化、智能化数据体系为基础，全面赋能生态价值链。

二 金融科技在银行中的运用

随着区块链、人工智能、大数据等技术的发展，金融科技对银行现有的交易体系、征信方式、合规管理、风控流程、产品兑付风险等多个维度产生了重大影响。

（一）强化内控管理，提高银行合规管理能力

金融科技强化银行内控合规管理可以从交易去中心化、信息透明化、平台集成化三个方面予以分析。

首先，区块链技术是交易去中心化的核心推动力。区块链技术是按照时间顺序将数据区块顺序相连组合而成的链式数据结构，具有去中心化、不可篡改、公开透明、全程追根溯源等特点。其创新之处在于，分布式网络及加密技术将数据的编辑、记录与认定权限赋予各个账本，实现透明化、同步化的数据记录及更新方式，便于信息的追溯、查询和及时知晓。银行应用区块链技术优化交易体系，缩短发起、回馈、记账、交易、对账等一系列烦琐流程，实行以客户为核心的点对点交易，提升了交易的效能。如厦门银行自主研发的"会计引擎系统"在城市商业银行中首次实现了从物理到逻辑的交易与核算分离，使核心业务系统彻底地由传统的以交易驱动、面向核算为中心，转型为以客户驱动、面向客户为中心的交易系统。该系统具有核算处理集中化、业务运营专业化、产品创新快速化、核算规则通用化以及推动管理精细化五大优势，从而为客户提供更加优质的综合性金融服务，提升客户体验。

其次，金融科技的合理应用将有助于解决信息不对称的痛点问题，使信息透明化。在征信方式上，区块链技术将改变传统的信用中介形式，将交易数据直接放在分中心的链上，通过分布式逻辑与集成完成征信，有效缓解信息不对称的问题。此外，在反洗钱合规管理中，运用大数据处理、云计算以及人工智能等综合信息技术，构建可疑交易的智能化评估系统，依托大量可疑交易历史数据，通过机器学习、知识图谱、自然语言等新兴技术实现精准识别和快速反应，切实提高了工作效率。例如，平安银行推出内控合规主任App管控工具"鹰管家"，其职能覆盖网点全面风险工作，涵盖了包括业务管理、业务授权、业务检查、合规管理、"三反"工作、实物管理等在内的近10个大项20余个细分项的职责，打造安全、开放、交融的技术平台。"鹰管家"通过手机即可快速处理日常任务及触发风险检查，实时在线监控和处理内部账务、风险关键指标、自助设备异常指标等。

最后，平台集成化是进一步提高信息透明度的基础手段。平台集成化是指利用大数据等技术建立相关数据平台，促进信息的互联互通，实现各个系统模块的信息共享，从而有效降低系统整体的运营和维护成本。商业银行合规管理需要大量的内外部信息，利用科技手段对各类信息进行整合、分类、管理有助于挖掘各类数据的关联关系，规范信息流动路径，完善银行前台、中台、后台的信息交互共享，保证系列生态机制的高效运营。例如，中国邮政储蓄银行与 IBM 合作推出基于区块链的资产托管系统，通过各方实时共享信息资源，使得信用交换更为便捷高效，缩短了六成以上的原有业务环节处理时间。

（二）破解商业银行贷后管理的难点和痛点问题

信贷业务中信息不对称引发的逆向选择和道德风险是长期的痛点和难点问题。传统风控注重贷前管理，认为以抵押为主要形式的担保可以有效缓解逆向选择和道德风险，降低贷款不良率。然而，这种做法将一些无法提供抵押品的中小微企业、新兴科创企业等"轻资产"型企业排除在外，丧失了长尾客户群。此外，传统信贷的贷前调查渠道单一，仅依靠如征信报告等传统金融数据无法全面了解客户信息，存在信息弱化甚至信息无效的风险。在严苛的贷前管控下，传统信贷对贷中、贷后的监管较为放松。一方面是由于主动定期跟踪资金运用情况及贷款人的财务情况成本较高；另一方面则是由于信息搜寻方式有限，存在信息获取时效滞后的痛点问题。

当前，以人工智能、大数据、云计算和区块链等技术为代表的金融科技，重构银行的信贷风控模式，打造精准营销、智能风控、智能反欺诈、智能预警等创新业务场景，推动信贷业务朝数字化和智能化方向转型。大数据技术整合大量结构化数据和非结构化数据，包括从交易结算、信贷、投资理财等内部积累的金融数据，到税务、海关、工商及司法等各类公共信息，并有效利用"第三方数据库"或"互联网搜索引擎"技术，全方位描绘客户画像，提高客户信用信息的真实有效性，降低获取成本，依据风险评估模型实现客户风险的量化评估。这样就使得在金融科技加持下的信贷风控不再依赖于单一的传统信贷数据，对中小微企业、金融科技企业仍然可以实现系统化的智能评估，在进行精准化风险审查的同时，也实现了对更大消费群体的覆盖。

在企业信息数据逐步透明化的趋势下，信贷风控模式也从重抵押的贷前管控向重数据和信用的贷中、贷后监管转移。数字化、智能化的风控管理要求银行转变注重因果关系的传统思维模式，树立多方位监管数据与借款违约之间的相关关系等思维理念。通过多维度的信息收集，利用人工智能等技术完成信息分析与挖掘，综合评估偿债能力、赢利水平、发展前景、企业口碑等多项指标，实施对客户的实时风险监控。一旦某一指标达到警戒线，将会及时反馈预警信息，对潜在风险做出快速识别与及时应对。新型的风控模式将促使信贷过程更加规范合理，有效剔除低质客户，辨别不良行为，使得工作效率得到极大提高，成本大幅下降。2020年8月末，网商银行上线了"亿亩田"，将卫星遥感和人工智能技术赋能农村金融。在这个项目中，网商银行通过卫星遥感技术获取种植大户的作物全生长周期遥感影像，再经由人工智能图像识别技术分析，实现对作物品类、种植面积、长势情况等的识别，建立作物种植画像，了解农户贷款需求时点及授信动态管理，实现对农户的精准授信，提升"三农"用户融资效率。传统风控与金融科技风控对比见表6-2。

表6-2　传统风控与金融科技风控对比

不同点	传统风控	金融科技风控
风控模式	以贷前控制为主	以贷中、贷后控制为主
风控模型	以人工审核为主,依靠专家经验	以模型、策略体系自动分组为主,人工审核为辅
数据来源	公司内部资料、央行征信资料、客户提交资料	除传统风控数据来源外的第三方数据、线上线下多维度数据
数据关联性	较低	较高,可交叉验证
思维模式	以线性模型为主,因果关系强	以深度学习、集成学习模型为主,可应用相关关系

资料来源：根据平安集团相关资料整理。

三　银行金融科技产品创新

（一）资产端

1. 消费信贷：加强场景化建设，突破同质竞争

当前，我国消费金融市场空间广阔，核心用户群体消费欲望强烈，信贷

需求被持续释放。消费金融凭借自身低风险、高收益、高流动性的优势，成为众多商业银行发展零售业务的关键领域。传统的消费信贷业务具有同质性特点。这种同质性体现在产品种类、目标客户、办理流程等方面。目前，我国的消费贷款集中在长期住房按揭贷款和中期汽车贷款等领域，而对诸如教育、医美、家装等短期消费信贷缺乏深度挖掘。客户大多集中在高收入群体，对大学生、农村居民等低收入群体较为忽视。此外，传统信贷办理受到时间与空间的限制，无法满足及时高效的服务需求。

互联网科技的快速发展为增强场景化建设、突破同质化竞争提供了有力保障。基于大数据、人工智能等金融科技手段有助于识别和开放依附于各个消费链条上的场景，对各个场景进行拓展组合，可以使银行取得范围经济效应。以车贷为例，基于全场景贷款思维，购车及购后运营、保养、维修、过路、加油等各个环节都可以嵌入金融服务，在提供服务的同时收集整合客户信息数据，将存款、信贷、理财、支付结算等功能融为一体，从而扩大金融服务范围，降低服务成本。2020 年，中国银行业金融科技应用成果优秀案例中原银行"数字化房产抵押贷款产品——永续贷"，通过运用"互联网 +不动产抵押登记 + 金融服务"新模式，将客户办理房产抵押贷款时间从业内普遍的 1~2 个月压缩到 3~5 天，最快 1 天放款，大大优化了办理流程和手续。客户足不出户，在手机上即可完成从申请到放款、房产抵押，再到贷款的全流程，真正落实了"让数据多跑腿，让客户少跑路"的理念。

与社交平台、电子商务平台、金融科技信息平台等合作，实现金融服务的场景创新。目前，"工农中建交"国有五大行分别与百度、阿里巴巴、腾讯、京东、苏宁建立战略合作关系，中国邮政储蓄银行与蚂蚁金服、腾讯、京东、度小满等多家头部互联网公司以及电商平台（如百度、阿里巴巴、腾讯、京东）等头部流量机构均建立了合作关系，布局包括医疗健康、校园生态、零售商超、交通出行等在内的具有较大线下流量和较强场景优势的消费金融场景化建设。中国邮政储蓄银行凭借多场景的平台端服务，在2020 年国有银行消费贷款余额中拔得头筹，达到 4419 亿元（见图 6 - 4），占国有银行消费贷款余额的 35% 以上。对于股份制商业银行如兴业银行，与山西大学商务学院合作，依托金融科技创新教育生态场景建设，为高校量身打造了一系列智慧校园产品。整个产品链条涵盖在线课堂、智能门禁、高校差旅、电子票据系统等各类教育教学智能运营场景，在助力高校信息化建设的同时，也通过开放、融合的金融科技产品不断拓展金融服务的广度和深度。

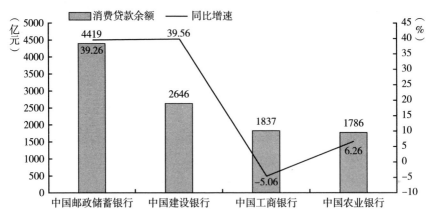

图 6 - 4 2020 年部分国有银行消费贷款余额及其同比增速

资料来源：根据各家上市银行 2020 年年报数据整理并绘制。

2. 数字普惠：助力中小微企业融资服务

针对中小微企业"融资难、融资贵、融资慢"问题，各银行积极贯彻"科技引领、创新驱动"的原则，将普惠金融作为努力方向，积极探索产品、服务、渠道等方面的创新发展。破解中小微企业"融资难"问题，银行主要从以下三个方面做出了努力：一是利用大数据技术提高中小微企业的信息透明度，了解企业的真实经营状况；二是通过移动互联网，实现普惠业务的技术突破，充分利用网络金融低本高效、覆盖面广等优势，切实提高对中小微企业的服务效率，降低成本，让利企业；三是针对中小微企业缺乏担保物等情况，银行创新抵押担保方式，为"三农"、小微企业量身定制信贷产品，突破"抵押难"的瓶颈。

从近年来的实践情况看，中国工商银行、中国银行、中国建设银行、中国农业银行、招商银行等均推出了数字普惠产品，这些产品各具特色与优势，为小微企业及"三农"信贷提供了发展机遇。例如，中国工商银行为小微企业提供包括"开户＋结算＋融资"在内的一揽子金融服务，推出财务管理、网络融资、投资理财和"小微e管"等功能模块，持续完善以经营快贷、网贷通和数字供应链融资为核心的"小微e贷"线上融资产品体系，为产业链末端的小微企业、个体工商户、农户等经营主体提供精准、快捷的金融和信贷服务。中国银行综合运用新兴科技手段，推出了服务于小微企业的"中银普惠网络通宝"普惠金融网贷平台。该平台可以实现在线自助贷款申请，通过大数据及云计算等技术，为贷款企业精准画像，快速传递授信审批结果，实现资金即时入账、随借随还。此举高度契合了小微企业"期限短、频率高、需求急、金额小"的融资特点，实现了精准营销，提升了客户体验。中国建设银行推出"小微快贷"特色产品，实现了小微企业从申请、审批、签约到支用全流程的网络化、自助化操作。截至2020年末，以"小微快贷"为核心的特色普惠产品惠及客户超过170万户，投放贷款总量累计超过3.6万亿元。中国农业银行发展中小企业业务的核心优势在于其广泛分部的经营机构，通过成立"三农"及普惠金融事业部，实现了客户细分管理。中国农业银行还推出了乡村旅游重点村贷、乡村振兴园区贷等全行性产品及"湘瓷贷""锦绣贷"等区域性特色产品。在县域个人金融业务方面，推出了"农银惠农e贷"产品，强化了农户金融服务。部分银行的数字普惠产品见表6-3。

表6-3　部分银行的数字普惠产品

银行	数字普惠产品
中国工商银行	小微e贷
中国银行	中银普惠网络通宝
中国建设银行	小微快贷、裕农快贷、交易快贷、个人经营快贷
中国农业银行	乡村旅游重点村贷、乡村振兴园区贷、农银惠农e贷等
招商银行	闪电贷
上海浦东发展银行	"SPDB＋浦银在线"
浙商银行	增金财富池

资料来源：根据各家上市银行2020年年报整理。

（二）负债端

随着利率市场化进程的加快，银行负债端"脱媒"现象愈演愈烈，互联网公司推出的高收益类产品如余额宝等，对银行的存款及理财等传统业务造成了冲击，分流银行的融资来源，低成本的资金流失成为传统银行的一大痛点问题。金融科技在负债端的产品与服务创新有助于降低融资成本、提升获客能力、促进前台场景化等。一方面，利用内嵌大数据技术收集海量结构化数据与非结构化数据，进行分类整合与挖掘分析，全方位了解客户的风险偏好、消费需求、服务方式偏好等多维度特征信息，并据此展开个性化、定制化的金融服务，吸收增量客户，保证存款基础。另一方面，金融科技获取丰富的应用场景，融入银行金融服务，促进金融生态化建设，提升客户体验与满意度。

1. 线上线下一体化：拓展低成本融资渠道

在互联网金融浪潮下，用户的消费习惯悄然转变，银行依托"以客户为中心"的服务理念，打破单一物理网点服务，开放线上渠道，力图实现线上线下一体化的服务模式。中国银行业协会数据显示，2012~2020年，我国银行业平均离柜率逐年攀升，2020年已达到90.88%（见图6-5）。在各家上市银行已披露的数据中，中国工商银行、中国银行、交通银行、中国光大银行的平均离柜率达到90%以上，这意味着线上渠道已成为客户的首要选择（见表6-4）。目前银行的线上渠道布局包括手机银行、网上银行、电子银行、移动终端App、API嵌入等多种形式。截至2020年末，使用网上银行交易的笔数为1550.30亿笔，交易金额达1818.19万亿元，交易笔数和交易金额在线上服务渠道中均居首位。2020年个人网银用户渗透率为59%，比2019年略有提高。在各家上市银行中，有6家银行披露了个人网银用户数量，其中中国银行、中国邮政储蓄银行、中国农业银行、中国建设银行4家国有银行个人网银用户数量分别为1.94亿户、2.43亿户、3.56亿户和3.71亿户。此外，手机银行也是银行业重要的线上服务端口。2020年，手机银行交易笔数为1919.46亿笔，交易金额为

439.24 万亿元，同比增长 30.87%（见图 6-6）。各家上市银行手机银行用户规模均持续增长，其中中国工商银行、中国建设银行、中国农业银行 3 家国有银行 2020 年的用户规模均超过 3.5 亿户，招商银行突破 1 亿户（见图 6-7）。多家银行手机银行 App 的月活跃客户数也较上年末有大幅增长，如中信银行、中国农业银行、中国光大银行手机银行月活跃客户数同比分别增长 134.48%、38.80%、33.08%，体现出了银行网点轻型化、智能化的发展趋势。

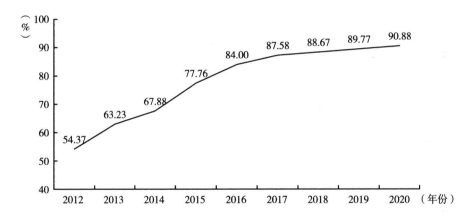

图 6-5　2012~2020 年银行业平均离柜率

资料来源：根据中国银行业协会数据整理并绘制。

表 6-4　2016~2020 年 4 家上市银行平均离柜率

单位：%

银行	2016 年	2017 年	2018 年	2019 年	2020 年
中国工商银行	92.00	94.90	97.70	98.10	98.70
中国银行	90.74	94.19	93.99	93.93	95.31
交通银行	91.42	94.54	96.59	97.67	98.04
中国光大银行	—	—	97.91	98.48	98.69

资料来源：根据各家上市银行 2020 年年报数据整理。

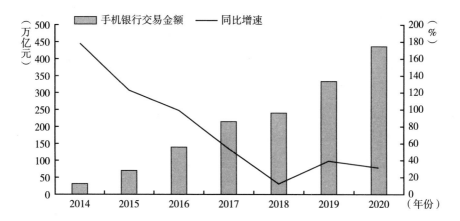

图 6 - 6　2014～2020 年手机银行交易金额及其同比增速

资料来源：根据中国银行业协会数据整理并绘制。

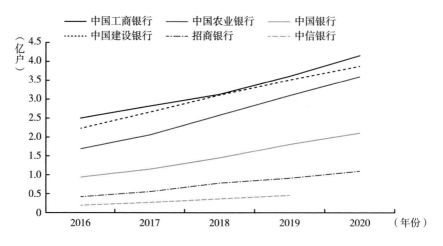

图 6 - 7　2016～2020 年手机银行用户规模

注：中信银行 2020 年数据缺失。

资料来源：根据各家银行 2020 年年报数据整理并绘制。

从长远来看，打造线上线下一体化的服务模式是数字化转型的最终发展
方向。其建设模式可以定义为"1 + N + n"，即围绕一个客户（1），通过多
方渠道（N），为其提供多种金融服务和产品（n）（见图 6 - 8）。其关键点
有三个。一是线下渠道不是指简单的物理网点，银行需要依据自身情况确定

网点的转型战略方向。一方面，根据不同网点位置、不同客群，有针对性地打造综合性网点、特色网点、主题网点等不同类型的网点，实现差异化服务。另一方面，推动智能网点的建设，利用金融科技节约人力资本，打造智能化自助银行，增强客户黏性。二是利用大数据、云计算等技术建立客户精准画像，对其消费需求及特征进行动态管理，定制化产品和服务，实现全生命周期金融产品的覆盖。这一过程需要注意线上与线下渠道的信息交互共享。三是线下嵌入消费场景，线上提供便捷高效的终端服务与产品，从而实现渠道与金融产品的高度融合，提升客户体验。

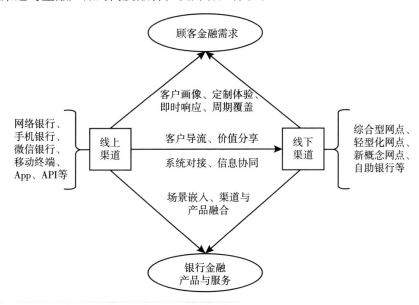

图 6 - 8　商业银行线上线下一体化"1 + N + n"模式

资料来源：张海波、孙健慧：《数字化转型背景下商业银行渠道一体化融合研究》，《企业经济》2020 年第 10 期。

2. 智能投顾：打造"千人千面"的财富管理方案

传统的理财服务存在两大痛点问题。一是理财经理无法覆盖长尾客户群。较高的个人理财起点线使得服务局限于高端客户，与普惠金融理念相去甚远。二是高水平专业理财人员缺失。一方面，缺乏高素质的复合型人才造成服务水平参差不齐，无法为客户提供准确信息，优化资产配置。另一方面，雇用或培养高水平人才会增加人力成本，这将促使银行进一步提高理财服务的门槛，形成一种进退维谷的局面。智能投顾的出现从以下几个方面解决了传统理财的痛点问题。一是通过线上化，迎合客户交易偏好，提升服务体验。互联网金融时代下，客户的交易偏好从传统网点向手机银行转变。智能投顾迎合客户交易偏好，通过线上电子银行，为客户提供 24 小时的不间断资产配置服务，实现随时随地交易。二是通过数字化，拓宽客户服务范围，实现普惠金融。数字化的方式解决了理财经理数量少、理财门槛高的问题，将财富管理服务延伸到长尾客户，使中低端客户也可以通过较少的投入享受理财服务。三是通过智能化，赋能理财经理提供专业化服务。智能投顾基于精准客户定位，运用算法模型和投资组合理论代替以人为主的主观判断，基于大量数据推演，打造"千人千面"的资产配置服务。

智能投顾运用大数据技术，多维度了解客户需求，包括风险偏好、交易特征等，进行精准用户画像。利用人工智能、机器学习技术构建算法平台，结合投资组合等理论模型，遴选出投资标的，形成最优资产配置，再通过电子渠道完成线上快捷交易，提供专业的财富管理服务。实行实时监控跟踪，对客户账户的资产变动及外部环境做出及时反应，动态调整最优资产配置。2018 年 4 月，中国人民银行等四部门发布的《关于规范金融机构资产管理业务的指导意见》（"资管新规"）首次将"智能投顾"产品服务纳入监管范围，这将为智能投顾的健康发展营造良好的政策环境。目前，招商银行、中国工商银行、中国银行均相继推出了"智能投顾"服务。2016 年 12 月，招商银行推出了"摩羯智投"智能投顾服务，经过一段时间的发展，截至2018 年末，"摩羯智投"累计销售规模达到 122.33 亿元，居银行类智能投顾产品规模首位。2017 年 11 月，中国工商银行推出"AI 投"，销售规模近50 亿元。2018 年 4 月，中国银行推出"中银慧投"，销售规模近 20 亿元。这三家银行的智能投顾产品规模位居前三，具有较强的代表性。

（三）支付端

随着供给侧结构性改革的推进，我国支付市场规模呈日益扩大趋势。从供给端来看，银行仍然是支付体系的主要供给方，但第三方支付平台对其造成的冲击不可小觑。据中国人民银行发布的《2020 年第三季度支付体系运行总体情况》，截至 2020 年第三季度末，全国共开立银行账户 121.65 亿户，环比增长 2.52%，单位银行账户和个人银行账户环比分别增长 2.39% 和 2.52%，涨幅均较上年同期略有下降。虽然受到经济下滑的影响，但优化账户管理、促进科技赋能金融服务创新仍是银行亟待解决的问题。

1. 刷脸支付：移动支付的关键切入口

随着科学技术的飞速发展，银行的支付业务从现金、银行卡、票据一路拓展至以网上支付、移动支付为代表的电子支付。[①] 2020 年第三季度，银行共处理电子支付业务 649.77 亿笔，其中网上支付业务 242.44 亿笔，同比增长 12.56%，占电子支付业务总笔数的 37.31%，相比之下，POS 业务、ATM 业务均呈下降趋势。从中可以看出，移动支付占据电子支付的主导地位，且呈持续增长态势，是各家银行新时期获客的重要渠道。但在移动支付板块，支付宝、财付通（微信支付）等第三方支付平台长期处于双垄断地位。2020 年末，非银行支付机构共处理网络支付业务 8272.97 亿笔，远超银行移动支付业务的 1232.20 亿笔（见图 6-9），但就其业务金额来看，非银行支付机构业务金额仅为 294.56 万亿元，低于银行移动支付业务金额 432.16 万亿元。由此可见，第三方支付具有"小额高频"的特点，这将有利于提供便捷高效的用户体验，增强用户黏性，加剧银行的竞争态势。

随着人脸识别技术的发展，刷脸支付作为全新赛道，为银行在移动支付领域的发展提供了关键切入口，同时也为商业银行带来了延伸业务价值。艾媒咨询数据显示，预计到 2022 年，中国刷脸支付用户规模将突破 7.6 亿户，进入 5G 商用时代，人脸识别支付将凭借其安全高效性具有更加广阔的发展空间，取代扫码支付成为主要支付方式将是未来的发展趋势。在监管方面，早在 2018 年 1 月，中国人民银行就在《关于优化企业

[①] 电子支付是指客户通过网上银行、电话银行、手机银行、ATM、POS 机和其他电子渠道，从结算类账户发起的账务变动类业务笔数和金额，包括网上支付、电话支付、移动支付、ATM 业务、POS 业务和其他电子支付六种业务类型。

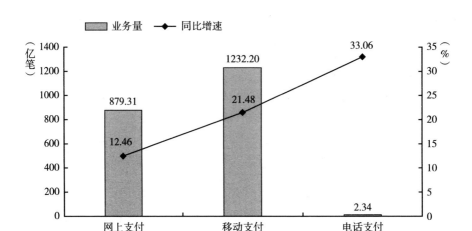

图 6 - 9　2020 年末银行网上支付、移动支付、电话支付业务量及其同比增速

资料来源：根据中国支付清算协会数据整理并绘制。

开户服务的指导意见》中指出，要"鼓励银行将人脸识别、光学字符识别（OCR）、二维码等技术手段嵌入开户业务流程，作为读取、收集以及核验客户身份信息和开户业务处理的辅助手段"。2019 年 8 月，中国人民银行在《金融科技（FinTech）发展规划（2019 ~ 2021 年）》中也特别指出，要"探索人脸识别线下支付安全应用，由持牌金融机构构建以人脸特征为路由标识的转接清算模式"。可以看出，监管层逐步规范人脸识别技术环境，为刷脸支付应用提供发展机遇。

2017 年，中国建设银行上线人脸识别功能，成为国内首个应用刷脸支付的银行。该项目融合"生物识别 + 快捷付"支付技术，实现全支付场景覆盖，顺应了客户便捷化、场景化的交易需求，开创了银行业线下刷脸支付的先河。2019 年被认为是刷脸支付的元年，中国银联在 2019 年 10 月举办的"金融科技——深度融合·多项赋能"论坛上联合中国工商银行、中国邮政储蓄银行、中信银行等多家银行发布线下人脸识别支付产品"刷脸付"。此外，各大银行如中国工商银行、中国农业银行、招商银行也相继在多场景推出了各自的刷脸支付产品。银行在刷脸支付领域可以从场景化和生态化着手，打造差异化战略布局，区别于支付宝、微信支付等第三方支付平台，提高自身竞争力。目前用户刷脸支付的主要应用场景为便利店和商超购物，银行可以凭借自身优势从校园、景区、办公楼、各类工业园区和行政园区等场景切入，提供诸如刷脸支付认证、刷脸支付用餐等各类方式，同时也可延伸更多关联增值服务。

2. 区块链跨境支付："分布式管理＋共识机制"实现降本增效

新一轮金融业对外开放已拉开帷幕，银行支付服务的国际化程度日益加深，人民币跨境支付系统业务量持续增长，跨境支付体系面临诸多挑战。一是安全性。由于传统的支付系统基于中心化架构，对中心数据库系统具有高度依赖性，一旦中心数据库系统因管理或者软硬件技术问题而发生系统故障，就会导致整个支付结算系统瘫痪。如 2013 年中国工商银行上海数据中心主机系统出现故障，导致多城市的线上系统诸如网上银行、ATM 等无法正常运行，客户取款、支付等需求受限。二是低效率。传统的跨境支付从最初支付到最终结算，需要中间代理行建立联系，易导致信息共享及传输滞后等问题。三是高成本。传统支付系统操作流程和审核流程较多，导致人力资本、运营费用、办公费用攀升。相应地，客户在跨境支付业务中所需支付的汇款费用也较为高昂。

区块链技术逐步应用于跨境支付领域，将有效解决痛点问题。第一，将智能合约以数字化的形式写入区块链，实现交易的准确自动执行。不仅可以减少支付清算过程的中间环节，有效发挥在成本效率方面的优势，而且可以避免恶意行为对合约正常执行的干扰。第二，区块链采用分布式管理，在一个分布有众多节点的系统中，每个节点的副本都是一套完整的账本，相互之间可以实现自由链接。在整个系统中任何节点都不具有中心控制功能，若某一节点出现故障，不会波及整个系统中其他节点间的交易安全。此外，去中心化特点也意味着每个节点都可以是中心，如果想篡改或者造假，理论上必须掌握超过 51％ 的节点，这就有效防范了道德风险，保证了数据的真实性、安全性和系统的稳健性。第三，区块链采用加密算法（如哈希算法）及共识机制，进一步保证数据传输的安全性，能够让交易双方摆脱第三方信用中介完成交易任务，减少了中介费用，解决了交易双方因信息不对称而引发的信用问题，体现出较显著的金融脱媒成果。据麦肯锡测算，从全球范围看，区块链在 B2B 跨境支付和结算业务中的应用可以节省约 42% 的成本。总而言之，区块链跨境支付解决了传统支付体系中的痛点问题，具有低成本、安全高效等优势。

目前，我国商业银行应用区块链跨境支付技术的案例较少。2017 年 3 月，招商银行首次应用区块链直联跨境支付技术，帮助南海控股有限公司通过永隆银行向其在香港的同名账户完成跨境支付。同年 9 月，招商银行利用区块链分布式管理特性，将上海分账核算单元作为一个独立的节点，直接联通境外清算行，完成了首笔自由贸易区块链跨境支付业务。招商银行的区块链跨境清算平台主要应用于跨境直联清算、全球账户统一视图以及跨境资金归集三大场景，通过打破总行和海外分行间在中心化系统下的业务隔阂，有效提高了业务处理时效和交易效率。2018 年 8 月，中国银行自主研发的区块链跨境支付系统成功完成了韩国首尔与河北雄安新区两地间客户的美元国际汇款。区块链在商业银行跨境清算中的应用见图 6 - 10。

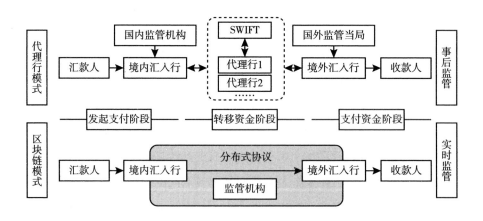

图 6 - 10　区块链在商业银行跨境清算中的应用

资料来源：张雪：《区块链在商业银行跨境清算中的应用研究——以招商银行区块链平台为例》，河北金融学院硕士学位论文，2018。

四　科技银行运营模式

银行传统的信用中介和融资中介的职能定位已经不适用于当下互联网科技的发展趋势。银行如果仅靠传统、初级、单一的存贷产品必将丧失大量客户群，缩小盈利空间。在科技金融的新趋势下，银行向智能化、数字化、移动化转型迫在眉睫。智能化在于银行通过大数据、云计算等技术，精准定位客户画像，全面了解客户特征，实现精准营销，并提供个性化、定制化、专业化的金融产品和服务。数字化和移动化是银行迎合客户消费偏好及风格特征转变的结果。身处移动互联时代，人们已习惯于通过移动端实现产品交易，便捷性、即时性、高效性是人们选择服务时看重的主要方面。银行开放线上渠道，将新兴技术融入产品和服务中，不仅实现了随时随地为客户服务，而且压缩了运营成本和人力成本。此外，普惠金融作为当今发展的重要议题之一，也要求银行关注长尾客户群，拓宽客户和业务渠道。而利用科技手段压低成本让利客户，拓展普惠性的深度，建设"价值银行"也是未来的发展方向。

（一）直销银行：独立法人模式或成发展趋势

直销银行依托"互联网＋金融"模式，不设线下网点，一直被认为是我国银行转型的先锋军。国内第一家直销银行成立于 2013 年 9 月。据不完全统计，目前我国已有超过 110 家直销银行，且数量仍保持上升态势，2020年 12 月，中国邮政储蓄银行全资发起设立的中邮邮惠万家银行为直销银行又添新军。但直销银行间经营分化现象较为明显，2017～2019 年，活跃客户数超过 20 万的直销银行只有 4 家，甚至近年来有银行选择直接将直销银行与手机银行合并或者关闭直销银行。例如，2020 年 6 月，广发银行停止提供直销银行登录等服务；同年 12 月，华夏银行将直销银行功能全部迁移至手机银行（见表 6-5）。

表 6 – 5 2016～2020 年直销银行与手机银行合并或者关闭情况

序号	银行	直销银行	年份
1	包商银行	小马 BANK	2016
2	平安银行	橙子银行	2017
3	中国工商银行	工银直销银行	2018
4	北京农商银行	凤凰直销银行	2018
5	江苏长江商业银行	长江直销银行	2018
6	渤海银行	渤海直销银行	2018
7	上海浦东发展银行	浦发直销银行	2018
8	上海华瑞银行	华瑞直销银行	2019
9	南京银行	你好银行	2019
10	中国光大银行	阳光银行	2019
11	广发银行	广发直销银行	2020
12	华夏银行	华夏直销银行	2020

资料来源：根据公开资料整理。

由此可见，直销银行处境困难，面临诸多挑战。第一，在数字经济时代，银行逐步将提供数字化服务作为经营渠道，致使直销银行与综合化的手机银行在客户层面较为重叠，直销银行逐渐失去存在的意义。第二，直销银行提供的产品和服务较为单一。一方面，无法满足客户个性化、多样化的交易需求，无法吸引增量客户。另一方面，直销银行"薄利多销"形成规模化经济的经营理念，决定了它对经济的敏感性较高。在经济下行时期，获客难度增大，无法形成规模化经营，成本优势不再，收益增长无力。第三，获客与留客能力不足。目前，我国直销银行获客渠道主要包括自有渠道，如通过电子银行 App、线下网点等获客，或者与第三方平台合作引流，其中自有渠道为主要渠道，占比达 65%。由此所获得的客户与母行高度重合，无法打破地域限制，获取他行新客。此外，与第三方平台合作引流的 II 类客户对银行的忠诚度较低，特别是在产品同质化的劣势下，客户黏性进一步降低。

就目前形势看，成立独立法人模式的直销银行有机会成为突破口。2017年 11 月，国内首家独立法人模式的直销银行——百信银行正式成立，其中中信银行持股 70%，百度持股 30%。成立至今，百信银行一直保持良好的业绩优势。截至 2019 年 11 月，在开业两周年之际，百信银行用户规模及信贷投放累计规模分别达到 3096 万户和 1869 亿元。相较于传统银行下设的部门（或事业部）制直销银行，一方面，独立法人模式实现了完全市场化，在财务、人力、IT 和风险管理等方面都与母行保持独立，可以动态调配资源，实施扁平化管理，具有较高的自主性和灵活的创新机制。另一方面，可以充分发挥"互联网＋金融"的双重属性，依托母行雄厚的资金优势及严格的监管指导，实现稳健性经营，同时也具有互联网公司强大的科技创新能力，通过多场景渠道建设，增强获客能力。总体来看，以百信银行为代表的独立法人直销银行模式，已探索出一条"依托金融科技，发展普惠金融"的发展道路。

2020 年 12 月，招商银行与京东合作设立招商拓扑银行，标志着我国第二家独立法人直销银行的成立。此外，从 2017 年起，已有超过 20 家银行跃跃欲试，拟成立独立法人直销银行。未来在监管环境逐步规范的背景下，独立法人直销银行模式有望成为新一轮发展趋势。

（二）开放银行：商业银行变革新模式

银行向智能化、数字化、移动化转型预示着银行的开放式经营。开放银行是银行机构与第三方开发者、金融科技公司等外部合作机构通过 API（应用程序编程接口）或 SDK（软件工具包）技术，打造开放银行平台，实现用户/账户等信息互通共享、相互赋能，驱动金融服务创新。其本质在于与金融科技平台等合作机构建立"竞合"关系，致力于打造"金融＋互联网＋科技"的全场景化金融生态。

开放银行平台的建设以自建与合作建设为主。其中，自建是银行基于自身数据及资源优势，投入科技力量，主导建设开放平台，再输出赋能合作伙伴对接客户，构建闭环生态圈。此种方式适用于资金实力雄厚、自身科技水平较高、风险承受能力较强的大型商业银行。合作建设是指与第三方合作伙伴建立战略合作关系共建金融生态圈，或直接加入已成熟的金融生态圈模式。此种方式适用于风险承受能力较低的中小型银行。

现阶段，各类银行均加快推进开放银行建设，包括中国工商银行、中国建设银行等国有大型银行，上海浦东发展银行、平安银行、中国民生银行等股份制商业银行，以及北京银行等城市商业银行。例如，2018年8月，中国建设银行与第三方商业伙伴——中国联通、海尔、小米等合作云搭建的开放银行平台正式上线，覆盖范围包括行政、工商、住房等方面。2019年9月，中信银行推出了基于"开放、无界、有温度"应用体验的三大开放银行零售产品"开薪易""信视界""无卡"。2021年1月，中国民生银行正式对外发布"民生云·代账"，标志着其开放银行服务再添新军。该产品致力于破解企业代账服务中的难题，助力小微企业数字化转型升级。就整体实践情况来看，API为核心技术，场景支付是构建金融生态圈的重要媒介。一方面，银行根据客户实际生活场景中的生态需求，自建闭环小生态，实现高价值的数据积累。另一方面，银行利用第三方合作伙伴在企业及行业内已形成的商业生态，实现金融服务输出，拓宽服务边界。但就其数据开放而言，目前仍未形成统一的数据开放标准与规范，其开放过程具有长周期性特征，需谨慎推行。

五　最新行业动态与趋势

（一）监管政策密集落地，强度持续收紧

2020年是金融科技"强监管"之年，为贯彻发展与监管两手抓的高质量发展理念，《商业银行互联网贷款管理暂行办法》《网络小额贷款业务管理暂行办法（征求意见稿）》《关于平台经济领域的反垄断指南》《互联网保险业务监管办法》等多项针对金融科技领域的强监管政策纷纷征求意见或落地。一系列监管政策对监管套利、扰乱市场政策的"伪创新"现象进行整治和取缔，以促进市场公平有序运行，保证金融业的稳定发展。

与此同时，监管部门还积极运用监管科技，创新监管方式，提升监管效率。2020年，监管沙盒正式启动，以此成功开展六部门十省份金融科技应用试点。监管沙盒通过虚拟测试来判断金融创新产品和服务、商业模式、营销方式等的潜在风险及可行性，可由监管机构相机抉择监管松紧度的"安

全空间"，寻找监管与创新的制衡点，在有效控制风险的同时，鼓励金融机构与金融科技创新融合。在监管理念上，更加侧重于企业、消费者和监管者之间的交流与信息共享，解决监管者和被监管者之间出现的信息不对称问题，提高监管的时效性。

总而言之，金融科技行业在"宽松＋严格"并行的监管主基调下不断发展，监管套利现象将逐渐消弭。2021 年，监管部门将持续强化审慎监管，深化监管科技应用，构建风险联防联控体系。

（二）加大小微企业服务力度，迎合政策支持主基调

在供给侧结构性改革下，银行的服务范围已逐步覆盖小微企业、民营企业等长尾客户群，发展普惠性金融初见成效。2020 年 5 月，小微企业贷款平均利率为 6.03%，较上年末下降 42 个基点；普惠小微贷款余额同比增速为 25.4%，高于各项贷款余额增速的 12.2%。但由于其发展的特殊性，"融资贵、融资难"的问题仍然存在。2020 年 4 月，财政部、国家税务总局联合发布公告，将延续一系列与普惠金融有关的税收优惠政策。国务院金融稳定发展委员会同月召开的两次会议，也均对小微企业的发展做出部署。目前来看，国家支持小微企业融资发展的主基调仍未改变，银行应在有效控制潜在风险的基础上，持续加大对小微企业扶持的力度并拓展其深度。银行在具体实施时，应注意以下几点。

第一，在扶持策略上，大中型银行应发挥牵头作用，向下延伸服务网点，加大对小微企业的信贷投放力度，确定合理的利率水平，带动银行业降低普惠贷款利率，从根源上降低小微企业融资成本，拓展普惠的深度。

第二，银行应分类施策，识别优质型小微企业，坚决摒弃"一刀切"的简单做法。识别小微企业的优质度要求银行利用金融科技建立智能化风控模型及实时监控机制。利用大数据技术，多渠道获取小微企业内外部数据，多维度了解企业特征，提高企业透明度，减少双方间的信息不对称。结合人工智能、机器学习等技术，基于多指标完成对小微企业的风险等级评估，筛选出风险较低、有发展资金需求的优质型小微企业。此外，对于产能落后、缺

乏转型规划的小微企业，银行应适当收缩信贷投放量，实现"僵尸企业"的逐步出清。

第三，银行应从文化方面根本改变"嫌贫爱富"的传统理念，并承担一定的社会宣传责任，将普惠金融相关政策、产品、服务模式的宣传落到实处。

（三）警惕金融科技风险叠加，加强风控体系建设

金融科技的风险，通过各领域产业链，叠加传统金融、新兴技术与赋能产业的多层级风险，具有风险叠加性。

一是传统金融风险与新兴技术风险的叠加，导致传统金融风险更具隐蔽性。信用风险、流动性风险、市场风险、操作风险等传统金融风险依托现有法律法规，已形成较为固定的监管技术和手段。金融科技在产品、服务、渠道等方面的多方嵌入将使创新产品结构更加复杂，监管对金融创新的滞后性也将导致监管缺口的存在，形成一部分监管真空，从而使传统风险更不易被识别，突发性及传染性加剧，传统风险间的相互叠加将进一步提高风险的隐蔽性。例如，金融科技在实现金融普惠性、提高服务效率的同时，将增大引入高风险客户的可能性，从而加速信用风险及流动性风险等的叠加。

二是新兴技术风险不容忽视。在移动物联趋势下，金融业务将提高对互联网和信息技术的依赖程度，一旦在线上业务运营流程、技术维护及网络监控等环节出现问题，将导致数据泄露、数据窃取、隐私侵犯、恶意攻击破坏等连锁反应，给企业及客户造成严重的损失，可能进一步造成企业信誉下降。例如，对于初创期的金融科技企业来说，可能存在技术不成熟、不完备等问题，这将加剧算法缺失、加密失效、技术失控等风险。此外，数据安全隐患关乎用户隐私问题，是金融科技风险中的核心问题。企业利用大数据技术广泛收集整合的各类客户信息具有较大的商业价值，但各类钓鱼、欺诈网站和恶意程序的快速增长，也将对客户隐私及财产安全造成极大的威胁。

三是风险叠加，导致系统性风险爆发的可能性增大。金融科技背景下，业务跨界融合嵌套，交易链条错综复杂，金融业、科技创新企业和市场基础

设施运营企业等主体的连接交互模式日益复杂，传统金融风险与新兴技术风险的叠加效应将加剧风险的传染性，加快传导速度，进而演变为真正的系统性风险。因此，金融科技是一把"双刃剑"，在推动传统金融走向智能化、数字化、便捷化的同时，也存在风险溢出效应。创新发展应谨慎推进，减少监管风险缺口，找到金融科技创新与防范系统性风险的制衡点。

（四）注重复合型人才储备，为创新构筑坚实后盾

在银行数字化转型升级中，建立一支既懂金融又懂科技，且综合素质较高的复合型人才队伍，是银行保持行业竞争力、促进业务创新的必备要素。首先，复合型人才需要具备创新思维，立足业务实践。主动学习和掌握相关创新技术的发展方向与成果，促进技术与业务的有机融合，推动业务创新发展。其次，复合型人才需要兼具金融思维，熟悉企业的商业模式，了解企业赚钱与发展的模式。最后，复合型人才需要具备数据化思维，契合业务产品与服务的发展趋势，提高执行效率。

目前来看，银行的金融科技复合型人才较为稀缺。产品和服务越智能化，人的"智能"就越宝贵，银行吸纳"高精尖"的复合型人才需要做到以下几点。一是不断完善人才机制，为稀缺人才设置具有竞争力的薪酬激励，并提供公平广阔的晋升空间。高收入待遇将为高端人才提供更加坚实的物质保障，有效的考核机制将提高员工的满意度，降低离职率。二是建立好学、积极、包容的企业文化，增强员工的归属感和使命感，吸引国内外各类优秀人才加盟。三是注重人才培养创新。除定期开展员工内部培训、培训机构培训外，还可以建立产学研联盟。通过共建科技研发平台、联合实验室，探索合作教育等方式，进一步提高金融科技人才产出效率。

参考文献

巴曙松：《数字经济时代我国银行业面临转型机遇》，《中国城乡金融报》2021年1

月 8 日。

陈纲：《金融科技背景下商业银行移动支付业务发展对策研究》，《行政事业资产与财务》2019 年第 1 期。

陈恺宇：《商业银行线上营销发展策略》，《中国经贸导刊》2021 年第 2 期。

陈龙强、刘峻榜：《独立法人直销银行面面观》，《银行家》2020 年第 3 期。

丁洁：《区块链技术在跨境支付中的案例研究》，华中科技大学硕士学位论文，2019。

冯连营：《金融脱媒趋势下商业银行转型策略分析》，《商》2016 年第 28 期。

付宪桐：《金融科技对商业银行合规管理的影响及对策》，《财富生活》2020 年第 14 期。

李文卫、黄昌湛、袁雪峰、郑健：《科技引领创新驱动　中银普惠网络通宝》，《金融科技时代》2020 年第 2 期。

李赟鹏：《我国金融科技监管改革与路径探讨》，《管理现代化》2021 年第 1 期。

刘孟飞：《金融科技的潜在风险与监管应对》，《南方金融》2020 年第 6 期。

刘琪：《央行发文细化支付领域反垄断监管　尚无非银行支付机构符合市场支配地位情形认定》，《证券日报》2021 年 1 月 24 日。

刘天瑞：《"看脸的时代"还有多远》，《中国城市报》2018 年 1 月 22 日。

刘阳子、田发：《金融科技创新对我国商业银行价值影响研究》，《中国物价》2020 年第 8 期。

陆岷峰、王婷婷：《基于数字银行背景下数字信贷风险控制管理的战略研究》，《金融理论与实践》2020 年第 1 期。

马雁：《科技驱动　创新领跑　深入推进智慧银行转型》，《中国金融电脑》2019 年第 4 期。

倪武帆、周泯均、乐冉、许康、严猛：《基于区块链金融的商业银行数字化转型对策探讨》，《科技与金融》2021 年第 1 期。

聂国春：《直销银行接连获批　银行数字化提速》，《中国消费者报》2021 年 1 月 12 日。

齐稚平、董治、孙爽、刘洋：《2020 中国商业银行竞争力评价报告（摘要）》，《银行家》2020 年第 10 期。

任保平、豆渊博：《"十四五"时期新经济推进我国产业结构升级的路径与政策》，《经济与管理评论》2021 年第 1 期。

唐令超：《金融科技背景下"轻型银行"战略转型探析——以招商银行为例》，《科技智囊》2020 年第 2 期。

王文婧：《智能投顾助力商业银行财富管理数字化转型》，《国际金融》2020 年第 12 期。

魏鹏：《商业银行构建 G-B-C 全链条营销服务体系研究》，《农村金融研究》2021 年第 1 期。

魏倩：《非银支付监管框架"露脸" 第三方支付躁动》，《上海证券报》2021 年 1 月 28 日。

文巧甜：《金融科技背景下商业银行消费金融创新研究》，《现代管理科学》2019 年第 1 期。

吴文婷、欧阳敏姿、陈会雄：《数字化时代银行小微金融服务创新研究》，《金融与经济》2021 年第 1 期。

吴瑕：《中国监管沙盒的区域性适用研究》，《金融法苑》2020 年第 3 期。

夏诗园、汤柳：《金融科技潜在风险、监管挑战与国际经验》，《征信》2020 年第 9 期。

杨宏斌：《场景金融促进商业银行消费信贷发展的作用机理》，《商场现代化》2020 年第 20 期。

叶婷：《绿色 普惠 创新——新时代金融服务新主题》，《中国金融家》2019 年第 9 期。

应尚军、张静：《新形势下的金融科技监管思路——以"监管沙盒"制度框架为视角》，《西南金融》2021 年第 2 期。

《邮储银行推出基于区块链技术的资产托管系统》，《中国金融电脑》2017 年第 2 期。

张海波、孙健慧：《数字化转型背景下商业银行渠道一体化融合研究》，《企业经济》2020 年第 10 期。

张雪：《区块链在商业银行跨境清算中的应用研究——以招商银行区块链平台为例》，河北金融学院硕士学位论文，2018。

赵萌：《金融监管"精准拆弹"——区分良性金融创新与"伪创新"》，《金融时报》2020 年 12 月 17 日。

赵越：《商业银行创新趋势——打造开放银行》，《金融言行：杭州金融研修学院学报》2021 年第 1 期。

《中国银行完成国内首笔区块链技术下国际汇款业务》，《中国金融电脑》2018 年第 9 期。

《中银协：2019 年全银行业离柜率达 89.77% 手机银行交易金额同比增长近四成》，百家号，2020 年 3 月 11 日，https：//baijiahao. baidu. com/s? id = 1660867334199745888&wfr = spider&for = pc。

中国工商银行武汉分行课题组：《商业银行线上线下渠道一体化转型研究》，《中国城市金融》2019 年第 2 期。

中国人民银行：《2020 年第三季度支付体系运行总体情况》，2020 年 11 月。

邹帮山：《金融科技多维赋能 驱动区域银行数字化转型》，《中国金融电脑》2021 年第 2 期。

第七章　证券业的创新与发展

韩晨曦　陈加赞*

摘　要： 自资本市场建立三十年以来，证券行业科技处于飞速的发展阶段，对资本市场的稳定、高效运行做出了巨大的贡献。随着资本市场的不断完善，多层次资本市场建立、对外开放不断深入、普惠金融理念深入践行，对证券行业也提出了更高的要求。为了能够更好地满足业务创新与业务服务的需要，证券也加大了对金融科技的投入，自上而下，从科技监管体系和行业金融科技投入引导等 IT 治理层面进行了完善；同时，自下而上，从金融科技应用的监管，渠道，前、中、后台等业务场景进行了深入应用，推进机构的发展，促进行业的数字化转型。但与此同时，安全稳定运行、业务创新、外资牌照放开、央行数字货币等新要求和新形势也对现有的证券行业提出了新的挑战，带来了新的机遇。为了能将挑战更好地转化为机遇，本报告建议证券行业聚焦网络安全、人才培养和行业金融科技生态等方面，持续发力，快速推进数字化转型，利用金融科技赋能业务创新，支持资本市场绿色、健康、可持续发展。

关键词： 证券业　金融科技　数据安全　金融生态

---

* 本章由韩晨曦主笔，陈加赞审核。作者任职于中国证券登记结算有限责任公司，本章观点不代表作者所在公司观点。

2020 年是"十三五"的收官之年，也是"十四五"启动编制的一年，更是资本市场建立的第三十年头。伴随资本市场的逐步成熟，QFII/RQFII 制度改革、创业板改革等一系列改革措施落地实施，整体服务实体经济的能力不断增强，多层次资本市场逐步完善，新的市场、产品、模式不断增加。与此同时，对外开放不断加深，外资金融机构在证券公司的持股比例限制放松，外资流入资本市场不断加速，行业整体竞争性进一步提高。在此情况下，证券行业对于信息化支持的要求也在逐步提升。

金融科技的不断成熟、演进和拓展，在证券行业所扮演的角色也越来越重要。随着对金融科技的投入、研究和应用不断增多，证券行业对于金融科技的认知也在不断加深：从早期的技术角度的认知，即可以用于证券业务场景的科技，正逐步转变成复合业务角度的认知，即支持证券业务创新的科技。虽然对金融科技所包含的具体技术路线还是一脉相承、逐步拓展，但是对于业务的服务有了显著的加强，更加强调金融科技对业务的支持。证券行业对于金融科技的使用研究已经逐步从技术部门重点任务转为全公司的核心关注点。以数字化技术重塑组织关系和生产方式，从而实现业务模式创新和生态系统重构的数字化转型方兴未艾，对金融科技的应用已经成为一个公司级的整体战略。

一 证券行业金融科技运行情况

2020 年证券行业在信息建设方面进行了较大的改革，对于金融科技的研究力度逐步加大，应用范围不断拓展，使用深度不断加深。从行业统筹协调方面来看，中国证券监督管理委员会（以下简称证监会）牵头优化完善了科技监管体系，并明确了行业金融科技发展的方向；同时，中国证券业协会（以下简称中证协）也牵头优化了考评机制，推动行业对于金融科技的投入。从应用方面来看，金融科技在业务服务渠道，前台内容，中台业务合规、风控管理，后台基础支持，以及监管方面推动了全方位的更深层次的变革。

（一）IT治理层面

1. 科技监管体系完善

2020年，证监会成立科技监管工作委员会和科技监管局，重新调整了证监会信息中心、中证数据有限责任公司（原中证资本市场运行统计监测中心有限责任公司，以下简称中证数据）、中证信息技术服务有限责任公司（以下简称中证技术，原简称中证信息）等部门机构的责任，形成了以证监会科技监管局、信息中心为一体，中证数据、中证技术为两翼的科技监管工作体系。以证监会主席易会满提出的"数据让监管更加智慧"为基本理念，按照既定的《中国证监会监管科技总体建设方案》，对配套的"一张网、一片云、一个库、一班人"的"四个一"工程进行重点突破。"一张网"即以中证技术运营的证联网为基础进行优化完善，实现证券行业内的更加广泛的互联互通；"一片云"即建设行业监管云平台，为上层的行业应用系统和监管数据分析服务提供基础支撑；"一个库"即对目前中证数据运营的监管大数据平台进行完善优化，加强底层数据的标准化，并以统一的数据支持各类系统服务；"一班人"即打造适合证券行业科技监管的人员队伍，建立实现专业化人才供给的长效机制。科技监管体系的完备和"四个一"工程的推进，标志着资本市场科技发展总体设计的完成，全面提升了监管效能和风险识别能力。

2. 行业整体科技投入加大

为推动证券行业进一步加强对于科技的投入，2020年中证协在证券公司的排名考核中，针对科技投入的细分领域做出了改革，在以往单纯以投入总量为核心考核点的"科技投入考核值"基础上，变更并增加了"信息系统建设投入占营业收入的比例"，具体考核标准为"证券公司科技投入金额位于行业平均数以上，且投入金额占营业收入的比例位于行业前5、前10、前20的，分别加2分、1分、0.5分"。该项考核打破了传统大型券商由于系统总量大，考核全面占优的局面，增强了中型券商在考核中的竞争能力，以鼓励大中型券商进一步提高科技投入。从中证协公布的证券公司排名数据和艾瑞咨询公布的数据来看，按照最新的统计口径，即"科技资本性支出＋

科技费用 + 科技人员薪酬 × 120%"，近年来行业的整体科技投入量逐步增大
（见图 7 - 1）。2020 年，证券公司科技投入金额分布情况如图 7 - 2 所示。特别
值得指出的是，在投入平均数以上的 23 家券商中，东方财富一马当先，投入
比例达到 17.43%，另有 3 家券商投入比例超过了 10%（见表 7 - 1）。

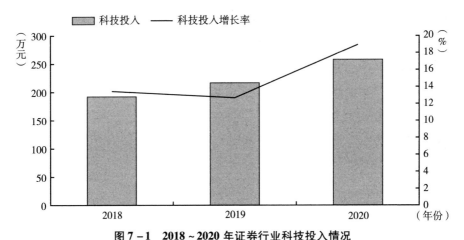

图 7 - 1　2018 ~ 2020 年证券行业科技投入情况

资料来源：中证协和艾瑞咨询。

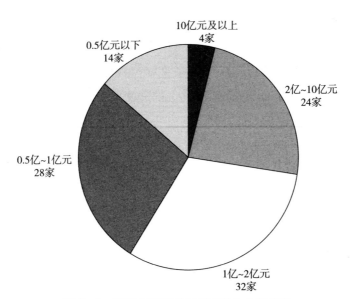

图 7 - 2　2020 年证券公司科技投入金额分布

资料来源：中政协。

表 7-1 2020 年证券公司科技投入占比

单位：%

序号	证券公司	科技投入占营业收入比例	序号	证券公司	科技投入占营业收入比例
1	东方财富	17.43	13	招商证券	7.02
2	平安证券	11.56	14	国信证券	6.63
3	中泰证券	11.08	15	国泰君安	6.61
4	华泰证券	10.98	16	中信建投	6.47
5	东方证券	9.41	17	广发证券	6.21
6	安信证券	8.90	18	银河证券	6.16
7	财通证券	8.85	19	海通证券	6.05
8	中金公司	8.75	20	长江证券	5.63
9	东吴证券	8.60	21	光大证券	5.44
10	国金证券	8.45	22	中信证券	5.11
11	方正证券	8.19	23	申万宏源	4.67
12	兴业证券	7.22			

资料来源：中政协。

人们对于证券科技的重视程度也越来越高。除了已经连续举办 4 年的深交所技术大会，2020 年国泰君安、中信证券等头部券商也开始自办金融科技大会或者作为大型金融科技大会的重要展商，对外宣传金融科技的发展情况；深交所、上交所、上期所、中证协也纷纷联合行业单位设立了金融科技相关重点研究课题，壮大行业金融科技研究力量。同时，中金公司、山西证券等公司，也正式成立了金融科技子公司，进一步加强对金融科技的投入。

（二）金融科技应用层面

科技应用角度将围绕业务场景展开，包括证监会和核心机构的监管场景以及经营机构的渠道，前、中、后台业务场景，基本可以总结为监管全面智慧化、渠道远程便捷化、前台智能极速化、中台多元智能化、后台互联互通化，具体如下。

1. 监管全面智慧化

按照证监会主席易会满在 2020 年 5 月证监会系统推进科技监管工

作动员部署会上的要求，聚焦"数据让监管更加智慧"的愿景，按照既定的中国证监会科技监管 3.0 的建设方案，以证监会为核心，依托交易所、中国证券登记结算有限责任公司（以下简称中国结算）、中证技术、中证数据等市场核心机构，立足于我国资本市场的实际情况，在加强电子化、网络化监管的基础上，通过大数据、云计算、人工智能等科技手段，在行政许可内的辅助分析、公司信息披露违规及财务风险分析、经营机构违规行为及财务风险分析、证券期货服务机构尽职行为分析、市场运行分析、违法交易行为分析、非法证券期货行为分析七个方面，建设监管大数据平台，综合运用关联账户分析、财务报表分析、实体画像、交易异常检测、舆情分析、金融文档分析等工程方法，对资本市场主要生产和业务活动，进行全方位监控和历史数据分析，辅助监管人员及时发现违法违规行为，为证监会提供全面、精准的数据和分析服务。

与此同时，各核心机构根据自身的发展需要利用金融科技进行系统升级以实现更加智慧的赋能监管。整体的实施路线以证监会监管思路为核心，以扩大数据范围、打造数据平台、智能辅助分析为主，切实推进穿透性监管的落实。目前，中证数据已引进了智慧债券平台，用深度学习算法对舆情、交易等信息进行深入分析，帮助客户识别发债企业信用风险并实现实时预警。深交所于 2018 年上线了智能监管辅助系统，并基于此在 2020 年建设了风险监测智能平台，通过采集分析财务数据、股价走势、股权明细、股份质押、重大投资、违规处分等多维度信息，建设了分类评级、风险台账、风险动态监测等多个模块，用以实现风险识别、风险全链路跟踪及风险实时监控，建设了多层次、立体化、全链条的风险监测体系，有效支持风险早发现、常跟踪、快处置，并在创业板改革初期利用人工智能等快速锁定异动账户，保障创业板改革顺利平稳推进。上交所也在 2019 年 12 月 31 日上线了基于大数据平台的新一代监察系统。

案例1 上交所新一代监察系统[①]

上交所的新一代监察系统建设整体划分成大数据平台搭建和系统建设两个阶段。第一阶段，在 2018 年利用 HBase、Kafka、Flink 等开源大数据技术，完成了大数据平台的构建，该平台包含实时处理功能和离线处理功能，可以同时支撑数据仓库和实时流处理，实现结构化、非结构化、半结构化数据的统一管理与分析。第二阶段，2019 年 12 月 31 日完成新一代监察系统的上线。在数据层面，在传统用于监管的交易持仓、账户开户等的结构化数据的基础上，进一步拓展囊括了交易终端数据、监管历史数据、网络舆情和上市公司公告等半结构化、非结构化数据，极大地丰富了监管数据来源，利用大数据平台有效地实现了多维度的印证与分析。在业务分析层面，监管系统利用底层平台强大的计算能力、友好的交互方式和良好的扩展性，实现了十大类可灵活配置和自由扩展的监管视图，实现了主板和科创板全面覆盖的实时监控、自律监管、线索分析、运行监测、数据协查等市场监察业务。在监管成效方面，上交所 2020 年共发出公开谴责 43 份，同比增长 7.5%；公开认定 47 人不适合担任上市公司董事、监事和高级管理人员，同比增长 88%；发出通报批评 110 份，同比增长 6.8%；发出监管关注 122 份，同比增长 15.09%。纪律处分与监管关注共涉及上市公司 132 家，同比增长 20%；处理董监高 556 人次，同比增长 4.32%；处理控股股东或实际控制人 90 人次，同比增长 26.76%。

2. 渠道远程便捷化

2020 年受疫情影响，特别是第一季度，面对面的业务沟通机会急剧下降，远程业务服务的需求程度提高。后期随着疫情逐渐得到控制，线下的业务沟通逐步恢复，但为了适应疫情的常态化管控，保持业务服务的连续性，

[①] 《加速技术创新升级 上交所监管迈向智能化》，证券日报网，2019 年 10 月 9 日，http://www.zqrb.cn/stock/gupiaoyaowen/2019 – 10 – 09/A1570570200221.html；《2020 年全年上交所共发出公开谴责 43 份 同比增长 7.5%》，证券时报网，2021 年 1 月 15 日，http://www.stcn.com/kuaixun/cj/202101/t20210115_ 2739912.html。

保障广大参与人的健康，同时进一步践行"让数据多跑路、让群众少跑腿"的服务理念，按照证监会统筹布局，全行业除必须提供现场服务的业务类型外，其他业务尽可能提供线上渠道；必须采用现场方式进行的业务服务，也大量采用了线上辅助手段，减少客户抵达现场的次数，缩短在现场服务的时间。

为了实现前台远程服务支持，核心机构和市场机构均进行了紧急的人员调配和系统升级安排。人员方面，对交易服务、电话咨询、系统维护、风险管理、托管清算、统筹协调等中后台支持岗位需要人员到岗完成的，将人员数量降到最低，其他人员在家办公。为了实现上述人员支持安排和对外业务的连续运转，各机构对前台渠道进行了进一步扩充。对于内部服务，通过移动互联技术，利用手机 VPN、App 等手段，通过移动办公的形式提供业务支持，并使用基于私有云或公有云的音视频系统完成内部的沟通协作。对于外部服务，一是提高了自助远程服务能力，利用人脸识别、光学字符识别（Optical Character Recognition，OCR）等人工智能技术实现了线上的身份强认证和纸质文件文本和图像信息的采集，支持了更多的原来需要临柜进行强身份认证的收单业务服务挪到线上自助开展；二是进一步提高了远程人工服务能力，利用单双向视频的方式，通过实现业务人员与客户的无接触式直接沟通，可以辅助完成几乎所有的柜台业务，同时中信证券等部分头部券商已经在虚拟现实（Virtual Reality，VR）、增强现实（Augmented Reality，AR）的基础上，探索构建混合现实（Mixed Reality，MR）平台，以实现更灵活更便捷的远程服务。

在逐步恢复线下服务后，为了减少人与人的直接接触，开展更安全的无接触服务，部分机构选择提高了线下自主服务能力，国泰君安、方正证券等券商，已经从传统的自动柜员机（Automated Teller Machine，ATM）向更加智能的远程视频柜员机（Video Teller Machine，VTM）进行了演进，特别是在 2020 年的特殊情况下，进一步扩大了线下柜员机的服务范围和覆盖范围，目前方正证券 VTM 已经可以面向全部个人客户提供服务。

案例 2　中信证券 MR 服务[①]

在 2020 外滩大会上，中信证券对研究应用的 MR 技术与业务的结合进行了展出。中信证券认为 VIP 投顾、自助金融服务和线上会议室，是 MR 与券商业务结合最为紧密的三个应用场景。一是 VIP 投顾。高净值客户的理财服务通常涉及投资咨询、家庭理财、资产配置等重要信息的交互与决策，强依赖于客户投资顾问服务人员信任感，为了加强信任需要高频次、深入的沟通。MR 技术的引入，有效打破了时间空间的局限，显著提高了远程沟通的效率和深度，使得金融机构有限的服务资源，可以更高效地服务于更多的客户。二是自助服务。与目前常用的 ATM 和试点应用的 VTM 相比，基于 MR 技术的自主服务机，金融机构可以更加全面地了解客户服务需求，提供更多动态化、立体化、场景化的服务内容，实现更灵活、更便捷的远程协同，能够极大地提升用户自助服务的成功率，有效改善服务体验。三是远程会议。受疫情的影响，无法便捷地进行线下交通和接触，远程音视频会议的需求呈现爆发式的增长。目前的视频会议，只能通过 2D 的屏幕进行互动，缺少全方位的信息获取，导致现场的临场感和交互感不强。MR 会议，能够有效增强参与者的临场信息获取，提高参与感，可以应用于年度投资分析、投资者大会以及小型金融策略会等交互比较频繁、参与度需求较高的会议中。

3. 前台智能极速化

随着业务同质化竞争的进一步加剧，如何能够为客户带来更加个性化、更加精准、更加快速的服务是经营机构面临的重要挑战。

智能投顾是前台差异化竞争的重要手段，通过大数据 + 人工智能的方式，实现了在有限人力资源情况下，低边际成本地扩展业务服务覆盖范围，成为普惠金融的重要组成部分。新《证券法》放松了对证券市场程序化交易的相关限制，因此与智能投资伴生的程序化交易和量化交易，继期货行业

---

① 《中信证券亮相外滩大会：MR 技术，将这样颠覆金融行业交互》，财联社，2020 年 9 月 30 日。

之后，在证券市场蓬勃发展。但与此同时也对交易系统提出了高频率、低延迟的要求。为了吸引高净值客户，进一步适应高频次的下单以及更快速的报单，证券公司也随着政策的变革而快速跟进，逐步开展新一代核心交易系统的构建。从 2018 年中泰证券开始布局微秒级极速交易系统起，2020 年又有国泰君安、湘财证券、方正证券、东北证券、中信建投、华泰证券等多家证券公司利用不同产品和技术路线构建了微秒级交易系统，部分情况如表 7-2 所示。

表 7-2　部分微秒级交易系统

系统名称	所属公司	业务种类	使用者
宽睿 OES	宽睿科技	现券、期权	方正证券、申万宏源
中泰 XTP	中泰证券	现券、期权、融资融券	中泰证券
华鑫奇点	华鑫证券	现券、期权、融资融券、期货	华鑫证券
华锐 ATP	华锐金融技术	现券、期权、融资融券	华泰证券、国信证券
恒生 UFT	恒生电子	现券、期权、融资融券	广发证券、中信建投

案例 3　华锐核心交易平台[①]

华锐核心交易平台（Archforce Trading Platform，ATP）基于分布式系统基础平台构建。分布式系统基础平台为其提供高可靠、低时延的消息传输能力，并通过多线程、高并发应用开发框架实现业务的透明、与业务逻辑无关的高可用。

业务方面，ATP 主要聚焦于标准业务。业务范围覆盖所有场内交易品种，提供交易订单生成、前端风控检查、报盘等前中台功能，以及交易管理、业务运营和清算等后台功能。

架构方面，ATP 产品遵循分层的设计理念，实现了公共技术服务框架和可配置的交易业务框架，采用了领域设计概念，将业务特性封装为独立的业务包，实现了"可组装"式的业务配置，并有效隔离业务间相互影响，可

---

① 案例信息来源于华锐官网。

根据需要自选组装和分批上线。

性能方面，ATP 支持多交易节点部署，实现各交易所就近报盘。在 1 亿账户，50 万笔/秒吞吐下，核心交易处理时延可达 3 微秒。

4. 中台多元智能化

随着证券行业的不断创新，科创板设立、创业板改革引入了场化定价机制、承销机构跟投机制、前五日不设涨跌幅、投资者适当性管理等多方面的新要求，对证券公司的保荐业务、交易投资业务、信用业务、经纪业务等传统业务直接带来了管理风险上的挑战。与此同时，2020 年债券市场中永煤集团、华晨汽车、紫光、泰禾集团等国企、AAA 级公司债券相继违约，Wind 数据显示，截至 11 月底，券商年内合计债券承销规模达到 9.11 万亿，同比涨幅达到 33.38%，其中公司债为 3.13 万亿元，信用管理要求明显提升。此外，操作风险依然是棘手且重要的风险之一，对多系统间的人工操作切换，尽管有双录、复核等制度上的安排，但是处理效率和出错概率仍保持在一个不可忽略的水平。为此，证券行业加大了对风险防控方面的投入。

一是加强风控系统的建设，加强人工智能的应用。证券行业风险管理工作发展至今，由于后发优势，一开始就建立在科技的支持基础上。特别是随着交易规则的进一步优化升级，期权等衍生品业务进入市场，证券行业的复杂性、风险复杂度逐年提升。随着企业数字化转型方兴未艾，风险数据的应用对公司全业务流程的支撑、保障更加重要。如何进一步提升风险管理水平，提高风险管理效率，是各市场机构共同面临的难题。为了有效识别和发现信用风险、流动性风险等业务风险，加强对风险的管控，随着人工智能、大数据等技术的成熟，通过以大数据处理为基础，建立统一口径的风控数据集市，辅以 AI + BI 为手段的业务风控已经逐步在风控领域中占有更加重要的位置，特别是对于在线业务中的实时反欺诈、实时市场风险监控方面，与传统的基于人工或简单规则的风控手段相比，风控能力有了较大的提升，其优势在于对专家的长时间依赖降低，可处理的信息源进一步增多，可分析的维度和关联度进一步增强（见表 7 - 3）。

表 7 - 3　传统风控与智能风控对比

	传统风控	智能风控
模型建立	人工设定	特征训练
数据源	结构化数据	结构化、半结构化、非结构化数据
数据分析维度	少量特征	大量特征
数据关联分析	较简单	较复杂
数据模型	线性模型为主	深度学习为主

二是强化自动化在业务操作中的应用。随着业务复杂程度的提高、证券品种的引入以及国家和行业的各项改革，越来越多的业务系统被引入了证券行业。部分机构由于自有技术能力相对较弱，对于各系统的掌控能力不足，无法实现系统间数据通过技术接口进行流转，需要依靠人工操作进行信息的转移和重复录入。部分业务人员需要同时面对 5 台或更多的业务终端进行关联操作。重复的操作增多，增大了整体的操作风险。为了减少不必要的机械性冗余操作，降低操作风险，机器人流程自动化（Robotic Process Automation，RPA）被市场机构广泛引入。Gartner 认为超级自动化（Hyperautomation）是市场机构"不可避免且不可逆转"的发展趋势，RPA 作为其重要的组成部分，其核心技术是 OCR、人脸识别等人工智能对于流程自动化的又一次升级，通过模拟人对键盘、鼠标的操作，实现多系统间的数据传输，减少人工的判断失误或录入错误等场景，在提高效率的同时降低操作风险。

案例 4　中泰证券智能风控系统[①]

中泰证券与上交所证券科技研究发展中心（上海）联合研究了"基于人工智能（AI）+商业智能（BI）构建证券公司智能风控"体系，基于人工智能（AI）、知识图谱、自然语言处理、商业智能（BI）等前沿理论与方法，对公司客户主体以及交易对手主体进行画像，融合公司内部业务风险敞口及外部风险信息数据利用 AI 风险分析引擎，输出与公司相关的主体风险

---

① 案例信息来源于恒生电子官网。

信息、证券公司风险信息以及风险决策分析信息，当触发风险合规条件，系统将提供相应对象及业务的报警，形成其全面、网状的关联关系图谱，并对其进行全方位、有效的风险监测、预警，从而为全面风险管理提供高效、智能、便捷的预防和管控手段。

该体系包括风险管理领导驾驶舱、智能风险预警系统、内部评级系统、同一业务同一客户风险信息管理系统等子系统，以大数据平台为基础，以人工智能风险分析为引擎，以及应用创新工具、算法。同时为进一步加强对全公司的风险管控能力，中泰证券以集团风控指标并表管理系统等数据整合类项目为基础，在加强集团一体化管控、实现对子孙公司风险数据覆盖及看穿式管理的同时，归集风险数据并探索建立、持续完善风险数据集市及风险数据运营保障机制，提高对风险数据的挖掘及使用效率，提升风险数据对外围风险管理各应用系统的响应、支持效能，推进完善以自营业务实时监控指标为基础的实时监控指标体系。

5. 后台互联互通化

伴随金融科技对证券行业的不断渗透，业务模式发生了深刻的变革。除了渠道和前中台发生了深刻变革，后台的清算托管以及基础设施建设也伴随金融科技的发展而不断深入，特别是分布式账本技术在后台应用中不断拓展和深化。

分布式账本技术应用逐步向核心深水区迈进。逐步从可信存证等业务周边场景的技术试点，向核心业务模式升级不断迈进。在这方面，前期德邦证券、国泰君安、天风证券、华泰证券、广发证券等证券公司已经自发在资产证券化（ABS）底层资产管理方面进行了试验，初步实现了在私有链部署下的价值上链。近年来，特别是科技监管局成立以后，证监会积极推进区块链在证券行业的应用，上交所、中证协先后推出了上证链、中证链的平台，二者在行业范围内提供了联盟链的基础能力。其中，上证链着重提供区块链的基础运营能力，方便技术能力较弱的机构快速完成区块链的应用；而中证链更注重行业生态的构建，定位于依托联盟，助力科技监管和数据共享，目前已落地了首个应用——投行业务电子底稿监管系统，标准化的接口与各证券公司内部的电子底稿管理系统实现对接，推动投行业务电子底稿报送的标准化，履行协会自律管理职责。另一个更核心的业务，则是区域性股权市场的应用，将核心登记数据上链，增强了区域性股权市场的可信度，并为穿透式监管及后续跨市场转板提供了良好的基础。

案例5　区域性股权市场试点区块链建设①

2020年7月7日，证监会发布《关于原则同意北京、上海、江苏、浙江、深圳等5家区域性股权市场开展区块链建设工作的函》。本次试点在技术架构上采取了双层区块链架构模式，顶层区块链是监管链，主要承担监管职能，底层是地方业务链，承担具体登记业务。本次试点，首先由证监会制定统一规范和标准，并引入赛马机制，监管链由证监会负责建设，地方业务链由各区域性股权市场自行建设，通过顶层设计、评价体系和标准化接口，在支持差异化业务发展模式的情况下，实现跨区域区块链的互联互通。

目前，各试点地区已初步验证标准化数据上链，实现部分业务数据迁移，并开始尝试业务流程上链，此外，监管链已完成数据双向跨链技术验证。本次试点，业务方面，为开展多层次资本市场间高效率转板进行了试验，并可有效提高区域股权市场公信力，提升区域股权市场服务中小微企业融资的能力；技术方面，探索了新型金融市场基础设施建设方式，尝试以链治链新型治理机制实验，为后续市场改革提供了宝贵经验。

二　证券科技展望与建议

（一）我国证券科技面临的挑战

近年来，证券行业整体对于科技的投入逐年增加，核心机构以及头部券

---

① 案例信息参考《基于区块链的区域股权市场创新试点》。

商也已逐步着手开展企业的数字化转型，加强对于金融科技的创新与应用，为资本市场的平稳运行和业务创新提供良好的支持。但从全局的角度来看，随着行业的开放，外部的竞争压力增大，网络安全形势严峻，证券行业仍面临着科技方面的重要挑战与机遇。

1. 安全运行压力大

安全运行是资本市场正常运转，为实体经济提供可靠服务支撑的重要前提。近年来，全球范围内网络安全形势十分严峻，且有逐渐加剧的趋势。2020年，境外方面，日本东京证券交易所、澳大利亚证券交易所、新西兰证券交易所、多伦多证券交易所、印尼雅加达证券交易所均出现了较为严重的信息安全事故，导致交易、结算等正常市场行为无法正常开展，甚至发生了连续闭市的情况，与此同时，境内的信息安全事件也时有发生。究其原因，主要包括两个方面：一是自主可控能力不强，对于基础软硬件及上层应用系统掌控力度不够，不清楚配置含义，日本东京证券交易所就属于此类问题；二是安全防护能力不够，对于DDOS等黑客的恶意攻击没有良好的防护措施，导致系统无法正常运行，新西兰证券交易所就因网络攻击连续5个交易日无法正常交易。

2. 业务创新支持能力要求高

从目前证券行业的科技布局来看，大部分市场经营机构主要依赖外包厂商的成熟系统输出，仅部分头部券商实现了核心系统的自主研发。这个分工格局造成了需要市场经营机构参与市场创新，通常需要证券公司、基金公司将改造需求传递给外包厂商，再由外包厂商完成开发和部分定制化改造，最后再逐一进行部署。这个业务创新的技术改造流程，带来了较大的市场改造成本和时间成本，同时造成了各机构间的系统同质化加剧，减少了对金融科技的深入研究，个性化业务的不明显。与此同时，证券公司、基金公司等市场机构IT人员占比仍较低，无法自给自足实现自有业务系统的开发掌控，进一步加剧了业务创新对外包厂商的依赖。

3. 外资牌照放开的冲击

按照国家国内国际双循环的布局策略，资本市场对外开放的程度不断提高。2020年3月，放开了对外资投入证券公司的比例限制，外资全资子公司已经成为可能，截至2020年9月已经有高盛高华、瑞银、瑞信方正等多家券商的外资比例突破了49%达到了51%。外资证券公司牌照的放开，为我国资本市场注入了新的活力，但同时加剧了证券行业的市场竞争，对境内券商展开了直接的竞争。与此同时，还应该关注到境外投行对于科技的投资力度与国内相比有较大的绝对差值，花旗、摩根大通、瑞银、摩根士丹利、道富银行、高盛等公司在科技方面的投入维持在营收的10%以上，投资额度均超过10亿美元，仅摩根大通一家在2019年就投入了近100亿美元，是我国证券行业2019年全行业科技投入的3倍左右。科技投入的巨大差异，使得境内券商在核心技术和新技术的探索与应用上，与境外投行有较大的差异，核心竞争力稍显不足。

4. 央行数字货币的影响

数字货币是数字化的货币，从比特币问世以来一直备受关注。早期的数字货币是基于系统管理或者私人管理的，一般作为一种代币出现，对现有货币体系的冲击相对较小。央行数字货币是中央银行货币的电子形式，一般认为是M0的直接替代，直接融入了现有的金融体系。我国于2020年基本完成数字货币（DC/EP）的顶层设计、标准制定、功能研发、联调测试等工作，并逐步开展了试点。央行数字货币的投入使用，将直接对现有的支付体系产生深刻的变革。证券行业作为支付体系的重要使用者，也直接面临一定的冲击，资金支付方式的改变，对于现有的收费等支付场景提出了新的要求，价值交换的体系有了更多的设计方案，甚至交易结算的模式也可能发生改变。

（二）证券行业金融科技发展建议

1. 强化网络安全

安全生产是资本市场运营的底线，在电子化程度极高的证券行业，网络安全更是重中之重。为了确保系统的安全稳定运行，建议从以下两个方面进行着重考虑。

一是加强系统的自主可控能力。当前我国正在构建以国内大循环为主体、国内国际双循环相互促进的新发展格局，资本市场的科技发展必须服务于资本市场的发展，服务于支持实体经济发展的根本要求，以制度改革促进技术创新，以技术创新推动市场发展，坚决不搞科技"孤岛"。不同类型、不同体量的行业机构可以通过独立研发、合作开发、与第三方科研机构或科技公司协议开发等多种模式，提升行业数字化适应水平和自主可控能力，支持信息创新产业发展。

二是着重关注数据安全。一方面，加强数据安全技术应用，构建数据安全保障体系，加强数据加密、数据完整性认证、数据标签、数据脱敏与安全审计等数据安全核心技术的研发和运用，推进建立数据安全标准，并强化在证券行业数字化过程中的推广应用。另一方面，增强数据安全管控，提升业务连续性保障能力。通过建立行业数据安全保障动态监测系统，加强行业应对突发事件的处置能力，提升维持业务连续性的保障能力。建立健全行业数据安全通报机制，及时发现、预警、通报、报告重大数据安全事件和漏洞隐患。

2. 重视人才培养

当前资本市场机构的数字化转型过程中，随着开源、开放、分布式架构和金融科技的应用，证券行业的技术路线已经发生重大的转型。人才短缺已经成为最大的瓶颈，因此更需充分发挥用人主体在人才培养、吸引和使用中的主导作用，完善产学研用结合的协同育人模式，建立完整的在职教育培训体系。

同时，进一步充实数字化专家库，设计推出精品化、专业化、实践化的数字专业课程，提供更多面向从业人员的专项培训。支持证券公司与高校、科研院所、科技公司联合开展数字人才培养。

3. 加强生态构建

为了促进金融科技在证券行业的进一步发展，需要在证券行业对金融科技的生态进行完善。一方面，IT治理、管理机制完善和企业文化改革是未来资本市场科技发展顺利推进的关键，因此需要优化组织架构，改进现有利益分配机制和价值评估体系，建立鼓励创新的内部文化，培育企业拥抱数字化的能力和文化氛围，赋能员工，赋能企业，激活组织活力。另一方面，行业层面建议监管机构或者核心机构组织行业形成技术联盟，加强同业技术交流和经验成果分享，形成规模效应，为国产芯片、操作系统、数据库等基础软硬件发展建立良好的生态。

（三）证券行业金融科技发展展望

1. 数字化转型加快

在"十四五"期间，资本市场将有望进一步加强与司法、工商、征信、第三方等外部数据的融合，在依法合规的前提下，利用资本市场数据融合政务类数据、商业数据、消费者数据，实现高价值信息的网络化、图谱化。通过加强数据的统一规划管理，制定金融基础设施数据体系建设和发展规划，进一步做好数据的采集、清洗、加工和标准化等工作，保障数据的质量，进一步提升数据的价值，促进数据对业务的反哺，实现机构层面的数字化转型。同时，将进一步加强数据共享技术基础理论和应用研究，探索多方安全计算、联邦学习、可信计算等技术应用，实现金融数据"可用不可见"方式的共享，赋予其他机构甚至全行业更多的数据推动力，从而通过多个单一机构的数字化转型的联合，逐步推动行业的数字化转型。

2. 金融科技赋能

新一代科技的快速发展使资本市场的科技发展逐步向智能化、自动化迈进。在"十四五"期间资本市场将更加广泛、深入地应用人工智能、大数据技术，满足不同地区人民群众差异化、个性化风险匹配的资产管理和投资需求，提高资本市场服务的可得性，推动普惠金融的进一步落地。

同时，资本市场也将提升金融科技应用能力，如探索利用5G、大数据、云技术、区块链、人工智能五大新兴技术要素，加强从产业端到资本服务端的连接、分析、预判、预警，提升资本市场直接融资水平，为市场赋能，为监管赋能。

3. 绿色节能转型

《"十四五"规划》提出，全面提高资源利用效率，推动大数据中心等新兴领域能效提升，强化重点用能单位节能管理，实施能量系统优化、节能技术改造等重点工程。2020 年中央经济工作会议也将"做好碳达峰、碳中和工作"作为 2021 年的重点任务。"十四五"期间，证券行业的科技发展将贯彻落实绿色发展理念，通过联合研究实现高效的系统集成，探索通过低能耗机房、低功耗服务器、定制化芯片、智慧能量调度等绿色节能技术的应用，促进绿色金融发展。

参考文献

艾瑞咨询：《曙光　2020 年中国金融科技行业发展研究报告》，2020。

国泰君安：《金融科技海外启示录：从金融机构 IT 支出看行业成长空间》，2020。

国泰君安：《智能投顾业务在证券公司财富管理业务中的应用研究》，《中国证券》2020 年第 5 期。

贺竞成、梁昱：《证券公司中后台业务数字化转型的具体内容与场景》，未央网，2020 年 6 月 11 日，https：//www. weiyangx. com/361709. html。

李银鹰等：《浅谈金融科技助力券商服务转型》，未央网，2020 年 6 月 24 日，https：//www. weiyangx. com/362547. html。

孙刚：《证券监管中应用人工智能的风险规避》，《商业经济》2020 年第 7 期。

未来智库：《证券行业 2021 年度策略：金融科技重塑券业》，2020。

姚前：《基于区块链的区域股权市场创新试点》，《中国金融电脑》2021 年第 1 期。

中国证券业协会：《2017 年证券公司经营业绩排名情况》，2018。

中国证券业协会：《2018 年证券公司经营业绩排名情况》，2019。

中国证券业协会：《2019 年证券公司经营业绩排名情况》，2020。

中国证券业协会：《2020 年证券公司经营业绩排名情况》，2021。

中国证券业协会：《关于推进证券行业数字化转型发展的研究报告》，2020。

第八章　保险业的创新与发展

王　和　　周运涛*

摘　要：　2020年，新冠肺炎疫情席卷全球，给我国经济社会发展带来
深刻影响。由于疫情原因，传统线下保险经营受到严重影
响，在线沟通和远程运营管理工具成为疫情期间社会民众工
作生活的重要载体，保险线上销售、承保、理赔、客服等需
求增长迅猛，助推保险线上化渗透率快速提升，进一步坚定
了保险行业推行数字化转型的决心和信心，为保险行业科技
创新带来新的发展机遇。同时，我国保险科技发展呈现一些
新的特征。一是疫情助推行业数字化转型加快升级；二是保
险行业逐步进入全域数字化阶段；三是险企数字化转型探索
呈现差异化特征；四是底层基础设施建设助力业务流程优
化。保险科技创新应用正成为推动保险行业数字化转型以及
实现保险行业高质量发展的重要驱动力。

关键词：　保险业　金融科技　数字化转型

＊　王和，中国人民财产保险股份有限公司原执行副总裁，博士，高级经济师，国务院政府特殊
津贴专家，原中国保监会重大决策咨询专家委员会委员，国家减灾中心特聘专家，中国保险
学会副秘书长，中国精算师协会副会长，北京大学、清华大学等多所高校客座教授、研究
员、博导，主持或参与多项国家级和部级研究课题，著有《保险的未来》《保险区块链研究》
《大数据时代保险变革研究》等专著20多部；周运涛，中国人民财产保险股份有限公司高级
主管，保险区块链研究项目团队核心成员，金融科技50人论坛青年成员，在保险科技、互联
网保险、风险管理与保险等领域具有深入研究。

2020 年，新冠肺炎疫情席卷全球，成为一次传播速度快、感染范围广、防控难度大的重大突发公共卫生事件，给我国经济社会发展带来深刻影响。疫情发生后，保险行业积极应对，履行社会责任，坚持"以人为本，以善为先"，及时推出支持抗击疫情的各项举措，引导保险行业积极抗疫，服务经济社会发展大局。各家保险机构积极落实银保监会相关部署，多措并举支持疫情防控、复工复产，保障经济平稳发展。

根据中国保险行业协会披露的数据，截至 2020 年 7 月 1 日，保险行业疫情相关的累计赔付案件达到 21.63 万件，累计赔付金额达到 5.16 亿元。保险行业累计捐款捐物金额达 3.80 亿元，其中通过湖北省慈善总会、武汉市慈善总会等，为疫情防控累计捐款 2.77 亿元；向全国各地，特别是湖北各地市捐赠防护服、防护镜、复用隔离服、口罩、药品、呼吸机等医用物资，折合金额 1.03 亿元，保险行业在支持国民经济迅速从停滞下滑恢复到正常发展方面发挥了重要作用。

与此同时，由于疫情原因，传统线下保险经营受到严重影响，在线沟通和远程运营管理工具成为疫情期间社会民众工作生活的重要载体，保险线上销售、承保、理赔、客服等需求增长迅猛，助推保险线上化渗透率快速提升，进一步坚定了保险行业推行数字化转型的决心和信心，为保险行业科技创新带来新的发展机遇。

一 保险行业整体发展情况

2020 年，受疫情和全球政治经济形势影响，保险行业发展面临的不确定性急剧增加，多种风险因素复杂交织，风险治理难度不断增大。在银保监会的正确领导下，保险行业战疫情、促转型、控风险，保险行业高质量发展得到持续推进。银保监会陆续在多个领域出台了诸多监管政策规定，严监管趋势保持强态势。

根据银保监会披露的数据，2020 年，我国保险行业实现原保险保费收入 45257 亿元，同比增长 6.12%（见图 8 - 1），高于我国 GDP 增速 3.82 个百分点，整体发展取得不错成效。

图 8 - 1 2012 ~ 2020 年我国保险行业保费收入情况

资料来源：中国银保监会。

2020 年，全国原保费收入同比增速较 2019 年下滑了 6.05 个百分点，其中，财产险领域原保费收入的增速下滑 5.76 个百分点，人身险领域原保费收入的增速下滑 6.23 个百分点（见图 8 - 2）。

图 8 - 2 2019 ~ 2020 年我国保险业保费收入同比增长情况

资料来源：中国银保监会。

从具体险种来看。在财产险公司方面，机动车辆保险是保费占比最大的险种，2020年实现保费收入8245亿元，保费占比为60.7%，其次是健康险，2020年实现保费收入1114亿元，保费占比为8.2%（见图8-3）。在人身险公司方面，2020年寿险实现原保费收入为23982亿元，占比为76%，同比增速为5.40%，2020年健康险实现原保费收入为7059亿元，占比为22%，同比增速为13.38%，维持较快增长速度（见图8-4）。

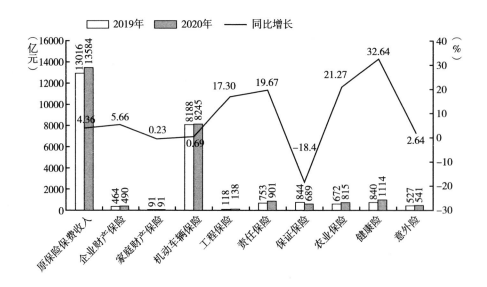

图8-3 2019～2020年财产险公司经营情况

资料来源：中国银保监会。

从社会责任承担来看。2020年，保险行业战疫情，促发展，服务社会经济发展质效持续提升，全行业为社会合计提供保险保障8710万亿元，同比增长34.6%，行业承保的保单件数达到526.34亿件，同比增长6.25%。在原保险赔付支出方面，2020年行业合计赔付金额达到13907亿元，同比增长7.86%（见图8-5），对社会的保障贡献能力持续提升。

从行业总资产来看。截至2020年末，我国保险公司总资产合计达到

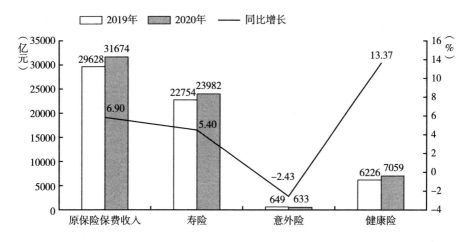

图 8 - 4　2019 ~ 2020 年人身险公司经营情况

资料来源：中国银保监会。

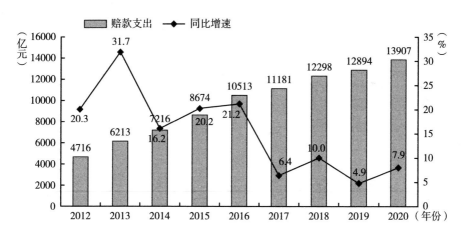

图 8 - 5　2012 ~ 2020 年中国保险行业赔付支出情况

资料来源：中国银保监会。

23.3 万亿元，同比增长 13.3%，整体维持快速增长态势（见图 8 - 6）。行业资金运用余额为 21.68 万亿元，较年初增长 17.02%，超过行业总资产增速 3.72 个百分点，行业资产运用呈现快速增长态势。

图 8 - 6 2012～2020 年中国保险行业总资产增长情况

资料来源：中国银保监会。

从保险渗透率来看。随着我国保险行业保费收入突破 4.5 万亿元，2020 年体现保险渗透率水平的保险深度（保费收入占 GDP 的比重）也创下历史新高，达到 4.5%，其中，我国人身险保险深度为 3.3%，财产险保险深度为 1.2%，社会公众的风险认知和保险认可度不断提升（见图 8 - 7）。

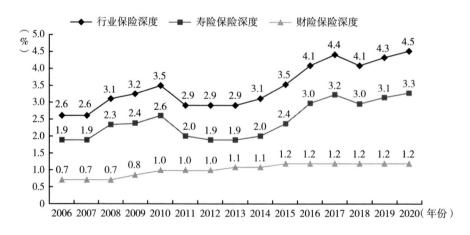

图 8 - 7 2006～2020 年中国保险行业保险深度

资料来源：根据国家统计局、中国银保监会披露数据整理。

二 互联网保险发展情况

随着移动互联技术应用的深入发展，我国网络用户逐年增长。根据中国互联网络信息中心（CNNIC）公开披露的数据，截至 2020 年底，我国网民规模达到 9.89 亿人，较 2020 年 3 月新增网民 8540 万人，总体规模约占全球网民的五分之一，成为全球最大的数字社会。其中，"十三五"期间，我国网民规模从 6.88 亿人增长至 9.89 亿人，五年实现了 43.7% 的快速增长（见图 8 - 8）。

图 8 - 8 2015～2020 年中国网民规模及互联网普及率

资料来源：CNNIC。

截至 2020 年底，我国手机网民规模达到 9.86 亿人，较 2020 年 3 月新增手机网民 8885 万人，网民中使用手机上网的比例高达 99.7%（见图 8 - 9）。

从新增网民的具体年龄结构来看，网民增长的主体由青年群体向未成年和老年群体转化的趋势日趋明显。在网龄一年以下的新网民中，20 岁以下的年轻人群以及 60 岁及以上的老年群体占比不断提升，新老两大群体陆续"触网"推动我国手机网民规模快速扩大，手机网民在网民中的占比再创历史新高。

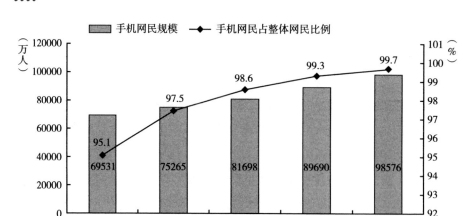

图 8 - 9 2016～2020 年中国手机网民规模及其在网民中占比情况

资料来源：CNNIC。

CNNIC 披露的数据显示，我国互联网的普及率逐年提升，2020 年底达到 70.4%，较 2020 年 3 月提升了 5.9 个百分点。其中，城镇地区的互联网普及率达到 79.8%，较 2020 年 3 月提升了 3.3 个百分点；农村地区的互联网普及率为 55.9%，较 2020 年 3 月提升了 9.7 个百分点。得益于移动设备特别是智能手机终端的广泛普及，农村地区的互联网普及率快速提升，城乡地区的互联网普及率差异较 2020 年 3 月缩小了 6.4 个百分点（见图 8 - 10）。

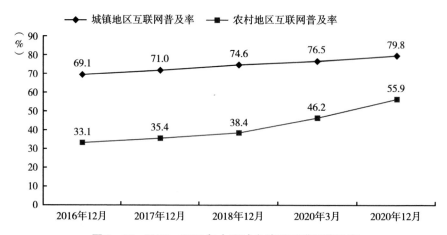

图 8 - 10 2016～2020 年中国城乡地区互联网普及率

资料来源：CNNIC。

　　我国网民的快速增长以及互联网普及率的快速提升，为我国互联网保险的快速发展奠定了良好的基础。2020年对经济社会影响深刻的疫情对互联网保险发展形成了有力助推。与此同时，银保监会进一步出台互联网保险相关政策文件，引导互联网保险规范发展，先是发布了《关于推进财产保险业务线上化发展的指导意见》，要求到2022年，车险、农险、意外险、短期健康险、家财险等业务领域线上化渗透率达到80%以上；之后又印发了经过多次征求意见、广泛论证的《互联网保险业务监管办法》，对互联网保险的定义、业务边界、业务条件、销售管理、服务管理、运营管理、不同保险机构的特别业务规则等进行明确规定，积极助力我国互联网保险的健康持续发展。

　　中国保险行业协会公开披露的数据显示，截至2020年6月底，我国互联网保险实现规模保费收入达到1766亿元，同比增长9.0%，保费增速高于保险行业整体保费增速，但是鉴于疫情以及互联网保险监管新规等诸多因素的共同影响，相较于2019年12月底42.8%的同比增速出现了较大幅度的下滑（见图8-11）。

图8-11　2012~2020年中国互联网保险发展情况

资料来源：中国保险行业协会。

　　在互联网财产险方面，2020年上半年，共计72家财产保险公司开展互联网保险业务，上半年业务呈现持续下滑，累计实现互联网财产险保费收入

371.12 亿元，同比负增长 2.73%，在互联网保险业务中的占比为 21.0%，在财产保险公司全渠道原保险保费收入中的渗透率为 5.14%，较 2019 年底下降了 1.3 个百分点（见图 8－12）。互联网财产保险业务累计承保保单数量达到 134.57 亿单，同比增长 5.53%。在市场主体方面，众安保险、泰康在线、安心保险、易安保险 4 家专业互联网保险公司合计承保保单达 43.54 亿单，累计实现保费收入为 132.78 亿元，同比增长达 44.22%，远高于互联网财产保险整体市场同期增速，市场份额合计为 35.78%，比 2019 年同期增长 11.65 个百分点。在业务结构方面，作为互联网财产险的主力险种，互联网车险业务持续处于负增长状态，业务占比持续下降，截至 2020 年 6 月底，互联网车险业务占比下降至 30.10%，较上年同期下降 8.60 个百分点，但互联网车险业务线上客户数量和活跃度与同期相比增长较快。与此同时，互联网非车险业务高速增长势头有所减弱，2020 年上半年，互联网非车险共计承保保单数量达到 134.50 亿单，保费同比增长 10.92%，较上年同期下降 49.20 个百分点，在互联网财产险业务中的占比持续提升至接近 70%，在产险公司全渠道非车险业务保费收入中的渗透率提升至 8.31%。其中，互联网短期健康险业务快速增长，业务增速为 35.76%，业务占比达到 41.85%，较 2019 年同期提升 11.86 个百分点，成为互联网财产险业务中保费规模最大险种，意外险和保证险业务下降较为明显。

图 8－12 2012～2020 年中国互联网保险渗透率

资料来源：中国银保监会、中国保险行业协会。

在互联网人身险方面。2020 年上半年，共有 59 家保险公司经营互联网人身险业务，累计实现规模保费 1394.4 亿元，较 2019 年同期增长 12.2%，在互联网业务中占比达到 79%，在人身险公司全渠道原保险保费收入中的渗透率为 6.6%，较 2019 年底上升了 0.3 个百分点（见图 8 - 12），其中 36 家公司规模保费实现不同程度的正增长，互联网人身保险业务保持平稳增长。另据中国保险行业协会最新对外发布的《2020 年互联网人身保险市场运行情况分析报告》，2020 年，互联网人身保险业务继续保持平稳增长，61 家人身险公司开展互联网保险业务，较 2019 年减少 1 家，占中国保险行业协会人身保险会员公司总数的 70%，累计实现规模保费 2110.8 亿元，较 2019 年同比增长 13.6%。其中，人寿保险较去年同比减少 3.2%，占比为 55.6%，较去年同比下降近 10 个百分点，仍为互联网人身保险的主力险种；年金保险、健康保险、意外险分别实现了 38.8%、58.8% 和 29.1% 的同比增长。年金保险占比为 23.2%，较去年同比上升 4 个百分点，是互联网人身险的第二大险种；健康保险占比为 17.8%，较去年同比上升 5.1 个百分点，已连续六年保持增长态势（见图 8 - 13），其中费用报销型医疗保险累计实现规模保费 229.2 亿元，占互联网健康保险总规模保费的 61.1%；意外险占比与上年基本保持一致，为 3.4%。在市场集中度方面，互联网人身

图 8 - 13　2015 ~ 2020 年中国互联网健康险业务发展情况

资料来源：曲速资本、保观：《2020 中国互联网保险行业研究报告》。

保险市场前三大、前五大和前十大公司的规模保费市场份额分别为40.9%、57.2%和79.6%，与2019年相比，前三大、前五大和前十大的市场份额均出现下降，但市场集中度仍然较高，存在行业发展不平稳的问题。

三　保险科技整体发展情况

从全球保险市场来看，新冠肺炎疫情给全球保险市场带来巨大损失。韦莱韬悦研究数据显示，新冠肺炎疫情给全球保险行业带来的损失超过550亿美元，成为仅次于卡特里娜飓风的保险领域第二大损失事件。受疫情影响，全球保险科技融资2020年开年遭遇重挫。根据韦莱韬悦最新发布的《2020年全球保险科技融资报告》，2020年第一季度的保险科技融资为9.12亿美元，仅为2019年第四季度融资总额的一半，是自2018年第二季度以来最低的季度，这主要是因为2020年初保险机构将主要精力用于疫情应对，风险投资公司对保险科技领域投资持相对观望态度，投资活动有所减弱。

随着全球各界对疫情的高度关注，以及疫苗等防控手段不断加强，全球保险科技投融资领域自2020年二季度开始逐渐活跃起来，并在第三季度迎来爆发。根据韦莱韬悦披露的数据，仅2020年第三季度，全球保险科技公司融资总额达到25亿美元，涉及融资交易104笔，单季度融资总额和交易总量均达到了前所未有的水平。2020年全年，全球保险科技融资总额高达71亿美元，较2019年同比增长了12%，再创历史新高，融资交易数量达到377笔，交易数量较2019年同比增长了20%，也创下有史以来最高水平（见图8-14）。

从融资交易地区来看。全球保险科技融资国家和地区不断扩大，2020年第三季度，不同国家和地区的26家保险科技公司获得了融资，第四季度有23家保险科技公司获得融资。其中，美国、英国、中国、法国、印度等国家仍是融资最为活跃的地区，上述五国的融资金额和融资交易数量分别占据全球的93.0%和74.1%。与此同时，包括南非、肯尼亚和尼日利亚在内的非洲国家，虽然发生的融资活动并不多，但融资金额尚算可观，保险科技

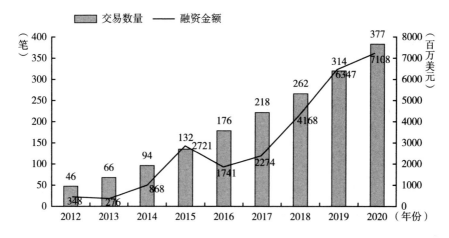

图8-14 2012~2020年全球保险科技融资金额和交易数量

资料来源：韦莱韬悦。

融资交易正在全球更多地区有序展开。

从融资交易领域来看。2020年，全球保险科技融资中，财产险领域融资仍然占据绝对地位，在融资金额和交易数量方面比人身险类保险科技公司更有优势，其中融资金额占比达到66.3%（见图8-15）。面向消费者的家庭保险类科技公司仍然是全球资本关注的重要领域。Hippo获得了3.5亿美元的F轮融资，是2020年第四季度最大的一笔融资，聚焦家庭保险业务领域服务与创新的Luko、Matic、Openly、Hedvig均获得大额融资。与此同时，在财产保险科技公司的影响下，寿险和健康险科技公司实现较快发展，融资金额和交易数量呈现增长趋势。

从融资阶段来看。2020年全球保险科技不同融资阶段的交易数量和融资规模如图8-16所示。随着全球保险科技领域的快速发展，不少保险科技公司进入融资后期阶段，如Hippo、Unqork、水滴、Oscar Health、Bind Benefits和Newfront Insurance保险科技公司均分别获得超过1亿美元的巨额融资，这六起大额融资总计金额达到11亿美元，早期项目融资交易的份额降低了10个百分点，下降至47%，中后期融资交易数量显著增加。同时，寿险和健康险科技公司正在悄然成熟，美国年金险和寿险产品分销商

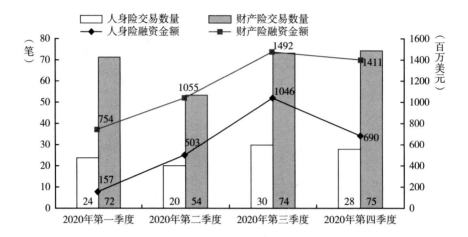

**图 8 – 15　2020 年全球保险科技人身险以及财产险领域
交易数量和融资金额**

资料来源：韦莱韬悦。

Midwest Holdings 已于 2020 年 12 月完成 IPO，美国数字医疗服务提供商 Oscar Health 获得了 1.4 亿美元的 F 轮融资，有望于 2021 年进行 IPO。

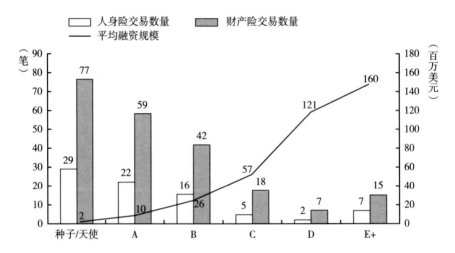

图 8 – 16　2020 年全球保险科技不同融资阶段的交易数量和融资规模

注：本图数据忽略了其他轮次的相关融资交易统计。
资料来源：韦莱韬悦。

从我国保险科技融资情况看。由于疫情的影响，2020年初全球金融科技投融资环境整体陷入低迷，也影响到国内保险科技融资。零壹智库公开披露的数据显示，2020年前三个季度，我国保险科技领域发生16笔融资交易，大幅低于上年同期水平，但由于水滴公司在8月份获得2.3亿美元的大额D轮融资，整体融资总额仍然达到23.7亿元；第四季度，保险科技领域融资总额和交易数量均处于较高水平。2020年全年，我国保险科技领域融资总额达到39.7亿元，涉及融资交易数量27笔（见图8-17）。

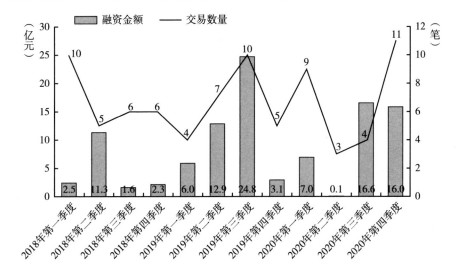

图8-17 2018~2020年中国保险科技融资情况

资料来源：零壹智库。

从融资阶段来看。自2014年以来，我国保险科技融资阶段呈现非常明显的变化趋势。伴随保险科技的深入应用以及创新公司的快速发展，我国不少保险科技公司经过前期的创新摸索，逐步进入后期融资阶段。2014年，我国保险科技领域种子轮和天使轮的创新融资总额占比达到70%，截至2020年第三季度，C轮之后的后阶段融资金额占比已经超过80%（见图8-18），投融资领域的变化体现出我国保险科技领域创新发展正在逐步成熟。

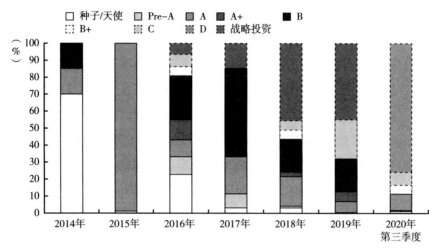

图 8 - 18　2014 ~ 2020 年中国保险科技融资阶段分布情况

资料来源：零壹智库。

从保险科技投入来看。近年来，我国保险行业科技投入力度不断加大。根据艾瑞咨询的测算，2019 年，我国保险机构的科技投入达到 319.5 亿元，仅占我国保险行业保费收入的 0.75%，科技投入的保费占比大幅低于发达国家水平，仍存在巨大的提升空间。2020 年，受疫情影响，保险行业数字化转型诉求更加强烈，艾瑞咨询预计，未来几年我国保险行业科技投入将保持近 15% 的年均增长速度，助力保险行业加快转型升级（见图 8 - 19）。

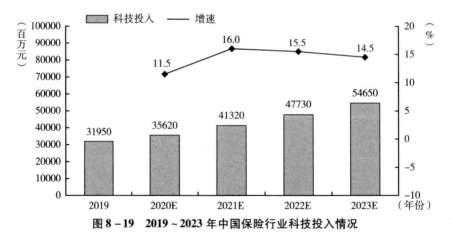

图 8 - 19　2019 ~ 2023 年中国保险行业科技投入情况

资料来源：艾瑞咨询。

四　保险科技发展新特征

2020 年，新冠肺炎疫情肆虐，给我国保险行业发展带来深刻影响，同时，我国保险科技领域的发展也迎来一系列重大变化。在重大疫情的背景下，保险行业坚持疫情应对与创新发展两手抓，我国保险科技发展呈现一些新的特征，取得了不错的成效。

（一）疫情助推行业数字化转型加快升级

随着互联网保险的发展，我国保险业务线上化渗透率逐步提升，近年来线上化渗透率维持在 6% 左右相对稳定的水平（见图 8 - 20），增长相对缓慢，对于主力保险业务来说，传统线下渠道仍是主流。2020 年初，国家果断出台了包括居家隔离等在内的疫情有效管控举措，严峻的疫情发展形势极大提升了社会民众的健康保障和风险防控意识，同时用户购买习惯不断向线上迁移。作为风险保障的有效手段，保险需求在疫情期间得到深度挖掘，线上化保险咨询和服务需求出现爆发性增长。同时，出于疫情防控的需要，2020 年 2 月，银保监会出台相关规定措施，各家保险机构陆续叫停了线下展业和面对面客户服务，传统的线下保险销售和客户服务模式难以为继，保险业务被迫转到线上作业，保险公司数字化转型需求迫切。

与此同时，在疫情形势下，推动保险机构远程办公、线上化运营成为重要的工作，在强劲的线上化保险服务需求支撑下，数字化转型成为保险行业创新发展的共识，进一步坚定了保险机构推进数字化的决心和信心。基于保险科技在保险行业前期的良好应用基础，保险行业积极提升保险展业、销售、客服、核保、理赔等环节的线上化渗透率和自动化渗透率，实现线上对线下的赋能，突破时间和空间限制，满足多样、灵活的运营和客服需求，解决客户无法外出的远程服务问题，极大提升了保险业务的便捷性和高效性，赢得了保险客户的良好口碑。同时，有效提升了保险运营管理的效能，降低了运营成本，推动保险行业向高质量发展转型。

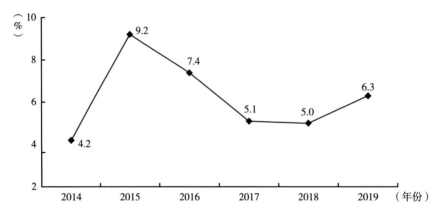

图 8 - 20　2014～2019 年中国保险行业线上化渗透率

资料来源：艾瑞咨询。

（二）保险行业逐步进入全域数字化阶段

从保险行业数字化的发展进程来看，可以大致分为三个阶段，即保险信息化、保险线上化和全域数字化。在保险信息化阶段，主要通过升级保险企业的业务模式，实现核心业务流程的电子化和网络化，实现对保险企业核心系统等各类业务系统中业务、财务等各类数据的有效整合，为数字化打下基础。在保险线上化阶段，互联网保险和场景化保险快速发展，推动保险销售、核保、理赔等业务流程线上化渗透率大幅提升，线上化数据积累沉淀驱动保险行业向全域数字化方向发展。在全域数字化阶段，保险行业全域数据积累与应用促进全域数字化发展，以此为承载，推动保险数字化升级发展和智能化运营管理落地，有效提升保险的内涵。

全域数字化是保险行业实现数字化转型升级的关键。只有基于保险行业全域数字化，才能够实现对保险经营从前端到后台的全域业务流程数据覆盖，包括但不限于移动展业、数字营销、保险数字中台、互联网核心系统等，贯穿数据获取、流转及应用全流程，实现保险业务经营的全场景数字化升级，进而推动保险经营管理的降本增效，有效提升客户服务体验。当前，我国保险行业正逐步进入全域数字化的初级阶段。无论是从行业的视角看，还是从保险企业内部看，由于保险数字化经营的理念变化和技术进步，已具备针对传统数据孤岛问题的有效解决方案，行业整体建设和企业升级转型方案已进入建设实施阶段，保险行业即将进入保险全域数字化的发展阶段。

（三）险企数字化转型探索呈现差异化特征

保险科技创新是一个重资产驱动的领域，需要险企投入大量的资源，对险企的技术、人力、资金实力要求较高。随着信息科技在保险领域的深入应用，保险科技在推动保险行业提质增效方面发挥着越来越重要的作用，保险公司纷纷加码在科技应用方面的投入，推动保险经营管理转型升级。与此同时，不同类型的保险公司在保险科技的创新过程中呈现一定的差异性，不同的险企分别探索出适合自身实际情况的不同模式和路径。

大型险企，尤其是行业头部险企，具备较强的资金实力和技术资源，同时在保险数据与运营管理等方面具有更为深厚的积累。因此，行业头部险企一般采用自建的形式，大力加码在科技创新领域的投入，以平安、国寿、人保、太保为代表的险企均将保险科技创新应用提升到公司战略高度，并积极出资设立保险科技子公司，搭建独立的科技创新应用平台，组建完整的科研队伍，配以充足的研发资金，凭借强大的资源禀赋自建科技能力，创新商业模式，推动"保险＋科技"探索，并有效依托公司自身生态资源，初步形成独具特色的保险科技创新生态。

随着保险行业马太效应持续加剧，少数头部保险企业占据行业绝大部分的保费和利润，行业集中度处于相对较高水平，中小险企经营情况相对艰难。以财产险行业为例，2020 年，人保财险、平安产险、太保产险"老三家"保费占到行业总保费的 63.65%，行业中其他 87 家险企合计保费占比不足 37%，"老三家"合计实现承保利润 93.16 亿元，其他 87 家险企合计亏损 201.6 亿元。在业务发展与经营效益的双重压力下，中小险企在传统模式下的业务经营难以为继，转型需求迫切。与此同时，中小险企在保险科技创新方面的资金和技术实力难以与大型险企相匹敌。因此，中小险企更多借助第三方技术机构，挑选符合业务场景的科技应用技术，缩短技术应用的整体时长，实现业务流程和模式创新，并借此实现差异化发展，突出自身特色优势，助力企业有效破解经营困局。

（四）底层基础设施建设助力业务流程优化

数字化基础设施是保险科技创新应用的根基，是保险市场向高质量发展转型的基础性保障。没有一项商业模式创新是仅仅依靠单一的技术工具实现的，需要各项新技术的深度融合，实现技术与业务的深度融合，特别是基于底层基础设施建设自下而上构建起新的客户连接方式和商业模式，进而开拓更多新的业务发展领域，为客户带来全新的保险产品和服务体验。

目前，在保险行业，云计算与大数据技术成熟度相对较高，已经得到较为广泛和深入的运用，依托云计算强大的计算能力和大数据的庞大数据资源，人工智能应用大规模涌现。同时，有效糅合了更多创新技术应用的区块链、物联网和5G商用等逐步在保险领域得到应用。保险机构不断加大在基础设施建设方面的资源投入，根据艾瑞咨询的预测，中国保险行业关键技术领域资金投入情况如图8-21所示。云计算、大数据、物联网、AI、区块链、RPA及OCR等技术之间的互通共融发展，将推动保险行业创新进入新的发展阶段。

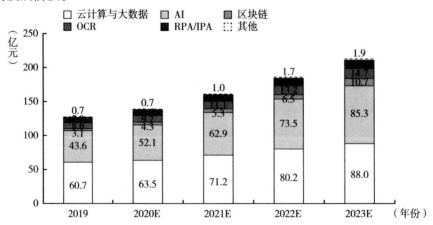

图8-21 2019~2023年中国保险行业关键技术领域资金投入情况

资料来源：艾瑞咨询。

五 保险科技发展展望

面向未来，保险科技创新应用将成为推动保险行业数字化转型以及实现保险行业高质量发展的重要驱动力。与此同时，未来的保险科技创新应用，将呈现一些重要趋势，也将面临不小的挑战。

（一）保险科技领域多方协作将进一步加深

加大保险科技领域的资源投入、推动保险经营管理数字化转型，成为保险行业实现高质量发展目标的共识。除了少数头部险企具备独立研发和搭建科创平台的资金和技术实力外，绝大多数险企并不具备独立打造保险科技创新平台的能力。与此同时，互联网平台、IT公司、科技创新平台等诸多机构纷纷布局保险领域，加大在保险领域的创新研发力度，提供了很多相对成熟的行业解决方案。传统的保险机构，尤其是中小型保险公司与保险中介、上下游企业、第三方技术服务商等外部合作者的多元化合作将进一步加深，进而有效打破资源困境，实现跨界融合与多方协作，补齐技术创新短板，为客户提供更优更佳的服务解决方案。未来保险科技领域的多方协作，有利于打造更加透明高效的协作网络，构建基于客户视角的服务生态，实现多方合作者的共建共赢。

（二）科技赋能式服务输出成为重要趋势

随着"以客户为中心"服务理念的逐步深化以及保险机构对科技赋能保险运营管理愈加重视，保险机构越来越关注通过保险科技的创新应用，为客户提供一站式的服务解决方案，有效解决客户的痛点和难点问题。人保集团、平安集团、众安保险等在技术创新方面具有较好基础的保险机构纷纷发起成立相对独立的科技创新平台，在全力服务公司自身经营管理效能提升的同时，还积极向外部输出技术服务或解决方案。以众安保险为例，众安保险发起成立众安科技，专注于区块链、人工智能、大数据、云计算等前沿技术研究，向众安内部及外部合作伙伴输出科技产品和行业解决方案。众安科技打造从保险业务生产系列到保障系列再到增长系列的闭环，提供区块链、数据智能、保险科技、商保科技、金融科技五大领域科技产品，赋能合作伙伴线上化转型，保险生态客户的产品复购率达70%以上；同时，众安科技向海外市场输出数字化保险核心系统 Graphene 和互联网公司保险平台系统 Fusion，对生态伙伴赋能起到重要支撑作用。

（三）保险科技标准体系建设有待加强

相对完善的标准化体系是实现保险数字化转型的基础和重要保障。近年来，银保监会高度关注保险行业标准化体系建设。2019 年，银保监会主导推动发布并实施了《保险术语》国家标准，成为我国保险行业标准化体系建设的基石和里程碑。标准化体系建设在信息化领域的重要作用更加突出。特别是，近年来我国保险科技领域创新应用快速迭代，新技术、新模式、新业态快速涌现，给保险行业监管带来巨大挑战，同时带来新风险。我国的保险科技创新要积极对接全球保险科技创新实践，积极参与全球保险科技领域相关标准的制定和完善，有效结合我国保险和信息领域实际，对保险领域的数据、技术等相关标准进行统一规范，探索建立符合我国实际的保险科技领域标准化体系，为实现保险行业的数据和技术共享共建奠定基础，全面助力我国保险科技创新发展。

（四）数据隐私安全问题值得关注

随着移动互联技术的深入应用，我国网民和互联网普及率再创历史新高，轻量化、场景化的 App 创新为社会民众带来极大便利。与此同时，不同行业领域企业客户信息和隐私泄露的事件频发，客户数据采集和隐私保护等成为社会关注的焦点。作为以数据为经营基础的保险领域，保险科技创新应用大多围绕客户数据展开。尤其是随着社会民众生活消费习惯的逐步改变，线上化、场景化、碎片化保险逐步成为主流趋势，基于互联网的客户触达和互动频次更高，保险机构管理的数据急剧增加，这给行业监管和保险企业的内部风控管理带来诸多挑战。保险行业在开展保险科技创新的过程中，要更加重视数据安全管理，特别是客户数据隐私安全，在为客户创新提供更好服务体验的同时，确保保险消费者的数据隐私安全不受侵犯，有效保障保险消费者的合法权益。

参考文献

艾瑞咨询：《2021 年中国保险行业数字化升级研究报告》，2021。
北京金融科技研究院：《2020 中国保险科技洞察报告》，2020。
王和：《保险的未来》，中信出版社，2019。
王和：《金融科技在财险行业的探索与实践》，《清华金融评论》2017 年第 12 期。
王和、周运涛：《我国保险科技发展展望》，《中国金融》2018 年第 9 期。
众安金融科技研究院：《2020 年度保险业数字化转型报告》，2020。
CB Insights：《金融科技投资与行业趋势 2020》，2020。

第九章　信托业的创新与发展

袁　田　郝晨旭　闫天路*

摘　要： 近年来，监管政策不断趋严，传统金融业务转型升级已成为行业共识。在移动互联网、人工智能、区块链、云计算、大数据等新技术应用日趋成熟的大背景下，各金融机构纷纷开始进行数字化转型。信托行业作为金融行业的重要组成部分，始终将服务实体经济、服务人民美好生活、不断推进改革创新视为行业逐步发展壮大、实现可持续发展的关键因素。站在百年未有之大变局的数字化变革新时代起点上，信托公司通过新科技革命和产业变革，形成推进经济社会发展的新动能、新业态、新模式是关键。本章围绕金融科技的发展及信托行业转型，详细阐述了什么是信托科技、为什么要发展信托科技，并基于信托公司展业逻辑与业务范畴，沿着成熟的理财价值链方向，从资金端、资产端与管理端三个方面重点讨论了信托科技对信托业务模式、运营方式、管理架构、产品服务的改造及重塑，以期为信托公司通过金融科技手段引领信托行业可持续转型提供借鉴。

关键词： 信托科技　理财价值链　应用全景

---

* 袁田，中航信托首席研究员、中国信托业协会特约研究员；郝晨旭，中航信托研发与产品创新部研究员；闫天路，中航信托研发与产品创新部研究员。

一　信托科技发展及信托行业转型

（一）金融科技与信托科技

根据金融稳定委员会的定义，金融科技是指通过技术手段推动金融创新，形成对金融市场、机构及金融服务产生重大影响的业务模式、技术应用以及流程和产品。以此为据，我们认为，信托科技是指通过技术进步赋能信托产品、服务和管理创新，能够进一步发挥受托人本源业务优势，提升受托人尽职能力，优化信托公司治理，增强信托公司竞争力的技术应用与方法。

信托科技与金融科技相比，既有共性也有个性。从共性来看，信托科技是金融科技的子概念，通过技术进步和技术应用推动信托产品和业务模式创新。信托科技的差异化着力点在于通过科技应用进一步为受托人尽职管理赋能，围绕资金端、管理端与资产端对财富管理模式、信托业务模式、公司运营模式等方面进行改造及重塑，为服务实体经济和国民财富管理提质增效，同时促进信托公司规范公司治理、防控风险、契合监管、合规经营，进而提升信托行业的整体竞争力。

（二）为什么要发展信托科技

1. 应对变局，寻找发展新动能

自 2001 年《信托法》颁布实施，明确了信托公司作为专业资产管理和金融服务机构的功能定位，构建了具有中国特色的信托发展和服务模式，信托业逐渐步入良性和规范发展轨道，顺势发展成为我国金融资管体系的第二大子行业，在我国的经济社会发展和金融资源配置中发挥了不可替代的重要作用。随着信托业的逐步发展和信托客户结构及需求的升级，信托公司面临的宏观经济、金融监管、业务竞争环境也在发生深刻变化，驱动信托业快速发展的因素正在逐渐转变，如何跳出行业发展的历史周期规律，主动拥抱信息与数字科技，培育可持续发展能力，从而实现稳健可持续发展成为全行业共同面临的新课题。

2. 面对转型，探寻行业新增长曲线

信托业协会官网数据显示①，截至 2020 年第 4 季度末，信托资产规模为 20.49 万亿元，同比下降 5.17%，比 2019 年第 4 季度末减少 1.12 万亿元，比 2017 年第 4 季度末历史峰值减少 5.76 万亿元，信托资产规模保持稳步下降。行业单纯追求规模增长的发展模式难以为继，因此如何通过能力迁移、飞跃式创新、颠覆式创新等方式寻找信托行业的新增长曲线，探索转型发展之路成为关键。面向科技赋能的新时代，信托业需要重新寻找新动能，为行业转型加油续航。

3. 监管趋严，契合行业新要求

近年来，行业整体规模呈下降趋势，风险规模呈上升趋势，行业发展面临拐点，生存压力增大，行业面临巨大转型压力，"去通道""去杠杆""去刚兑"成为行业共识，这也对信托公司作为受托人提升主动管理能力、提升优质项目的开发能力、提升为客户资产配置能力提出更高要求，这就需要信托公司提高运用科技的水平，加强信托科技平台的建设。

在监管层面，近年来出台了多项政策及细则指引信托公司科技建设。2016 年 12 月，银监会发布了《中国银监会办公厅关于加强非银行金融机构信息科技建设和管理的指导意见》。2016 年 12 月 26 日，中国信托登记有限责任公司正式揭牌，这也是全国唯一的信托产品集中登记平台、统一发行交易平台和信托业运行监测平台，标志着信托受益权登记体系逐步建立及完善，信托受益权标准化体系将进一步完善。2018 年 5 月，银保监会出台《银行业金融机构数据治理指引》，旨在引导银行业金融机构加强数据治理，提高数据质量，充分发挥数据价值，提升经营管理水平，全面向高质量发展转变。2019 年 9 月，中国人民银行制定《金融科技（FinTech）发展规划（2019～2021 年)》，明确提出未来三年金融科技工作的指导思想、基本原则、发展目标、

---

① 2020 年信托公司主要业务数据，中国信托业协会官网。

重点任务和保障措施，并提出到 2021 年，建立健全我国金融科技发展的"四梁八柱"，确定了未来三年关于六方面的重点任务。中国银保监会副主席黄洪在 2020 年中国信托业年会上明确指出，信托公司要深入研究应用金融科技，强化科技赋能，加快补足金融科技短板等。

除此之外，随着资管新规、《商业银行理财子公司管理办法》等政策及细则落地，信托核心业务将逐步向标准化转型，未来几年，信息化水平将成为信托公司拉开差距的重要因素之一。

（三）信托公司在信托科技运用方面的基本情况

目前各家信托公司主动拥抱信息与数字科技，逐年加大金融科技的资金投入、人力资源投入及组织协调力度，信托公司加速数字化转型升级的需求愈发迫切。

1. 数字化转型战略引领

资管新规的发布，标志着中国正式迎来统一监管的"大资管时代"。信托公司正在面临来自理财子公司、券商、基金等行业的竞争压力，只有快速顺应科技发展潮流的信托公司才能在新一轮角逐中占得优势。而在这场竞争中，信托公司只有通过自上而下的数字化转型战略引领，从观念、管理、业务等多方面统筹设计与规划，才能系统性地打造核心竞争力。

近年来，信托公司对金融科技的定位、数字化转型战略部署的重要意义都有了更加清晰的认识。中国信托业协会内部调研数据显示，近 2/3 的信托公司有数字化转型意愿，多家信托公司已经将数字化转型确定为公司战略或重点规划，并且有明确的数字化转型目标及路线安排。

2. 组织管理协调保障

数字化转型战略的引领带来了组织管理层面的变革，信托公司金融科技组织的内嵌化和专业化程度进一步提升。目前信托公司均设立了单独的信息技术/金融科技部门归口管理公司信息化建设，部分信托公司由公司高管主要负责信息科技建设，统筹推进数字化转型落地，少数信托公司成立了金融科技委员会，指导战略规划落地实施。

3. 资金支持及人力资源投入

在人力资源配置方面，过去信息技术部门人力资源配置不足的信托公司已经意识到信息技术的重要性，开始着力补足此方面的短板，纷纷增加技术性人才的配置名额。参照 2020 年信托行业发展报告内部调研数据①，被调研的近 50 家信托公司中科技团队总人数达 2000 人，其中 40% 为内部正式员工，60% 为外包员工。科技团队总人数相比 2019 年稳步增加，外包员工仍占据较大比例。

在资金投入方面，2020 年调研的近 50 家信托公司投入近 14 亿元用于信托公司信息系统建设，平均每家投入近 3000 万元。从分布来看，其中 17 家信托公司资金投入少于 1000 万元，25 家信托公司投入资金为 1000 万 ~ 5000 万元，其余信托公司投入大于 5000 万元，和 2019 年同期相比，投入为 1000 万 ~ 5000 万元的信托公司数量显著增加，这表明行业内绝大部分公司将金融科技建设作为重要战略规划之一并做出实践改变。以目前发展趋势来看，随着金融科技技术的不断成熟和投入使用，信托行业将进一步借助金融科技技术赋能业务，信息建设投入有望继续稳步增加。

二 信托公司在信托科技领域的实践探索

当下已经处于信息技术与金融业务深度融合阶段，随着金融科技的不断迭代发展，信托行业已经开始全面践行数字化转型道路，基于信托公司展业逻辑与业务范畴，充分利用大数据、云计算、人工智能、区块链等金融科技手段，沿着成熟的理财价值链方向，从资金端、资产端与管理端三个方面发力，深层次地对各类业务模式、运营方式、产品服务进行改造和重塑，提升服务效率，降低成本，改善客户体验，提升产品和服务的竞争力，为公司转型发展提供强大支撑和引领。

① 中国信托业协会行业内部调研数据。

（一）资金端：信托科技赋能财富管理

由于信托公司的私募属性限制，通常很难通过公共渠道的宣传来吸引客户，并且针对不同类型的客户往往忽视了差异性需求。金融科技成为了信托行业解决此类痛点的有力抓手，信托公司利用大数据和人工智能等技术解决了在客户识别、智能获客以及智能投顾三大领域的行业痛点。

1. 客户识别

在传统的模式中，信托行业的客户在申请开户时一般需要携带相关证件到信托公司的营业场所进行一系列身份信息的认证核实才能完成认证、开户流程。这一系列流程十分烦琐，客户时间难以协调，造成客户不良体验。然而随着虹膜识别、指纹识别、人脸识别等人工智能相关技术的成熟发展，客户不需要亲自前往信托营业场所，只需要使用手机 App 通过人脸识别技术、视频对讲、录制并上传视频、联网核查、短信验证的方式就能确保开户者是身份证件的持有人，达到实名认证的目的。没有时间与空间的限制，用户可以随时随地进行一系列的身份认证以及开户操作。这极大地提升了业务效率，也提升了客户满意度。

在客户购买信托产品阶段，也可以利用智能识别技术不需要用户亲自来到信托营业点，在线上就可以远程完成信托合同的签署、双录等流程，在确保客户信息真实可靠并且交易安全的前提下利用科技创新赋能优化业务流程，提高服务质量。

2. 智能获客

不同的信托客户拥有不一样的风险承担能力和意愿，对信托产品及服务的需求也具有差异性。信托公司通过 App、微信公众号、网络直播课、线上问卷调查等多种方式采集客户差异性需求、投资行为、消费行为等多维度数据，利用人工智能、大数据技术精准刻画用户画像，并基于此策划营销方案，进行精准营销和个性化推荐，同时实时监测，不断优化营销策略，建立用户数据库，帮助企业引流获客、留存促活。

目前的主要应用场景是挖掘与用户数据强相关的向量来做推荐，而解决财富需求问题的过程中却是有多维变量、动态需求以及多种服务逻辑在里面的。例如家族信托、养老信托等服务信托业务，需要满足涵盖用户全生命周期的个性化服务需求，因此除了线上基础的客户识别外，关于家庭资产配置、未来养老服务期望、后代教育服务提供、资产继承等信息还需要通过线下联通来进一步获取。

案例1[①]

外贸信托于2018年开发的客户移动端财富管理应用系统——"五行生财"，以投资者视角进行后台系统功能优化和数据再组织，对外搭建互联网服务平台，以丰富客户服务手段，提升客户满意度和黏性，打造全流程自助式在线投资及服务平台，为客户提供全天候智能化的财富管理服务。智能产品管理满足了投资者在产品投资方面的多样化需求，为其提供了"一站式"产品挑选、购买与管理分析服务。为投资者提供的智能产品管理服务主要针对移动互联网时代客户随时随地产生的碎片化需求特点，在移动端为用户提供在线场景化产品植入、全产品线信息获取、产品购买与后续的产品管理分析服务。

3. 智能投顾

智能投顾一般是运用云计算、大数据、机器学习等技术将资产组合理论等其他金融投资理论应用到模型中，再将投资者风险偏好、财务状况及理财规划等变量输入模型，为用户生成自动化、智能化、个性化的资产配置建议，并对组合实现跟踪和自动调整。相对于信托行业传统的财富管理，第一，智能投顾易操作，通过技术替代人工服务，往往只需要几个流程就可实现；第二，信息透明度更高，传统的产品销售往往通过路演、财富顾问介绍等方式进行，难免存在不能全方位介绍产品种类及信息的情况，而智能投顾

[①] 《财智｜双十一后如何满血复活？你只缺一个财富管家!》，外贸信托五行财富公众号，2018年11月9日。

对投资理念、金融产品选择范围、收取费用等披露充分，且客户随时随地可查看投资信息；第三，资产配置分散化，智能投顾服务是根据现代组合理论按照客户风险偏好和理财目标把客户资产分散到不同类别资产中，尤为适合在家族信托、家庭信托类业务中，为客户在全资管市场中提供最优的资产配置方案。

（二）资产端：信托科技拓展信托业务领域

信托行业正处在转型升级的关键时期，需要提供更具个性化、专业化的产品，这就需要对数据的更快掌握和智能化分析，通过整合大数据与人工智能技术挖掘用户个性化需求和差异化偏好，能够快速捕捉数字经济时代市场需求变化、强化需求引领作用，推出差异化、场景化、智能化的金融产品，避免金融产品的同质化，有效增加和完善金融产品供给。

1. 供应链金融业务

供应链金融是监管鼓励业务方向，2019 年 7 月，银保监会办公厅下发《关于推动供应链金融服务实体经济的指导意见》（银保监办发〔2019〕155 号文），明确信托等金融机构应依托供应链核心企业，基于核心企业与上下游链条企业之间的真实交易，整合物流、信息流、资金流等各类信息，为供应链上下游链条企业提供融资、结算、现金管理等一揽子综合金融服务。

人工智能融合大数据、区块链等技术的应用可以有效解决供应链金融业务中的痛点。例如在供应链金融中，对于票据、仓单、订单等票据真实性问题的核实一直难以解决，随着此类票据电子化，以及机器视觉、文字识别、自然语言处理等人工智能技术的综合运用，可以很好地解决真实性问题。其中，不同证件和票据可以通过机器视觉技术进行自动识别，智能化分档归类则可以通过自然语言处理技术实现；文字识别技术可以提取票据和证件中的结构化信息，由于减少了人工操作，降低了道德风险且提高了效率。

除此之外，交易真实性是供应链金融业务的基础。客户虚构贸易信息、骗取贷款的事件经常发生，以往金融机构一般通过银行对账单、财务报表来侧面进行核实，但并不足以证明交易真实存在。通过人工智能技术中的自然语言处理、机器视觉、语音识别，配合大数据风控模型等技术的综合运用，从拓宽交易信息获取渠道、进行双录文件分析等方面多维度进行监控，判断交易是否存在异常。

供应链金融业务以降低信息不对称为核心目标，以产业画像和企业画像为基础，以商品/服务流、资金流、信息流相统一为抓手，打通产业、企业、政务、出入境等各种信息渠道，通过直接或间接深入掌握企业内部经济活动的真实信息，改善依托抵押担保等外部增信措施的传统做法，多维度、多链条、多环节反复建模测算，真正做到智能预测经营成果、现金流缺口、资金管理闭环等，切实支持实体经济发展，并持续降低融资成本。

中航信托从 2017 年开始，自主设计开发小微供应链金融智慧服务系统，运用信托科技提升金融服务效能。率先将人工智能、区块链技术植入小微供应链金融平台，进行资金流数据、客户数据的上链探索，实现资金流等交易数据的准实时上链，链上实现各方的对账，保障交易数据真实不可篡改、安全可追溯。

2. 证券投资类信托

证券投资是未来资产管理机构的重要业务方向，也是信托公司大力拓展的业务类型。从投资端来看，现阶段，信托公司通过 FOF/MOM 业务模式切入，部分公司开展量化投资，这些业务都对科技提出较高要求。

在投资策略方面，传统的投资策略生产模式将被颠覆，利用金融科技的赋能，投资策略组合从确定性模型向随机的效用转变。机器学习的强大挖掘能力，结合大数据，将会产生更多以往无法通过经验和理论推导出来的新认知，成为新的投资策略持续生产的源泉。而且由于速度的提高，投资策略的生产时间从以往的短则几天、长则几个月，缩短到可以以秒、分钟来衡量。完全个性化的、实时的投资策略生产成为可能，每个投资者都可以按照其需求定制个性化的投资策略。

在交易模式方面，智能机器人能够以更快的速度、更高的精度和更敏捷的反应执行交易。"手工下单"的时代将逐渐成为历史。一个智能代理交易程序能够轻易地同时跟踪几百只不同的证券，同时能通过实时观察申报单的态势、高频交易数据，拟订最优交易指令，并准确无误地执行。跨市场、跨品种的交易将能够很轻松地实现，以往"人眼盯盘、手工下单、人工查询"的交易模式将被改变。

案例 2①

外贸信托在证券信托业务金融科技方面积极布局，围绕"提高运营效率、方便客户使用"，优化提升客户获取信息的渠道，为私募基金等二级市场客户提供稳定、高效、多元的运营管理服务。自动化估值系统能够实现 7×24 小时无人值守，支持对账、读取、建账、生成在内的全流程自动化，经过测算对运营效率的提升达到了 40%，实现实时的互联互通。其中，自主研发的"证券尊享服务系统"为合作客户提供一站式、全视图、移动实时信息服务，投资者通过收集客户端就可以轻松查询到产品净值、费用等实时及历史数据，该系统还能提供图形比较、净值排序等基本功能，帮助提供辅助决策。

3. 服务信托

2018 年信托业年会上，信托行业监管部门领导在阐述信托行业的未来发展定位和展业方向时，明确提出将服务信托业务作为信托业未来转型和发力的重要领域。

作为一种回归信托本源的创新业务，服务信托的长足发展需要满足与契合时代发展的需求与节奏，信托公司尤其需要借助金融科技的运用，通过数字技术及方法应用赋能信托产品、服务和管理创新，进一步发挥受托人本源业务优势，提升受托人尽职能力。在开展服务信托业务时，涉及客户多元的需求收集、信托账户设立、开放信托平台搭建、支付清算体系建设等多个环节，因此需要信托公司构建高效统一的业务发展、管理运营的金融科技平

---

① 《信析｜中国外贸信托科技向上，双系统助力证券信托服务价值升级》，中国外贸信托公众号，2020 年 3 月 20 日。

台。如果没有科技平台的支撑，则难以满足客户对响应速度与准确性的要求。金融科技技术的应用可为信托服务提供辅助、支持和改进，从而提高效率、降低成本和操作风险，提供差异化价值。

案例3①

例如，中航信托创新推出的"鲲账户"，就是借助人工智能等信托科技开创的信托一站式服务新模式，为客户搭建了便捷的账户平台，提供的不只是多样的信托产品，更是一整套的服务及资产配置流程服务，包括风险评估、投资组合构建、动态调整等服务环节，还有理财大讲堂、线上理财直播课程以及线上商城等。以数字化的"鲲账户"为载体，打造高净值客户的智慧的理财服务生态。

案例4②

万向信托落地"区块链+DNA生物技术"在信托领域的应用，为家族信托领域当事人身份确定、慈善信托领域"失孤"家庭寻亲提供鉴定技术。万向信托将区块链存证技术应用到家族信托管理中，解决了传统信托合同的安全性保障问题，对合同签订时间点的有效性进行了证明，使得业务具有更高的文档安全性、更低的线上线下存储成本，能够更快速便捷地验证合同信息的真实性。

（三）管理端：信托科技推动数字化转型

运用金融科技提升内部管理效率是信托公司数字化转型的关键驱动因素之一。行业内各信托公司都纷纷响应转型号召，践行数字化转型战略。通过行业内部调研可见，已有信托公司利用金融科技在加强运营管理、提高风控

---

① 《基于账户的信托数字化管理》，中航信托公众号，2019年8月5日。
② 《区块链在信托中的应用研究》，载于《2017年信托业专题研究报告》。

水平、搭建智能化知识管理系统等方面进行了尝试，取得了一定成效。

1. 智能运营

信托公司通过完善数据治理机制、推广数据管理标准、明确数据管理职责，突破部门障碍，促进跨部门数据共享、信息共享，建立健全企业级大数据平台。随着智能技术应用的落地，实现了技术驱动下的多维数据连接，破除数据壁垒、化解信息孤岛，构建企业内、企业间的业务协作系统，充分释放大数据作为基础性战略资源的核心价值。智能运营的创新应用主要体现在日常流程管理和信托项目管理两方面。

在日常流程管理方面，绝大部分信托公司投入使用 EHR 线上人力资源管理平台，EHR 管理平台可以在线提供人事管理解决方案、薪酬福利解决方案、流程管理解决方案以及绩效管理解决方案。其利用大数据的技术拓宽员工工作效能评估维度，尝试进行绩优绩差员工画像分析，解决了传统人力管理工作流程复杂、管理难度大的痛点，极大提升了日常管理的效率。除此之外，部分信托公司通过开发设计合同文档管理系统等方式，利用样本合同进行标签设定，通过机器学习和自然语言处理技术，自动挖掘合同与标签的对应规则，并将规则应用于新的合同，自动对合同打标签，判断其所属分类，有效进行分类管理，提高运营管理的精细化水平。

在信托项目管理方面，通过搭建企业数据平台和项目管理系统实现项目全生命周期的跟踪管理，动态展示项目设立审批、发行落地、期间尽职管理事项等情况。部分信托公司已经开始尝试使用区块链技术赋能项目管理，利用区块链数据具有不可篡改、永久保存的特性，将关键材料上链，起到存证可溯源的作用，确保了项目材料管理的安全性。

案例 5[①]

中航信托打造了不动产全流程数字化系统，这个平台已成为不动产项目投资决策和资产配置的智慧大脑，辅助专业化管理团队管理项目的全生

---

① 中航信托。

命周期，实时跟踪并预警项目动态风险，在不动产业务的投前、投中、投后提供一系列的数字化支撑。由于管理过程的数据化，进一步提升了资产风险和质量的透明度，加强了资金与资产的联动，加强了与客户之间的黏性。另外，由中航信托作为受托人成立的"中航信托·中慈联科技扶贫慈善信托"创新性使用了区块链技术，利用区块链技术搭建信息平台，将慈善项目背景、主要当事人、项目执行情况、受益人等信息上链，便于委托人、项目执行机构、监管机构实时知悉慈善项目的真实进展情况，利用区块链上的时间戳和不易篡改的特性，保证信息的真实性，保障慈善项目顺利开展。

2. 智能风控

信托行业在风控管理方面的多年探索使得体系逐渐趋于成熟完善，但传统的风控模式在实践过程中依然存在很多问题，制约着风控水平的提高。信托公司长期以来从事房地产类非标信托业务，风控模型的出发点主要是通过主观性评价与客观性评价两方面来衡量交易对手。主观性评价中，人起到了很大作用，往往凭借对交易对手的固有印象以及已有合作经验进行判断，但是对复杂的政信环境缺乏整体的把控能力，导致对风险的控制存在漏洞。而在客观性评价指标中，聚焦交易对手的借贷历史、抵押物资产与信用评级等，但对宏观背景、行业信息、实时舆情等多维度信息缺乏把握，风控决策信息化程度低，缺乏标准化数据支撑。

智能风控是信托公司利用大数据、人工智能等金融科技手段整合风控数据信息，利用机器学习技术对风险进行自主学习，设置相应的风险管理防火墙与警戒线，当下信托公司已经开始积极布局并将智能风控投入使用。

在搭建舆情监测系统方面，通过对互联网、第三方资讯数据源、社交媒体等渠道的数据进行收集，利用人工智能技术对获取的数据进行处理和分析，可以实现及时对市场风险、公司信用风险、交易操作风险、资产减值风险等进行提示和预警，实现对舆情的及时、准确、智能监控，提高公司风险提前感知能力和把控能力，并对业务部门的交易决策提供有力的支撑，使其成为全面风险管理体系中风险监测的重要辅助决策管理工具。

在形成交易对手画像方面，通过对交易对手经营运行数据进行建模分析，实时监测资金流、信息流、物流，建立小微企业、民营企业、科创企业等重点领域的信用评价体系，有助于金融机构降低服务门槛、拓展业务范围，合理引导金融资源配置到经济社会发展的关键领域。

案例6[①]

华能信托2019年开发建设舆情监控系统，并获得了国家版权局颁发的计算机软件著作权登记证书。该系统在监测范围上实现了主流平台全覆盖，7×24小时全天候监测，及时发现网络舆情，同时搭建了舆情评分及预警系统，对于监测企业舆情信息，每天定时自动发送邮件，对于当日评分低于80分的监控企业，自动发送预警邮件提醒。公司通过该系统全方位监控舆情，满足多种舆情监控需要，进一步丰富公司风险防控工作手段。

3. 智能投研

随着资管新规的发布信托公司积极提升主动管理能力及专业研究能力，不断拓展信托服务的覆盖面，围绕信托＋现代产业开展了丰富的创新实践探索。以人工智能驱动的被动研发体系快速发展，借助金融科技赋能，培养智能投研及知识管理成为研究工作的未来趋势。

智能投研是基于知识图谱和机器学习等技术，搜集并整理信息，形成文档，供分析师、投资者等使用，辅助决策，甚至自动生成投研报告，进行被动投资等。从场景上，智能投研主要涵盖研报数据整理及分析、报告撰写、智能投资等方面。

在研报数据整理及分析方面，知识管理平台将内外部市场资讯、研究活动、券商研报、内部研报、股票评级变化、盈利预测变化、模拟组合调仓变化、事件点评、调研纪要等各类数据整合到统一数据源进行管理，并基于完

---

① 《华能信托舆情监控系统｜华小智自主开发》，华能梦青春行公众号，2018年9月21日。

善的金融行业词库与业务模型，通过机器视觉与自然语言处理技术对研报进行深度解析，提取出标题、文本信息、数据图、数据表，并对文档按照报告类型、行业、发布机构、作者、评级等维度进行自动标签分类。

在报告撰写方面，首先可以利用机器视觉技术自动从公告、研报、合同、财报、法律文书、票据、单据、运营报告等非结构化文档中提取图表、表格或关键文字指标信息，并转化成结构化数据，解决非结构化数据中大量有价值的信息无法有效利用的难题；其次，利用 RPA（机器人流程自动化）技术模拟人的操作，24 小时不间断地自动将抠出来的数据回填至指定的系统或应用中，解决数据在搬运过程当中产生的效率低、风险高的问题；最后，利用自然语言处理、机器学习和可视化技术，从数亿张金融图表中自动学习数据的最佳可视化表达方式，在获取数据时，不但能够快速精确找到已有数据，而且能够自动根据用户搜索意图进行数据计算、整合，并用最直观的可视化方式表达数据意图，从而解决用户在数据查找过程中，数据展现表达方式不直观、数据场景单一等问题。

在智能投资方面，伴随证券投资信托等业务的兴起，量化交易、被动投资、直接去"人"化或去中介化的投资成为主流，期望通过人工智能驱动，解决人的偏差问题，进行高频或全球偏差对冲交易，去"人"化投资成为重要的发展方向。

案例 7[①]

中航信托联合外部人工智能、大数据机构，联合开发"中航 e 研究"平台，该平台设立在企业微信页面下，是服务于公司内部员工学习、业务水平提升的知识管理平台。将内部研究成果与外部研究资源通过数字化方式进行整合，内容涵盖宏观热点，时事政策，舆情资讯，信托、银行、保险、基金、券商等行业动态以及公司重点战略行业深度研究。

---

① 中航信托。

三　信托科技在信托行业应用的未来展望

（一）监管科技迎来突破发展，信托行业监管进一步加强

在数字时代背景下，金融行业开始全面走向数字化、智能化，作为仅次于银行的第二大金融子行业，信托业在这场数字化浪潮中，从资产配置到服务、管理等多个维度发生重塑，也伴随新的监管趋势。一定程度上，监管科技将成为未来金融行业得以持续发展的核心驱动力，以大数据、区块链、人工智能为代表的新技术一方面给信托机构带来巨大效益，另一方面黑箱、数据隐私、非法套利等问题使得监管机构面临更大的挑战。

2017 年 5 月，央行成立金融科技委员会，在重点关注金融科技发展的同时强调了监管科技的重要性。2021 年《政府工作报告》也提出，要强化金融科技监管，确保金融创新在审慎监管的前提下进行。目前，中国的监管科技企业起步晚、数量少，除美国以外的全球监管科技融资企业中，中国的还不到 4%。并且金融科技在业务中的逐渐应用让传统监管模式无法满足监管需求，监管升级迫在眉睫。

在监管体系升级的同时，新的技术应用也必将带来新的技术风险，信托科技在信托行业的应用也需要匹配更强的监管科技，防止利用新的技术而造成的逃避监管行为。目前我国的监管科技已经能够覆盖身份管理控制、风险管理和系统评估、内部行为监督等应用场景。在未来的发展趋势中，金融科技监管创新领域将更加注重针对"企业画像"的监管系统的迭代，通过更多维度细致划分企业，将"企业画像"具体化、细节化。

（二）信托科技深入应用，数字化转型战略势在必行

伴随信托科技在信托行业的深入应用，信托行业数字化信托科技将被应用到具体模块中，这相当于仅在信托行业的表面加装了金融科技的外壳，但本质并无变化。信托科技在信托行业带来的数字化转型浪潮则是各家信托公

司提升数字能力建设水平，培养数字经济时代信托公司核心竞争力的关键举措。

信托公司数字化转型的根本目的在于受托人能力的自我革新与信托公司的稳健可持续经营，是两方面的辩证统一。一方面，信托公司定位为受托人，通过数字化转型增强受托人的服务能力和水平是立身之本；另一方面，信托公司作为经营风险的金融机构，只有不断适应外部环境变化，与时俱进，才能谋求稳健长久发展。因此，信托公司的数字化转型需要从战略上达成共识，从观念上转变认知，从发展上谋求共生、共建、共享生态。

战略上，数字化转型的实现需要公司自上而下的设计与规划，从而在内部达成共识形成公司整体数字化转型文化。观念上，主动转变观念本身就是对主动管理能力的提升，只有认知转变才谈得上行动转型，数字化转型需要在认知上打破固有观念，深刻体会数字化为公司和行业带来的转变以及将带来的深远变革。发展上，树立金融整合服务共生的发展理念，正如自然界需要生物多样性一样，商业生态系统同样需要多样性，所以信托公司数字化转型应以连接、开放为方式，以差异化经营为手段，以共生共享的态度建立与服务客户、合作伙伴、同业伙伴的信任关系和合作基础，实现信托行业服务实体经济、服务国民财富管理、丰富产融生态健康发展的重要功能。

（三）积极融入开放金融体系，信托公司创新发展开放信托[①]

以开放银行为代表，开放金融是科技与金融深度融合的创新产物，在金融科技推动下，开放金融是传统金融数字化转型的高级阶段，是一种平台化的商业模式，通过共享数据与算法，连接商业生态系统的多元化主体，构建新的能力，从而创造新的价值。开放信托是开放金融体系的重要组成部分，信托金融服务与受托服务同样需要依托金融科技的力量，实现信托服务的数字化、开放化和生态化，增强服务实体经济的能力，推动金融发展提质增效，这与开放金融体系的内在要求与逻辑具有一致性。

[①] 袁田：《创新发展开放信托，融入开放金融体系》，《金融时报》2020年11月23日。

站在数字经济时代的新起点，信托业坚持以服务实体经济和社会民生为行业发展定位，在深化转型进程中需要以数字金融发展为契机，依托信托制度优势及信托功能拓展，结合信托财产权属制度安排的开放性和结构性设计，以数据和资本为关键生产要素、以信托账户为主要载体、以信托科技为主要驱动力，通过建立信托产品及服务的大数据系统，提升数据处理与分析能力，开发智能信托产品和服务供给，扩展受托服务边界，创新信托服务商业模式，重塑信托价值链和信托生态。

参考文献

李耀峰：《财富管理数字化 让客户感知"智慧"》，《金融博览（财富）》2020年第10期。

裴立公：《人工智能技术在我国金融行业的应用现状探讨》，《金融科技时代》2019年第1期。

王新华、肖波：《人工智能及其在金融领域的应用》，《银行家》2017年第12期。

王奕翔：《人工智能在金融领域的应用分析》，《财经界》2020年第10期。

邢会强：《人工智能时代的金融监管变革》，《探索与争鸣》2018年第10期。

杨涛主编《开放金融：理论、实践与监管》，社会科学文献出版社，2020。

姚江涛：《信托业如何"承信受托"谋转型》，《当代金融家》2019年第9期。

姚江涛、袁田：《大数据时代，"数据资产"与金融应用前景》，《当代金融家》2017年第9期。

姚江涛、袁田：《智能时代信托公司的数字化转型》，《中国银行业》2019年第1期。

于孝建、彭永喻：《人工智能在金融风险管理领域的应用及挑战》，《南方金融》2017年第9期。

袁田：《创新发展开放信托，融入开放金融体系》，《金融时报》2020年11月23日。

袁田：《基于账户的信托数字化管理》，《金融时报》2019年8月5日。

中国信托业协会：《服务信托分析框架研究——范式创新与行业转型》，2019。

中国信息通信研究院：《中国金融科技生态白皮书》，2019。

业务篇｜金融科技
与金融服务拓展

Business Part: FinTech and the Expansion of Financial Service

第十章　支付清算的创新与发展

杜晓宇　徐　巍　巴洁如*

摘　要：　从中国人民银行2020年支付业务统计数据来看，全国支付体系运行总体平稳，社会资金交易规模不断扩大，支付业务量保持稳步增长。在过去的一年中，面对突如其来的新冠肺炎疫情，支付行业主体在监管部门的指导下，积极投入支持疫情防控，全面助力复工复产。支付产业服务实体经济、保障民生的重要价值在此次突发性事件中得到检验。在监管侧，我国防范化解重大金融风险攻坚战取得重要阶段性成果，经过集中攻坚，系统性金融风险上升势头得到有效遏制，金融脱实向虚、盲目扩张得到根本扭转。2020年，监管部门在支付清算领域坚持严监管常态化，强化大型金融科技企业审慎监管。同时，进一步推动非银行支付行业监管框架的完善与优化，推动反赌反诈工作落到实处。本章对2020年来我国支付清算体系运行特点、政策及市场热点问题、移动支付在疫情期间的作用等进行了整体回顾；对《非银行支付机构条例（征求意见稿）》、支付机构客户备付金管理、行业保障基金、收单外包服务机构备案、打击跨境赌博和电信网络诈

---

*　杜晓宇，腾讯金融研究院秘书长，高级经济师，兼任金融科技50人论坛青年成员、首席召集人，中国人民大学国际货币研究所研究员，对外经济贸易大学数字经济与法律创新研究中心高级研究员，主要从事金融科技、金融政策研究；徐巍，腾讯金融研究院高级研究员，长期从事法律实务相关工作，拥有警察、律师、金融法律合规等多个行业从业经历，对互联网金融、支付等行业所涉及的法律法规尤为熟悉；巴洁如，腾讯金融研究院高级研究员，中级经济师，金融科技50人论坛青年成员，法学硕士，研究方向为支付清算、互联网金融、金融科技。

骗、支付科技标准建设等热点问题进行了分析；以移动支付为例，对金融科技在疫情防控、助力复工复产中的作用和贡献进行了专题总结；并结合我国支付清算行业发展实际，提出相关建议和展望，以期在数字经济蓬勃发展、行业数字化转型进程推进过程中，促进支付产业助力实体经济高质量发展。

关键词：　支付清算　技术创新　支付风险

一　2020年我国支付清算体系运行特点

（一）支付行业的运行情况

1. 坚持严监管常态化，持续净化行业发展环境

近年来，我国防范化解重大金融风险攻坚战取得重要阶段性成果，经过集中攻坚，系统性金融风险上升势头得到有效遏制，金融脱实向虚、盲目扩张得到根本扭转。2020年，在支付清算领域坚持严监管常态化，强化大型金融科技企业审慎监管。同时，不断优化支付服务市场结构，推动4家非银行支付机构注销支付业务许可证并有序退出市场，进一步推动市场清理整顿，改善行业发展环境。同时，监管部门对支付违法违规行为保持从严从重查处态势，行业处罚力度进一步加大。据不完全统计，中国人民银行各分支机构2020年全年对非银行支付机构处罚共计73次，罚没金额累计超过3.97亿元，较2019年1.61亿元处罚金额显著提升。从罚没金额分布情况来看：一方面，2020年大额罚单在持续增多，2020年最主要的罚没金额区间为10万~100万元，占比达44%；另一方面，罚没金额屡创新高。2020年4月，中国人民银行营管部因商银信的16项违规行为，对其开出国内支付机构的最大罚单，罚款1.16亿元，刷新纪录。在处罚原因方面，反洗钱合规成为支

付机构罚单"重灾区"，涉及问题包括"与身份不明的客户进行交易""未按照规定履行客户身份识别义务""未按规定报送大额交易报告或者可疑交易报告"等。与银行等传统金融机构相比，支付机构较晚纳入反洗钱和反恐怖融资义务主体，在相应能力建设上存在"短板"，互联网支付、移动支付自身特征也给客户身份识别、交易监测提出了更高的要求，支付机构在反洗钱和反恐怖融资合规方面仍面临较大压力和挑战。整体而言，2020年小额罚单比例收缩，百万、千万级罚单屡见不鲜，"双罚"罚单数量显著增长，表明监管层持续"严监管常态化"基调，加强震慑力度以促进支付机构合规经营。

2. 支付清算行业积极支持疫情防控，全面助力复工复产

新冠肺炎疫情给全球经济和社会正常运转带来巨大挑战，为支持疫情防控、确保金融服务畅通、保障资金高效流转，在国家政策引导下，支付行业多措并举，为抗击疫情和稳定经济发挥了积极作用。2020年2月1日，中国人民银行、财政部、银保监会、证监会、国家外汇管理局五部门联合出台《关于进一步强化金融支持防控新型冠状病毒感染肺炎疫情的通知》（以下简称《通知》），强调要确保支付清算通畅运行，开设疫情防控资金汇划"绿色通道"，保障境内外救援和捐赠资金及时划拨到位、社会资金流转高效顺畅。另外，《通知》提出要加大电子支付服务保障力度，鼓励清算机构、银行和非银行支付机构实行支付服务手续费优惠，支持支付机构强化电子渠道服务保障，灵活调整相关业务限额，引导客户在线办理支付结算业务。

（1）开设支付清算"绿色通道"，保障资金划汇通畅。在资金汇划方面。一般情况下，春节期间央行大额支付系统停运。2020年，为了疫情防控需要，中国人民银行专门开设了大额资金汇划的"绿色通道"，春节及节后周末期间放开小额支付系统业务限额，满足境内外各类大额资金的汇划需要。同时，人民币跨境支付系统（CIPS）也开设了跨境支付的"特殊通道"。在银行账户服务方面，建立单位银行账户防疫绿色通道。对财政专项划拨资金、应急处置专项资金等需要开立核准类银行账户的实行特事特办、

即见即办。同时，优化账户业务办理，对暂时无法提供完整开户证明材料的防疫账户，商业银行可在有效识别客户身份情况下先开后补。此外，积极提升服务效率，引导企业和个人在线办理支付结算和账户业务。2020 年 1 月 24 日至 5 月 10 日，中国人民银行大小额支付系统累计受理湖北省防疫工作的 1000 万元以上的专项支付 8153 笔，金额 5494 亿元；累计通过"绿色通道"开立抗击疫情相关单位银行账户 14632 户。

（2）确保支付清算基础设施持续安全运行，引导行业主体减免手续费。疫情发生后，中国人民银行及时启动应急预案，加强金融系统重要的基础设施保障，以及关键岗位的运维保障和不间断应急值守，确保全国支付清算基础设施持续安全稳定运行。同时，各金融基础设施机构、商业银行、非银行支付机构等主动调降收费标准，减免支付结算业务手续费。疫情防控期间，中国银联对疫情重点地区实行取现手续费减免、消费服务手续费优惠等措施，对湖北辖区的境内银联卡跨行取现业务，免收银联网络服务费和受理机构代理手续费；同时，对各地疫情防控相关的医院、慈善机构减免发卡行服务费和银联网络服务费。对全国范围小微商户银联二维码收款交易，按比例向收单机构、服务商返还手续费。针对全国非营利性医疗机构、慈善机构的条码收款及结算付款业务，网联免收收单机构相关交易的网络服务费，并针对湖北地区商户减免各收单机构结算付款业务的网络服务费至 2020 年 12 月 31 日。与此同时，15 家全国性商业银行对抗击疫情捐赠款业务一律免收手续费；财付通、支付宝对非营利性医疗机构免收商户手续费，对快递、外卖等商家减免佣金。

（二）支付科技创新应用进展

作为现代经济核心，金融业一直与技术创新进程紧密联系，发展至今形成了金融科技等创新模式和业态。而在金融科技诸多细分领域中，支付科技是创新最为活跃的板块之一。从纸钞、票据、银行卡到互联网支付工具，以及支付基础设施电子化演进历程来看，支付业务和技术创新的集合区域之间显示出极为强劲的生命力和成长力。

近年来，在大数据、云计算、物联网、人工智能、分布式账本、5G 通信等新一代信息技术日趋成熟的背景下，支付科技领域创新步伐不断提速，智能终端、二维码技术、生物特征识别、移动通信等技术在支付领域的应用催生了移动支付、条码支付、刷脸支付等新一代支付方式的萌芽和普及，而采用分布式云架构的网联平台的平稳运行成为新一代支付基础设施的典型代表。以移动支付为例，作为我国支付科技产业最为亮眼的一张"名片"，移动支付经过多年来深入发展，有效促进了相关产业数字化转型，催生了生活缴费、医疗健康、教育培训等数字经济新业态，建立了广泛的移动支付生活服务圈。在突发新冠肺炎疫情之前，部分与百姓生活密切相关的行业已经基本完成了移动支付用户培养，在抗击疫情期间，移动支付起到了重要的支撑作用，在商业银行、支付机构、清算组织等产业链上下游主体的共同努力下，移动支付体系在疫情期间平稳运行，实现让普通民众足不出户、无接触就能通过手机购买生活必需品，解决了疫情期间社会民生领域的痛点难题。以微信支付数据为例，2020 年除夕到初七，小程序生鲜果蔬业态交易笔数同比增长 149%，社区电商业态交易笔数同比增长 322%，充分反映出移动支付在民生应急保障中的基础性支撑作用。

与此同时，支付科技创新的应用和实践，进一步提升了支付业务风控能力和水平，为支付清算及金融领域的风险防控提供了更加扎实的技术支撑。借助支付科技的创新发展，市场主体可以更好感知风险态势，更准甄别风险隐患，更快采取风控措施，建立与支付创新相匹配的高效风控机制，有助于增强对洗钱、欺诈、黄赌毒等违法犯罪活动的打击能力，助推风险"技防"水平不断升级，筑牢金融安全防护网。以腾讯财付通为例，在有关部门的指导下，财付通遵循事前防范、事中决策和事后运营的思路，全流程治理打击为电信网络新型诈骗提供支付通道行为，以风险量化＋技术打击＋产品体验为主，以加强刑事打击、提升客诉质量、强化用户教育和开展口碑宣传为辅进行综合治理，积极防范打击电信网络新型诈骗等违法行为，配合公安机关侦破电信网络诈骗等各类案件，保护人民群众财产安全。

在金融科技的应用过程中，用户数据隐私保护问题不容忽视。如何在不侵犯用户隐私数据的情况下提升机器学习模型效率，也成为支付科技企业关注重点，而联邦学习则是一种解决方案。作为一种加密的分布式机器学习技术，联邦学习能够让参与各方在不披露底层数据和底层数据加密（混淆）形态的前提下，依然能通过其他各方参与者提供的信息，对联合模型进行训练，提升人工智能模型效果。联邦学习这个概念的来源也并非毫无出处，它如同搭建了一个虚拟的"联邦国家"，把大大小小的"数据孤岛"联合统一进来，这些"数据孤岛"是"联邦国家"里的一个"州"，既保持一定的独立自主（比如商业机密、用户隐私），又能在数据不共享出去的情况下，共享联合建模成果。这种共赢的机器学习方式，有助于主体之间建立互信，进而打破"数据孤岛"困境、提升 AI 的应用效率，在市场监管、跨部门合作、数据隐私保护等领域，有着非常广阔的应用前景，为数据和信息共享提供了技术方案。

二　支付清算政策及市场热点分析

（一）提升法律层级，非银行支付领域监管框架迎来重大调整

2021 年 1 月 20 日，中国人民银行发布《非银行支付机构条例（征求意见稿）》[以下简称《条例（征求意见稿）》]，公开向社会征求意见。《条例（征求意见稿）》全文共 75 条，分为总则，设立、变更与终止，支付业务规则，监督与管理，法律责任及附则六章内容。《条例（征求意见稿）》是继 2010 年《非金融机构支付服务管理办法》（以下简称"2 号令"）之后，非银行支付机构监管框架发生的重大调整，在"加强金融科技监管"的政策指导下，《条例（征求意见稿）》进一步强化了对支付机构的监管，强调同样的业务遵守相同的规则，避免监管套利和监管空白；坚持对支付机构业务经营、关联交易等实施全方位监管；坚持穿透式监管，加强对股东、实际控制人和最终受益人准入和变更的监管，其中关于支付机构类型、支付账户限定、支付专营、备付金管理、支付市场竞争、系统重要性要求、

数据与清算管理等内容将对非银行支付行业整体格局和未来发展产生重要影响。

1. 起草原则和思路

在起草原则上,《条例(征求意见稿)》坚持回归本源、服务实体经济的原则,引导支付机构更加注重产品创新和用户服务,更好地满足人民群众和实体经济多样化的支付需求。坚持防范风险、规范发展的原则,实施穿透式监管,确保监管的专业性、统一性和针对性,防范业务风险。坚持市场导向,鼓励开放与竞争的原则,从机构准入退出、业务规则等方面,建立完善的市场化机制。

在起草思路上,一是坚持功能监管的理念。强调同样的业务遵守相同的规则,避免监管套利和监管空白。二是坚持机构监管与业务监管相结合。按照"先证后照"原则,对支付机构实施机构监管,同时对支付机构业务经营、关联交易等实施全方位监管。三是坚持穿透式监管。加强对股东、实际控制人和最终受益人准入和变更的监管。

2. 重构支付机构业务类型

《条例(征求意见稿)》遵循公平竞争、实质重于形式、普惠金融的核心监管原则,按照业务实质确定支付业务新的分类方式。按照资金和信息两个维度,根据是否开立账户(提供预付价值)、是否具备存款类机构特征,将支付业务重新划分为储值账户运营业务和支付交易处理业务两类,以适应技术和业务创新需要,有效防止监管套利和监管空白。

2010 年出台的"2 号令"将支付机构业务类型划分为网络支付、预付卡发行与受理、银行卡收单三类,其中网络支付业务又细分为互联网支付、移动电话支付、固定电话支付、数字电视支付四种。随着市场实践的长足发展,以交易发起设备类型、借助的网络技术形态区分业务类型已明显不适应业务发展现状,导致部分业务边界模糊。《条例(征求意见稿)》以账户和资金为基础的分类标准为判断具体业务类型提供了明确性标准,对于拥有独立账户体系、提供预付费支付工具两个条件,如果满足其一,则为储值账户运营类;两个条件都不具备,仅从事交易信息的转接处理活动,则为支付交易处理类。在业务监管重点方面，储值账户运营或侧重于支付账户全生命周期管理，以及预付费工具的限额管理；支付交易处理或侧重于商户端的全流程管理，以及对支付账户访问流程的管理。

此外，《条例（征求意见稿）》进一步明确，储值账户运营和支付交易处理两类业务的具体分类方式和规则将由监管部门另行规定，新旧业务分类对比如表10-1所示。

表10-1　支付业务类型新旧对比

新分类	旧分类	标准
储值账户运营	网络支付（互联网支付、移动支付）	有账户体系、有预付价值（财付通、支付宝、京东支付等）
	预付卡发行与受理	无账户体系、有预付价值（资和信、裕福、公交一卡通）
支付交易处理	银行卡收单及网络支付（线上收单）	无账户体系、无预付价值（线上线下收单）

随着《条例（征求意见稿）》对业务类型的重构，此前一系列调整非银行支付机构业务的规范性文件都将面临调整与修订，包括《非银行支付机构网络支付业务管理办法》《支付机构预付卡业务管理办法》《条码支付业务规范（试行）》《银行卡收单业务管理办法》，后续也会有相应业务管理办法配套文件落地。

3.《条例（征求意见稿）》仅规定支付账户开立主体为自然人和个体工商户，对企业开立支付账户规定不明

《条例（征求意见稿）》第2条规定，"本条例所称支付账户是指根据自然人（含个体工商户）真实意愿为其开立的，凭以发起支付指令、用于记录预付交易资金余额、反映交易明细的电子簿记"。其将支付账户限定于自然人和个体工商户，对企业能否开立支付账户的内容未做出明确规定，未来或将进一步制约非银行支付机构在企业支付、企业金融业务方面的创新探索，对非银行支付机构的支付业务、支付营销将产生较大影响。

4. 非银行支付机构准入要求升级

在第二章设立、变更与终止中，《条例（征求意见稿）》坚持金融业务

必须持牌经营，对支付机构按照"先证后照"原则，强化公司治理要求，实施全方位、全流程监管。同时，通过正面清单加负面清单方式，明确成为支付机构股东、实际控制人和最终受益人的条件及禁止情形，加强对股东资质、实际控制人和最终受益人的监管。

与此前"2号令"相比，《条例（征求意见稿）》不再区分全国性牌照与地区性牌照，注册资本均明确为1亿元人民币，后续储值账户运营、支付交易处理机构资本准入门槛或做进一步区分。此外，《条例（征求意见稿）》对于控股股东与非主要股东均实行正面清单与负面清单机制，明确同一法人不得持有两个及以上非银支付机构10%以上股权，禁止控股股东3年内转让非银支付机构股份。同时，《条例（征求意见稿）》不再采用5年一次续展制度，而是采用分类评级的动态监管方式。

5. 重申"支付专营"要求

《条例（征求意见稿）》第25条规定，"非银行支付机构应当按照支付业务许可证载明的范围从事支付业务，不得从事支付业务许可证载明范围之外的业务，不得从事或者变相从事授信活动"，在"2号令"的基础上进一步重申了"支付专营"的概念，同时新增加了不得从事或变相从事授信活动。由于条例的法律位阶高，本条属于行政法规中的禁止性规定，支付机构将被禁止从事支付业务许可证范围外的服务，否则将导致行政处罚。而部分市场实践由于存在规避"断直连"、变相从事信用卡业务的风险，后续可能被进一步限制。

6. 增加"系统重要性非银行支付机构""关键信息基础设施""信息本地化"等新表述及新要求

《条例（征求意见稿）》第4条第2款规定，"中国人民银行依法制定系统重要性非银行支付机构的认定标准和监管规则"。第35条规定，"非银行支付机构被认定为关键信息基础设施的，其在中国境内收集和产生的用户信息的储存、处理和分析应当在境内进行"。第43条提出境内交易处理要求，规定"非银行支付机构应当在境内拥有安全、规范的支付业务处理系统及其备份系统。非银行支付机构为境内交易提供服务的，应当通过境内业务处理系统完成交易处理，并在境内完成资金结算"。被认定为"系统重要性非银行支付机构"和"关键信息基础设施"的非银行支付机构后续将面临更为严格的监管要求，后者还将承担《网络安全法》规定的相关义务。

7. 引入非银行支付市场公平竞争要求

《条例（征求意见稿）》第54至第57条，新增关于非银行支付机构公平竞争、市场支配地位预警、认定以及监管措施的规定。在市场支配地位预警及认定、违反公平竞争要求及相关法律后果方面，《条例（征求意见稿）》规定如表10-2所示。

表10-2 支付机构市场竞争相关条款规定

	市场支配地位预警	市场支配地位认定
相关市场	非银行支付服务市场	全国电子支付市场
市场份额/条件	1家份额达到1/3	1家份额达到1/2
	2家份额达到1/2	2家份额达到2/3
	3家份额达到3/5	3家份额达到3/4
法律后果	中国人民银行商请反垄断执法机构对其采取约谈等措施	中国人民银行商请反垄断执法机构审查其是否具有市场支配地位

从对支付机构市场支配地位的"预警"及"认定"条件方面，可以看出依照《反垄断法》，《条例（征求意见稿）》将认定"具有支配地位"的相关市场界定为"全国电子支付市场"科学合理；同时创造性地提出预警机制又有利于做好企业反垄断合规风控，避免反垄断违法风险，有助于监管部门实现常态化监测、实现维护支付市场公平竞争秩序的目标。

8. 大幅提高处罚金额并引入"双罚制"

此前，"2号令"对支付机构违规行为规定的处罚上限是3万元。本次《条例（征求意见稿）》大幅提高了支付机构违规处罚金额上限，可以处违法所得1倍以上5倍以下罚款，没有违法所得或违法所得较少的，最高可处以200万元罚款。同时，对支付机构控股股东、实际控制人的违规行为也可处违法所得1倍以上5倍以下罚款，没有违法所得或违法所得较少的，最高可处以50万元罚款。

（二）引入行业保障基金，支付机构备付金管理持续优化

自 2016 年国务院开展互联网金融风险专项整治工作以来，客户备付金一直是非银行支付监管领域的重中之重。2016 年 10 月，中国人民银行等多部门联合印发《非银行支付机构风险专项整治工作实施方案》，明确提出建立支付机构客户备付金集中存管制度，并逐步取消对支付机构客户备付金的利息支出。2017 年《中国人民银行办公厅关于实施支付机构客户备付金集中存管有关事项的通知》（银办发〔2017〕10 号）提出，自 2017 年 4 月 17 日起，支付机构应将客户备付金按照一定比例交存至指定机构专用存款账户，且该账户资金暂不计付利息。到 2018 年《中国人民银行办公厅关于支付机构客户备付金全部集中交存有关事宜的通知》（银办发〔2018〕114 号）正式要求，到 2019 年 1 月 14 日实现备付金 100% 集中交存。截至 2021 年 1 月，支付机构客户备付金总规模达 17980.81 亿元，同比增长 0.83%，环比增长 1.59%，2018~2020 年规模变动情况如图 10 - 1 所示。2020 年开始，监管部门在备付金利息管理上采取了一系列优化调整措施，制定并发布《非银行支付机构客户备付金存管办法》，对支付机构按 0.35% 的年利率水平计提清算保证金利息，同时引入行业保障基金机制等。

1. 进一步完善支付机构备付金存管政策

2020 年初，根据多家媒体报道，为贯彻落实减税降费政策，防范清算风险，推动非银行支付机构可持续发展，中国人民银行将进一步完善客户备付金集中存管政策。具体来看，主要有两大重点事项。一是非银行支付机构的客户备付金由原来的不计利息调整为计息。支付机构可将全部客户备付金作为其清算保证金，央行按照 0.35% 的年利率水平为清算保证金按日计息，按季结息。二是计提一定比例清算保证金利息，成立非银行支付机构行业保障基金。2020 年 10 月，中国人民银行就《非银行支付机构行业保障基金管理办法（征求意见稿）》［以下简称《办法（征求意见稿）》］正式征求意见。此前，由于缺乏配套救济保障机制，在发生支付机构挪用备付金，或因重大违规、经营不善等问题被注销支付牌照、解散或破产时，如果其备付金

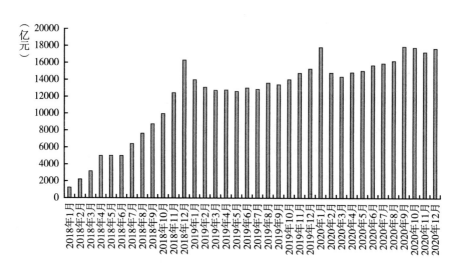

图 10 - 1　2018 年 1 月 ~ 2020 年 12 月支付机构客户备付金规模

资料来源：中国人民银行。

存在缺口，极易侵害客户合法权益，并引发群体事件。从这个角度来看，行业保障基金制度设计一方面是行业退出机制的必要组成部分，有助于全行业进一步防范与化解重大风险；另一方面，也是对金融消费者权益的重要保障措施，将进一步维护公众对非银行支付行业的信心，促进行业健康发展。在保障基金的资金来源方面，《办法（征求意见稿）》规定基金来源主要为清算保证金利息按比例划入部分，计提比例按照支付机构分类评级结果确定，评级从 A 至 E 类，计提比例依次为 9.5% 、10% 、10.5% 、11% 、12% ，通过实行差别计提比率的方式引导支付机构依法合规开展支付业务。结合疫情期间监管实践，当基金规模达到上限或支付市场遭受重大突发市场风险或者不可抗力时，可以暂停计提清算保证金利息划入基金。在保障基金管理方面，中国人民银行负责监督基金的筹集、管理和使用，负责监督基金管理人。中国人民银行可以委托其所属或主管的非营利性质的行业自律组织作为基金管理人，基金管理人职责包括筹集、管理、使用基金，全面核查申请使用基金的支付机构风险及财务情况，配合中国人民银行分支机构开展风险处置工作，监测行业风险等；同时提出基金独立核算要求。在保障基金的使用上，《办法

（征求意见稿）》明确了三类情形：一是支付机构被注销支付业务许可证、解散或者被依法宣告破产时，支付机构或者其他责任主体的资产无法完全弥补客户备付金缺口的；二是支付机构出现重大风险且采用各种市场化方式均无法弥补客户备付金缺口的；三是中国人民银行认定的其他可能严重危及社会公共利益和金融稳定的情形。同时，明确基金管理人参与制定备付金兑付方案，签订基金使用合同，办理资金划拨，对备付金登记、确认和监督等的责任，以及使用基金兑付备付金后代表基金取得相应支付机构的追偿权。对于使用基金兑付客户备付金的，对单个客户实行 5000 元人民币最高兑付限额。

2.《非银行支付机构客户备付金存管办法》正式落地

为规范集中存管后备付金业务，2021 年 1 月，中国人民银行发布《非银行支付机构客户备付金存管办法》（以下简称《办法》），自 2021 年 3 月 1 日起正式施行，2013 年发布的《支付机构客户备付金存管办法》同时废止。相较于原备付金存管办法，《办法》规定备付金全额集中交存至中国人民银行或符合规定的商业银行，并且规定客户备付金的划转应当通过符合规定的清算机构办理。同时，《办法》详细规定了备付金出金、入金以及自有资金划转的范围和方式，并进一步优化了跨境人民币支付、基金销售支付和跨境外汇支付账户管理规定。此外，《办法》有条件地开放了支付机构之间的备付金互转，在符合中国人民银行有关规定的前提下，支付机构之间因合作产生的、基于真实交易的客户备付金划转可以通过清算机构办理，支付机构间不得相互直接开放支付业务接口、不得相互开立支付账户，以及由此进行客户备付金划转。《办法》明确了备付金监督管理体系，中国人民银行及其分支机构对客户备付金存管业务活动进行全面监督管理，并开展检查；清算机构对客户备付金集中存管账户中备付金的存放、使用和划转进行监督，监测相关风险；备付金银行对预付卡备付金专用存款账户中备付金的存放、使用和划转进行监督，监测相关风险。

（三）持续推动支付市场规范发展

1. 启动收单外包服务机构备案工作，规范外包服务市场发展

近年来，在国家产业政策支持下，我国收单市场快速发展，收单机构数

量不断增长，市场规模持续扩大，大部分收单机构通过业务外包模式开展收单业务。根据中国人民银行工作要求，中国支付清算协会组织会员单位建立了收单外包服务机构风险信息共享和动态评级机制，引导收单机构加强收单业务外包管理并取得了一定成效。但随着收单外包服务市场的快速发展，部分外包服务机构存在转包、分包、从事套现和二清以及为跨境赌博等商户提供服务等违法违规行为，扰乱了收单市场秩序。为落实国家关于打击治理跨境赌博、斩断涉赌资金链的工作部署，进一步加强收单外包服务市场规范管理，协会组织会员单位制定了《收单外包服务机构备案管理办法（试行）》（以下简称《办法（试行）》），于 2020 年 8 月发布施行，并于 2020 年 9 月正式启动收单外包服务市场的备案管理工作。

《办法（试行）》涵盖了收单外包服务机构的定义、范围、申请备案的条件、备案工作流程和取消备案情形等内容。一是明确了外包机构的定义。收单外包服务机构是指经市场监督管理机构或国家有权机关批准成立，接受收单机构委托，承办收单非核心业务并提供相应服务的机构。二是设定了外包服务机构申请备案的基本条件，包括合法设立、不在外包服务机构黑名单内以及遵守监管和协会的管理要求等。三是明确了外包服务机构备案工作流程，包括申请、审核和公示等主要环节。四是明确了外包服务机构申请备案的时限要求。五是规定了协会取消外包服务机构备案的情形。《办法（试行）》的发布，为外包服务机构备案管理提供了制度保障，进一步完善了行业自律制度体系，丰富了自律管理的"工具箱"，对于打击治理涉赌、涉诈等违法违规行为，规范收单市场秩序，防范收单业务风险具有重要意义。

根据协会备案系统公示信息，截至 2021 年 8 月，已有 9696 家收单外包服务机构完成了备案，业务类型包括特约商户推荐、受理标识张贴、聚合支付技术服务、特约商户维护、受理终端布放和维护等。在完成备案的外包服务机构中，从事特约商户推荐的共有 8734 家，从事受理标识张贴的有 6020 家，从事特约商户维护（培训、调单、回访）的有 6782 家，从事受理终端布放和维护的有 7033 家，从事聚合支付技术服务的有 309 家。

2. 打击跨境赌博和电信网络诈骗等违法犯罪活动，筑牢资金安全底线

近年来，电信网络诈骗、跨境赌博危害人民群众财产安全和合法权益，严重影响经济社会健康发展。特别是新冠肺炎疫情发生以来，境外赌场、赌博网站加大对我国公民的招赌力度，一些不法分子大肆借疫情实施电信网络诈骗，两类犯罪组织、人员相互勾连，危害更加突出。作为资金流转的通路，支付结算行业是"反赌反诈"工作中的重要环节，承担着阻断电诈、赌博资金链的关键职责。根据党中央、国务院的决策部署，中国人民银行将打击跨境赌博和电信网络诈骗等违法犯罪活动作为 2020 年支付结算重点工作，强化精准打击，严守资金安全。2020 年，中国人民银行召开专题会议研究部署打击治理跨境赌博资金链工作，并联合公安部开展"断卡"行动。截至 2020 年 12 月末，中国人民银行共向公安机关移送涉赌、涉诈异常账户线索 195.29 万条，协助侦办涉赌案件 2500 余件，冻结资金逾 107 亿元，累计对 1538 万个可疑银行和支付账户采取管控措施。全国涉案单位账户从年初月均 6600 户下降至 500 户，降幅超过 92%，打击治理工作取得阶段性成效。

从市场实践角度，在有关部门的指导下，支付清算市场主体充分借助技术优势和风控策略，积极落实"反赌反诈"领域各项工作要求。以财付通公司为例，在跨境网络赌博资金链治理方面，通过"案例特征化、特征指标化、指标模型化"等方式对各类涉赌可疑案例进行分析，建立起"立体监控＋生态联防"的智能风险防控体系，通过事前预防、事中打击和事后运营的方式对赌博资金链进行打击治理。事前预防以风险量化为工作重点，主要完成对大盘的评估、打击效果评估和打击方向指导。事中打击不仅联合内外部团队增强数据和样本收集，也构建了万维实时特征、准实时特征和离线特征，引入经典、前沿和自研的复杂机器学习算法，通过实时、准实时和离线风控引擎监测涉赌行为，对涉赌账号进行恶意度评级和分级处置。事后运营则通过客诉反哺策略进行打击治理，兼顾客户体验，完善打击体系。腾讯财付通还研发了网络赌博平台支付接口监测系统和网络赌博态势感知系统。网络赌博平台支付接口监测系统能够实现对数千个赌博网站、App 的支

付接口的 7×24 小时监测、取证和打击；网络赌博态势感知系统能够实时展示涉赌资金的拦截、涉赌账户分布和整体大盘形势。

（四）促进支付科技创新的健康发展，满足普惠需求

1. 完善金融科技相关制度与规则，建立支付科技标准规范体系

标准化是行业应用和创新推广的基础性工作之一。2010 年以来，中国人民银行组织建立金融行业标准检测认证体系，推进金融行业技术标准制定。2012 年开始，围绕移动支付、非银行支付制定发布涵盖接口要求、标识编码、安全规范等各个环节的金融标准，同时，采用"金融标准 + 检测认证"方式，规范事前准入、事中监管，推动清算机构、银行等实施标准，以构建行业良好生态。2020 年，围绕金融科技细分领域行业标准建设进程不断提速（见表 10 – 3），行业标准涵盖网上银行、自助终端、分布式账本、应用程序接口、信息保护、区块链技术、云计算、多方安全计算等领域，从信息安全、技术运行环境及网络、研发测试运维及管理等不同方面为金融科技发展确定技术规范框架，未来也将进一步促进支付领域技术创新应用和普及。2020 年 12 月 3 日，中国人民银行正式发布《基于大数据的支付风险智能防控技术规范》（JR/T 0202—2020）金融行业标准，规定了基于大数据、人工智能等技术开展支付风险防控所需的技术框架和系统实现的安全要求。该标准适用于指导与支付相关的商业银行、非银行支付机构和清算机构开展支付风险智能防控体系建设、系统搭建、服务提供等工作。该标准的发布有助于规范大数据与人工智能技术在支付风险防控领域的应用，为支付风险智能防控能力建设提供安全指导，提高支付风险智能防控技术的针对性和有效性，切实保障人民群众信息和资金安全，提升金融风险技防水平。

2. 跨越"数字鸿沟"，满足特殊群体基础性支付需求

2020 年一段"老人冒雨去交医保，被告知不收现金"的视频引发热议，突显了老年人等特殊群体在使用智能技术方面存在的"数字鸿沟"问题。11 月，国务院办公厅印发《关于切实解决老年人运用智能技术困难的实施方案》，聚焦老年人日常生活涉及的出行、就医、消费、文娱、办事等 7 类

表 10 - 3　2020 年金融科技领域相关行业标准规范

序号	标准名称	金融类型
1	网上银行系统信息安全通用规范	信息安全
2	金融分布式账本技术安全规范	基础运行环境及网络
3	商业银行应用程序接口安全管理规范	研发测试运维及管理
4	个人金融信息保护技术规范	信息安全
5	银行卡卡片规范	支付清算
6	区块链技术金融应用　评估规则	研发测试运维及管理
7	金融数据安全　数据安全分级指南	信息安全
8	云计算技术金融应用规范	基础运行环境及网络
9	金融科技创新风险监控规范	研发测试运维及管理
10	金融科技创新安全通用规范	研发测试运维及管理
11	金融科技创新应用测试规范	研发测试运维及管理
12	金融科技发展指标	研发测试运维及管理
13	金融行业网络安全等级保护测评指南	信息安全
14	金融行业网络安全等级保护实施指引	信息安全
15	多方安全计算金融应用技术规范	研发测试运维及管理
16	分布式数据库技术金融应用规范	研发测试运维及管理
17	基于大数据的支付风险智能防控技术规范	监管与风险防控标准
18	银行非现金自助服务终端设备技术规范	机具
19	现金类自助终端视频集中监控技术规范	机具

资料来源：全国金融标准化技术委员会。

高频事项和服务场景，提出了 20 条具体举措要求，帮助老年人更好地适应并融入智慧社会。在支付领域，老年人使用扫码支付、网上缴费、转账汇款等还存在困难，许多支付场景仍然需要依赖银行网点和现金支付工具。中国人民银行在 7 个省份开展的支付领域"数字鸿沟"问题抽样调查显示，在 2 万份有效问卷中，有 17.6% 的受访者仍未使用电子支付工具，群体特点为老年人、低学历、低收入、退休人员、农村地区。而中国支付清算协会数据显示，2020 年我国移动支付用户中 31～40 岁用户群体人数最多，占比为 33.9%，较 2019 年提高 3.1 个百分点；50 岁以上的移动支付用户占比下降 3.7 个百分点，老年人在支付领域的"数字鸿沟"问题需得到进一步关注。

在政策和监管层面，中国人民银行一方面规范人民币现金收付行为。《中国人民银行公告》〔2020〕第18号明确提出，消费及支付方式创新要坚持有利于畅通支付流通环境、有利于保障民生、有利于提升公众的幸福感和获得感，不得采取歧视性或非便利性措施排斥现金支付，造成"数字鸿沟"。同时，全面开展拒收现金集中整治和长效机制建设工作，会同相关部门、地方政府、银行业金融机构、基层社区，共同引导规范水电煤气、公用事业缴费领域支付行为，还有零售、餐饮、商场、公园等高频服务场所的现金使用行为；对于涉及公共服务、民生、及公众关注度比较高、影响范围比较大的一些拒收现金主体，依法依规予以严肃惩治，并通过曝光典型案例，强化正面引导和警示教育。在非现金支付方面，针对部分老年人不会使用移动支付、日常消费不便的问题，中国人民银行指导市场机构从界面、操作等方面入手，切实提升支付产品的便利性、便捷化程度，加强对老年人移动支付的知识宣传、教育、普及推广。

在各项政策引导下，商业银行、支付机构等支付清算市场主体也积极探索优化适老服务，切实提升老年人等特殊群体的支付可得性和满意度。在工信部发布的《互联网应用适老化及无障碍改造专项行动方案》中，微信支付、支付宝、工商银行、农业银行、中国银行、建设银行、交通银行将作为首批金融服务类手机App率先进行系统性优化调整，推出具有大字体、大图标、高对比度文字等功能特点的产品，实现一键操作、文本输入提示等多种无障碍功能，不设广告插件、无诱导式按键等，并针对视力障碍、听力障碍、肢体障碍人士推出特殊功能，破除特殊群体"智能鸿沟"。以微信支付为例，微信支付的亲属卡功能让子女可以在微信上为老人消费代付，用户可通过在微信上给父母、子女等开通（赠送）亲属卡，实现对方消费时代付。亲属卡可用于大部分支持微信支付的消费场景，暂不支持转账、理财使用。另外，一键绑定功能使老年人在银行卡线下开户时，可一键绑定微信支付。对于特殊群体，微众银行利用数字化手段，通过手语视频和无障碍版本App，使听障、视障和有语言障碍人士无须他人帮助也可获得银行服务，持续扩大普惠金融覆盖群体。

三　支付科技创新重点：以移动支付在疫情期间发挥的重要作用为例

2020 年，新冠肺炎疫情一度给国内和世界经济按下了暂停键，国民经济运行受到巨大冲击，生产和消费无法正常进行，企业现金流短缺，家庭债务违约风险增加，失业率上升。疫情发生以来，为防范实体经济风险蔓延到金融系统，引发连锁反应，金融行业监管部门、市场主体积极落实党中央、国务院各项重大决策部署，主动作为，在抗击疫情助力经济复苏方面发挥了重要作用。中国人民银行、财政部、银保监会、证监会及外汇局联合发布 30 条指导意见，进一步加强金融工作对抗击疫情的支持。值得注意的是，以移动支付为代表的金融科技在本次疫情防控及应对中凸显出极大价值，成为支撑无接触、不特定服务连接的重要基础，帮助居民、企业、政府实现了常态化有效运转，较好地应对了突发的"压力测试"。以微信生态圈催生的"码上经济"为例，说明移动支付在疫情防控、支持复工复产等方面发挥的积极作用。

（一）助力居民抗疫，满足基本生活需求

本次疫情期间，政府和相关部门较早采取隔离措施，降低交叉感染风险，"居家抗疫"成为疫情下民众生活常态。移动支付以及围绕移动支付能力建立的生活服务圈在疫情期间起到了重要作用，保障了居民衣、食、住、行方面的基本生活需要，并在此基础上使得部分居民消费模式得以升级。

1. 移动支付工具为疫情期间无接触消费提供基础性支撑

世界卫生组织已经明确表示新型冠状病毒可能在物体表面存活几个小时到几天（具体取决于表面类型、环境温度和湿度），这意味着通过手手相传的现金、银行卡等具有实体介质的支付方式具有传播新冠肺炎病毒的可能性，无接触式支付无疑是疫情期间更为安全的支付方式。在疫情发生之前，移动支付已成为我国大多数民众的日常支付习惯，以线上远程支付、线下条

251

码支付为代表的移动支付普及率较高，因此新冠肺炎疫情并未对线上线下支付习惯造成过多困扰。从微信支付数据来看，2020年初，受疫情冲击，微信支付交易量有所下降，但4月下旬，基本恢复到2019年底水平。从消费金额上看，2020年"五一"小长假期间，微信支付线下消费总额较3月增长30%，并超过2019年12月的消费水平。由此可以看出，移动支付市场在疫情防控期间及经济有序恢复阶段显示出较为强大的韧性。

2. 移动支付生态圈进一步满足居民基本生活需求

以移动支付能力为基础，通过线上平台搭建的生活服务生态圈在疫情期间能够较好地满足居民日常生活基本需求。比如，在日常餐饮方面，疫情发生后，为了防止病毒传播，减少人员聚集，大量餐厅门店选择关闭，2020年3月16日，国家统计局数据显示，1~2月餐饮收入4194亿元，同比下降43.1%。在政府和专家"少出门"的号召下，微信小程序、微信群购买食品和外卖点餐成为民众生活采购的主要方式。截至2020年2月14日，小程序超市业态访问量同比增长115%，生鲜果蔬业态访问量同比增长168%，社区电商业态访问量同比增长83%。除了线上买菜，"扫码点餐"成为线下餐厅少接触的最佳解决方案。民众在餐饮商户小程序内选择门店、餐品和自提时间，或扫一扫店内的二维码、小程序码即可点餐。在公用事业缴费方面，移动支付能力确保人们在足不出户的条件下，能够实现水、电、煤气、宽带网络等及时供应。微信支付中的生活缴费模块打通与全国数千家电力、税务、燃气、供暖等机构的连接，支持用户微信缴费，为疫情中民众生活提供便利，民众不出门即可不断缴、不欠费。线上查缴办、生活缴费、客服体系线上化等"无接触"服务，为广大用户通信顺畅、业务办理提供了充分保障。

（二）助力企业数字化转型，创新服务模式

疫情严重时期，受影响最大的商业群体之一莫过于线下实体小微商户，它们是经济神经末梢，抗风险能力较差，虽然不少房东积极响应"减免租金，共克时艰"的号召，为其减轻了部分负担，但对于大多数小微商户来

说，持续经营仍显得举步维艰。通过腾讯研究院与微信支付联合调研数据发现，易线上化的、线上营收高的企业，抗疫情冲击能力相对强，预计营收情况乐观的相应也更多。因此，实体企业线上交易模式成为线下交易损失的有力补充，成为恢复经营和挽回损失的重要经营工具。

疫情期间，根据中国连锁经营协会对 71 家头部连锁餐饮集团企业的调研，50% 的企业在疫情期间有自己的外卖微信小程序。在零售业，2020 年春节期间，时尚零售企业实体门店约 70% 处于停业状态，传统线下百货零售企业借力"码上经济"的云平台，开展线上销售，实现了销量逆境突围，变"危"为"机"。微信数据显示，线上交易额占比在疫情最严重期间均有上升趋势。在疫情中，2020 年 1 月餐饮业线下交易额比 2019 年 12 月下降17.15%，而线上交易额增加 66.67%，线下有力补充线上。从线上交易额占比变化情况看，2020 年 1 月，餐饮业、零售业线上交易额占比分别为2019 年 12 月的 1.79 倍和 1.25 倍，展现了对线下交易的敏捷补位。而随着疫情蔓延，尽管线上线下交易额都有所下降，但 2020 年 2 月餐饮业的线上交易额占比达到 2019 年 12 月的 2.82 倍。在疫情中总体受损最大的旅游业与餐饮业，其线下转线上的需求最为显著。此外，从数据上看，零售业线上化在疫情得到控制之后仍有上扬的态势，2020 年 4 月，零售线上占比为2019 年 12 月的 1.12 倍（见图 10-2），表明疫情下基于线上零售的消费习惯有所延续，为零售企业的长期线上化营销带来新增长点。

从微信数字化服务平台的案例中可以看到零售业线上线下融合的发展模式日趋成熟，各类数字化工具助推企业特别是小微商户拓展客户流量、加速资金周转、提高客户留存度及利润率，在这样一个疫情带来的极端压力情景下，线上交易却显示出了较为强劲的韧性，印证了我国经济强大的内生动力和自我平衡能力。

个体商户与商家是国民经济的重要组成部分，长期以来，微信支付借助金融科技手段积极助力平台超 5000 万个体商户与商家数字化经营。截至2020 年 5 月 31 日，微信支付"小店"交易活跃度达到历史峰值，较 1 月疫情严重期间，全国小商家增长 2.36 倍，全国小商家交易笔数增长 5.1 倍。

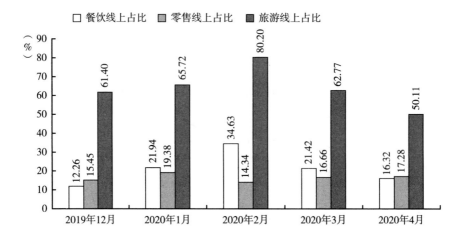

图 10 - 2　疫情期间不同行业线上交易额占比趋势

为进一步助力后疫情时代的小微商家走出困境，微信支付发布"全国小店烟火计划"，面向所有使用面对面收款的微信支付小商家提供支持，输出四大全新数字化政策。一是促进线下线上一体化，帮助商家低门槛打造数字化经营模式，即将发布"小程序店铺模板"，结合下单助手、朋友会员，让更多小微商家在后疫情时代快速实现线下线上生意一起做；二是提供福利补贴，持续优化小微商户智慧经营资源体系，升级经营保障能力；三是上线"经营指南"和"任务中心"，为商家提供丰富的经营及管理分享内容；四是提供物料营销支持，包括免费下载门店经营海报、智能播报音箱，帮助商家提升线下门店形象和推广能力。后疫情时代，大量小微商家通过微信社群、微信小程序、到家业务等数字化运营工具和解决方案，快速实现线下线上一体化经营，找到新的营收增长点，有力促进我国经济复苏。

四　前景展望与政策建议

以条码支付为代表的新兴支付应用在市场主体的持续探索中逐渐成熟，不仅保障了疫情等特殊时期各类"无接触"服务的供给，也在数字经济转型发展过程中凸显了巨大的潜力和价值。当前，在日益复杂的国际支付市场竞争格局下，我国支付服务机构需持续提升创新能力，保持产业整体竞争优势，这样才能在未来的全球支付产业链中发挥更加积极的作用。对于未来支付清算行业的整体发展，提出以下展望及建议。

（一）非银行支付领域将迎来法规制度"修订潮"

作为非银行支付领域最为重要的基础性法规，未来，随着《非银行支付机构条例》的出台实施，其对非银行支付业务类型的重构，将打破以支付介质或载体形态为划分标准的传统，体现出明显的功能监管原则。这种新的分类标准和监管模式将对企业合规经营提出新的要求，对行业发展和竞争格局产生重大影响。与此同时，以将要出台的《非银行支付机构条例》为基准，此前一系列调整非银行支付机构业务的规范性文件都将面临修订，包括《非银行支付机构网络支付业务管理办法》《支付机构预付卡业务管理办法》《条码支付业务规范（试行）》《银行卡收单业务管理办法》，后续也会有相应业务管理办法配套文件出台，支付机构将迎来全新监管框架下的不同类型合规要求，但客户管理、账户管理、备付金安全、反洗钱等监管"红线"仍为合规工作的重中之重。

（二）鼓励引导行业通过创新提高效益，提升支付风险技防能力

一是建议在整体监管导向上，兼顾防风险与促发展的双重政策目标，保持市场主体创新能力和意愿。在防范风险的同时，鼓励引导市场主体，特别是有资质、风险可控的企业，在支付创新研发和应用上持续探索和投入，通过创新提质增效、降低成本，保持行业整体创新活力。二是对部分领域监管措施进行适度调整，通过技术手段防范支付风险，减轻支付机构人力物力成本。比如，在商户巡检要求方面，疫情期间，监管部门明确提出支持银行、支付机构采用远程视频、电话等方式办理商户准入审核和日常巡检，通过交易监测强化风险防控，在此基础上可进一步探索特约商户、外包服务机构远程管理的常态化机制，为机构降低成本的同时提升管理效能。三是鼓励传统金融机构和支付机构加强合作，扩大金融科技在风险防范领域的应用。为缓

解疫情的冲击和影响，国家针对受疫情影响的企业和个人推出的优惠贷款、信用卡或贷款还款延期甚至核销等政策福利，或将面临黑产、"羊毛党"的冲击，需要运用技术手段加以区分和防范，通过精准识别受困企业和个人情况，防范"骗贷"或套利风险，保障各项金融优惠政策落到实处。

（三）完善"反赌反诈"领域法律规范，强化支付服务主体相应工作标准

在打击跨境赌博和电信网络诈骗工作中，一方面，建议完善法律规范，为支付机构处置违规账户及采取延迟结算等风控措施提供法律支持，降低支付机构的客户投诉压力。因支付机构为商业机构，在处理违规账户及采取风控措施时，存在部分用户无理申诉、诉讼行为，支付机构面临很多客诉及法律风险，建议建立账户处置冻结的具体规范和解脱机制，为支付机构提供法律支持，以便支付机构更加有效地引导和化解矛盾。另一方面，建议调整支付机构评级指标，通过正向引导和反向规范，强化支付机构反诈反赌工作标准。建议将反诈反赌工作取得的成效列入支付机构评级加分项中，增加设立打击网络诈骗、跨境赌博、非法结算等违法账户数量加分项，加强打击违法违规账户的正向引导。同时，建议修改按照涉案商户或账户绝对数量进行扣分的标准，设置为按照涉案商户或账户数量与支付机构整体商户或账户总量比例的评价标准，提高评级规范的区分度。

（四）支付科技产业创新前景展望

从长远来看，手机设备未必是人类经济和社会演进过程中的终极载体，同样，现阶段的移动支付工具也未必是支付体系发展的最终形态，未来可能出现形态截然不同的支付方式。未来的支付科技创新之路不限于支付工具的创新，而是全流程、立体化的创新过程，这个创新链条上包括支付工具、支付流程、支付基础设施、组织机制、技术标准等维度，其离不开日益演进的技术创新，也依靠我们相关法制和监管体系提供稳定的制度基础，以及行业主体持续发挥创新活力。

对于市场主体而言，新冠肺炎疫情凸显出金融服务线上化、远程化、数字化的重要性，而支付与科技的持续深度融合仍然是未来行业的主旋律，也必将成为数字经济平稳运行的基石。未来在常态化疫情防控的大背景下，我们认为未来支付领域及金融行业数字化或将有以下几个发展趋势。一是线下"无接触式"服务或将从餐饮、零售、票务、出行等高频服务行业，延展到医疗、税务、社保、户政、公安、海关等场景，在涉及产生支付交易的活动中，移动支付的地位和价值将得到持续巩固，并以移动支付为基础支撑更广泛的消费和服务需求。二是 ToB 类金融服务智能化水平将有巨大的提升改善空间。目前，我国金融科技在金融服务的应用主要集中于信贷风控、C 端获客、支付转账等领域，而在 ToB 服务等方面尚有欠缺，疫情期间部分金融机构暴露出在远程双录、风险管理、尽职调查、智能客服等方面技术能力的不足，相关金融服务无法完全依托智能化、远程化的方式完成，对金融机构和服务对象都造成了困扰。对于 ToB 服务的相应技术，例如生物识别、多因子身份验证、机器人流程自动化、区块链等技术已经在金融领域有了一定的运用；对于支付行业主体而言，应思考如何积极借助智能化、远程化渠道，覆盖更广泛的服务群体，提供更为多元化、差异化的服务。三是在支付科技创新过程中也需要关注由此带来的"数字鸿沟"问题。疫情给金融数字化发展带来新机遇，但各类非接触、远程金融服务的普及也可能造成"数字鸿沟"问题加剧。为此还需要以"新基建"为契机，全力建设均等化新型基础设施体系，坚持金融供给侧改革，加强金融机构与科技企业之间的合作，通过安全多方计算、联邦学习的方式更好地解决数据共享难点，推动支付科技纵深发展，增强数字普惠金融服务可得性，让所有人都能享受到支付科技所带来的福利。

参考文献

范一飞：《加快支付产业数字化　推动支付产业高质量发展——范一飞副行长在第 9 届中国支付清算论坛上的讲话》，中国支付清算协会微信公众号，https：// mp. weixin. qq. com/

s/_ 3m4qxgGE4Kt9IXsvpF1Aw，2020。

范一飞：《中国人民银行副行长范一飞在 2020 金融街论坛暨成方金融科技论坛上的讲话》，中国人民银行网站，http：//www. pbc. gov. cn/goutongjiaoliu/113456/113469/4113712/index. html，2020。

公安部：《关于新冠肺炎疫情期间依法严厉打击跨境赌博和电信网络诈骗犯罪的通告》，中国人民政府网站，http：//www. gov. cn/zhengce/zhengceku/2020 - 04/22/content_5505123. htm，2020。

李国辉：《逾万亿元备付金迎来新管理规章，支付机构也收到备付金利息了》，中国金融新闻网，https：//www. financialnews. com. cn/kj/pay/202004/t20200403 _ 187485. html，2020。

林海峰：《金融科技的"战疫应考"与发展启示》，《清华金融评论》2020 年第 6 期。

蒲海涛：《从"固态"到"气态"，金融智能化的路径选择和政策建议》，《北大金融评论》2020 年第 2 期。

蒲海涛：《以科技破解普惠金融"不可能三角"》，《中国金融》2020 年第 1 期。

腾讯金融研究院、西南财经大学数字经济研究中心：《"新"金融"兴"经济：金融科技助力实体经济发展报告》，2020。

网联清算有限公司：《网联多措并举优化支付服务 全面支持社会复工复产》，网联清算有限公司微信公众号，https：//mp. weixin. qq. com/s/DY9rFVcyVlh8Pun9eE46wA，2020。

微信、清华大学中国经济社会数据研究中心、腾讯社会研究中心：《2020 码上经济"战疫"报告》，https：//pdf. dfcfw. com/pdf/H3 _ AP202005251380181064 _ 1. pdf?1590412257000. pdf，2020。

温信祥：《我国现代支付体系的建设与发展》，《当代金融家》2020 年第 4 期。

温信祥：《消除数字鸿沟 释放数字红利 实现支付普惠发展——温信祥司长在第 9 届中国支付清算论坛上的讲话》，中国支付清算协会微信公众号，https：//mp. weixin. qq. com/s/twITI0zK8mteEtuip_ nAAQ，2020。

温信祥：《支付科技的未来》，财新网，https：//opinion. caixin. com/2019 - 10 - 25/101475262. html，2019。

易纲：《用好金融支持政策 推动疫情防控和经济社会发展》，《中国金融家》2020 年第 5 期。

中国人民银行：《金融系统全力支持抗击疫情和恢复生产新闻发布会实录》，中国人民银行网站，http：//www. pbc. gov. cn/goutongjiaoliu/113456/113469/3971630/index. html，2020。

中国人民银行：《数字普惠金融的道路上"一个都不落下"》，中国人民银行微信公众号，https：//mp. weixin. qq. com/s? _ _ biz = MzkONDAwMDExMA = = &mid = 2247496789&idx = 1&sn = 573275bddab4b73e2c0f2ed9bd159a84&chksm = c329e954f45e604235f2e89bab038bd95ae2a9017509dccfe3653db62634386c11d71d4f683d&scene =0&xtrack =1，2020。

中国人民银行等：《关于进一步强化金融支持防控新型冠状病毒感染肺炎疫情的通知》，中国人民银行网站，http：//www. pbc. gov. cn/goutongjiaoliu/113456/113469/3965911/index. html，2020。

中国人民银行：《盘点央行的 2020｜③防范化解金融风险》，中国金融新闻网，https：//www. financialnews. com. cn/jg/dt/202101/t20210107_ 209274. html，2021。

中国银联：《聚爱驰援　畅通支付　中国银联多措并举全力践行金融战"疫"》，中国银联微信公众号，https：//mp. weixin. qq. com/s/XeopqWy8PW － lA03PstO3eA，2020。

中国支付清算协会：《2020 年移动支付用户问卷调查报告》，中国支付清算协会微信公众号，https：//mp. weixin. qq. com/s/62geqUIV8O9ZBLjvaWwbXw，2021。

中国支付清算协会：《收单外包服务机构备案系统——备案信息综合查询》，https：//rose. pcac. org. cn/platform/publicInfo/recordPublic。

第十一章 数字货币的创新与发展

周莉萍 许 蕴*

摘 要： 全球数字货币市场已初步形成，私人数字货币、稳定币和央
行数字货币齐头并进。以比特币为代表的全球加密货币价格
暴涨，源自其自身具有"通货紧缩"性质的初始设计机制、
市场囤积、国际大型公司助推等多重因素。全球稳定币的发
展和监管同步进行，其在2020年也出现了快速膨胀式发展，
交易较为活跃，但市场应用场景依然有限，大多数稳定币暂
时被置于各国现有金融监管框架内。全球央行数字货币继续
快速发展，大多数国家依然持谨慎态度，新冠肺炎疫情推动
非现金支付发展，进而逐步转变了部分国家和地区对央行数
字货币的态度。

关键词： 数字货币 稳定币 加密货币

近年来，全球加密货币、全球稳定币和央行数字货币的发展均在提速，
全球数字经济的"货币竞争"格局基本形成。在目前技术和制度框架下，
三者的货币属性依次由弱至强。2020年以来，以比特币为代表的全球加密
货币价格暴涨，主要原因来自其自身具有"通货紧缩"性质的设计机制和
国际大型公司助推等因素，暴涨突显了其投机性质，体现了其作为投机性金

---

* 周莉萍，中国社会科学院金融研究所副研究员，研究方向为支付清算、货币理论与政策、金
融市场；许蕴，中国社会科学院大学硕士研究生，研究方向为金融学。

融资产的属性，也使其不断远离货币基本职能，"货币"属性渐行渐远。汲取了加密货币技术优势并不断优化的全球稳定币，在 2020 年也出现了快速膨胀式发展，交易较为活跃，但市场应用场景依然有限。与此同时，主要国家和地区都在研究对稳定币的监管，在缺少针对性监管机制的情况下，稳定币被纳入现有监管体制，包括其必须遵守反洗钱和反恐怖融资、市场一体化、消费者权利保护的相关规定等。作为法定货币的数字载体，央行数字货币在过去一年也有明显的进展，86% 的国家进行了央行数字货币的探索工作，60% 的中央银行处于概念验证和试验阶段，14% 的国家开始了开发和试点工作。且发展中国家对发行央行数字货币有更为强烈的兴趣和发展动机，大多数国家针对央行数字货币采取了相对谨慎的态度。

一　私人数字货币发展概况

CoinMarketCap 数据显示，2020 年初，全球加密货币总市值约合人民币 12515.94 亿元，其中比特币占比 68.25%，市值约为 8542.13 亿元；以太坊占比 7.43%，市值约为 929.93 亿元；其他市值排名靠前的加密货币市场占比大致如下：瑞波币（XRP）占比 4.33%、泰达币（Tether）占比 2.14%、莱特币（Litecoin）占比 1.39%、比特币现金（Bitcoin Cash）占比 1.12%、艾达币（Cardano）占比 0.45% 等。截至 2020 年 12 月 31 日，全球加密货币总市值约合人民币 49309.49 亿元，较年初上涨约 293.97%，其中比特币占比 70.54%，市值约为 34782.91 亿元，较年初上涨约 307.19%；以太坊占比 11.07%，市值约为 5458.56 亿元，较年初上涨约 486.99%；其他市值排名靠前的加密货币市场占比情况如下：泰达币（Tether）占比 2.76%、瑞波币（XRP）占比 1.29%、莱特币（Litecoin）占比 1.09%、艾达币（Cardano）占比 0.73%、比特币现金（Bitcoin Cash）占比 0.71% 等。具体的，图 11-1 显示了 2013 年 7 月 1 日至 2020 年 11 月 1 日，主要加密货币的市场占比情况。

2020 年末，比特币单价约为 188418.37 元，单价上涨超过 3 倍。2021

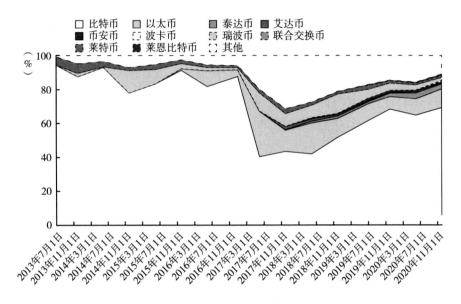

图 11 – 1　主要加密货币占总市值比例

资料来源：https://coinmarketcap.com/。

年初，比特币价格继续上涨，并于 2 月 21 日收盘价达到峰值 373825.51 亿元，较 2020 年末价格几乎翻倍。比特币价格上涨的原因有多种，主要在于生产成本的不断提高、比特币减半造成的总量限制和供应压缩以及不断攀升的投机需求。总之，价格暴涨与比特币数量固定、具有"通货紧缩"性质的初始设计机制高度相关。只要投机需求存在，比特币价格长期仍然是看涨。当然，这一轮上涨还有一个重要的推动因素，即国际巨头公司对比特币的兴趣不断提高：2020 年 8 月至 9 月，MicroStrategy 投资比特币约 4.25 亿美元；10 月，Square 投资比特币 5000 万美元。投资银行、对冲基金、资产管理公司等各类金融机构对比特币的投入，国际支付巨头 PayPal 宣布将在其平台上推出加密货币交易功能，都对比特币行情的一路看涨起到了推动作用。无论是理性还是非理性选择，比特币信仰者在不断增加。加上市场加大囤积规模、交易所供应减少及交易量激增，共同促成了 2020 年比特币价格和总市值的膨胀。

如此暴涨（见图 11 – 2），是否增加了比特币等私人货币的货币属性？

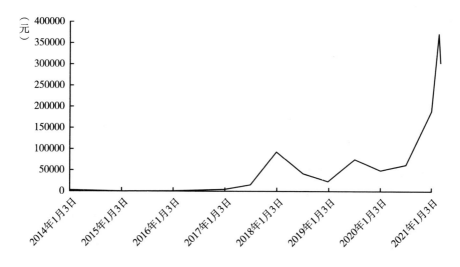

图 11 – 2 2014～2021 年比特币价格走势

资料来源：https：//coinmarketcap.com/。

答案是"否"。在中本聪的初始设计中，比特币是一种点对点的电子现金系统，是对传统的面对面现金支付的替代。然而在其发展的过程中，不同种类的问题和考虑不断显现，打破了其最初的设想。

从货币属性角度来看，比特币的缺陷主要体现在以下几个方面。在其本身作为加密货币的设计特征和特性方面，首先，比特币需要耗费巨大的电力，这意味着巨额的成本和资源消耗。2018 年，比特币挖矿耗费的电力大约相当于一个中等体量国家一年消耗的电力。将比特币作为一种货币需要考量这一成本和其可能存在的优势。其次，比特币等加密货币欠缺作为支付工具的能力。由于其分布式记账的特点，如果将几个主要国家的电子化零售交易转化为数字货币交易，交易账本的规模可能在几天之内超出一部智能手机的存储能力、并在数周内超过一台个人电脑的存储能力。一旦将比特币等加密货币作为通行的电子货币，只有超级计算机的处理能力才能满足不断产生的交易确认需求。大量用户参与数字货币交易时，还可能造成网络崩溃。比特币的可扩展性问题也是阻碍其作为支付工具的一个方面。由于对交易数量的限制，一旦交易需求达到上限，就会造成拥堵以及交易费用的激增，这也显示了比特币等数字货币不同于传统支付工具的特点。一般来说，对于传统支付工具，用户数量越大，效率越高，成本越小，用户使用该支付手段的动机也越强。

除了作为数字货币本身的特性，比特币等私人数字货币也由于其"私人"属性难以获得用户信任而无法成为成熟的支付工具和货币。一方面，加密货币试图通过协议预先设定供应量来获得公众信任，这使得它不可能如同现行的货币体制一般通过调整货币供应量来应对货币需求的涨落。因此，比特币需求的升降都反映在价格上，造成了比特币价格的极大波动性。另一方面，"私人"与"国家"相对，中央银行可以通过扩张或收缩资产负债表来调节货币市场、稳定货币价值，而去中心化的分布式网络却使得私人数字货币处于"无人负责"的状态，而不再作为一种"公共物品"，因而从根本上无法获取用户信任。

综上，不论是从其设计特征方面，或是其"私人"属性方面，比特币等私人数字货币均缺乏履行交易媒介等货币基本职能的能力。2020年，全球加密货币总市值、比特币市值、比特币单价上涨幅度均达到约3倍，这更加显示出其投机属性，其与货币作为支付工具、价值存储手段、价值尺度的职能在不断背离。虽然如此，私人数字货币的发展仍然带来诸多好处，在成为投机工具的同时，也将区块链、分布式账本技术等概念带到大众面前，推动金融科技的创新和发展，也为支付工具创新和效率的提高、跨境支付、普惠金融的发展提供了更多的可能性。

二　稳定币的发展与监管

稳定币的相继出现是在原有的加密货币几次泡沫破裂的基础上，是为了解决传统加密货币价值高度不稳定问题的一种尝试。稳定币没有明确的概念界定或法律含义，也不一定"稳定"，只是一个约定俗成的称呼。在国际清算银行的工作报告中，稳定币被定义为"一种价值与法定货币或其他资产挂钩的数字货币"。金融稳定委员会（Financial Stability Board，FSB）相关工作报告认为，稳定币是为了维持稳定价值而与特定资产、资产池或一篮子资产关联的加密资产。2019 年，Facebook 发布《Libra 白皮书》，将美元、英镑、欧元和日元四种法币计价的一篮子低波动性资产作为抵押物，以追求实际购买力的相对稳定。"全球稳定币"（Global Stablecoins，GSCs）的概念出现在大众视野，被界定为在多个司法辖区可得且可用的稳定币。全球稳定币可能的广阔应用空间包括跨境支付等，同时其可能达到的巨大体量，使其可能成为某个国家或地区范围内乃至跨越国界的具有系统重要性的加密货币，因此可能威胁金融稳定。

从不同的稳定机制安排方面，可以将稳定币分为几种类型：资产连接型（Asset-linked）、基于算法型（Algorithm-based）以及混合型。资产连接型稳定币将稳定币与实物资产、金融资产、加密资产等联系起来，以维持价值的相对稳定。资产连接型稳定币包括基于货币、基于金融工具、基于商品以及基于加密资产等的细分类别。基于算法型稳定币通过协议对稳定币需求的涨落做出反应，相应地调整稳定币的供应量。基于算法型稳定币试图解决传统的数字货币由于无法调整供应量而使得价格随市场需求涨落而波动的情形，通过算法机制相应地增加或减少供应，以稳定加密资产的价值。稳定机制安排是区分稳定币与传统的加密货币的特点。而一般稳定币与全球稳定币的区别则主要在于全球稳定币一般不局限于在一国之内交易，而是跨越多个司法区域，因此可能有更大的用户基础、交易量以及更多的应用场景。全球稳定币的独特性也使得其可能带来跨区域的金融风险，对其监管也有更高的要求，需要全球货币当局和监管当局的配合与协作。

MESSARI 数据显示，2020 年初，主要稳定币的市值如下：Tether 为 47.71 亿美元，TrueUSD 为 1.54 亿美元，Paxos 为 2.24 亿美元，USD Coin 为 5.18 亿美元，DAI 为 0.42 亿美元，Synthetix NUSD 为 0.11 亿美元，Gemini 为 0.03 亿美元，主要稳定币总市值约为 57.23 亿美元。2020 年末，主要稳定币的市值分别为 Tether 214.8 亿美元、TrueUSD 2.75 亿美元、Paxos 2.45 亿美元、USD Coin 38.9 亿美元、DAI 11.62 亿美元、Synthetix NUSD 0.23 亿美元、Gemini 0.16 亿美元、Reserve Rights 1.87 亿美元、

Steem Dollars 0.16 亿美元，主要稳定币总市值合计 272.94 亿美元，较年初上涨 376.92%，波动幅度巨大。

目前，稳定币的市值和交易规模仍然较小，应用场景有限。而在未来，稳定币可能作为一种支付工具与价值储存手段，将拥有更大的用户基础、交易规模，能够在更多的国家和地区进行交易。届时，稳定币尤其是全球稳定币，可能成为全球金融风险的来源。尤其是稳定币不同于其他加密货币，与储备资产相勾连，这些储备资产大多可能是法定货币及其他金融资产，由此加深了与金融市场的交易，也加剧了对金融市场稳定的威胁。

具体而言，稳定币的风险传导机制主要包括以下几个方面。①稳定币作为支付工具，一旦出现操作异常和中断，将影响汇款与其他支付清算方式的实现，可能将风险迅速传导至整个金融系统乃至实体经济，造成巨大的影响。因此，为了降低这方面的风险，需要为稳定币建立更稳健的金融基础设施和支持体系，不断测试大体量交易及金融环境恶化可能造成的支付崩溃风险。②将稳定币作为价值储存手段，还可能引发财富效应相关影响。稳定币价值的轻微涨跌可能造成用户财富的大额波动，从而影响用户的消费和投资决策，进而对实体经济造成影响。在缺乏硬通货的发展中国家和新兴经济体，稳定币有更大的发展空间，可能成为主流的价值储存手段，从而可能对这些国家的金融体系和实体经济造成更大的影响。③稳定币的机制安排与实际运营需要各种不同的金融机构参与。由于稳定币的特殊属性，即与特定资产、资产池、一篮子资产相连接，稳定币还可能需要金融机构参与这些储备资产的托管，例如做市商、电子钱包供应商等。金融机构的深度参与提高了其风险暴露程度。各方面的风险如市场风险、信用风险和操作风险堆积，可能由金融机构的个体风险迅速传染和传导，引发系统性风险。④全球稳定币可能的大规模使用还会加快和提高市场信心的传导速度和广度。稳定币作为支付工具和价值储存手段的职能越强大，用户基础越广泛，市场信心传导的速度也越快。传导方向包括两方面。首先是从金融机构传导到稳定币，对于参与稳定币机制安排的金融机构，如做市商和托管机构，一旦金融体系处于委顿的情况，则可能影响市场对稳定币的信心，加大风险积累。其次是相反的方向，即从稳定币传导到金融机构。稳定币机制安排的任何可能崩溃风险都会传导至相互联系的金融机构，导致这些金融机构的市场信心下挫。此外，以上四种风险传导机制还可能互相影响。譬如，支付中断可能造成市场信心不足，用户纷纷卖出稳定币，稳定币价值收缩，又通过财富效应对实体经济和金融体系产生影响。总之，稳定币的各项职能越强大，与金融机构的联系越深，对金融体系产生的影响将越深远，甚至造成系统性金融危机。因此，在其得到广泛应用前，加速对稳定币尤其是全球稳定币的监管安排，具有必要性和重要性。

FSB 对 51 个国家的调查显示，大多数被调查国家没有在其国内发行的稳定币，稳定币在 31 个国家可以获得和交易，这些稳定币大多数是跨国界的。绝大多数的国家和地区也没有针对加密货币或稳定币的监督管理机制，与稳定币相关的活动大多数目前是被置于其现有的金融监管体制下。总体而言，对于与稳定币相关的各项功能和活动，许多发达国家现有的金融监管体制基本能涵盖全部或者部分，而一些发展中经济体和新兴经济体则可能欠缺对其的监管。受到监管最多的稳定币相关活动内容包括发行和赎回稳定币、管理储备资产、托管储备资产、交易稳定币、保存稳定币私钥等。大多数现有的监管措施履行了对于稳定币的监管责任，包括反洗钱和反恐怖融资、市场一体化、消费者权利保护的相关规定等。2020 年，FSB 提出了 10 条针对全球稳定币的监管建议，强调各国应建立针对 GSCs 的合适的监管工具，部署综合管理措施、风险控制框架、数据系统、恢复方案等，并加强国际协作，为跨境监管提供可能。金融科技的发展如 DLT 技术的出现也推动了全球稳定币监管体系的进步。另一种思路是"嵌入监管"，即通过读取采用 DLT 技术的加密货币市场的账本而实现自动监管。相关的监管要求被植入技术系统，监管者可以获得更高质量的监管数据，加密货币运营方也可以免去主动收集、确认并向监管当局报送数据的程序。目前，已有一些国家和地区实行了或正在计划推出这一自动报告机制。

案例1　Facebook 的 Libra2.0 项目

2019 年 6 月 18 日，Facebook 发布《Libra 白皮书》，其最初的构想是发行 Libra 作为一种基于一篮子货币（美元、欧元、英镑、日元等）的合成货币单位。这一构想一经提出就遇到了监管层的强烈反应和质疑。美国参议院银行、住房和城市事务委员会和美国众议院于 2019 年 7 月 16～17 日就 Libra 加密货币举行听证会，对 Facebook 持不信任态度，认为 Libra 一旦推出，会严重威胁个人隐私和财产安全，影响金融系统稳定。欧洲央行，澳大利亚、日本、韩国、印度等国家和地区的监管当局也纷纷表示对 Libra 可能引发的问题表示担忧。2019 年 10 月，七国集团（G7）稳定币工作小组发布《全球稳定币影响力调研报告》。2020 年 3 月，国际证监会组织（IOSCO）发布《全球稳定币计划》。金融稳定委员会（FSB）、反洗钱金融行动特别工作组（FATF）、支付与市场基础设施委员会（CPMI）、国际证监会组织（IOSCO）等国际利益相关方通过讨论与研究，于 2020 年 10 月发布最终的监管报告，对全球稳定币提出 10 项高级别监管建议，敦促各国加快针对性监管条例的出台、加强国际协作。

各国监管当局及各大国际组织对 Libra 项目的担忧主要有以下几点。首先，Libra 项目提出要发行一种基于一篮子货币的合成货币单位，对各国的主权货币地位构成了挑战。Libra 旨在构建一个可以由全球各国广泛使用的超主权货币，类似于特别提款权（SDR），希望参与现有的主权货币竞争，履行记账单位、流通手段、价值储存手段等全部货币职能，对跨境支付效率的提高、普惠金融的发展提出了强有力的解决措施。Libra 的这一构想实际上展示了对于主权货币替代的野心，在没有完善货币体系的小国家，尤其可能对其本国货币造成实质性的挤压，或升级至货币替代。其次，Libra 锚定一篮子货币，但这并不代表其价值稳定，也没有合理的框架和机制保证其价值的稳定性。相反，一旦 Libra 在各国得到广泛的应用，获得巨大的用户基础，可能对各国货币体系、货币政策造成巨大的冲击，从而影响各国金融稳定。Libra 计划最初使用许可的公有链，并逐渐向非许可公有链过渡。这一计划是为了更大程度地降低各方进入的难度，扩大网络效应，更大程度、更迅速地拓展用户基础。而用户基础的不断扩大以及各类金融机构、各类服务提供商的进入也使得 Libra 与货币体系、金融体系乃至整个实体经济的联系增加，一旦某个环节出现问题，将可能通过各方之间的传导，最终酿成系统性金融危机。最后，Libra 项目背后的 Facebook 是否值得信任，也是一个重要问题。Facebook 拥有超过 25 亿用户，这也使得 Libra 一旦推出，可能在较短的时间内获取用户信任并构成对现有主权货币的挑战。由于用户在 Facebook 发布日常，Facebook 能够获取更多的用户信息，在 KYC 政策方面有更多的优势，但这也带来了对个人隐私和数据的侵犯和保护问题。货币本身是政府提供的一项公共物品，大多数国家中央银行的主要目标在于维护对内和对外币值的稳定。而 Facebook 作为一家私人公司，并不具备维护币值以及货币和金融体系稳定的动机和能力，缺少落实反洗钱、反恐怖融资政策的动力，在金融基础设施建设方面也欠缺相应的能力。

为了应对各国监管当局的质疑和批评，Facebook 开始从"超主权货币"的构想向构建一套可靠、可互操作的"全球支付系统"过渡，从履行完整职能的货币向支付基础设施过渡，并强调希望 Libra 网络能够补充法定货币，而不是与之竞争。2020 年 4 月 16 日，Libra 协会发布了《Libra2.0 白皮书》，从挑战现有体系转变为强调合规性以获得监管当局的批准。为解决值得特别关注的监管问题，Libra 白皮书主要针对四个方面提出了更改。①除了关联一篮子货币的全球稳定币，还将推出挂钩美元、英镑、欧元、新加坡元的单一货币稳定币。每一种单一货币稳定币都将有充分及稳定的储备金支持，储备金的 80% 将投资于主权国家发行的三个月内到期的低违约风险、高流动性的短期证券，其他部分将以现金及货币市场基金形式持有。②通过稳健的合规性框架提高 Libra 支付系统的安全性。Libra 协会通过与各国监管机构的交流讨论，将针对合法合规性和全面风险管理建立合理的框架，在反洗钱、反恐怖融资及防范其他非法活动方面制定相应的对策、履行应尽的责任，以提升个人和企业对 Libra 支付系统的稳健性、安全性方面的信心。③在保留 Libra 主要经济特征的同时，放弃未来向无许可 DLT 技术过渡的计划。通过建立一个开放、透明、充分竞争的稳定币服务系统和管理市场，既能模拟无许可 DLT 技术关键的经济特征，又能由运营商决定谁可以接入网络，兼具许可型 DLT 技术本身强大的尽职调查功能，防范未知参与者控制系统以及删除关键合规条款的风险。④优化 Libra 储备的设计，完善储备的管理。Libra 协会与各地监管当局研究讨论了如何应对金融市场和支付体系的极端情况、Libra 储备金如何在压力较大的情况下充分发挥缓冲作用以及极端情形下对稳定币持有者的索赔和保护措施。在储备金的设计和结构方面，Libra 储备将持有低违约风险、短期限、高流动性的优质资产，同时维持充足的缓冲资本。

自 2019 年 Libra 计划宣布后，Libra 协会与世界各地的监管机构、央行行长、各利益相关方进行了深入的讨论，试图探索将区块链技术与目前的监管框架结合起来的最佳方式。此外，Libra 协会还参加了七国集团（G7）关于《稳定币报告》的对话，并与国际利益攸关方（例如金融稳定委员会、世界银行、国际货币基金组织、国际清算银行、美洲开发银行、世界经济论坛）进行了建设性对话。从最初企图建立全球通行的加密货币，到承认"降低进入现代金融体系的壁垒，不应降低强大的监管标准的门槛"，协会对 Libra 可能履行的职能设计不断收缩，体现了对于监管当局的妥协和尽快推出 Libra 的希望。Libra 网络向瑞士金融市场监管局（FINMA）提出了申请支付系统许可证，申请结果仍未确定。2020 年 12 月，Libra 更名为 Diem，旨在弱化与 Facebook 的联系，期望通过强调项目的独立性重新获得监管部门的批准。Facebook 计划最早在 2021 年 1 月以有限形式发行加密货币 Libra（Diem），Libra（Diem）何时推出，目前仍不确定。

三 全球央行数字货币最新进展

随着私人数字货币的出现和发展，各国央行越来越重视中央银行数字货币（CBDC）的研究。2020 年以来，各国相继加速展开央行数字货币相关研究、开发、试点工作。一方面，央行数字货币具有其他私人数字货币平台难以比拟的优势，通过国家信用背书，其发行后可以拥有更加广泛的用户群体，对于提高支付效率和安全性起到更大的作用。另一方面，面对私营数字货币和支付平台的兴起，以及大互联网公司不断在数字创新、金融科技方面加大投资和研究力度（如 Facebook 推出虚拟加密货币 Libra），各国央行对于数字货币进行研究具有必要性。尽管大多数央行没有在短期内推出央行数字货币的计划，但是相关研究可以帮助央行深入了解数字货币，研究其对支付效率、金融稳定和货币政策可能造成的影响，从而可以优化对于私营支付结算平台的调控管理，也便于其在合适的时机推出央行数字货币，防止出现私人垄断局面。除了数字创新步伐的加快与私人数字货币的出现之外，各国进行央行数字货币研究的另一个推动因素来自实体经济，即现金使用比例的持续下降。在很多国家，出现了现金逐渐退出日常交易的现象。与现金的退出相对应的是电子账户系统的普及，一方面带来了便利性和快捷性，另一方面可能由于电子账户系统崩溃而加剧支付清算的风险。适时推出央行数字货币作为现有支付清算系统的补充，可以在一定程度上提高支付效率和安全性，保障支付清算的顺利进行，保护用户的隐私和安全。另外，央行数字货币的推出也是响应各国普惠金融政策号召之举，针对欠发达地区的金融排斥现象，央行数字货币给出了一个使这些地区的居民获得金融服务的可能方案。

　　一方面，央行数字货币的推出具有紧迫性，也可能在支付清算效率和普惠金融发展方面具有优势；另一方面，央行数字货币对银行类金融机构以及金融稳定的影响仍不明晰。各国对央行数字货币展开研究，试图权衡其推出的必要性和可能带来的风险。央行数字货币可能导致银行"存款搬家"，资金由商业银行转移到中央银行，出现"狭义银行"效应，银行存贷款收缩，融资方式转变、成本升高，导致利润率下降。在金融危机爆发时，央行数字货币作为安全的流动性资产，更有可能吸收银行存款，造成"数字化银行挤兑"。即使是在经济正常时期，也可能由于"自我实现"机制出现银行挤兑和存款收缩。合理的 CBDC 计息设计可能解决这一问题：投资摩擦较小时，可以为 CBDC 设计一个相对较高的利率，提高其使用的广泛性；在摩擦较大的情况下，央行则应该设置较低的 CBDC 利率，甚至是负利率，以帮助银行减小摩擦。也有学者认为，CBDC 并不一定会造成金融脱媒，相反，在银行拥有定价能力的不完全竞争市场中，计息的 CBDC 会为存款利率设定一个下限，降低银行市场影响力，提高银行融资市场的竞争性，从而创造更多的存款、压低贷款利率、扩大银行的资产负债表。由于支付效率提高、交易费用减少，资本配置更加合理，实体经济也会得到更多的发展机会，因此一些学者强调应该考虑推出 CBDC 带来的潜在经济效益，而不是局限于银行融资方式转变等方面。银行领域国内学者姚前（2019）在 DSGE 模型中纳入利率走廊机制，研究结果显示，发行央行数字货币对我国银行系统和金融结构的冲击可控，长期来看有助于提高经济产出，可以通过设置和调整银行存款与央行数字货币之间的转换费用来避免"狭义银行"效应的出现。

国际清算银行从 2018 年开始对各国中央银行对法定数字货币的探索情况展开调查并定期发布年度调查报告，并于 2021 年 1 月发布了第三份调查报告。最新报告显示，各个国家和地区在央行数字货币发展的进程中处于不同的阶段，目前尚未有国家正式发行 CBDC，世界主要国家的中央银行对于 CBDC 的探索主要分为以下 5 个阶段。①研究（Research）阶段，即建立项目探索央行数字货币的应用范围、影响和可行性。②开发（Development）阶段，即在受控环境中开启对于央行数字货币的技术构建和早期测试。③试点（Pilot）阶段，即在参与者人数有限的实际环境中启动央行数字货币的小规模测试。④不活跃（Inactive）阶段，即未进行任何针对央行数字货币的探索工作。⑤已取消（Cancelled）阶段，即已取消央行数字货币相关研究和探索项目。

2019 年下半年，国际清算银行对全球 66 个国家和地区（包括 21 个发达经济体、45 个新兴经济体，覆盖全球 75% 的人口和 90% 的经济产出）的中央银行进行调研，结果显示：约有 80% 的中央银行正在进行 CBDC 的相关研究或实践工作；近半数中央银行同时聚焦于通用型和批发型 CBDC；约 40% 的中央银行已经从概念研究阶段进展到试验阶段；约 10% 的中央银行（包括巴哈马、巴西、加拿大、中国、厄瓜多尔、瑞典、乌拉圭等国家和地区的央行）开始了试点项目（Codruta et al.，2020）。总体而言，相较于 2018 年 BIS 的调查结果（2018 年约有 70% 的中央银行正在进行 CBDC 相关工作），全球央行开展 CBDC 研究的广度和深度有明显提升。

从 2017 年到 2020 年，参与调查的国家和地区中进行央行数字货币相关探索的百分比从 65% 上升至 86%，上涨约 20 个百分点（见图 11 –3）。未进行任何央行数字货币相关探索的主要是小型经济体，而移动电话使用率高、创新能力强的国家更倾向于开展 CBDC 相关的研究和试点工作。2020 年，65 个国家和地区的中央银行参与了国际清算银行对于央行数字货币开展情况的调查，这些国家和地区涵盖了 72% 的世界人口和 91% 的世界经济产出，其中包括 21 个发达经济体与 44 个发展中和新兴经济体。86% 的国家和地区进行了央行数字货币的探索工作，60% 的中央银行处于概念验证和试验阶段，14% 的国家和地区开始了开发和试点工作。厄瓜多尔、乌克兰、乌拉圭等国家早前完成了央行数字货币的试点工作，而巴哈马、柬埔寨、中国、东加勒比货币联盟、韩国等国家和地区的 CBDC 试点工作仍在进行中。仍有 60% 的中央银行表示在近期不会发行任何种类的央行数字货币，而有代表世界大约 1/5 人口的中央银行表示可能在三年内发行 CBDC，约有 21% 的中央银行考虑发行央行数字货币。从目前情况来看，相较于发达经济体，发展中国家对发行央行数字货币有更强烈的兴趣和动机。原因是发展中国家的金融体系更加不完善，金融服务获取的难度更大。因此，对于这些国家，利用央行数字货币发展普惠金融是其开展相关探索的重要刺激因素。例如在巴哈马，由于许多居民散居在多个偏远的岛屿，央行数字货币的发行对于居民便捷地获取中央银行货币和各

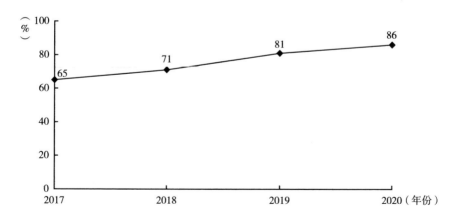

图 11 –3　参与 CBDC 活动的国家及地区的比例

资料来源：国际清算银行。

项金融服务提供了更大的可能性。而不管是对于发展中经济体抑或是发达经济体，提高国内支付效率和安全性都是开展央行数字货币项目的重要动机。

2020 年，全球新冠肺炎疫情的暴发加速了无接触的电子支付工具的发展。从现金需求情况来看，一方面，预防性货币需求增加了一部分的现金持有；另一方面，出于无接触的安全性考虑，现金的使用率进一步下降。总体来说，大多数国家出现了从实物现金向信用卡等电子化支付工具的转移现象。由于疫情这一突发公共事件的出现，各国中央银行对于央行数字货币的看法也有相应的转变。尽管在紧迫性和谨慎性的权衡中，大多数国家针对央行数字货币采取了相对谨慎的态度，例如约 60% 的央行认为此次公共卫生危机不会对其是否发行央行数字货币的偏好性产生显著的影响，但仍有不少国家因为新冠肺炎疫情暴发转变了对于央行数字货币的看法。转变看法的原因主要包括两点：其一，在紧急公共事件发生时，现金的使用受限，央行数字货币提供了在此种情况下保证公众能够使用中央银行货币的条件；其二，当公共卫生事件等紧急事件突发，需要公众进行社交隔离时，央行数字货币能够作为现金和其他面对面支付手段的替代和补充。例如，美国在疫情之下实施的财政刺激措施中提到了"电子美元"，以期迅速开展政府对个人的转移支付以及信用卡等支付手段的替代。表 11 - 1 呈现了 2020 ~ 2021 年部分央行 CBDC 项目的进展情况。

表 11 - 1　2020 ~ 2021 年部分央行 CBDC 项目进展

国家（地区）	CBDC 项目名称	发展状态	进展情况
瑞典	数字克朗	PoC	2020 年 2 月与埃森哲启动 1 年试验，聚焦存款和转账
加拿大	—	项目启动	2020 年夏天成立工作组，启动 3 年期 CBDC 项目
日本	数字日元	工作组	2020 年 1 月加入工作组，2021 年 4 月开展基础测试
新加坡	Ubin	PoC & 试验	2020 年 7 月 40 家企业参与 PoC，已经有 124 个用例
泰国	Inthanon/数字泰铢	PoC & 上线	2020 年 9 月启动基于 Inthanon（批发型 CBDC）的政府债券平台建设 2020 年第二季度开始开发零售型 CBDC 项目——数字泰铢

续表

国家（地区）	CBDC项目名称	发展状态	进展情况
欧盟	数字欧元	工作组	2020 年 5 月启动工作组，研究 CBDC 发行
美国	数字美元	早期研究	2020 年 6 月发布 DDF 白皮书；2020 年鲍威尔表态会发行 CBDC
英国	—	早期研究	工作组讨论，尚未决定发行
韩国	—	工作组	2020 年 3 月启动工作组，还没决定要发行 CBDC
巴哈马	沙元	启动	2020 年 10 月启动，全球第一家央行发行零售型 CBDC
柬埔寨	—	试验＆启动	2020 年 10 月启动试验
菲律宾	—	工作组	2020 年 7 月启动工作组
其他：厄瓜多尔、乌拉圭、委内瑞拉	—	已发行	进展信息不详

资料来源：火币研究院：《全球区块链产业全景与趋势年度报告（2020—2021 年度）》。

案例 2　中国的 DC/EP 项目

国内央行数字货币 DC/EP（Digital Currency/Electronic Payment）项目的研究开始于 2014 年。DC/EP 将作为现金的补充，采用双层运营机制，利用数字化技术的发展同时实现匿名和可控。目前，数字人民币原型设计、标准拟定、研发测试等工作已基本完成，试点工作正在进行中。

我国进行数字人民币探索和研究的原因有许多，主要目的是满足公众在高度数字化的环境下对中央银行货币的需求（易纲，2020）。①与其他许多经济体进行央行数字货币研究工作的动因相似，发行 CBDC 可以降低纸币的发行和流通成本，提高经济效率和活力。②纸币的匿名性也会为违法犯罪活动提供可能性。建立央行数字货币系统，可以提高经济交易活动的透明性，打击洗钱、偷税漏税、恐怖融资和地下经济等违法犯罪行为。③央行数字货币的推出还可以提高央行对于整个金融体系的控制力，为货币政策操作提供便利性。④我国仍然是发展中国家，金融排斥现象仍然存在，金融机构账户的持有比率低，普惠金融还有很长的路要走。推出低成本、广覆盖的央行数字货币，可以为广大居民和消费者提供支付工具的另一种选择，推动普惠金融发展。⑤推出央行数字货币还可以保障支付安全、提升支付效率，强化境内支付清算基础设施，为实体经济发展奠定基础。

央行数字货币研究所于 2018 年 6 月在深圳注册成立全资子公司深圳金融科技有限公司。2019 年 3 月，又联合苏州有关单位成立了长三角金融科技有限公司，承担数字人民币基础设施的建立和维护工作，助力数字人民币关键技术开发、测试场景支持以及配套的研发工作。相对而言，国内研发 CBDC 的速度在全球处于前列。尽管如此，中国人民银行依然对 CBDC 持谨慎态度。2020 年 5 月，央行行长易纲称，将在深圳、苏州、雄安新区、成都及未来的冬奥会场景等有限范围内进行数字人民币试点工作，但这一测试只是数字人民币探索研究进程中的常规性工作，央行数字货币正式发行推出的时间并不确定（易纲，2020）。各地试点工作的目标是检验前期理论的可靠性、数字人民币运行系统的稳定性、相关功能的可用性以及风险的可控性等。易纲行长称，法定数字货币可以满足公众在高度数字化的环境下对中央银行货币的需求，提高支付工具的效率、安全性和身份识别水平。

2020 年 8 月，商务部《全面深化服务贸易创新发展试点总体方案》获得国务院批准，各省各部门开始组织实施工作。商务部网站明确了全面深化服务贸易创新发展的试点任务、具体举措及责任分工，在扩大对外开放、创新发展模式、完善监管模式等 8 个方面针对性地提出了 122 条具体举措。其中"创新发展模式"方面第 93 条举措为：在京津冀地区、长三角地区、粤港澳大湾区及中西部具备条件的区域开展央行数字货币试点工作。中国人民银行负责制定数字人民币试点及推广的相关政策，首先在深圳、成都、苏州、雄安新区及未来冬奥会场景开展测试，根据试点结果考虑是否向其他地区推广。2020 年 10 月，中国人民银行发布《中华人民共和国中国人民银行法（修订草案征求意见稿）》，其中第三章第十八条、第十九条规定：中华人民共和国的法定货币是人民币，人民币包括实物形式和数字形式。人民银行法修订草案一旦通过，将为数字人民币未来的正式发行提供强有力的法律支撑。目前，全国已在深圳、苏州、上海、成都、北京等多个城市针对有限人群发放了数字人民币红包。

　　我国已经是一个高度数字化的经济体，电子商务、数字化支付手段取得了较大的发展成就，央行数字货币的试点和发行也拥有了深厚的发展基础和技术支持。建立央行数字货币的金融基础设施，需融合数据库、分布式账本等多项技术。要处理我国目前的大体量零售交易，支付系统需要具备每秒处理30万笔交易的能力，而分布式账本技术目前的发展程度还不足以支撑如此大规模的交易。我国的央行数字货币可以采取基于价值、基于账户等多种类型，用于实现不同程度的用户匿名性和央行数字货币可得性。用户与对手方进行交易时，可以采取匿名的方式，这代表了CBDC作为现金的补充及M0的组成部分，在一定程度上模拟了现金的匿名性特征，维护了用户的隐私安全。然而与现金不同的是，DC/EP的匿名性只存在于交易对手方之间，央行数字货币的运营机构会将交易数据传送至中央银行。换言之，DC/EP并不能实现完全的匿名性，也没有类似私人数字货币的去中心化特征。相反，中央银行作为中央发行者和计划者，监督DC/EP的整体运行情况，用以打击洗钱及其他犯罪活动。

　　我国的央行数字货币属于国际清算银行归类的混合型CBDC。国际清算银行从具体运行机制方面将CBDC分为三类：直接型央行数字货币（Direct CBDC）、中介型央行数字货币（Intermediated CBDC）及混合型央行数字货币（Hybrid CBDC）。直接型央行数字货币是指CBDC是对央行的直接债权，同时央行负责维护所有交易的账本及执行零售支付清算。中介型央行数字货币是指中央银行只负责维护批发型交易账本，CBDC是对央行和执行交易的私人中介机构的债权。混合型央行数字货币是指CBDC是对央行的直接债权，央行负责维护所有交易的中央账本，而中介机构负责处理零售交易，中央银行需要建立应对中介支付系统崩溃的后备基础设施。DC/EP的混合型结构即双层运行机制，引入了商业银行、支付服务提供商、电信提供商等多方中介机构。一方面，能够避免计划经济时代中央银行"包揽"一切的局面出现，既提高了支付体系的运行效率，又能规避风险高度集中于中央银行的局面。另一方面，能够防止现有金融机构的"脱媒"现象出现，避免对于现有的IT基础设施、处理能力和人才资源的浪费。范一飞（2018）认为，

"DC/EP 的中央银行—商业银行的双层运行机制肯定了商业银行在央行数字货币发行中的重要参与者地位，可以充分利用商业银行现有资源、人才、技术等优势，同时避免单层投放可能出现的"金融脱媒"现象。

除了用于国内支付，我国还在探索利用央行数字货币进行跨境支付的方式，如与现有的国际结算体系 RTGS 系统相连接，这一尝试还需要多个国家的协作与配合。2021 年初，中国人民银行数字货币研究所加入多边央行数字货币桥研究项目（m-CBDC Bridge）。多边央行数字货币桥研究项目由国际清算银行创新中心（BIS Innovation Hub，BISIH）、中国香港金融管理局（Hong Kong Monetary Authority，HKMA）、泰国中央银行（Bank of Thailand，BoT）联合发起。该项目旨在建立一个基于分布式账本的实时外汇跨境支付的概念验证原型，分析跨境语境下本外币互换的商务应用案例，搭建全天候运营的跨境支付基础设施。多边央行数字货币桥研究项目将为亚洲以及其他地区中央银行探索 DLT 技术在强化跨境支付等金融基础设施方面提供一个有利的环境。这一项目建立在中国香港金融管理局与泰国央行联合成立的央行数字货币项目（Inthanon-LionRock 项目）的基础上，在国际清算银行创新中心、中国人民银行数字货币研究所及阿联酋中央银行相继加入后其更名为 m-CBDC Bridge 项目。参与该项目的中央银行会将概念验证的成果用于评估 m-CBDC Bridge 项目在跨境资金转移、国际贸易结算以及境内资本市场交易等方面的可行性，缓解跨境资金转移效率低、成本高、监管规则复杂等方面的问题。

参考文献

范一飞：《关于央行数字货币的几点考虑》，《第一财经日报》2018 年 1 月 25 日。

杨燕青、林纯洁：《关于 Libra 的 6 个核心问题及其监管原则》，《第一财经日报》2019 年 7 月 8 日。

姚前：《Libra2.0 与数字美元 1.0》，《第一财经日报》2020 年 5 月 12 日。

姚前：《法定数字货币的经济效应分析：理论与实证》，《国际金融研究》2019 年第

1 期。

《中国人民银行行长易纲在"两会"期间就金融保市场主体等问题接受〈金融时报〉〈中国金融〉记者采访》，http：//www. pbc. gov. cn/goutongjiaoliu/113456/113469/4028235/index. html，2020。

Arner, D. , Auer, R. and Frost, J. , "Stablecoins: Risks, Potential and Regulation", 2020.

Auer, R. , Cornelli, G. and Frost, J. , " Rise of the Central Bank Digital Currencies: Drivers, Approaches and Technologies", BIS Working Papers, 2020.

BIS, "Balancing the Risks and Rewards of FinTech Developments", BIS Papers, 2020.

BIS, " Central Bank Digital Currencies: Foundational Principles and Core Features", https：//www. bis. org/publ/othp33. html, 2020.

Boar, C. , Wehrli, A. , "Ready, Steady, Go? —Results of the Third BIS Survey on Central Bank Digital Currency", BIS Papers, 2021.

Broadbent, B. , "Central Banks and Digital Currencies", Speech Given at London School of Economics, Bank of England, 2016.

Chiu, J. , Davoodalhosseini, M. , Jiang, J. and Zhu, Y. , " Bank Market Power and Central Bank Digital Currency: Theory and Quantitative Assessment", Bank of Canada Staff Working Paper, 2016.

Codruta, B. , Holden, H. , Wadsworth, A. , " Impending Arrival— A Sequel to the Survey on Central Bank Digital Currency", BIS Papers, No. 107, 2020.

Croce, A. , Langiulli, M. and Marocchi, G. , "The Weight of a Libra: Are Stablecoins a New Challenge for External Statistics Compilers?", https：//www. bis. org/ifc/events/ifc_ ecb_ bdp_ 200218_ programme/4_ 5, 2020.

Cryptocurrencies, "Looking Beyond the Hype", BIS Annual Economic Report, 2020.

FSB, "Regulation, Supervision and Oversight of Global Stablecoin Arrangements, Final Report and High-Level Recommendations", 2020.

Kumhof, M. and Noone, C. , " Central Bank Digital Currencies—Design Principles and Balance Sheet Implications", Bank of England Staff Working Paper, No. 725, 2018.

Panetta, F. , "Evolution or Revolution? The Impact of a Digital Euro on the Financial System", Speech at Bruegel Online Seminar, 2021.

Panetta, F. , "The Two Sides of the Stablecoin", 2020.

第十二章　存贷款与资本筹集的
创新与发展

赵大伟　张茂涛*

摘　要：　　"存贷款与资本筹集"类金融科技创新，主要描述与新技术密切相关的、新兴融资与资源配置模式的业务创新。往年报告也聚焦于包括 P2P 网贷平台在内的互联网金融模式。随着监管与市场环境变化，本章遵循金融科技服务消费者与生产者的主线，对互联网消费金融和供应链金融发展情况、存在的问题以及未来发展进行了研究与探讨。一方面，在梳理我国互联网消费金融发展现状的基础上，从金融消费者、金融机构、技术以及监管等层面厘清当前互联网消费金融发展中存在的"痛点"，进而从加强金融消费者教育、金融消费者分层、引导金融消费者树立理性消费和负债理念、规范互联网消费金融机构的宣传工作、逐步破解"数据垄断"和"数据孤岛"难题、通过"沙盒"监管测试技术适用性和安全性、加强对互联网消费金融平台经营活动的监测七个方面，提出促进我国互联网消费金融行业健康发展的政策建议。另一方面，系统分析新冠肺炎疫情压力下我国供应链金融发展情况，主要包括政策升级、市场规模持续扩大和金融科技推动作用明显三个方面。同时结合金融科技发展情况，梳理出

---

* 赵大伟，副研究员，经济学博士，现供职于中国人民银行金融研究所；张茂涛，助理研究员，管理学硕士，现供职于国家计算机网络与信息安全管理中心山东分中心。本报告仅代表作者本人观点，与作者所在单位无关。

供应链金融发展实践中存在的问题，并结合实际需要提出推动供应链金融发展的政策建议。

关键词：　互联网消费金融　供应链金融　金融科技

一　我国互联网消费金融发展现状、问题和对策

作为"科技＋消费金融"的产物，互联网消费金融对提升金融服务可获得性、提高金融交易便捷度、降低金融交易信息不对称性以及改善金融消费者体验大有裨益。特别是随着大数据、人工智能等技术在消费金融领域应用程度的不断提高，以及一系列刺激消费政策的出台，我国互联网消费金融发展迅猛，在拉动社会经济增长中扮演着越来越重要的角色。

（一）我国互联网金融发展现状

1. 我国互联网消费金融市场财富基础日趋坚实

2015 年至今，我国国内生产总值和城乡居民人民币存款余额一直保持稳定增长态势，特别是在 2020 年新冠肺炎疫情的冲击下，我国经济增长保持韧性，全年实现国内生产总值 101.6 万亿元，比 2019 年增长 2.3%，成为全球唯一实现经济正增长的主要经济体。如图 12 - 1 所示，2020 年城乡居民人民币存款余额约是 2015 年的 1.7 倍，其年均增速略高于国内生产总值增速。国内生产总值、城乡居民人民币存款余额的增长意味着社会财富总额和居民可支配收入的增加，这无疑为互联网消费金融发展提供了肥沃的"土壤"。

2. 我国互联网消费金融市场未来发展空间巨大

从消费总规模来分析，2015～2019 年，我国社会消费品零售总额稳定增长。2020 年因新冠肺炎疫情影响，社会消费品零售总额为 39.2 万亿元，较 2019 年下降 3.92%，但与 2015 年相比仍呈增长趋势（如图 12 - 2 所示）。从最终消费率来分析，我国最终消费率较发达国家仍有较大差距（如

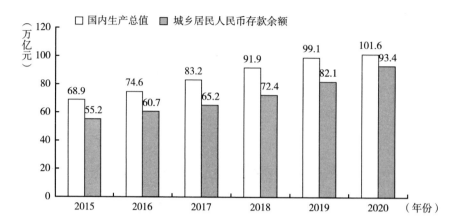

图 12 - 1   2015 ~ 2020 年我国国内生产总值、城乡居民人民币存款余额

资料来源：根据公开数据整理。

图 12 - 3 所示）。从国内消费发展的宏观环境来分析，随着居民可支配收入的不断提高以及消费升级的持续推进，我国消费市场容量巨大，未来仍有较大潜力可供释放。特别是在中央提出构建"双循环"新发展格局的背景下，关注国内市场、释放国内需求和消费潜力已经成为经济社会高质量发展的出发点和落脚点。从近年来我国经济发展实际来分析，消费已经成为拉动经济增长的第一驱动力，未来将依然为经济发展提供持续的支持。

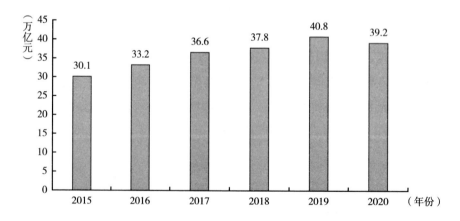

图 12 - 2   2015 ~ 2020 年我国社会消费品零售总额

资料来源：根据公开数据整理。

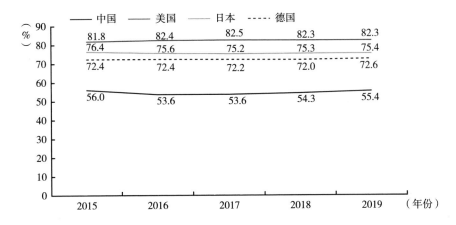

图 12 - 3　2015～2019 年世界主要国家最终消费率比较

资料来源：根据公开数据整理。

从贷款余额情况分析，2015～2020 年，人民币贷款余额持续增长，2020 年人民币贷款余额 178.4 万亿元，较上一年增长 12.48%。受新冠肺炎疫情冲击，2020 年短期消费信贷余额 8.78 万亿元，较 2019 年下降 11.6%，但与 2015 年相比，总体增长趋势未发生改变（如图 11 - 4 所示）。未来随着一系列 "稳增长，促消费" 政策的出台，预计短期消费信贷余额将继续增长。

图 12 - 4　2015～2020 年我国人民币贷款余额、短期消费信贷余额

资料来源：根据公开数据整理。

3. 互联网消费金融场景日趋丰富

互联网消费金融是最依赖场景的金融产品。随着消费金融监管的日趋严格和规范，互联网消费金融开始进入"精细"发展阶段。在监管机构"脱虚向实"的新要求下，各大互联网消费金融平台逐渐开始深耕消费场景设计领域，以期通过开拓更丰富、更优质、更持续的互联网消费金融场景来获取更多客户流量，拓展业务范围。目前，大部分互联网消费金融平台开发的消费金融产品已经覆盖了家居、装修、家电、教育、医美、数码、保险、出行、旅游等场景。

4. 互联网消费金融客户群体呈年轻化、低收入化趋势

随着科技与互联网消费金融业务的深度融合，特别是大数据风控、反欺诈技术得以广泛应用，扩大了互联网消费金融客户群体，使得原先无法享受正规金融服务的年轻、低收入群体可以分享金融发展带来的红利。学生群体、蓝领阶层、农村居民可以通过互联网消费金融平台享受小额、短期借贷服务。苏宁消费金融数据显示，在苏宁易购分期购物的用户中，"80后""90后"用户合计占比超过70%，其中"80后"占比32.4%，"90后"占比41.2%，"90后"超越"80后"成为分期购物主力人群。海尔消费金融公司相关数据显示，其"90后"用户占比超过50%。相关研究数据显示，月收入1万元以下人群是互联网消费金融的主要用户，其中月收入3000元以下群体占比25.3%，月收入3000~5000元群体占比29.7%，学生群体和低收入群体消费贷款意愿较为强烈。

5. 互联网消费金融供给主体呈多样化趋势

自2016年开始，随着国家出台一系列刺激消费政策、逐渐放开消费金融牌照管制以及消费者消费能力提升和消费理念升级，互联网消费金融产品供给主体呈多样化趋势。从目前发展情况来分析，互联网消费金融平台主要包括电子商务的消费金融平台（如京东金融、蚂蚁金服等）、分期购物互联网消费金融平台（如趣分期等）、细分市场的互联网消费金融（如主打分期车贷的平台等）。

（二）消费金融相关政策梳理

2020 年，国家出台多项刺激消费、鼓励和规范消费金融发展的政策（见表 12 - 1），特别是对商业银行、网络小贷公司等平台开展互联网借贷业务提出了新的监管要求，明确将互联网贷款相关业务纳入统一的监管框架和全面风险管理体系，为规范行业发展提供了强有力的政策支持。

表 12 - 1　2020～2021 年消费金融政策发布情况梳理

发布时间	文件名称	发布部门	主要政策内容
2020 年 4 月	发改委、科技部等 11 部门	《关于稳定和扩大汽车消费若干措施的通知》	鼓励金融机构积极开展汽车消费信贷等金融业务，通过适当下调首付比例和贷款利率、延长还款期限等方式，加大对汽车个人消费信贷支持力度，持续释放汽车消费潜力
2020 年 7 月	银保监会	《商业银行互联网贷款管理暂行办法》	明确了商业银行对互联网贷款业务实行统一管理，将互联网贷款业务纳入全面风险管理体系；要求单户消费贷不超过 20 万元，防止过度授信
2020 年 8 月	最高人民法院	《关于审理民间借贷案件适用法律若干问题的规定》	新的民间借贷利率司法保护上限以 1 年贷款市场报价利率(LPR)的 4 倍为标准
2020 年 9 月	中国人民银行	《金融消费者权益保护实施办法》	以实现保护金融消费者信息安全保护权为目的，从信息收集、披露和告知、使用、管理等方面进行优化
2020 年 11 月	银保监会、中国人民银行	《网络小额贷款业务管理暂行办法》(征求意见稿)	网络小贷公司联合放贷的最低出资比例限定在 30%；小额贷款公司不得跨省经营；注册资本不低于 10 亿元实缴资本，跨省经营网络小贷注册资本不低于 50 亿元实缴资本
2020 年 11 月	市场监管总局	《关于平台经济领域的反垄断指南》(征求意见稿)	引导平台经济领域经营者依法合规经营，促进线上经济持续健康发展
2020 年 11 月	银保监会	《关于促进消费金融公司和汽车金融公司增强可持续发展能力、提升金融服务质效的通知》	从降低拨备监管要求(消金机构、汽车金融公司能够向属地银保监局申请将拨备覆盖率监管要求降至不低于 130%，汽车金融公司能够申请将贷款拨备率监管要求降至不低于 1.5%)、拓宽融资渠道、增加资本补充方式(可发行二级资本债)等三大方面，加大对消金公司、汽车金融可持续发展的支持

续表

发布时间	文件名称	发布部门	主要政策内容
2021 年 1 月 5 日	《关于提振大宗消费重点消费 促进释放农村消费潜力若干措施的通知》	商务部等 12 部门	加大金融支持力度，鼓励金融机构在依法合规、风险可控的前提下，规范创新消费信贷产品和服务，加大对居民购买新能源汽车、绿色智能家电、智能家居、节水器具等绿色智能产品的信贷支持
2021 年 1 月 13 日	《消费金融公司监管评级办法(试行)》	银保监会	进一步明确了监管原则和要求，有助于健全消费金融公司风险监管制度体系，推动消费金融公司持续健康发展，推动消费金融公司差异化发展

资料来源：根据公开资料整理。

（三）我国互联网消费金融发展过程中面临的"痛点"问题

1. 金融消费者面临金融和科技"双鸿沟"困境

金融科技时代下，互联网消费金融已经与科技进行了深度融合，科技已广泛渗透到互联网消费金融的各个领域。但是与互联网消费金融新技术、新产品的更新迭代速度相比，金融消费者通常缺乏足够的金融专业知识，也不尽了解科技运行和应用机理，金融素养和科技素养整体水平并不高。比如，有些互联网消费金融产品依托科技尽管降低了门槛、便利了销售，但产品背后的金融专业性和业务复杂性并没有降低，对金融消费者特别是长尾客户的金融素养要求不降反升；很多互联网消费金融产品依托大数据和人工智能进行营销、获客和业务管理，对金融消费者的金融数据敏感性和隐私保护意识提出了较高的要求。此外，一些不法分子打着金融创新的旗号，利用仿冒App、钓鱼网站金融对消费者实施精准欺诈，这也要求金融消费者持续提升对伪金融科技的判别能力。① 只有不断提升金融消费者的金融和科技素养，才能填补金融和科技鸿沟，使金融消费者更加充分享受"科技＋金融"带

---

① 李东荣：《提升消费者数字金融素养需多方协力》，《清华金融评论》2020 年第 6 期。

来的红利。

2. 金融消费者过度负债隐患较大

首先，多数互联网消费金融平台服务门槛低，贷款向低学历、低收入人群渗透趋势加剧。根据第 47 次《中国互联网络发展状况统计报告》，截至 2020 年 12 月，专科及以下学历网民群体占比达到 90.7%，月收入 3000 元以下网民占比 51.1%。中国银行业协会发布的《中国消费金融公司发展报告（2020）》也指出，在调查中，有 11 家消费金融公司反映，月收入在 3000 元以下的客户占比虽不足 25%，却不断上升；有 4 家消费金融公司反映，月收入在 3000 元以下的客户占比超过 50%，向低收入群体服务的特点突出。这个群体收入不稳定，一旦还不起贷款，就容易陷入"借新还旧、以贷养贷"的困境。其次，互联网消费金融产品过度营销产生诱导。在消费场景化日益发达的环境下，电商平台基于数据挖掘技术精确分析用户金融行为特征，给用户大量推送金融营销广告和具有吸引力的商品，继而在支付环节提供各种"分期、免息、免费"金融产品，对资信脆弱人群形成了极大的诱惑，导致"超前消费""过度消费"盛行，使得消费者背负沉重的债务包袱。如一项对在校大学生的调查显示，在杭州，45% 的调查者经常使用花呗。使用后，25% 的同学出现过度消费现象，20% 的同学有逾期偿还的情况。再次，贷款成本高企导致金融不"惠"。以某消费金融公司的消费金融产品为例，贷款金额为 1000～10000 元，可分期 10～24 期，年贷款利率 21%，年客户服务费 14.57%，综合息费年利率接近 36%。还有一些信贷产品，名义上利率低于 36%，但如果按复利计算可能会达到 70%～80%，再加额外的贷款服务费、咨询费等，整体费率甚至会超过 100%。最后，部分游离在金融监管之外的金融中介通过互联网渠道，以"低息、低费、快速、无抵押、无担保、无须审查征信"等字眼诱导金融消费者贷款，极易使其陷入"贷款陷阱"。

3. 信息过度采集与数据泄露风险并存

一方面，过度采集用户数据并加以使用。根据监管要求，消费金融机构开展业务应遵循信息采集最小化的原则，但平台往往利用市场优势，不仅要向消费者采集个人身份信息和生物特征，消费者的消费和支付等行为数据亦会被采集，甚至个人数据库也会被要求授权访问。2021 年 2 月，广东省通信管理局对 12 款金融理财类 App 存在的侵害用户权益问题进行通报，其中有 9 家都存在未列明 App 所集成第三方 SDK 收集使用个人信息的目的、方式和范围的问题。此外，在注册登录时以默认方式同意隐私政策、未经用户阅读并同意隐私政策提前申请获取终端权限等问题也比较普遍。消费金融机构在大量获取用户未经授权的数据后，往往会对数据进行加工，分析用户的社会属性、生活习惯、消费偏向等，进而有针对性地推送广告、商品、促销等并获利。另一方面，数据泄露风险不容忽视。当下，消费金融机构不仅掌握着消费者各种金融和非金融信息，还掌握着消费者的消费习惯、支付偏好、社交网络等行为数据。一旦保管不当或遭受网络攻击，就容易导致隐私泄露，甚至造成重大财产损失和人身安全隐患。此外，亦不排除部分平台存在将其掌握的金融消费者信息和数据当作"资产"向其他平台出售的违法违规行为。2020 年 12 月，中国消费者报社联合数字一百数据研究院联合发布的《消费信贷行为及金融消费维权意识调查报告》显示，有 29.2% 的受访者表示遇到过侵权行为，主要表现为疑似个人信息泄露（占比 55.2%）。

4. 技术本身存在缺陷，降低消费者体验

一是容易对消费者固化分层，产生消费歧视。电子商务平台根据其所掌握的消费者的财务、社交、消费习惯等信息，利用大数据技术生成客户画像，并据此来推荐相应的产品、服务和定价。但由于数据搜集维度和核心算法基本是趋同的，当所有平台都采用同样或类似的刻画工具，就会造成一部分弱势群体没有办法获得金融服务或始终不能得到最优质服务，导致金融不"普"。二是部分没有经过很好验证的技术仓促投入使用，其致命的缺陷和算法漏洞会发生系统性风险。

5. 寡头垄断和不正当竞争隐患凸显

科技有利于提升互联网消费金融平台的服务效率和质量，但是也需要警惕金融科技过度使用造成部分大型科技公司的市场垄断和不公平竞争。一是科技公司借助其对数据的掌控，在监管缺位时进行伪创新，导致用户数据的滥用，巩固公司在行业内的优势地位。二是大型科技公司垄断数据获取途径，形成实质上的垄断，阻碍行业公平竞争。三是大型科技公司作为平台中介，借助平台及数据优势，使得其他企业不得不与平台合作，在数据、流量来源方面无法摆脱对它的依赖。

（四）缓解我国互联网消费金融发展"痛点"、促进互联网消费金融健康有序发展的政策建议

1. 通过多种方式不断加强金融消费者教育，提高其金融、科技素养

第一，金融监管机构、金融机构要借助互联网渠道，利用多样化的教育载体（如微信、微博、微课堂、手机银行、购物和理财 App 等），随时随地对金融消费者进行金融和科技知识教育。通过线上线下相结合的方式打造固定、便捷、契合金融消费者偏好的渠道，向其推送金融知识和科技知识普及教材，保证金融消费者知识更新速度能跟得上金融知识、科技知识的更新发展速度。第二，由金融监管机构牵头，结合金融科技等主题，定期或不定期开展有针对性的金融知识和科技知识普及教育活动，通过活动中"面对面"的介绍和讲解，为金融消费者答疑解惑，帮助其树立科学的金融消费理念。第三，加强对重点人群的关注和教育。金融监管机构、金融机构有必要和教育部门联合，广泛开展"金融知识进校园"活动，通过播放金融知识短视频、张贴宣传海报、印发金融知识手册、开展课堂游戏等方式加强对学生群体的金融知识教育，引导学生群体树立理性消费观念，并通过典型案例讲解，使其认识和防范校园贷、套路贷等非法借贷侵害，增强学生群体的自我保护能力。同时，金融监管机构、金融机构也要与社区、街道联合，组织"金融知识进社区"活动，通过印发手册、宣传海报等方式，让老年人群体及时了解金融领域的惠民政策、改革措施和发展现状等信息，帮助其建立理性投资观念，加深其对金融产品风险和收益的认知，使其能自觉防范各类新型金融诈骗，避免落入"金融陷阱"。

2. 探索金融消费者分层分级，最大限度上保护其权益不受侵害

积极推进互联网消费金融平台建设，利用大数据技术对金融消费者进行

分层分级，实现精准营销、合理推送，最大限度上保护其权益不受侵害。互联网消费金融平台可借助大数据技术，对金融消费者风险承受能力进行测评，根据金融消费者学历和工作信息、个人收入或家庭收入情况、投资经验、负债情况以及风险承受能力的差异，推送符合其风险承受能力的借贷产品。对于风险承受能力较强、收入稳定、信用良好、有借贷经验的金融消费者，可以适度增加其借贷额度，降低借贷利率；对于风险承受能力较差、收入不稳定甚至缺乏收入来源、经常出现信贷违约、缺乏借贷经验的金融消费者，则应降低其借贷额度甚至拒绝向其提供贷款服务。对于长期有借贷需求的金融消费者，互联网消费金融平台可以实时关注其风险承受能力、收入状况、负债情况、信用情况等变化，对其分层分级情况进行动态调整。

3. 引导金融消费者树立正确的消费和负债理念

一方面，金融监管机构、各类金融机构有义务引导金融消费者树立正确的消费和负债理念。第一，在保证必要消费的基础上，对于非必要消费应量力而行；第二，负债要与个人和家庭收入水平、风险承受能力相匹配；第三，在互联网平台借款时要明确利率和费率，相关信息必须在电子合同中载明，拒绝承担不在合同范围的费用。另一方面，金融监管机构和金融机构要通过多种渠道让金融消费者认识到过度负债带来的危害，利用案例讲解的方式对其形成警示作用。首先，过度负债会导致个人和家庭面临巨大的生活压力、财务压力，影响个人身体健康和家庭和谐，特别是突发情况出现时，容易对个人和家庭造成严重冲击；其次，一旦资金链断裂，出现还款逾期，则势必会在个人征信上留下不良记录，将对未来生活、就学、就业等方面产生诸多不利影响；最后，当过度负债群体扩大时，会给金融稳定甚至社会稳定带来冲击，可能成为金融危机爆发的诱因。

4. 规范互联网消费金融机构的宣传工作，减少对金融消费者的不适当引导和干预

互联网消费金融平台违规的营销宣传不仅会误导金融消费者，也会给平台带来声誉风险，更会对整个互联网消费金融行业的健康发展形成负面影响。在严监管的背景下，互联网消费金融平台势必面临更多、更高的合规要

求，提升营销宣传合规水势在必行。首先，相关部门要加强对互联网消费金融平台宣传广告的监测监管，审核互联网消费金融有关消费金融产品和消费金融服务的真实性、合法性等问题。其次，加大对互联网消费金融平台违规宣传行为的惩处力度，不仅可以对涉事机构开具高额罚单予以警示，还可考虑对违规宣传主要负责人、经办人给予罚款、禁业等处罚。再次，避免过度包装，给"过度负债"穿上"自由消费"的外衣，诱导金融消费者落入"借贷陷阱"；避免偷换概念，如将借贷产品作为必需品进行营销宣传，使用"贴标签、喊口号"的方式引诱年轻、低收入群体借贷。相关部门要加强监管，减少部分互联网消费金融平台对金融消费者的诱导。

5. 以共享部分信息为突破口，逐步破解"数据垄断"和"数据孤岛"难题

一方面，互联网消费金融平台之间缺乏共享数据的动机，特别是一些行业头部平台掌握着庞大的金融消费者信息和数据，很容易形成"数据垄断"。另一方面，不同的互联网消费金融平台对信息与数据的理解、定义、搜集、整理和存储均不尽相同，使得数据难以实现共享，造成了"数据孤岛"难题。当前破解互联网消费金融造成过度负债这一难题的关键点之一就在于如何打破"借新还旧、以贷养贷"的困境。可以考虑由金融监管机构牵头制定金融数据标准，规范金融数据的采集、整理、存储和使用，以共享金融消费者借贷余额为突破口，逐步破解"数据垄断"和"数据孤岛"难题。对于频繁借贷的年轻、低收入群体，通过共享其借贷余额等信息，当其负债达到风险阈值时，及时对各互联网消费金融平台进行风险提示。

6. 引入"沙盒"监管机制，对信息技术在互联网消费金融领域的应用进行测试

对于提高大数据、人工智能等信息技术在互联网消费金融领域的安全性和适用性来说，"沙盒"监管机制可能发挥重要作用。"沙盒"监管由英国金融行为监管局首先提出。为了应对金融科技带来的风险，英国在真实市场中设置了一个"安全空间"，在这个"安全空间"中可以对创新型的金融产品和服务进行测试以评估其风险，从而在鼓励金融科技发展和防控金融风险之间实现平衡。通过引入"沙盒"监管可以测试各项信息技术在互联网消

费金融平台的实际运行状况，及时发现技术存在的"短板"；可以降低创新的时间成本，判断大数据、人工智能等信息技术是否能与互联网消费金融产品发生良性的"化学反应"；可以测试信息技术的应用是否会导致金融消费者权益受侵害，及时堵住可能造成风险问题、阻碍金融即普又惠的技术漏洞；此外，还可以将大数据、人工智能等信息技术在互联网消费金融领域应用可能引发的风险问题和安全问题限制在一定范围内，有效控制系统性风险，也便于监管部门对"科技＋消费金融"的运行情况进行监测和分析。

7. 加强对互联网消费金融平台经营活动的监测，及时纠正其违法违规经营行为

虽然信息技术的创新和应用可能会给互联网消费金融行业带来新的风险问题，但应该清晰地认识到"科技本善"，互联网消费金融行业的主要风险和"痛点"问题归根结底是由使用信息技术提供金融服务的各互联网消费金融平台带来的。鉴于此，有必要利用监管科技手段对互联网消费金融平台的经营行为进行实时监测，通过搭建互联网消费金融行业云平台进行实时监测和管理，借助大数据平台采集互联网消费金融平台运营信息，运用模型技术发现运营平台异常，对其运营风险信息进行全方位分析和处理，及时发现并纠正违法违规行为，为保护金融消费者权益、保障互联网消费金融行业健康有序运行提供助力。

二　金融科技背景下我国供应链金融发展现状、问题和对策

（一）2020年我国供应链金融发展现状分析

为了有效推动经济"脱虚向实"，助力实体经济发展，支持小微企业融资，国务院、各部门连续多次发文支持供应链金融发展，鼓励金融科技重点围绕供应链金融创新开展研究，建立供应链金融服务平台，完善产业供应链体系，破解民营企业融资难和融资贵的难题，提升服务实体经济的效率。

1.支持供应链金融发展的政策升级

由于供应链金融在我国融资结构改革、服务实体经济、服务中小企业发展中的特殊作用，其发展已经纳入了国家经济战略的重要组成部分，并且地位不断凸显。如果把2019年定义为供应链金融发展的"政策元年"，那么2020年就是"政策升级年"。从中央到地方都在对供应链金融政策不断升级和完善，特别是从政策优惠支持和业务解释规范上着重发力，引导科研机构、头部企业和社会资本支撑服务供应链金融布局，确保实体经济发展行稳致远（见表12-2）。特别要指出的是，2020年9月，央行、银保监会等八部门出台了《关于规范发展供应链金融　支持供应链产业链稳定循环和优化升级的意见》（以下简称《意见》）。该《意见》被认为是我国供应链金融的纲领性指导文件，这是第一个由多部门联合出台的供应链金融文件，基本涵盖了支持供应链金融发展的各个方面，首次明确了供应链金融概念，明确了发展方向、所需配套基础设施和政策支持体系、风险管理和监管部门等内容。值得注意的是，2021年《政府工作报告》提到"创新供应链金融服务模式"，这是《政府工作报告》中首次单独提及这一内容，这对于供应链金融发展的意义深远。

部分省份也结合自身实际，持续加强发布供应链金融支持政策。例如，依托民营经济较为发达的优势，为发展地方特色的供应链金融服务模式，2020年4月浙江省印发了《关于深化供应链金融服务促进产业链资金链畅通的通知》，这是继国内首个省级供应链金融促进政策之后，又一支持供应链金融发展的重要支持政策。为鼓励使用区块链等金融科技手段，支持供应链金融发展，2020年11月深圳市发布《深圳市扶持金融科技发展若干措施（征求意见稿）》，拟对年度内直接或间接帮助小微企业获得100亿元以上融资的供应链金融科技企业进行奖励。为深入推进"中国人民银行引导＋政府部门支持＋金融机构推进＋核心企业参与＋上下游供应链激活"的多方联动工作模式，2020年6月贵州省印发《关于营造更好发展环境支持民营企业改革发展的实施意见》，支持金融机构与供应链核心企业合作，鼓励核心企业、大宗商品类交易场所等运用物联网、智能监控等技术确保单货相符。

表 12 - 2　2020 年供应链金融政策发布情况梳理

发布时间	发布部门	文件名称	主要政策内容
2020 年 1 月	中国人民银行、财政部等	《关于进一步强化金融支持防控新型冠状病毒感染肺炎疫情的通知》	加大货币信贷支持力度，为受疫情影响较大的地区、行业和企业提供差异化优惠的金融服务
2020 年 2 月	财政部	《关于支持金融强化服务做好新型冠状病毒感染肺炎疫情防控工作的通知》	加大对受疫情影响个人和企业的创业担保贷款贴息支持力度，优化对受疫情影响企业的融资担保服务
2020 年 2 月	工业和信息化部	《关于应对新型冠状病毒肺炎疫情帮助中小企业复工复产共渡难关有关工作的通知》	积极推动运用供应链金融、商业保理、应收账款抵质押、支持产权质押等融资方式，扩大对中小企业的融资供给
2020 年 2 月	中国人民银行	《标准化票据管理办法（征求意见稿）》	标准化票据的交易流通适用于相关规定，在银行间债券市场和票据市场交易流通
2020 年 2 月	中国银保监会	《关于进一步做好疫情防控金融服务的通知》	各银行保险机构要推广线上业务，提供安全便捷的"在家"金融服务，在有效防控风险的前提下，探索运用视频连线、远程认证等科技手段
2020 年 3 月	中国（福建）自由贸易试验区厦门片区管理委员会	《福建自贸试验区厦门片区促进供应链创新发展若干办法》	打造中国（厦门）供应链公共服务平台，鼓励建设供应链综合服务平台，降低供应链融资成本
2020 年 4 月	中国银保监会浙江监管局、浙江省商务厅	《关于深化供应链金融服务促进产业链资金链畅通的通知》	强化各领域金融服务，强化重点供应链项目金融支持，深化银企合作共赢关系
2020 年 4 月	上海票据交易所	《关于供应链票据平台试运行有关事项的通知》	支撑上海票据交易所建立供应链票据平台
2020 年 6 月	中国人民银行、银保监会等	《关于进一步强化中小微企业金融服务的指导意见》	推动供应链信息平台与商业汇票基础设施互联，加快商业汇票产品规范创新，提升中小微企业应收账款融资效率
2020 年 6 月	贵州省委、省政府	《关于营造更好发展环境支持民营企业改革发展的实施意见》	大力发展供应链金融，深入推进多方联动工作模式，支撑金融机构与供应链核心企业合作
2020 年 6 月	中国人民银行	《标准化票据管理办法》	规范标准化票据业务，支持中小金融机构流动性，服务中小企业融资和供应链金融发展

发布时间	发布部门	文件名称	主要政策内容
2020 年 7 月	国务院办公厅	《保障中小企业款项支付条例》	加强信用监督和服务保障。明确建立支付信息披露制度、投诉处理和失信惩戒制度以及监督评价机制,以维护中小企业合法权益,营造良好营商环境
2020 年 9 月	中国人民银行、工业和信息化部等	《关于规范发展供应链金融 支持供应链产业链稳定循环和优化升级的意见》	明确供应链金融应坚持提高供应链产业链运行效率,降低企业成本,保障供应链产业链完整稳定,支持产业链优化升级和国家战略布局
2020 年 10 月	国家发展改革委、科技部等	《关于支持民营企业加快改革发展与转型升级的实施意见》	支持大型企业协助上下游企业开展供应链融资。依法合规发展企业应收账款、存货、仓单、股权、租赁权等权利质押贷款
2020 年 11 月	深圳市地方金融监管局	《深圳市扶持金融科技发展若干措施(征求意见稿)》	鼓励供应链金融发展,对使用区块链等金融科技手段、年度内直接或间接帮助小微企业获得 100 亿元以上融资的供应链金融科技企业给予奖励

资料来源:根据中国人民银行、银保监会等公开政策资料整理。

2. 供应链金融市场发展加速

虽然相对欧美发达国家来说,我国供应链金融起步时间比较晚,但依靠巨大的国内市场规模和近年来互联网、大数据技术、人工智能、区块链的蓬勃发展,供应链金融市场规模呈现持续高速增长态势。鲸准研究数据显示,根据上市公司预付账款、应收账款和存货三个供应链业务场景进行测算,2020 年我国供应链金融市场规模将达到空前的 15.86 万亿元。并且随着政策的兑现,数字技术的深度应用和大规模资金的进入,未来供应链金融将迎来高速发展期,预计 2022 年达到 19.19 万亿元规模。证监会数据显示,资本市场对于供应链金融发展高度关注,2020 年 5 月末供应链金融资产证券化产品累计发行 924 只,融资规模 6141 亿元,对于盘活企业应收账款,提升资金周转效率,降低了中小企业融资成本发挥了重要积极作用。

中国人民大学中国供应链战略管理研究中心、中国物流与采购联合会物流与供应链金融分会、万联供应链金融研究院、中关村金融科技产业发展联盟共同发布的《疫情下企业融资与供应链金融调研报告》（以下简称《报告》）显示，单个企业、银行融资只占企业财务成本的20%，而应收账款、存货和固定资产等的财务成本占比超过40%。目前全国企业每年的应收账款规模约26万亿元，然而金融机构和保理公司的应收账款融资总额约为2200亿元，占比不到1%。因此，从应收账款入手，疏通上下游的资金堵点，供应链金融大有可为。

3. 金融科技驱动供应链金融发展作用明显

市场实践已经证明，在以金融科技创新为趋势的环境下，借助互联网、5G、物联网、大数据、区块链、人工智能、云计算等技术，能够有效解决信息不对称和信用传导过程中的痛点，有利于提升整个供应链条上企业的信用传导效率，特别是通过供应链中的商流、物流、资金流和信息流等线上措施，可以有效解决产业链上中小企业融资难的问题，满足不同场景下各类企业的多样性融资需求，从而推进供应链金融创新和可持续发展。

在新冠肺炎疫情的冲击下，隔离防控等措施催生了线上金融的快速发展，供应链金融呈现向数字化加速迈进的趋势。随着人工智能、大数据、物联网、区块链技术的更新升级，数字化范围和领域不断扩大，在实践中取得了良好的社会效益和经济效益，推动供应链金融发展已经成为金融机构、核心企业、第三方服务平台及中小企业的共识。目前区块链助力供应链金融创新成效突出，中国互联网金融协会发布的《中国区块链金融应用与发展研究报告（2020）》显示，32.6%区块链应用场景涉及供应链金融，其他依次为贸易金融（11.2%）、保险科技（11.2%）、跨境支付（7.9%）、资产证券化（6.7%）。

在疫情持续期间，线上化的金融服务对维持整个隔离期产业的正常运转、有效解决中小企业的融资难问题取得了积极成果，数字化作用和优势进一步凸显。在线化和电子化不仅有效降低了供应链金融的交易成本，"零接触服务""无接触贷款"等逐渐在银行、保险等金融机构得到大规模应用，这给我国供应链产业向信息化升级转型提供了有利时机。供应链金融体系正以信息流、商流、资金流、物流"四流合一"的形式汇聚成为新的商业评估模式，不断推动解决"信息孤岛"和信息不对称问题，为金融机构开展投融资活动提供了新场景，不断改变中心化信息垄断和金融不动产抵押的传统服务模式。

区块链技术在推动供应链金融发展中成效突出。由于区块链在双方交易中具有永久保留交易记录的优势，非常适合应用于溯源和存证的场景，完美解决了供应链金融市场覆盖率不足、交易真实性的证明、高企的操作成本等问题，二者的结合也成为目前区块链开发的热点领域之一，区块链与供应链的融合将带来新的变革。业内预计，供应链金融5.0模式将是以区块链为骨干架构、计算信用为方法，采用人工智能的新一代供应链金融商业模式。这种模式具有"计算信用、双工交互、无损传递、人工智能"等显著特点，在这个架构下，融资便利性和交易成本将比现有模式前进一大步。

（二）科技推动供应链金融发展中存在的问题

供应链金融发展中面临的最大问题是风险问题。供应链金融的根本仍是金融，信用是金融最重要的要素，金融科技不能创造信用，然而通过技术可以发现信用、传递信用、监控信用，并支撑信用定价。然而在发现、传递和监控的过程中，也存在各种风险。

1. 供应链存在信息安全隐患

伴随互联网技术在我国各行业的快速发展和逐步渗透，人工智能、物联网、云计算、人工智能等技术也广泛应用到供应链金融服务的各个领域和环节，互联网技术在提高供应链金融效率的同时，降低了金融交易成本和信息成本。然而金融科技为供应链金融带来便利的同时，也使各交易主体的信息更趋于透明化和容易被获取，造成信息泄露的风险敞口不断加大。供应链金融交易成功主要是基于金融机构或核心企业对供应链上企业信息掌握的精细化程度。为了提高金融决策的精准度，信息收集整合过程需要对供应链上的各类企业进行穿透式了解，了解的信息越多越全面，那么金融决策就越准确，所以金融机构或核心企业往往利用自己的优势地位，在信息采集中倾向于过度会集和存储。如果在监管措施不到位，就会带来信息安全问题，这方面值得高度关注，因为信息泄露会带来严重的信任危机。

2. 防范信用风险仍是面临的关键问题

供应链交易过程环节多，透明度低，银行风控成本较高。由于交易链条过长、交易环节较多，很难追溯所有的交易过程，银行很难确定交易的真实性以及票据等标的物是否存在重复抵押的问题。而且，供应链金融是典型的多方交易，涉及商业银行、核心企业、供应商以及一些增信机构等其他金融机构，多方参与就需要多方协调和认证，过程比较繁杂，各方参与主体将投入大量的人力物力去辨别信息的真实性、准确性，从而导致交易成本较高。

由于供应链上的企业相互联系又独立成体系，企业之间没有强制约束能力，这为恶意拖欠、虚构交易、资金套取等违规行为留下了很大的操作空间。目前市场信用体系还未健全，导致违约成本不高，融资企业与金融机构或核心企业之间、供应商和采购商之间的最终现金结算还过于依赖单纯的契约精神，如果涉及多级交易或多方交易时，违约风险系数将会成倍增大，最终出现"烂尾债"。中国人民大学中国供应链战略管理研究中心等机构发布的《报告》显示，从受调研企业对中小企业客户融资违约率的预期来看，39.74%的企业预期中小型客户的违约率将大部分上升，38.24%的企业预期将与疫情前持平，11.31%的企业预期将全面上升。亿欧智库发布的《2021数字化转型下银行发展供应链金融研究报告（上）》认为，目前由于中小微企业融资的信用体系不健全、风险控制难度高等问题，供应链金融发展仍然存在行业痛点，以银行为代表的金融机构发展供应链金融的内生动力不足。因为供应链上下游的中小企业相对核心企业来说缺少有效的抵质押资产，一旦发生经营困难或资金链断裂，就很难按时偿付贷款。在实际经营中，中小企业往往同时在几家金融机构贷款，那样会涉及多个诉讼案件，造成账户被多轮查封，影响整个供应链上企业的运行。

3. "信息孤岛"问题普遍存在

近年来，虽然供应链金融的发展为系统解决中小微企业融资问题提供了新思路和新手段，但是在运行中，"信息孤岛"问题还是普遍存在。链上的金融机构、企业等参与方的数据系统相互割裂，无法形成统一的标准，没有建立有效的共享渠道和途径。例如，核心企业与其上下游的交易系统信息大多会存储于双方的系统之中，金融机构授信信息也大多掌握在金融机构的手中，彼此无法共享。同时，由于整个供应链金融信息的不透明，参与者无法全面了解整个交易流程中所有的信息流、资金流以及进展情况，必然降低供应链金融的运作效率，加大了金融授信的操作难度和风险。对银行、基金公司等金融机构而言，"信息孤岛"则会使其无法从中小企业获得有价值的数据，进而影响对整个交易的判断，导致许多真实且急需的融资被拒绝。同时，政府部门掌握很有价值的公共数据，但是出于数据标准或部门利益等原因，共享没有到位，也影响了供应链上企业和金融机构之间信任体系的构建。《报告》显示，"参与调研的300家融资机构中，有85.8%的受调研企业非常希望政府开放公共数据，如海关、税务、市场监督、工商注册等，以及其他零散的数据，如司法、舆情等。"《报告》认为，政府管理部门在供应链金融服务中大有可为，要积极发挥作用，不能把所有责任全部推给金融机构。由于供应链金融涉及利益主体众多，任何主体的缺失或者行为失当，都将导致信贷风险上升，供应链金融就会成为难以真正全面实现的"镜中之花、水中之月"。

特别需要指出的，是供应链金融链条中核心企业在供应链融资中作用过大。核心企业的信用直接决定了应收账款、票据等标的物的流动性。核心企业作为供应链的中心，掌握了行业的核心数据，还在供应链金融中掌握了控制权。核心企业模式也是供应链金融的主要模式，但是核心企业模式拓展性较小，只能适用于本行业的供应链金融。各个银行依托金融科技，在供应链金融业务中加强了基础技术设施投入，但是大多数商业银行供应链金融业务系统还较为分散，特别是金融系统间信息的交互和应用尚未实现，对于中小企业客户提出的在线供应链金融服务需求，还没有建立标准化平台进行连接，互联网技术对供应链金融的支撑服务还不到位。

（三）推动供应链金融发展的政策建议

1. 重视保护数据隐私及约束信息滥用

数据和信息的高效流通和安全使用是金融服务的基石，为了确保供应链金融在持续健康发展的轨道上运行，必须转变传统的风险管理指标。中国人民银行、银保监会等八部门出台的《意见》中明确指出，"要防范金融科技应用风险，供应链金融各参与方应合理运用区块链、大数据、人工智能等新一代信息技术，持续加强供应链金融服务平台、信息系统等的安全保障、运行监控与应急处置能力，切实防范信息安全、网络安全等风险。"这需要相关配套的法律法规来保护企业或平台的数据隐私，约束信息滥用，避免滥用数据信息造成风险问题，实现供应链金融业务稳健发展。虽然在金融科技的推动下，供应链金融与传统金融相比摒弃了种种桎梏，但是作为一种新的金融风险，具有更为复杂的特性，应当重视打造健全的风控系统，把信息安全和网络安全放在更为重要的位置进行考量，引入全新的风险管理指标进行评判。

2. 推动实现供应链金融风控的数字化改造

近年来金融科技赋能风控已经成为中央和地方政策中出现频率较高的词汇，因为随着金融业数字化程度的加深，金融科技在金融风险控制中的基石作用愈发明显。借助金融科技的技术优势，不仅能有效提升风险管理水平，还能实现风控的数字化与智能化。特别是在区块链、物联网、大数据、人工智能等技术赋能下，金融机构可以不断发挥地位优势，运用信息技术提升供应链交易数据维度，加入完善的司法、税务、工商、融资、企业运营等数据，打通以往的数据"孤岛"，解决信息不对称问题，通过对企业进行精准画像和实时评价做到监督，实现金融风控的数字化和智能化，有效提升对供应链金融的风险管理水平。借助金融大数据风控模型，可以随时洞察企业的实际经营现状和发展动向，甄别实时交易是否存在异常行为，以此来判断风险敞口大小和定价是否合理。通过将区块链和物联网技术嵌入交易各环节，获取实时信息，对商品和服务交易进行远程监控和溯源管理，便于随时验证交易真实性，实现风险的监测和主动预警。金融机构、企业、政府、第三方平台等供应链金融参与者和推动者可以借助金融科技的力量，构建出数字化和智能化的供应链金融生态圈，从根本上解决企业"融资难、融资贵"等问题，提高供应链资金融通效率，形成有效闭环，达到资金服务实体经济的目的。

区块链具有自治性、信息不可篡改等特点，可以增强供应链的透明性，比如开发数字票据，构建联盟链，追溯标的物，将关键信息和交易过程上链，进入账簿记录，为供应链金融的交易状态提供实时的视图，有效提高交易的便利性。基于加密数字技术，区块链创造了一种独立于第三方的共识信用机制，因为每一个录入系统的数据都将通过某种加密数字技术的验证，并且数据都带有时间戳。加密技术的不可破解和时间的不可逆转保证了记录过程的不可篡改性。此外，区块链上的数据是公开的，参与主体均能平等地访问相应的数据，具有知情权，因此供应链金融的多方参与者更能达成共识。这种信用共识不是基于核心企业，而是基于技术，并且这种信用机制使得交易能够跨越地域限制，减少交易环节。

3. 建设供应链金融数据信息服务平台

为解决供应链金融行业发展普遍面临的基础数据缺乏、数据割裂、"信息孤岛"等共性问题，应集中政府和行业之力，按照共商共建原则，统一数据标准，推动有序接入电力、工商、司法、税务等公共数据，纳入核心企业、流通企业、生产企业、仓储企业等产业数据，对上下游产业链的贸易流通数据以及信贷、支付等金融数据进行整合，打造供应链金融数据信息服务平台，为社会提供安全、高效和统一的供应链金融数据信息服务。在确保商业秘密、敏感数据和个人隐私安全可控的前提下，建立健全跨行业、跨地区、跨层级的数据融合协同机制，逐步实现供应链金融底层信用产品基础设施功能，加速供应链数字化变革与供应链金融服务模式创新。

供应链金融引入区块链技术后，利用弱中心化的优势，可以提供"穿透"多层交易结构的信用技术，使得金融机构可以对远离核心企业的企业进行多点授信，改变了原来与核心企业关系较远的中小企业融资难的问题。

在区块链架构下，依据连续的合同关系，结合云仓库等库存管理模式，可以构建多节点参与的交易关系，打通急需解决的信用瓶颈，使得全链都可以获得核心企业或金融机构的信用支持。未来，大型供应链金融平台必然将引入政府节点并使其成为区块链架构的重要组成部分。政府各级部门具有丰富、高质量、多元化的公共信息资源，可以极大程度解决现有供应链金融平台中数据资源分散、透明度低、获取信息的难度大、成本高等问题，为供应链金融服务的创新和融资维度的扩展提供有利的条件。

参考文献

李东荣：《提升消费者数字金融素养需多方协力》，《清华金融评论》2020年第6期。

莫非、许昌清、赵大伟：《"链"通未来——区块链原理、实践与案例应用》，中国金融出版社，2020年5月。

四川省金融科技学会供应链金融实验室：《2020供应链金融白皮书·供应链金融风险与金融科技创新》，2020年11月。

杨涛、贲圣林主编《中国金融科技运行报告（2018）》，社会科学文献出版社，2018年6月。

杨涛、贲圣林主编《中国金融科技运行报告（2019）》，社会科学文献出版社，2019年7月。

亿欧智库：《2021数字化转型下银行发展供应链金融研究报告（上）》，2021年2月。

赵大伟、李雪：《金融科技背景下的金融监管研究——基于监管科技的视角》，《浙江金融》2020年第4期。

中国服务贸易协会供应链金融委员会、鲸准研究院：《2019中国供应链金融行业发展报告》，2019年7月。

中国互联网金融协会区块链研究工作组：《中国区块链金融应用与发展研究报告（2020）》，2020年4月。

中国互联网络信息中心：《中国互联网络发展状况统计报告》，2021年2月。

中国人民大学中国供应链战略管理研究中心、中国物流与采购联合会物流与供应链金融分会、万联供应链金融研究院、中关村金融科技产业发展联盟：《疫情下企业融资与供应链金融调研报告》，2020年3月。

中国银行业协会：《中国消费金融公司发展报告（2020）》，2020年8月。

第十三章 投资管理的创新与发展

王 平 李 根 柏云知秋*

摘　要： 新冠肺炎疫情之下，我国数字金融不断创新，投资管理行业数字化转型提速。从业机构应用数字技术持续地降本、提质、增效，在2020年经历了市场大环境剧烈波动的磨砺之后，进入了全面转型、高速发展的阶段。尽管大资管市场仍处于资管新规的过渡期，但市场需求已经发生了较为明显的转变。需求加速扩张的同时，对权益类资产尤其公募基金的偏好增强，对数字投资和投资顾问的接受程度增加。与此同时，资产多层次的市场格局更加清晰规范，第三方投资管理机构、主流金融机构与新兴数字投资管理机构已成鼎立局势，依托数字技术分别实现了集约化、全托式与智能化数字系统平台的底层应用。未来随着投资管理行业数字化转型全面实现，我国投资管理机构将能够向行业提供更加普惠、高效、便捷的投资管理服务，更加有效地服务与支持我国"十四五"时期的经济社会发展。

关键词： 金融科技　投资管理　数字化转型　智能化

---

* 王平，新网银行行业研究员；李根，中国社会科学院投融资研究中心研究员；柏云知秋，新网银行行业研究员。

一　引言

2020 年初我国受到新冠肺炎疫情冲击，经济增速在 2020 年一季度大幅下滑后，于二季度开始强劲反弹，成为全球首个从疫情中恢复并全年取得经济正增长的国家。为对抗疫情带来的经济波动，中国人民银行在短期内实施了较为宽松的货币政策。货币政策的刺激，再加上强劲的经济复苏对全球资本的吸引，我国大类资产价格快速上涨，带动了投资管理市场在 2020 年到 2021 年的繁荣发展。由于疫情期间非接触式交互的需求大幅提升，投资管理机构的数字化转型加速发展，全在线、智能化的投资管理服务成为行业发展的基本特征，投资管理全面数字化的时代已经到来。

在过去 3 年的报告中，我们由创新业态、创新业务模式的"点"，逐渐分析到投资管理业务环节数字化转型的"线"，对投资管理行业的数字化转型发展有了基本的认知与了解。本报告我们来到"面"，从更加整体、系统的角度来看投资管理行业的数字化发展，梳理了大资管市场的行业环境，关注从业机构整体的转型情况，分析数字化转型过程中所应用的系统与平台，将研究推进得更加全面、完整，争取让读者站在全景化的视角，看到投资管理创新发展的现状与趋势。

二　投资管理创新环境分析

（一）我国投资管理政策环境分析

2019～2020 年，我国资产管理行业整体处于监管转型过渡期。受新冠肺炎疫情影响，我国资产管理行业转型进展延缓，中国人民银行等多部门在 2020 年 7 月 31 日发布《优化资管新规过渡期安排　引导资管业务平稳转型》，将《关于规范金融机构资产管理业务的指导意见》（以下简称《资管新规》）过渡期延长至 2021 年底。由于我国资产管理行业过于庞大、繁杂，要实现破刚兑、净值化、控非标等转型目标，仍需要细分领域的监管细则逐步落实、行业标准逐渐统一，前期非标资产、嵌套资产、非净值产品规模逐渐缩减消化。据统计，截至 2020 年底，净值型理财产品存续规模为 17.4 万亿元，占理财产品存续余额的 67.28%，占比上升 22.06 个百分点。[1] 在压降"多层嵌套"产品规模方面，券商资管规模在 2020 年底降至 8.6 万亿元，降幅高达 21%。[2] 在非标资产消化方面，截至 2020 年末，银行理财投资非标类资产规模为 3.15 万亿元，占比下滑 4.74 个百分点至 10.89%。从数据来看，行业整体转型的进度较为缓慢，这也是促使监管部门延长资管新规过渡期的重要原因。

以《资管新规》为框架的监管体系日趋完善。过去两年间，围绕《资管新规》的配套监管细则也在不断落地（见表 13-1），将机构监管与功能监管相结合，基本形成了以银行、保险、证券、信托为主的分业监管体系，资金端与资产端的监管细则，以及营销宣传、消费者保护等规范要求。在银行理财方面，监管部门针对当下市场环境，增加了销售、风控和托管等方面的要求，并积极推动银行理财子公司发展，以独立于银行母体的方式开展理财业务。在保险资管方面，监管部门明确了保险资管的私募性质，以双轨制的方式使保险资金和非保险资金分别适用不同的监管要求，并制订了参与期货交易、衍生品交易、银行资本补充及债转股计划等交易的规定细则。在信托融资方面，监管部门强化了融资业务中募、投、管的监管规定，对信托资金投资非标集中度进行约束，严格落实合格投资者人数限制。在证券基金方面，监管部门把重点放在实现私募去通道、去嵌套等目标上，促使私募业务从被动通道向主动管理转型，集合产品与公募保持一致，公募基金领域各项监管章程快速落地，房地产投资信托（REITs）、新三板等各类基金新品种相继放开监管，侧袋机制和指数基金指引落地，产品注册也开始提速，基金投顾试点逐渐完善。

---

[1] 银行业理财登记托管中心：《中国银行业理财市场年度报告（2020）》，2021 年 2 月。
[2] 中国证券投资基金业协会：《资产管理业务统计数据（2020 年四季度）》，2021 年 3 月。

表 13-1 近年来我国投资管理领域主要监管政策梳理

时间	部门	政策名称	主要内容
2018 年 4 月	中国人民银行、银保监会、证监会、外汇局	《关于规范金融机构资产管理业务的指导意见》（银发〔2018〕106 号）	确立了我国大资管时代的基础性行业法规政策
2019 年 10 月	证监会	《关于做好公开募集证券投资基金投资顾问业务试点工作的通知》	试点机构可以代客户做出具体投资决策，公募基金投资顾问业务试点正式开闸
2019 年 10 月	银保监会	《关于进一步规范商业银行结构性存款业务的通知》（银保监办发〔2019〕204 号）	严格区分结构性存款与一般性存款；要求银行制定实施相应的风险管理政策和程序；规定银行发行结构性存款应具备普通类衍生产品交易业务资格，执行衍生产品交易相关监管规定；加强结构性存款合规销售；强化信息披露；加强非现场监管和现场检查
2019 年 11 月	银保监会	《商业银行理财子公司净资本管理办法（试行）》（银保监令〔2019〕5 号）	理财子公司净资本管理应当符合两方面标准：一是净资本不得低于 5 亿元人民币，且不得低于净资产的 40%；二是净资本不得低于风险资本，确保理财子公司保持足够的净资本水平
2019 年 12 月	中国人民银行、银保监会	《关于规范现金管理类理财产品管理有关事项的通知（征求意见稿）》	现金管理类产品是指仅投资于货币市场工具，每个交易日可办理产品份额认购、赎回的商业银行或银行理财子公司理财产品
2020 年 3 月	银保监会	《保险资产管理产品管理暂行办法》	明确了保险资管私募产品的性质，适用私募产品管理规范，通过双轨制规范保险资金的投资范围
2020 年 4 月	证监会	《证券基金投资咨询业务管理办法（征求意见稿）》	正式将证券基金投资咨询分为三类业务，一是证券投资顾问，二是基金投资顾问，三是证券研究报告发布
2020 年 4 月	证监会	《公开募集证券投资基金全国中小企业股份转让系统挂牌股票指引》	为公募基金投资新三板精选层股票开闸，明确股票、混合型基金可以投资精选层股票，且不可投被调出精选层的挂牌公司
2020 年 7 月	银保监会	《保险资金参与国债期货交易规定》《保险资金参与金融衍生产品交易办法》《保险资金参与股指期货交易规定》	明确了保险资金参与各类交易的目的为对冲风险，参与交易的方式、期限以及回溯报告等内容

时间	部门	政策名称	主要内容
2020 年 7 月	中国人民银行、银保监会、证监会、外汇局	《标准化债权类资产认定规则》	厘清标准化债权类资产与非标准化债权类资产的定义,明确了标准化债权资产认定,支持债市稳定过渡
2020 年 7 月	证监会	《公开募集证券投资基金侧袋机制指引(试行)》	明确公募基金侧袋机制的内涵,规定了该机制的启用条件、实施程序及主要流程,规范了费用、信息披露等约束机制
2020 年 7 月	证监会	《公开募集证券投资基金运作指引第 3 号——指数基金指引(征求意见稿)》	规范指数基金,要求新开发的股票型和债券型指数基金标的指数成分证券数量不能低于 30 只,且发布时间不短于 1 年
2020 年 8 月	证监会	《公开募集基础设施证券投资基金指引(试行)》	正式开启我国基础设施公募基金试点,将基础设施建设资产纳入公募基金投资领域,拓宽融资渠道
2020 年 8 月	证监会	《公开募集证券投资基金销售机构监督管理办法》	修订了独立销售机构业务范畴,取消其代销股权投资私募基金资质,提高了独立销售机构的门槛,完善了牌照延续机制
2020 年 9 月	银保监会	《保险资产管理产品管理暂行办法》配套规则	发布了《组合类保险资产管理产品实施细则》《债权投资计划实施细则》《股权投资计划实施细则》三个细则,对三类产品实施差异化监管
2020 年 12 月	银保监会	《商业银行理财子公司理财产品销售管理暂行办法(征求意见稿)》	作为《商业银行理财子公司管理办法》的配套细则,明确了理财子公司在开展产品销售业务活动时需要遵守的规范制度

资料来源:笔者根据金融监管部门官方网站资料整理。

　　《资管新规》框架下,进一步完善证券基金投资咨询业务体系,释放投顾政策红利。2020 年 4 月,中国证券监督管理委员会(以下简称证监会)出台了《证券基金投资咨询业务管理办法(征求意见稿)》(以下简称《投顾办法》),确立了证券基金投资咨询三类业务,分别为证券投资顾问、基金投资顾问和发布证券研究报告。其中基金投资顾问业务有了明确的定义,是指接受客户委托，按照合同约定向客户提供证券投资基金以及中国证监会认可的其他投资产品的投资建议，辅助客户做出投资决策或者按规定代理客户办理交易申请的经营性活动。[①]《投顾办法》为基金投顾业务试点提供了监管政策的支持，明确了基金投顾机构的合法地位，为投资顾问在投资基金方面"代客理财"提供了政策许可。

投顾政策相继落地，正本清源后智能投顾行业将愈加规范、健康地发展。《资管新规》中首次落实智能投顾规定，要求非金融机构不得超范围经营，智能投顾模型需完成备案，并强调智能投顾同样适用于《资管新规》的投资者适当性、信息披露、风险隔离等要求，附加了交易透明、强化留痕、单设账户、避免算法同质化、强制人工介入等约束。一方面，监管部门严格整治互联网咨询业务，严格惩治未获得相应资质的非金融机构违规开展智能投顾业务。证监会新闻发言人张晓军表示，"发现互联网平台未经注册，以智能投顾等名义擅自开展公募证券投资基金销售活动的，将依法予以查处。"另一方面，有投顾资质的金融机构将获得政策空间。随着基金投顾试点以及《投顾办法》的落地，智能投顾在投资顾问业务领域发展的业务逻辑也相对清晰，一是提供证券投资咨询，二是提供基金投资咨询，三是为机构投研提供辅助支持。获得相应牌照资质的金融机构，将能够在相对规范的政策环境中借助智能投顾开展业务。

（二）我国投资管理市场需求分析

我国居民财富总量已成规模，存量增速超过流量增速，推动我国大资管行业迅速发展。据国家金融与发展实验室统计，截至2019年末，我国社会总资产达到了1655.6万亿元，社会净财富约为675.5万亿元，居民部门存量财富已经达到512.6万亿元，居民人均财富达到约36.6万元。过去10年间，我国社会财富同比增速在多数年份超过了GDP增速。过往20年间，社

[①] 中国证券监督管理委员会：《证券基金投资咨询业务管理办法（征求意见稿）》，2020年4月。

会净财富的复合年增速更是达到了 16.2%，超出名义 GDP 复合年增速 12.8%。[①] 快速增长的财富规模，离不开我国保持高位的储蓄率。据世界银行统计，我国的总储蓄率长期保持在 40% ~ 50% 之间，2018 年约为 44.6%。与高储蓄率对应的则是较高的投资率，无论是存量资产还是增量投资，都需要运行良好的资产管理市场体系来维系支持，这是我国资管行业不断改革完善的前提依据。居民财富的快速增长推动了我国资管市场 20 年来的飞速发展，伴随着行业改革与技术创新应用，催生了数字时代的资管市场体系，是我国资管行业快速崛起的动力来源。如此大规模的居民财富为当前大资管时代奠定了坚实基础，如何配置并服务好这些财富，是当前资管从业机构职责与使命。

我国居民财富配置多元，但分化差异较大。据国家金融与发展实验室统计，我国居民非金融资产占总资产比例近年来有扩张趋势，其中住房资产占净资产比例在 2018 年后再次超过了 40%，占非金融资产比例在 2019 年达到了 93%。在金融资产方面，我国居民持有的股票占比最高，截至 2019 年末已经高达 52%；通货及存款占比持续下降，截至 2019 年末占比约为 36.44%（见图 13 - 1）。随着《资管新规》破刚兑、净值化目标的逐步实现，通货与存款类资产的需求将会继续降低，证券基金份额将有较大的政策驱动增长空间。在此无风险存款资产下降且净值化大趋势下，股票及股权、证券基金份额的市场增速将快于居民财富增长速度，成为当下与未来居民资产配置需求快速增长的重要市场。

2020 年股票市场市值持续走高，权益类资产配置需求飞速增加，证券基金受到市场热捧。据中国证券登记结算有限责任公司统计，我国 2020 年新增投资人数量达到 1802 万人，投资者数量累计达 1.84 亿人，远超 2018 年 1252 万人和 2019 年 1325 万人的增长水平，可见市场需求较为强劲。中国证券业协会发布的证券公司 2020 年度经营数据显示，证券行业实现代理

[①]　李杨、张晓晶：《中国国家资产负债表2020》，中国社会科学出版社，2021。

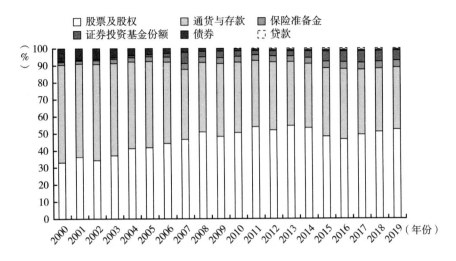

图 13-1　中国居民金融净资产的构成（2000～2019 年）

资料来源：李扬、张晓晶：《中国国家资产负债表 2020》，中国社会科学出版社，2021。

买卖证券业务净收入（含交易单元席位租赁）1161.10 亿元，同比大幅增长 47.42%，权益类资产交易异常火热。受权益市场需求暴增影响，加之政策引导与监管部门大力支持，我国资产管理业务总规模大幅增加，其中公募基金行业在 2020 年得到了飞速发展。据中国证券投资基金业协会统计，截至 2020 年末，我国资产管理业务总规模约 58.99 万亿元，同比增长 12.94%。2020 年公募基金规模达 19.89 万亿元，相较于 2019 年的 14.77 万亿元，同比增幅达 34%，其中股票型基金与混合型基金规模在 2020 年增长了 3.23 万亿元，同比增幅达 101%。

新冠肺炎疫情对资产管理行业产生正向影响，客户对投资顾问的信任度显著提升，对数字化理财方式接受度大幅提高。上海高级金融学院发布的《2020 年中国新富人群财富健康指数》调研数据显示，疫情之后，我国新富人群对于各类金融服务机构尤其是投资顾问的信任度出现了明显的提升。其中 37.6% 的受访者认为投资顾问非常有帮助，相较于 2019 年提升了 7.6 个百分点；只有 7.4% 的受访者认为投资顾问没有帮助。37.5% 的受访者对投资顾问非常信任，相较于 2019 年提升了 8.8 个百分点；只有 11.2% 的受访者不信任投资顾问。疫情之后，我国新富人群使用数字金融平台的比例大幅提升，其中手机银行 App 使用比例从 2019 年的 22.6% 提升到 2020 年的 51.6%，互联网金融投资平台使用比例也从 20.1% 提升到 33.3%，甚至银行官网微信账号的使用比例都从 17.9% 提升到 27.4%。在使用数字平台进行投资时，有 42.8% 的受访者表示更习惯使用数字平台。

（三）我国投资管理市场供给分析

我国投资管理市场将适应供给侧改革的大趋势，形成多层次的资产竞争格局。近年来，随着经济的快速增长以及居民可投资资产规模的快速扩大，我国投资管理市场规模迅速扩大，市场中各类资产争相割据市场的不同需求层次。而《资管新规》的出台，更是为整个大资管市场提供了规范化发展的思路，使得可供投资的各类资产分层清晰，不同类型的金融资产对应不同级别的风险偏好需求。其中，《资管新规》对银行理财等原先保本型理财产品影响最大，使得这类资产转变为低风险的净值型产品，强制打破了刚性兑付的局面。在市场中，银行理财随着《资管新规》的实施，其发展势头更加稳健，保持稳定的增长趋势。而其他各类多层嵌套、通道类业务等依托券商资管、信托、基金公司等发展起来的业务及对应的金融资产，则在《资管新规》的约束下逐渐消弭。这些原先开展通道类业务的投资管理公司将重新回归原先的市场层次，在统一监管的规范内，对接各类不同的风险资产与风险偏好需求，构建投资管理大格局中的分层体系。这些改变，适应了当下供给侧改革的内涵，以分层分类的方式，实现了投资管理市场的供给侧改革。

基于不同的资源禀赋，我国投资管理市场形成了以第三方投资管理机构、主流金融机构和新兴数字投资管理机构为主的三足鼎立的竞争格局。首先是第三方投资管理机构。这类机构起步较早，并且在市场中已经建立了全方位的渠道，积累了大量的投资管理客户，有一定程度的市场占有水平，但是这类机构在主动管理资产方面的能力相对较弱，风控能力不足，容易出现风险。其次是以银行、证券公司和基金公司为主的主流金融机构。这类金融机构虽然开展投资管理业务相对较慢，但是其金融服务体系内具备十分庞大的客户群体，能够通过交叉营销，快速扩展投资管理业务。主流金融机构借助其强大的资本规模、风控实力，能够快速培育出支持市场需求的投资顾问、资产管理团队，自身也能够为不同层次的客户提供不同风险级别的理财产品。最后是新兴数字投资管理机构。这类机构依托金融科技，能够准确击中市场痛点，有效解决投资者风险适配的问题。大数据技术能够更加准确地绘制客户画像，测度投资者的风险偏好，从而为客户推荐更符合其风险偏好的资产配置。人工智能技术能够以低于人力投资顾问的成本为客户提供投资顾问服务，根据投资者需求为其推荐风险适配的产品。

从业机构在全业务环节积极探索新型数字技术应用，为行业提供更加普惠、高效、便捷的投资管理服务。无论是第三方投资管理机构、主流金融机构还是金融科技公司，都已经充分认识到新兴数字技术的价值，并尝试应用这些技术推进自身的数字化转型。从募、投、管、退业务环节来看，每个业务环节都有数字技术的创新应用（见表13-2）。其中云计算技术作为底层基础技术，普遍应用于机构自身的数据存储与系统搭建，而人工智能则是众多业务环节中应用最为普遍的技术。投资管理机构应用新兴数字技术首先解决的是门槛问题。降低了投资限额和获得服务的门槛，更多的大众投资者就可以充分享受到投资管理服务，获得财富的保值与增值。其次，通过数字化转型，从业机构实现了数字化营销获客、数字化KYC（了解你的客户）、数字化交易决策、数字化投资者教育与保护等，从而大幅提高了服务效率，降低了服务成本，更迅速、灵活地响应投资者需求。再次，投资产品的自动化与智能化能够最大限度地降低投资者操作成本，帮助投资者更加便捷地完成投资管理，享受到技术创新应用带来的便捷性与舒适感。

表 13 – 2 新兴数字技术在资产管理行业的应用

阶段	业务环节	人工智能	大数据	区块链
募	精准获客	有	有	有
	智能营销	有	有	
	智能客服	有		
投	智能投研	有	有	
	智能投顾	有	有	
	智能反欺诈	有	有	有
管	智能风控	有	有	
	智能运营	有		
退	智能清算			有
	数据管控	有	有	有

资料来源：巴曙松、杨琼、周冠南等：《2020 年中国资产管理行业发展报告》，北京联合出版公司，2020，第 43 页。

目前国内投资顾问仍然供给短缺，智能投顾依然是解决大众投资者投资顾问需求的较优解。一方面，投资顾问整体数量较少。中国证券业协会披露的数据显示，截至 2021 年 4 月，全行业获得注册资格的投资顾问仅有 64990 位，即每 2 万人只有 1 名投资顾问。另一方面，注册投资顾问主要服务于我国极少数的头部高净值客户，难以惠及普通大众。大多数注册投资顾问隶属于资产管理机构，且主要以证券公司为主，占全部注册投资顾问的比例约为 96%。此外，其他投资顾问如非注册投资顾问、独立理财师等，则缺乏官方的认证资质，并且能力水平参差不齐，数量难以统计。因此要为大众投资者提供投资顾问服务，仍然需要依赖人工智能技术提供的智能投顾服务。虽然智能投顾目前仍未达到最理想的千人千面效能，但已经具备根据个人风险偏好提供资产配置、择时调控仓位等能力，可以为客户提供基本的投资顾问服务，实现理财服务的普惠，是目前有胜于无的较优解决方案。

三 业务创新与实践案例

（一）主流金融机构的数字化系统集成平台

投资管理机构的数字化转型离不开底层统一完整的数字业务系统。一方面，投资管理机构要实现数字化转型，往往面临各业务环节的管理系统相对分散、缺乏完整一体化底层系统支持等困难，从而在机构内部难以实现业务连贯无阻、数据互通互动以及联合风险管理等目标。这一问题在金融控股集团内部更加严峻，各子公司之间系统相互独立，彼此之间交互存在较大障碍，难以实现集团层面的统一协同发展。另一方面，投资管理市场内，各类机构百家争鸣，各类产品百花齐放。虽然发展形势相对较好，但在行业层面缺少能够连接产业链各方的系统平台，推动投资管理生态圈的建设与发展。

在此背景下，部分金融机构通过自主研发的方式建设了内部集约统一的资产管理系统平台，既为投资管理业务发展提供系统支持，也为行业内生态圈建设提供平台服务。其中较为典型的有中国建设银行自主研发的"大资管家"平台，该平台服务于中国建设银行旗下的各类资产管理子公司，为中国建设银行集团内外部提供产品管理、业务交互与资源整合服务，搭建以中国建设银行为中心的投资管理生态圈。

案例1　中国建设银行"大资管家"系统集成平台

中国建设银行自主研发的"大资管家"平台，是能够将建设银行内外部资管产品集合在一起，为中国建设银行内部资管业务部门、外部合作机构以及资管客户提供金融服务的平台，主要用于整合中国建设银行内外部资管业务系统和平台资源，能够降低子公司重复的科技投入成本，为资管业务孵化更多的专业投资经理，连接投资管理链条上的参与机构，打造中国建设银行投资管理生态圈。

"大资管家"平台包含5个模块和两个中心，能够提供5项解决方案。其中5个模块分别为产品管理、销售服务、投资管理、交易管理和估值核算，两个中心分别是统一数据中心和统一风控中心。5项解决方案分别为投研与交易、中后台运营、销售渠道、风险管理和数据中心。[1]

在投研与交易方面，"大资管家"平台提供了债券投研、Smart Beta 指

---

[1] 李伟主编《中国金融科技发展报告（2020）》，社会科学文献出版社，2020。

数投资等工具箱，为智能交易的执行提供帮助。据建设银行披露，"大资管家"交易平台能够节约50%的交易冲击成本。在中后台运营方面，"大资管家"交易平台能够降低10%～30%的运营成本，实现估值、对账、监管保送的一键式服务。在销售渠道方面，能够提供统一销售平台并展开数字化精准营销，对接多个渠道、多个场景，且能够实现代销平台的一键接入。在风险管理方面，能够将风控嵌入销售、研究、自配与交易等系统中，并提供反洗钱、信用评级、交易风险分析等风控服务。在数据中心方面，能够建立完整的数据链条，为业务部门之间、合作机构之间提供数据管理与数据共享服务，便于全景式数据分析。

第三方金融科技平台为投资管理机构提供系统平台服务，加速推动行业数字化转型。随着一级资本市场的逐渐成熟，私募股权投资基金公司也在快速发展。相较于公募基金公司、银行、保险公司等大型资产管理机构，多数私募基金公司的资产管理规模较小，营收能力较弱。这些私募基金公司业务运营数字化程度不足，由于缺少业务系统的支撑，需要付出大量的人力、物力成本，且运营效率较为低下。在推进数字化转型时，私募基金公司则面临自研自建系统成本过高的困境，往往需要借助第三方机构的力量，依托云端平台服务实现业务运营的数字化。在行业内较为典型的第三方金融科技服务商如鲸准"投资管理系统"，借助 PaaS（Platform as a Service——平台即服务）+混合云技术，为从业机构提供涵盖营销推广、业务流程、风险管理、数据分析、智能投研、监管报送在内的多项解决方案，以科技连接产业，助力资产管理行业数字化转型。

案例2　鲸准"投资管理系统"

鲸准作为一家金融科技服务机构，自主研发了鲸准"投资管理系统"平台，为我国投资管理机构提供数字化转型支持（见图13-2）。该平台应用 PaaS+混合云技术架构，为投资管理机构提供募、投、管、退各个业务环节的系统支持，帮助机构实现中后台一体化，降低系统开发成本，提高投资效率。

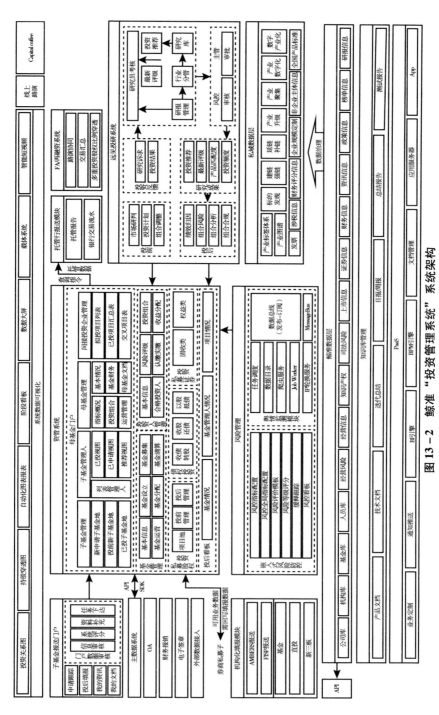

图 13 - 2 鲸准"投资管理系统"系统架构

资料来源：鲸准官方网站，https://www.jingdata.com/ziguankeji2/。

对于投资管理机构而言，鲸准"投资管理系统"是一站式解决方案，具有六大核心功能：一是投资项目全生命周期管理，覆盖项目入库、尽调、交割、退出等不同环节，使用数据智能化辅助项目提高推进效率；二是基金主数据管理，助力智能化基金全生命周期运营，协助投资者及投资者关系管理、投资组合及交易管理，提升基金运营效率；三是基于交易的多纬度财务准则、多账套管理、收益自动分配、智能一键结算，自动计算多纬度财务指标，与财务系统对接；四是系统自动实现合规管理、主流合规体系库、内置主流风险管理模型、对项目和基金实现风险实时预警主动提示，增强风控能力；五是内置标准投资分析模型并可视化呈现，通过多维度动态仪表盘，支持投资决策与分析，实现动态资产结构图、资产关系分析、底层资产分析；六是满足机构日常 OA 办公需求，如流程审批、文件存储、日程管理、工作进展跟踪，与项目无缝管理，实现机构办公全面数字化。

对于投资经理而言，鲸准"投资管理系统"是一站式工作台，能够帮助投资经理实现以下功能：①找标的，实现智能推荐投资标的、关联数据库数据、新闻舆情与融资信息实时跟踪、同业竞品立体对比功能；②推项目，实现项目流程线上推进，TS/SPA 条款结构化呈现，IC 门户实时查看汇报/会议，用印交割智能提醒功能；③管投后，实现公司运营数据批量导入，外部门户方便收取数据，风险条款实时监控，待办事项按期提醒功能；④轻办公，实现内外审批节点自动流转、团队日程可视化呈现、待办任务管理提醒、进度随时跟踪查阅、文档数据团队共享、随时随地移动办公等功能。

（二）第三方投资管理机构的全托资产管理服务平台

近年来，我国第三方投资管理机构与独立理财师市场快速发展。对标欧美国家，投资管理市场中，第三方投资管理机构市场较为庞大，目前在美国证券交易委员会（SEC）注册独立的投资顾问机构有1.3万家以上，为市场上的个人投资者提供多种多样的投资咨询服务。我国第三方投资管理机构虽然已经占据了一定的市场份额，但自主投资能力相对不足，相较于美国仍有一定差距。欧美独立理财师销售的基金产品，占基金销售总规模的半数以上，是市场的中流砥柱。不同于欧美国家，当下我国的个人投资顾问大多依附于金融机构，独立理财师相对较少。在互联网和移动互联网的帮助下，投资顾问不再紧密依附于金融机构，而是更多地依托互联网平台展业。在此环境下，部分投资顾问开始脱离机构，成为独立理财师，借助互联网投资管理平台为客户提供资产配置与产品销售服务。

全托资产管理服务平台为独立理财师和第三方理财机构赋能，提升服务能力和服务效率。全托资产管理服务平台英文全称为 Turn-key Asset Management Platform（TAMP），能够为投资顾问提供一站式的资产管理解决方案，使得投资顾问可以更加专注于服务客户、管理客户资产与提供投资方案，而不必在日常的项目运营方面花费大量的时间成本。TAMP 为投资顾问提供产品分销、客户管理、网络交易、资产管理等方面的技术解决方案，当前功能主要集中在为投资顾问提供各项业务工具，正在向一体化的综合金融服务平台发展。尽管 TAMP 在国内还处于起步阶段，但对标美国 TAMP 在投资管理市场20％左右渗透率[1]，我国 TAMP 市场将会有较大的发展空间。目前国内较为知名的 TAMP 案例为华泰证券在 2016 年收购的 AssetMark 公司，这家公司的发展给我国 TAMP 行业带来了较多可借鉴的发展经验。

案例3 AssetMark 全托资产管理服务平台

华泰证券在 2016 年通过华泰金融控股（香港）子公司以 7.68 亿美元的价格收购了 AssetMark 约 99％的股票。AssetMark 是美国领先的统包资产管理平台，作为第三方金融服务机构，为投资顾问提供投资策略及资产组合管理、客户关系管理、资产托管等一系列服务和先进便捷的技术平台。

AssetMark 作为一家服务于投资顾问的资产管理平台，能够为客户提供一体化的技术平台、可定制化和规模化的服务，以及投资管理能力，主要有五大核心功能。一是投资解决方案，通过领先的第三方资产管理机构和策略

---

[1] 艾瑞咨询：《2019 年中国财富管理与 TAMP 商业模式研究报告》，2019 年 9 月。

顾问，以及自有投资管理团队提供全面可靠的解决方案，精简投资顾问工作任务，使投资顾问服务客户的时间最大化。二是技术平台，领先的集合式平台为投资顾问和投资者提供全周期支持的同时，降低了成本，简化了流程。三是投顾服务，为投资顾问提供长期全方位的销售、运营支持和专家咨询服务。四是合规支持，AssetMark 通过提供投资组合监测和风险分析工具为投资顾问提供合规支持，有助于降低风险。五是托管，作为开放化的托管架构平台，提高了投资管理的灵活性。

AssetMark 于 2019 年 7 月在美国纽交所顺利上市。截至 2021 年 4 月初，总市值达到了 16.22 亿美元。Cerulli Associates 与相关公开信息披露，截至 2020 年三季度末，AssetMark 在美国 TAMP 行业的市场占有率达到 11%，全美排名第三。华泰证券 2020 年年报披露，截至 2020 年末，AssetMark 平台资产总规模达到 745.20 亿美元，平台总计服务 8454 名独立投资顾问，服务的终端账户覆盖了近 18.7 万个家庭。[1]

（三）新兴数字投资管理机构的数字化投顾平台

基金投顾试点开启，智能投顾再起浪潮。随着本轮人工智能技术瓶颈期的到来，智能投顾未能实现真正的千人千面式的服务，仅实现了低智能状态下的自动检测风险偏好、智能匹配投资组合、智能模拟投资收益与自动调仓等功能。受到政策、市场与技术等方面的约束，我国智能投顾并未如预期的那样迅速崛起，而是经历了较长的缓慢发展期。在近两年基金投顾试点的开展中，一方面基金投资顾问受到政策的支持与鼓励，另一方面基金投资顾问也收获了市场需求的追捧，基金投顾获得了较为迅速的发展。在此环境下，作为智能化基金配置的智能投顾产品，同样再次迎来了新一轮的发展浪潮。较有代表性的如蚂蚁集团与 Vanguard 集团合作推出"帮你投"产品。

---

[1] 华泰证券：《华泰证券股份有限公司 2020 年年度报告》，2021 年 3 月。

案例4 蚂蚁集团与Vanguard集团合作推出"帮你投"

"帮你投"是由全球最大的公募资管机构美国先锋领航集团（Vanguard集团）与蚂蚁集团于2020年共同推出的基金投资顾问服务，能够为用户提供投前策略匹配、资产配置基金优选、投中自动调仓、投后全程投教陪伴等全委托的资产管理服务。

"帮你投"能够根据投资者的投资目标、投资周期和风险偏好为其提供定制化的服务。在用户端，"帮你投"的投资门槛为800元，服务费按季度收取，比例为年化资产的0.5%，遵循公募基金的转入转出规则。在投资策略上，"帮你投"借助Vanguard集团获全球专利的全球资本市场模型（Vanguard Capital Markets Model，VCMM）对各类资产收益和数据变量进行系统分析，对投资组合的各项风险收益指标进行上万次模拟之后，最终计算出适合投资者风险偏好的资产配置建议。同时结合资深专家团队和人工智能算法从超过6000只公募基金产品中筛选最适合的基金纳入投资组合。在投后管理上，"帮你投"能够跟踪市场状况和基金表现，对用户的投资组合进行持续优化，并且能够每日监控用户资产账户，为用户执行适当的组合再平衡，实现自动调仓功能。"帮你投"的模型策略有多类，具体如表13-3所示。

表13-3　"帮你投"的模型策略

策略类型	风险级别	预期收益	资产配置比例
安睡增值	低风险	2.5%	固收类100%
稳步增利	中低风险	3%	股票类4%，固收类96%
安逸求盈	中低风险	4%	股票类9%，固收类91%
安稳回报	中低风险	5%	股票类20%，固收类80%
步步为营	中低风险	6%	股票类35%，固收类65%
稳中求胜	中风险	7%	股票类50%，固收类50%
攻守兼备	中风险	8%	股票类60%，固收类40%
动态进攻	中风险	9%	股票类70%，固收类30%
锐意进取	中高风险	10%	股票类80%，固收类20%
全面进攻	中高风险	11%	股票类90%，固收类10%

资料来源：笔者根据支付宝"帮你投"整理统计。

据先锋领航投顾公司 CEO 张宇介绍，截至 2021 年 3 月，"帮你投"上线近一年时间，服务的用户数已超 100 万人，该数据也超过全球头部智能投顾公司 Betterment 的 60 万用户数。上线一年之后，"帮你投"的投资者教育累计覆盖超 1000 万人次。[①]

我国股票市场整体市值大涨，权益类投资获得市场青睐，带动各类数字化投顾产品迅速发展。随着 2020 年二季度至 2021 年一季度股市的持续上涨，投资理财的理念再次成为市场热点，权益类投资产品更是备受欢迎。在 2020 年，无论是证券市场，还是公募基金市场，投资者数量与投资资产规模均出现大幅上涨，需求的快速提升带动了投资顾问市场的迅猛发展，尤其是基金投资顾问。众多投资管理机构借助数字化技术，为广大用户提供投资咨询服务。其中较为典型的如中金公司的"A＋基金投顾"，既有数字技术支持，也有专业的资产配置与投资能力，能够为用户提供 1000 元起投的在线投顾服务，并且不收取任何基金申购费用，只会根据账户中的资产规模收取一定比例的投资顾问费用。

案例 5　中金公司"A＋基金投顾"

"A＋基金投顾"是中金财富发布的一款在线基金投资顾问产品。中金财富是中金公司旗下的投资管理机构，凭借其强大的资产配置能力、较为广泛的投资策略覆盖面，为客户提供一站式买房投顾账户服务。"A＋基金投顾"是一款普惠型的数字化投顾产品，投资门槛只有 1000 元，投资范围为中金优选公募基金配置池中的公募基金，转入转出与公募基金流动性一致。

"A＋基金投顾"作为一款移动端应用产品，能够根据用户在线填报的财富规划问卷，包括当前人生阶段、投资目标/场景、投资期限以及投资者对主动/被动投资方式的偏好等因素，建立财富规划模型，并为投资者在线定制推荐组合策略，该策略组合中的基金主要来源于中金财富产品筛选体系

---

① 李惠敏：《"帮你投"最新用户数超百万人》，中证网，http：//www.cs.com.cn/tzjj/tjdh/202103/t20210318_6148049.html。

多年筛选出来的公募基金池。"A＋基金投顾"的策略组合主要有6大类，具体如表13－4所示。

表13－4　A＋基金投顾组合要素

组合策略	投资范围	风险等级	建议期限	服务费率
固收加力	债券＋货币型基金:70%～100%（其中二级债基占比0～60%）其他类型基金:0～30%	R2	6个月以上	0.3%/年
配置加力－稳健型	债券＋货币型基金:40%～100%股票＋混合型基金:0～40%另类型基金:0～20%	R2	1年以上	0.4%/年
配置加力－平衡型	债券＋货币型基金:25%～85%股票＋混合型基金:15%～55%另类型基金:0～20%	R2	1～3年以上	0.6%/年
配置加力－积极型	债券＋货币型基金:0～70%股票＋混合型基金:30%～70%另类型基金:0～30%	R3	3年以上	0.8%/年
股票加力	股票＋混合型基金:80%～100%其他类型基金:0～20%	R3	3年以上	1%/年
现金加力	投资范围为货币类、中长期纯债型和短期纯债型基金(其中中长期纯债型和短期纯债型基金合计占比为0～50%)	R1	1个月以上	0.2%/年

资料来源：笔者根据中金财富A＋投顾基金官方资料整理。

四　总结与展望

2020年具有里程碑式的意义。对宏观经济社会而言，既是全民抗疫体现我国制度优势的一年，也是我国决胜全面建成小康社会取得决定性成就的一年，更是我国"十三五"时期完美收官的一年。对于投资管理行业发展而言，是获得政策大力支持、迎合市场需求快速发展的一年，也是全面推进数字化转型并取得显著成果的一年。总结 2020 年，我国投资管理行业取得了以下 3 项较为显著的成果。

一是行业监管态势逐渐明晰，监管体系趋于完善。在《资管新规》所构建的大资管框架中，各项监管政策正按照分业机构监管与功能监管的逻辑，有条不紊地落实、落地，监管标准也正趋于统一，持牌经营理念已经深入人心，这些都为行业规范发展提供了十分稳定的预期。尽管《资管新规》的正式实施时间有所延后，但监管的态势与规划的方向未发生变化，行业仍然保持着去非标、净值化、去套嵌的整体趋势。在规范发展的基础上，监管部门也在开展基金投顾、REITs 基金等试点工作，为行业的转型创新提供了有力的支持。

二是市场需求发生了显著变化，增强了行业数字化转型动力。首先是我国居民财富的增长已经到了存量赶超阶段，整体规模庞大且增长迅速，是行业快速发展的基础。其次是我国居民财富构成中权益类资产等风险资产比例有所增加，加快了投资管理的市场需求扩张速度。再次是疫情期间，我国居民对于投资咨询服务和数字化投资管理产品的接受程度大幅提升，推动行业内从业机构通过数字化转型提高服务质效，为更广泛的客户群体提供低门槛、高质量的投资管理服务。

三是从业机构市场竞争格局相对稳定，正在经历从底层系统到平台、应用层面的全面转型。第三方投资管理机构、主流金融机构与新兴数字投资管理机构已经形成了三足鼎立的局面，市场竞争的重点落在了自身运营成本的降低、获客与投资能力的提升、服务质量的加强方面，而实现这些转变的基础则在于数字化转型。服务于第三方投资管理机构的 TAMP 在国内萌芽发展，为投资顾问赋能。主流金融机构则通过统一的数字化集约系统平台，不断整合内部系统与外部资源，建设自身的投资管理生态圈。新兴数字投资管理机构凭借强大的数字技术研发能力与互联网平台影响力，再次推动数字化投顾尤其是智能投顾的迅猛发展，走在数字化转型的最前列。

展望不远的未来，我国正迎来数字化投资管理的时代。监管政策正指引着行业沿着规范化发展的大道前行，市场健康、有序、快速的发展也将是下一阶段的主旋律，在我国"十四五"时期开局之年获取新的、更加丰富的成果。大资管的市场需求已经被唤醒，未来我国居民对于投资管理的需求只增不减，大众投资者仍将是市场竞争与角逐的核心对象，而新入场的年青一代投资者们将会引领市场走上更加数字化、智能化的道路。在数字技术金融领域应用基本成熟的未来，投资管理行业数字化的舰队已经扬帆远航，已经乘风破浪的从业机构，将进入技术应用与创新的百舸争流阶段，统一底层系统、全面数字化展业已成必然，还未起航的机构将被市场迅速抛弃，成为市场潮流里的浪花泡影。

参考文献

艾瑞咨询研究院：《2019 年中国财富管理与 TAMP 商业模式研究报告》，2019。

巴曙松、杨琼、周冠南等：《2020 年中国资产管理行业发展报告》，北京联合出版公司，2020。

李伟主编《中国金融科技发展报告（2020）》，社会科学文献出版社，2020。

李扬、张晓晶等：《中国国家资产负债表 2020》，中国社会科学出版社，2021。

毛振华：《智能投顾使用意向影响因素研究——基于 UTAUT 模型的实证分析》，《金融科技时代》2021 年第 3 期。

彭琪瑶：《2019 年中国互联网财富管理行业深度报告》，头豹研究院，2020。

私人银行研究课题组：《中国私人银行发展报告（2020）》，中国银行业协会，2020。

王超：《金融科技对商业银行资产管理业务的影响》，《华北金融》2019 年第 12 期。

王文婧：《智能投顾助力商业银行财富管理数字化转型》，《国际金融》2020 年第 12 期。

王雨：《智能投顾服务的资产选择及价格竞争机制研究》，中国科学技术大学，2020。

吴飞、丽萨·亨特：《2020 年中国新富人群财富健康指数》，上海高级金融学院，2020。

杨涛、贾圣林主编《中国金融科技运行报告（2020）》，社会科学文献出版社，2020。

易卫东、郑继翔、赵斗斗、邓维、瞿韬：《金融科技赋能投资管理——招商证券投资服务体系的金融科技实践》，载中国证券业协会编《创新与发展：中国证券业 2019 年论文集》，中国财政经济出版社，2020。

张滨：《牵手金融科技，助力公募业稳健发展》，《理财》2019 年第 11 期。

郑小林、贾圣林：《智能投顾：大数据智能驱动投顾创新》，社会科学文献出版社，2020。

风险篇｜金融科技
与风险识别及监管

Risk Part: FinTech and the Identification and Supervision of Risk

第十四章　金融科技发展中的风险分析

林　楠*

摘　要：　金融科技发展要更好地服务于社会再生产中的生产、流通、分配、消费，实现整体循环顺畅是关键。金融科技发展不应是"自娱自乐"，而应更加突出"产业关联"的良性循环，金融科技应更好地支持实体经济发展。从小额支付市场看，其涉及广大公众利益，而由少数科技公司占据主导地位，则可能带来新的"大而不能倒"风险。新金融科技信贷流程和公司韧性还没有在整个经济和信贷周期中得到检验。从金融科技发展竞争力来看，各方数据权益仍有待进一步明确，在数据管理、运营管理、反垄断、消费者保护等方面加强国际合作日益紧迫。从金融科技发展可能存在风险看，金融科技并没有改变金融业风险属性，金融科技与大数据结合并非"灵丹妙药"。互联网金融"问题平台"的不断爆雷、网络安全及网络风险扩散问题突出、抑制逆周期的宏观审慎措施的有效性、金融科技可能面临的"合规风险"等问题值得关注。

关键词：　金融科技风险　现代金融体系　大型科技公司　风险管理

面对百年未有之大变局、新冠肺炎疫情冲击，在"新时代"做好"六

* 林楠，副研究员，中国社会科学院金融研究所国际金融与国际经济研究室副主任。

稳"工作，落实"六保"任务，恢复经济发展活力，维护金融市场稳定，稳妥发展金融科技，加快金融机构数字化转型，强化监管科技运用和金融创新风险评估，是健全现代金融体系的题中应有之义。从实践看，尽管我国金融科技稳步前行，取得了重要成果，但从党的十九届四中全会以来提出的"健全具有高度适应性、竞争力、普惠性的现代金融体系"的要求来看，金融科技发展中存在的一些风险因素，导致金融科技的服务质量、产品结构、市场发展和国际竞争力等还存在进一步发展空间，需要以金融体系结构调整优化为重点，优化融资结构和金融机构体系、市场体系、产品体系，从而为实体经济发展提供更高质量、更有效率的金融科技服务。

一　现代金融体系重要特征视角下金融科技发展思考

党的十九届四中全会明确提出，要健全具有高度适应性、竞争力、普惠性的现代金融体系。习近平总书记重要讲话明确了"新发展格局下"健全"现代金融体系"的重点和方向。

（一）金融科技发展是否具有高度适应性

一个国家的金融体系、金融功能及其核心竞争力，需要有不竭的金融创新，包括金融制度、金融工具、金融手段、金融服务等各方面的创新，但同时这些金融创新又必须和风险的管控能力相平衡。

1. 如何解决好循环不畅问题

经济体系的循环畅通在于形成国内市场和生产主体、经济增长和就业扩大、金融和实体经济良性循环。金融科技在其中发挥怎样的作用？金融科技加速变革的背景下，如何积极应对消费结构升级、国际市场增长放缓、相当一部分生产能力无法在市场实现、社会生产成本上升等导致的实体经济边际利润率和平均利润率下滑，以及由此产生的"脱实向虚"？金融科技是否具有高度适应性？是进一步加剧了"脱实向虚"，还是有助于"脱虚向实"？实践中，实体经济结构性供需失衡，金融和实体经济失衡，房地产和实体经济失衡，这三大失衡有其内在因果关系，导致了经济循环不畅。金融科技发展中，如何避免大量资金流向虚拟经济（使资产泡沫膨胀）？避免带来金融风险，服务好社会再生产中的生产、流通、分配、消费，实现整体循环顺畅是关键。

2. 如何建设好金融市场基础设施

从国内大循环看，以市场为龙头带动相应的机构和服务升级；从国际大循环看，开放是抓手，质量效率是关键，将规范先进市场作为国际化的桥梁和通道，将金融市场作为金融体系的基础设施来建设，可与全球金融体系有效融通接轨。金融科技发展的适应性及其可能存在的风险与金融科技基础设施建设息息相关。金融体系是必不可少的公共基础设施，科技巨头活动则更广泛地涉及公共利益。以微信支付、支付宝为代表的非银行移动支付业务在近5年来实现了爆发式增长，复合增长率超过75%，移动支付普及率超过85%，已具备重要金融基础设施的特征。值得注意的是，小额支付市场涉及广大公众利益，而由少数科技公司占据主导地位，则可能带来新的"大而不能倒"风险。因此，要形成基础制度扎实、市场监管有效、投资者合法权益得到有效保护的多层次市场。

3. 如何处理好金融杠杆问题

受新冠肺炎疫情影响，全球和国内的金融风险处于易发高发期，尽管我国系统性金融风险总体可控，但是，房地产金融风险、地方政府债务风险、影子银行风险、流动性风险、债券违约风险、外部冲击风险，以及金融科技风险，实际上与金融杠杆都存在或多或少关联。如果任其发展，将会乱象丛生；如果不加以防范和化解，将会不断累积。正如习近平总书记所强调指出的："金融风险有的是长期潜伏的病灶，隐藏得很深，但可能爆发在一瞬间。美国次贷危机爆发就是一夜之间的事情。如果我们将来出大问题，很可能就会在这个领域出问题，这一点要高度警惕。"① 从一定意义上说，金融风险的源头在高杠杆。正是如此，去杠杆成为供给侧结构性改革"三去一

---

① 中共中央文献研究室：《习近平关于社会主义经济建设论述摘编》，中央文献出版社，2017。

降一补"重点任务之一。如何处理好金融杠杆问题，已成为金融供给侧结构性改革的重要内容，以及防范系统性金融风险的关键所在。金融科技发展从适应性来看，也不可回避金融杠杆问题。

（二）金融科技发展是否具有竞争力

习近平总书记重要讲话指出，金融是国家重要的核心竞争力，金融是实体经济的血脉，金融安全是国家安全的重要组成部分，金融制度是经济社会发展中重要的基础性制度。

1. 对金融资源的配置能力和配置效率提升

对于一个国家而言，拥有一个高效率的金融体系特别是拥有一个健康高效的要素市场，能够最大限度地动员国内外各种资源，并将其配置到最能有效促进经济发展的重要领域。健全现代金融体系，支持第四次工业革命，以金融变革支持实体经济创新发展，是需要解决的关键问题，这也是我国从金融大国稳步迈向金融强国的关键。[1] 伴随着我国已明确将数据列为与劳动、资本、技术并列的生产要素，金融科技也进入新的发展时期。从数据市场化配置来看，数据确权、数据流转成为重要的基础性问题。为了进一步实现数据市场化配置，推动完善数据流转和价格形成，各方数据权益仍有待进一步明确。依法保护各交易主体利益，实现数据价值利用的公平合理有待进一步落实。

2. 把为实体经济服务作为自身的出发点和落脚点

党的十九届五中全会提出，要构建金融有效支持实体经济的体制机制，并且特别提出，要完善金融支持创新体系，促进新技术产业化规模化应用。金融强国是经济大国可持续发展的必然方向，货币金融和实体经济都是金融强国重要支柱，应着力建设现代金融体系，促进科技与金融深层次结合，发展绿色金融体系，推进普惠金融战略，提高金融服务实体经济的效能。[2] 金

---

[1] 陈雨露：《"双循环"新发展格局与金融改革发展》，《中国金融》2020 年第 19～20 期。
[2] 陆磊：《在改革开放中建设金融强国》，《人民日报》2015 年 10 月 14 日，第 7 版。

融科技发展不应是"自娱自乐",而应更加突出"产业关联"的良性循环,金融科技才能更好地支持实体经济发展。

3. 具有国际竞争力和维护国际金融安全

从新发展格局来看,2020年10月,习近平总书记在关于《中共中央关于制定国民经济和社会发展第十四个五年规划和二〇三五年远景目标的建议》的说明中指出,新发展格局绝不是封闭的国内循环,而是开放的国内国际双循环。[①] 此前,2017年1月,习近平总书记在世界经济论坛年会开幕式主旨演讲中提出,全球金融市场需要增强抗风险能力,而全球金融治理机制未能适应新需求,难以有效化解国际金融市场频繁动荡、资产泡沫积聚等问题。[②] 金融科技可能涉及监管范围和地理边境的跨越,国内监管乃至国际监管协调至关重要。我国已提出《全球数据安全倡议》,呼吁各国尊重他国主权、司法管辖权和对数据的安全管理权。此外,在数据管理、运营管理、反垄断、消费者保护等方面加强国际合作日益紧迫。

(三)金融科技发展是否具有普惠性

党的十九届五中全会提出,要提升金融科技水平,增强金融普惠性。

1. 如何实现普惠金融提质增效

习近平总书记在全国金融工作会议上指出,建设普惠金融体系,加强对小微企业、"三农"和偏远地区的金融服务。[③] 党的十九届五中全会提出,要健全农村金融服务体系。截至2020年10月末,我国普惠型小微企业和个体工商户贷款同比增速超过30%,农户贷款同比增速超过14%。目前,一些银行已部分依赖于金融科技平台的信用评估流程,一些银行最近也建立了自己的信贷平台,但与构建形成金融科技产业链还存在一定距离。应进一步

---

① 《中共中央关于制定国民经济和社会发展第十四个五年规划和二〇三五年远景目标的建议》编写组:《〈中共中央关于制定国民经济和社会发展第十四个五年规划和二〇三五年远景目标的建议〉辅导读本》,人民出版社,2020。

② 中共中央党史和文献研究院:《习近平关于中国特色大国外交论述摘编》,中央文献出版社,2020。

③ 习近平:《习近平谈治国理政》(第二卷),外文出版社,2017。

推动金融机构发展业务系统、技术测试、信息安全等服务，探索金融业同其他领域的数据共享和大数据应用模式，提高普惠金融机构（银行、证券公司、保险公司等）整体的数字化程度。

2. 深化数字普惠金融的精耕细作

在普惠金融政策（主要是差别化准备金、定向降准及信贷政策等）集中于传统银行并已取得一定效果的基础上，进一步加快数字普惠金融发展，也为普惠金融服务提供新的发展空间。金融科技发展在银行信贷、资产证券化、财富管理等金融服务方面已有较大作为，许多银行正在使用或引入机器学习技术，最常见的应用是在零售信贷组合中应用金融科技，但是，在普惠金融发展层面，金融科技的参与度仍存在进一步提升的发展空间。政府部门仍需要加强普惠金融的政策支持与引导，发挥好普惠金融的作用，鼓励商业性金融机构开展普惠金融业务，实现良好政策支持下的普惠金融良性、可持续发展。

3. 建设完备的普惠金融基础设施

伴随着金融供给侧结构性改革的稳步推进，重要领域和关键环节已取得突破性进展，与此同时，金融需求更加强调智能与便捷，金融供给更加重视合规与结构优化。依托新技术支持，原有金融服务的难点更易得到缓解，并且能够全面提升数字普惠金融的服务能力。近年来，随着大数据、人工智能、区块链、云计算等新兴信息技术的兴起，金融与科技加速融合，移动支付等互联网金融新业态持续涌现，不仅改变了人们的生活方式，同时也重塑了金融生态格局。金融科技渗透到支付、借贷、证券、保险、理财等金融服务领域，提升了金融服务效率，降低了交易成本，金融体系普惠性得以提升。完善普惠金融基础设施（特别是数字普惠金融基础设施）是发展国家普惠金融的重要基石，是提高金融机构运行效率和服务质量的重要支柱。通过推动金融基础设施的信息化、数字化、移动化，进一步改善普惠金融发展环境，促进金融资源均衡分布，并引导各类金融服务主体开展普惠金融服务仍有待继续推进。

二　货币资金与信贷服务关联下金融科技发展

经济体系是建立在相互依赖的基础上的，在这个体系中，现金流及与之相关的信贷和金融交易对手方的关系发生在一个涉及许多不同金融机构的复杂网络中，它与金融体系动态特性和潜在脆弱特性息息相关。[①]

（一）货币资金与信贷服务的关联分析

1. 货币、信用与金融的概念划分

货币是供应到市场上用来便利交易的媒介，也是价值计算的尺度；而金融则是已经提供到市场上的货币的有条件转移。[②] 一方面，信用和债务本来就是"一体两面"，即从不同角度来看待同一对象；另一方面，现金流相互交织形成复杂的金融关系网络，其中，货币体系处于债务创造和偿付机制的中心。因此，理解经济体系运行的关键在于确切描述负债结构所需的现金支付以及偿付这些债务的现金流是如何产生的，突出资金流量分析对于优化开放经济宏观金融管理有重要意义。[③]

2. 货币资金与信贷服务的关联机理

从货币资金与信贷服务的关联看，作为具有货币机能的资产，资金可以通过存贷款金融机构的存贷款活动而不断被创造。[④] 在微观上，从个别商业银行看，是先有存款和现金，后有贷款；在宏观上，从整个银行体系看，先有贷款，后有存款和现金。这是因为存款和现金作为一种银行信贷资金运用的产物，应当是先有银行资金的运用，否则就无所谓运用的产物。银行通过资产扩张创造信用货币，所以银行资产负债表的特征是资产创造负债，其他

---

① Aguiar，Andrea and Bookstaber，Richard M. and Wipf，Thomas，"A Map of Funding Durability and Risk"，Available at SSRN：https：//ssrn.com/abstract＝2475041 or http：//dx.doi.org/10.2139/ssrn.2475041，2014.

② 李扬：《"金融服务实体经济"辨》，《经济研究》2017年第6期。

③ 黄达、张杰：《金融学》（第五版），中国人民大学出版社，2020。

④ 王国刚：《简述货币、金融与资金的相互关系及政策内涵》，《金融评论》2011年第2期。

经济主体资产负债表的特征是负债创造资产。因此在分析货币创造时，对商业银行和中央银行应采用资产负债表的方法，而对其他主体则应采用收入支出表的方法，最终才能形成动态的货币－经济运行机制。①

（二）金融科技信贷发展的驱动因素与正负效应分析

1. 金融科技信贷的多重因素驱动

首先，尽管信息技术在全球范围内广泛应用，但不同国家的金融科技信贷规模存在明显不同。一般而言，实体经济和金融发展水平、法律和机构质量、营商环境等会对所有类型信贷产生影响。其次，金融科技信贷的驱动还与信贷市场的竞争程度息息相关，即竞争力较弱的银行体系可能意味着银行信贷的利润率更高，从而会提振金融科技信贷等另类信贷来源的增长。再次，如果金融科技平台能够比现有信贷提供商更好地评估借款人信息或与客户接触，那么金融科技信贷在获取信贷难度更大的地区也可能会发展得更好，而更深层次资本市场也可以为金融科技平台的发展提供资金。

2. 金融科技信贷适合为中小企业提供资金

由于从传统银行获得信贷的渠道有限，一些借款人常常不得不求助于非正规的私人贷款机构，而这些贷款机构的成本要更高。例如，有证据表明，在阿里巴巴电子商务平台上进行交易的公司所获得的自动授信额度，增加了信用评分较低的公司获得授信的机会。在对中国一个大型平台上散户借款人的调查中，超过一半的人表示，他们没有从金融机构借款的历史。尽管存在这些好处，新金融科技信贷流程和公司韧性还没有在整个经济和信贷周期中得到检验。因此，当形势恶化时，金融科技信贷表现如何尚不清楚。

3. 金融科技信贷比例的上升也可能带来风险

单一的商业模式以及缺乏公共安全网，使得金融科技信贷更容易受

---

① 孙国峰：《货币创造的逻辑形成和历史演进——对传统货币理论的批判》，《经济研究》2019 年第 4 期。

到投资者回调的影响，从而在面临压力时出现急剧收缩。此外，在审慎监管网络之外的信贷活动越多，就越可能限制反周期的宏观审慎措施的有效性。一个相关的风险是，金融科技创新可能会侵蚀现有银行的盈利能力和银行分布网点的价值。如果这些破坏发生得太快，它们可能会削弱银行韧性，并放大压力，因为银行还提供除信贷以外的关键金融服务。

（三）大型科技公司进入金融业带来的影响分析

1. 大型科技公司进入金融业可能引发行业的快速变化

阿里巴巴、腾讯等大型科技公司（big techs）在过去20多年中发展迅速，其商业模式依赖于大量用户之间的直接交互，其业务的一个重要副产品是大量用户数据。这些用户数据被用作输入要素，从而提供自然网络效应（natural network effects）下的一系列服务，并产生进一步的用户活动，而用户活动的增加又会补充整个闭环，从而生成更多的数据。以"数据－网络－活动"循环（data-network-activities loop）强化优势为基础，一些大型科技公司已经涉足金融服务（包括支付、货币管理、保险和贷款等）。大型科技公司进入金融业可能引发行业的快速变化。

2. 大型科技公司可以提高金融服务的供应效率

对于金融科技公司，在它们扩张的过程中，一些金融科技平台有可能迎合了高风险边际借款人的需求。但事实上，加入一个金融科技信贷平台，却很可能会使消费者背上更多的债务，违约可能性加大。目前，大型科技公司利用大数据和已经建立平台中的网络架构进行分析，可评估借款人的风险程度，以减少确保还款的抵押品需求。因此，大型科技公司可以提高金融服务的供应效率，促进提升金融包容性和经济活动的相关收益。

3. 大型科技公司正在成为具有系统相关性的金融机构

与此同时，大型科技公司进入金融领域也为风险－收益平衡（risk-benefit balance）带来了新元素。有些是金融稳定和消费者保护议题上的"新瓶装旧酒"。在某些环境中（如支付系统），大型科技公司有可能迅速成为具有系统相关性（systemically relevant）的金融机构。鉴于金融体系作为必不可少的公共基础设施的重要性，大型科技公司的活动已成为一个更广泛的公共利益话题。从潜在好处看，科技巨头的低成本结构业务，可以很容易地扩大规模以提供基本的金融服务，特别是在大部分还未开设银行账户的地方。

三 金融科技发展与市场介稳性及相关对策

此外，值得注意的是，当我们开始研究具体的、金融体系内部各种形式的关系时，货币和金融必须区分开来，对于金融科技发展的风险分析也概莫能外。

（一）从金融交易多重对偶关系看市场介稳性

1. 金融资产与房地产之间存在着对偶关系

从金融资产交易看，较为典型的是金融资产与房地产之间存在着对偶关系。[①] 一方面，房地产是居民和企业的重要资产，居民和企业又通过房地产融资构成对银行的负债，银行的金融资产部分对应着居民和企业手中的房地产。另一方面，大量贷款以房地产为抵押品投放，房地产价格上升会通过抵押品渠道撬动更多的贷款，两者之间会相互强化。

2. 股票、债券等金融资产交易带来介稳性问题

值得注意的是，股票、债券等金融资产，并不是产业资本三种形态中的任何一种，由于它们并不参与物质生产与价值创造，因此被马克思称为"虚拟资本"。从《资本论》（第三卷）看，马克思认为虚拟资本有其独特运动方式，从而资本在金融市场中淤积、空转，并经过投机者多次"翻炒""加热"，形成了大规模虚假泡沫，引发金融风险。[②] 总之，在金融资

---

① 易纲：《再论中国金融资产结构及政策含义》，《经济研究》2020 年第 3 期。
② 马克思：《资本论》（第三卷），人民出版社，2004。

产的交易中，虚拟资本的自身价格波动会产生正反馈效应，进而带来介稳性问题。①

3. 重视现代金融体系的自身较强韧性和自我修复功能优化

对于现代金融体系，即使失稳后可能产生急剧的变化，但造成整个系统崩溃的概率也会较低。在新发展格局下，从金融市场体系建设看，货币市场为资本市场功能正常发挥、所有金融机构资金调剂、中央银行进行宏观调控提供了一个类似于"金融蓄水池"的市场平台；外汇市场的发展则有助于推进金融体系的对外开放和货币国际化。② 在此基础上，应重视现代金融体系的自身较强韧性和自我修复功能优化，以避免金融资产交易中出现超调（overshooting），尽快实现介稳状态的回复。现代金融体系规模庞大、网络复杂，由于自身系统的惯性大，崩溃的可能性较小。但是，健全金融风险预警体系、建立权威高效的金融风险处置机制、强化金融风险问责机制等必须高度关注，这些仍然是守住不发生系统性金融风险底线的重大措施。

（二）关注我国金融科技发展中可能存在的风险及相关对策建议

1. 金融科技并没有改变金融业风险属性

金融科技，既有金融基因，又有信息科技（互联网）基因，特别是其互联互通性、开放性、科技含量高等特征使得金融风险隐蔽性、广泛性、传染性、突发性特征更加明显。复杂的程序编码、结构安排，再加上信息科技本身极强的专业性，使得金融风险更加隐蔽复杂，潜在的信息科技风险和操作风险更加突出。从对策建议看，需要进一步增强监管，提高风险防范能力。完善金融科技风险的动态监测和早期预警机制，切实提高金融科技的风险识别和预判能力，强化对金融科技风险的情景分析、应急处置、危机预

---

① 所谓介稳性，是指远离平衡状态，却能通过与外界进行物质和能量的交换而维持相对稳定的系统，这种系统虽能通过自组织作用而达到稳定，但其稳定性很容易被外界的微小扰动破坏。

② 吴晓求、许荣、孙思栋：《现代金融体系：基本特征与功能结构》，《中国人民大学学报》2020 年第 1 期。

防、预案储备和长期评估，维护金融安全稳定。

2. 金融科技与大数据结合并非"灵丹妙药"

金融科技的核心是有效整合大数据技术，利用大数据的力量，促进金融企业在金融行业的整个生命周期中不断提高效率和服务能力。由于金融更加依赖数据的准确性以及对数据的精确分析能力，如果数据失真，金融产品定价及风险管理的大数据分析将难以发挥其功效。从对策建议看，需要进一步打通金融业数据融合应用通道，破除不同金融业态的数据壁垒，化解信息孤岛，制定数据融合应用标准规范，进一步发挥金融大数据的集聚和增值作用。

3. 互联网金融"问题平台"的不断爆雷

许多"问题平台"承诺不切实际的回报并且涉及"刚性兑付"和"金融欺诈"问题。这些问题反映出投资者和借款人（平台用户）对其所面临的风险并不充分了解、平台费率的不合理及商业模式的复杂度、金融科技（如信贷平台）风险披露不当，以及在数据和网络安全风险等方面缺乏平台风险管理实务经验。从对策建议看，需要实现金融业同其他领域的数据共享和大数据应用模式，进一步推动金融机构发展业务系统、技术测试、信息安全等服务，探索金融业同其他领域的数据共享和大数据应用模式。

4. 网络安全以及网络风险扩散问题突出

金融服务对网络高度依赖，金融科技服务对网络的依赖更为突出。目前，中国银行业务离柜交易率已达到90%以上，金融科技越来越成为各大银行的转型重点。值得注意的是，相对传统风险，网络风险扩散速度更快、范围更广、影响更大。此外，突发性网络安全事件也对金融机构的应急管理提出了更高要求。从对策建议看，需要加强运用数字化监管协议、智能风控平台等监管科技手段，推动金融监管模式由事后监管向事前、事中监管转变，有效解决信息不对称问题，消除信息壁垒，缓解监管时滞，提升金融监管效率。

5. 抑制逆周期的宏观审慎措施的有效性

如前所述，金融科技信贷相比银行信贷，一方面，金融科技投资更容易受到投资者追逐收益的影响；另一方面，缺乏公共安全网以及相对单一的商业模式，使得金融科技信贷更容易受到投资者回调的影响，即在面临压力时就可能出现急剧收缩，因此金融科技信贷可能比传统银行信贷更加具有顺周期性。金融科技创新可能会侵蚀现有金融业的盈利能力和金融网点的分布价值。如果这些"破坏"发生得太快，以及在审慎监管网络之外的金融活动过多，就可能抑制逆周期的宏观审慎措施的有效性，即放大金融不稳定压力、削弱金融业的韧性和稳定性。

6. 金融科技可能面临的"合规风险"

从实践中看，主要是个人信息保护数据安全、技术合同的起草与签订、信息技术的知识产权风险、符合国家监管部门的监管政策等。金融科技行业发展迅速，给金融稳定带来了诸多挑战，容易受到国家监管政策的影响，金融科技公司需要时刻关注相关的监管政策，使公司的业务符合国家政策。积极支持金融机构研究制定金融科技中国标准，争取金融科技领域全球话语权。积极推进金融科技标准研究，在依法合规的前提下，加快推进金融技术的应用创新。进一步完善金融科技的全球治理，推动建立有利于金融科技发展的国际新规则，实现互惠共赢、共同发展。

参考文献

《中共中央关于制定国民经济和社会发展第十四个五年规划和二〇三五年远景目标的建议》编写组：《〈中共中央关于制定国民经济和社会发展第十四个五年规划和二〇三五年远景目标的建议〉辅导读本》，人民出版社，2020。

陈雨露：《"双循环"新发展格局与金融改革发展》，《中国金融》2020 年第 19 ~ 20 期。

黄达、张杰：《金融学》（第五版），中国人民大学出版社，2020。

李扬：《"金融服务实体经济"辨》，《经济研究》2017 年第 6 期。

陆磊：《在改革开放中建设金融强国》，《人民日报》2015 年 10 月 14 日，第 7 版。

马克思：《资本论》（第三卷），人民出版社，2004。

孙国峰：《货币创造的逻辑形成和历史演进——对传统货币理论的批判》，《经济研究》2019 年第 4 期。

王国刚：《简述货币、金融与资金的相互关系及政策内涵》，《金融评论》2011 年第 2 期。

吴晓求、许荣、孙思栋：《现代金融体系：基本特征与功能结构》，《中国人民大学学报》2020 年第 1 期。

习近平：《习近平谈治国理政》（第二卷），外文出版社，2017。

易纲：《再论中国金融资产结构及政策含义》，《经济研究》2020 年第 3 期。

中共中央党史和文献研究院：《习近平关于中国特色大国外交论述摘编》，中央文献出版社，2020。

中共中央文献研究室：《习近平关于社会主义经济建设论述摘编》，中央文献出版社，2017。

Aguiar, Andrea and Bookstaber, Richard M. and Wipf, Thomas, "A Map of Funding Durability and Risk", Available at SSRN：https：//ssrn. com/abstract = 2475041 or http：// dx. doi. org/10. 2139/ssrn. 2475041，2014.

第十五章　金融科技与改善风险管理

李晓林　彭宇翔　康和意[*]

摘　要：　随着人工智能、大数据、云计算等科技的快速发展及普遍应用，金融科技助力金融行业风险管理正从传统风控向智能风控进行转型。当前智能风控在智能反欺诈、授信评估、贷后管理、逾期管理等领域均得到广泛应用且积累了大量行之有效的场景案例。作为智能风控"原料"的数据，同时面临打破数据孤岛、保障数据安全、保护金融消费者个人隐私等紧迫问题，而基于人工智能生态体系的隐私计算技术正好契合了上述需求。其中，以"知识联邦"为代表的联邦学习技术，正成为隐私计算领域安全可控、自主创新、全球引领的重要金融基础技术。通过实现数据可用不可见，尝试为金融智能风控困境寻找新的突破点，为平衡数据隐私保护和智能风控发展提供新的可能性。

关键词：　智能风控　数据安全　金融科技　金融风险

一　金融科技助力金融风险管理由传统向智能化方向转化

金融风险管理主要工作为风险识别与风险防控，并重点落脚于风险防

---

[*] 李晓林，同盾科技合伙人、人工智能研究院院长；彭宇翔，同盾科技人工智能研究院联邦生态负责人；康和意，同盾科技金融科技研究院副秘书长。

控。防范化解金融风险，事关国家安全、经济发展、人民财产安全，是金融行业工作的重中之重。随着科技的发展，技术的革新与应用带来了受众、需求以及模式等各方面的变化。数字化、智能化的互联网时代，传统的金融风控遭遇到了客户体验与能效的巨大挑战，需要金融科技不断创新以走出业务困境。

（一）传统金融风控向智能金融风控转型

1. 互联网金融时代面临的挑战

当下，互联网金融迅猛发展，行业乱象频繁显现，如大量风险漏洞和欺诈套利的行为在线上集中暴发。这背后既反映出金融领域面对欺诈现象的被动，也体现了风险防控工作迫在眉睫。此外，现在的金融机构还需要面对更加下沉的客户群、更复杂的用户信息，更需要在保证安全性和合规性的同时，平衡风控的尺度和客户的体验。金融行业的复杂需求只有通过智能风险防控才能逐一解决，尤其是在信贷领域，风控能力在某种程度上决定了业务的生命力，因此，风控成为金融行业的重中之重。

2. 传统的金融风控

在国内外金融业务风险日益加剧的新常态下，传统"静态"数据的分析、数据关联的方式已经无法满足金融行业日趋复杂的风险场景。在传统金融风控中，有以下几点问题不容忽视。

一是欺诈和信用风险监控乏力。数字金融欺诈手段多样、隐蔽，同时覆盖面广，从传统业务到金融理财，从账户盗用到经济损失，该现象在目前的线上放贷和消费金融业务中尤其突出。由于传统风控手段信息维度单一，只是依靠资产、现金流、职业属性判断借款人的收入情况从而完成授信，因而无法了解借款人在不同消费场景中的行为信息。

二是传统风控手段下的客户群局限性较大。由于信息不对称，将信用信息不足的"蓝领"消费者等排除在外，很大程度上阻碍了银行的业务拓展。

三是随着国家政策对中小型企业的扶持和普惠金融的发展，中小型对公授信客户群越来越庞大，而银行有限的机构网点与服务人员，难以通过快速扩张来应对传统信贷流程大量的贷前、贷中和贷后风险管理工作。

在快速变化的经济形势和日趋激烈的竞争环境中，客户风险和企业信贷风险的预警、控制与防范成为行业进一步发展所必须解决的重要问题。传统金融风控存在多重安全隐患，显然无法打好金融安全持久战，更无法构建和谐金融生态。

3. 互联网金融时代的风控挑战

随着我国互联网技术的不断进步，以及互联网的普及范围不断扩大，我国的金融行业已经全面进入互联网时代，网络金融所具有的高效、便捷、精确等特点提高了金融体系的效率。与此同时，互联网金融的快速发展也带来了一些前所未有的挑战。

一是客户风险较高。互联网金融客户中，还款能力不稳定的客户占很大比例，他们的信用风险较高，对互联网金融企业的信用风险控制提出了很大的挑战。

二是客户信用信息不全。大多数互联网金融公司没有接入中国人民银行征信系统，无法拿到客户全维度信用信息，包含传统金融环境和民间借贷领域信息。仅依靠客户提供信息进行验证对客户的信用风险评估影响是很大的。

三是恶意欺诈和"薅羊毛"比例较高。信用风险体现在两个方面，一个是客户恶意欺诈，另外一个是客户信贷违约。此外，互联网金融企业还面临一个问题，即专门有一批"薅羊毛"的人利用互联网金融企业的营销漏洞，通过新用户注册、用户推荐、积分兑换、短期投资来赚取超额收入。

4. 风控向智能化迈进

传统金融机构和消费金融公司的风控环节中，普遍存在信息不对称、成本高、时效性差、效率低等问题，传统的风控手段已经难以满足个人旺盛消费引发的信贷增长，以及长久以来被传统金融机构忽视的长尾用户的贷款需求。然而，金融科技极大地促进了智能风控的发展，让风控变得更加精细化。

互联网金融机构与传统金融机构相比，覆盖的客户往往缺乏足够的征信数据。数字科技极大地满足了人们的金融需求，也让金融服务更加规范与安全。智能风控借助大数据、人工智能等新技术的应用，构建智能风险管理体系，提升客户体验的同时以数据驱动风控能效。金融的核心在于风控，风控水平的高低决定着金融机构的竞争力。面向未来，金融业将以智能化、数字化驱动风险决策，提升风险管理的前瞻性和专业服务能力，促进整个行业的健康、有序发展。金融业的新基础建设已经提上日程，需要群策群力，以创新为驱动力，以协同为机制，达到智能化的联防联控，切实保障金融业的安全，为国家经济的稳定、可持续发展奠定基础，也助力我国金融体系抵御国际化恶意攻击，岿然屹立于世界金融强国之列，引领现代智能金融科技，最大化支撑经济和推动普惠金融的全维度功能，保障安全高效的国内和国际转换以及交易机制和政策落地。

（二）智能风控技术框架

智能风控是一个基于人工智能技术的综合性系统工程，充分利用各种数据，借助机器学习、深度学习和大数据等技术，与风控业务逻辑、流程等有机结合，最终形成一套完整的风控系统。

1. 数据整合是基础

数据的获取、处理和整合是智能风控的起点和基础。智能风控体系利用数据对风险进行管控，因此数据可获得性、数据质量及数据处理能力非常关键。这就需要金融业做到以下几方面。

（1）建立数据平台，实现数据闭环管理。智能风控体系需要对采集到的海量数据进行导入、清洗、关联、分析、建模和应用等，需要构建面向"采集–分析–使用–反馈"数据闭环的大数据平台。大数据平台需要具备良好的计算性能、可靠性、水平扩展性以及支持机器学习等复杂的建模分析计算的能力。

（2）整合内部数据，加强数据治理。由于历史原因，银行内部系统众多，数据往往分散在多个独立的子系统中，彼此之间缺乏规范性，缺乏统一标准，导致数据质量参差不齐、管理复杂、共享困难重重。为了满足未来智能风控体系的数据要求，整合银行内部所有数据，统一数据基础，强化数据治理，改进数据质量是大势所趋，也是用好智能风控系统的大前提。

（3）积极引入外部数据，促进内外部数据融合。在互联网金融时代，一家商业银行内部的数据显得十分有限，需积极地获取外部数据（如风险名单信息、多头借贷与逾期信息、重要数据采集信息等），通过数据共享（采用购买、合作、共同开发等多种灵活形式）实现内外部数据有效补充，将会极大提升数据的价值。为了提高数据价值，应与内部数据有效整合，实现统一管理。

2. 模型迭代是核心

数据驱动的模型运用和完善是智能风控的核心。模型是智能风控的"灵魂"。在智能风控中，数据和模型是相辅相成的，有好的模型没有数据，模型成为空谈；有足够的数据却没有好的模型，数据亦无法产生价值。在做好数据准备的基础上，商业银行需要充分利用模型辅助或替代人工，不断提高自身的智能感知和响应能力，最终提升整体风控水平。目前，银行类金融机构智能风控中使用的模型主要有以下几类。

（1）规则引擎。即通过简单、明确的规则，辅助银行进行风险决策，如信息核验、黑白名单匹配、人脸识别等。此类模型规则简单清晰，可复用性高，在数据具备的前提下实现难度低，最容易建立稳定成熟的系统。但是此类基于规则的系统，依赖专家经验和已发生风险的事实事先创建规则，无法及时针对新的风险模式进行自动更新。

（2）模型引擎。商业银行可以利用数据挖掘算法，将积累的大量客户相关的数据及外部数据进行整合分析，通过机器学习模型对于高维度组合数据进行风险建模，实现风控精度进一步提升。常用的数据挖掘算法包括关联分析、多元逻辑回归、聚类分析、决策树、神经网络等。此类模型通过数据训练模型，不断迭代优化和调整模型，在对客户进行信用风险评价等应用中的精度和适用性上实现了突破。

（3）智能风控模型。此类模型利用深度学习、知识图谱等新技术、新手段，接受多种数据维度的输入（图像、语音、文本等），可动态分析信用风险、欺诈风险等，建立多角度、动态决策的风控模型，提高决策全面性、时效性和准确性。如通过采用机器学习技术，从数据中自动识别欺诈交易，总结交易模式，提升银行反欺诈、反洗钱侦测系统的侦测率。此类模型通过不断自我改进与自我优化，自动识别新的风险模式，提升了风控体系的快速反应能力。

3. 场景融合是关键

基于场景融合的应用是智能风控体系发展的驱动力。

商业银行的传统经营模式中，零售业务占比总体较低，对应的风控压力较小。相对而言，企业业务风险占比较高，而银行现在应用新的技术和智能风控的业务比例还很低。然而，近年来进入互联网金融时代，银行为了保持竞争力和开拓新的市场，纷纷发力线上业务，包括零售消费贷和小微金融贷等业务。这些业务的目标客户是长尾客户，这些客户本身就没有太多的传统金融业务，难以采用传统的风控手段进行有效风控管理，这就意味着银行必须要转型，用智能风控技术支持这些业务开展。转型过程中，商业银行可以将大数据分析结果应用到信用风险、操作风险、欺诈风险等风险管理的各个领域中，通过逐步构建与场景结合的应用，建立起主动预防、全场景、立体化的新型智能风控体系。

（三）智能风控的应用

AI 技术是智能风控的基石。智能风控基于 AI 技术，融合大数据、云计算、物联网、5G 和区块链等技术，为金融行业提供了一种从事前预警与反欺诈到事中监控和事后分析的贯穿全业务流程的新型风控模式，该模式逐渐成为金融领域尤其是银行业的应用热点。

智能风控利用大数据、人工智能、云计算等技术构建线上金融风控模型，通过海量运算与校验训练提升模型精度，最终应用到反欺诈、客户识别、贷前审批、授信定价及贷后监控等金融业务流程，从而提高金融行业的风控能力。智能风控为金融行业风控提供了一种基于线上业务的新型风控模式，是贯穿反欺诈与客户识别认证、授信审批与定价分析、贷后管理与逾期催收等业务全流程的风控模式。

智能风控加快了向全场景进行渗透，重塑了金融机构前、中、后台的工作模式，解决了银行信贷业务中的交易欺诈、网贷申请欺诈、信贷全生命周期风险管理、客户价值分析、逾期客户管理等场景的痛点及问题，实现了以改善用户体验、挖掘客户潜在价值为重点的新型业务模式，典型特征表现为动态思维、实时风控、人机交互及个性化。

1. 智能反欺诈

随着网络金融业务的蓬勃发展，网络风险随之产生并快速扩张，银行正面临着多变的欺诈手段与多样的欺诈场景，如渠道推广环节的虚假刷量风险、注册登录环节的拖库撞库风险、营销环节的"薅羊毛"风险、交易支付环节的盗卡盗刷风险等，这些风险轻则影响用户体验，重则导致资金损失、违反监管、商业信息泄露、失去用户信任，需要针对性布控。

未来金融业，尤其是商业银行，运营将愈加依靠线上模式。各类线上金融交易纷纷涌现，手机银行、直销银行、网络银行、开放银行，这些新业务的开展都不可避免地会面对网络欺诈。智能风控采用不同的技术手段，广泛收集电子商务、社交网络、黑产、暗网等各类网络欺诈数据，适时监控网络上出现的各类欺诈方式，利用人工智能等技术形成各类规则、策略、模型，输出给各类金融机构，以提高其反欺诈能力，降低金融欺诈风险。服务内容覆盖推广、登录、注册、营销、申请、支付、活动等多个风控场景，服务方式灵活，既可云端调用，也支持本地部署。

2. 智能授信评估

传统授信评估基于征信报告，结合人工经验，一方面费时费力，另一方面"数据孤岛"的存在导致评估有效性存疑。

智能风控则充分利用已有征信数据，结合其他来源数据，通过分析、建模，借助生物识别、机器学习、复杂网络等人工智能技术，多维度、多层次分析用户风险特征，可以有效控制潜在风险，为信贷业务全流程风控注入新能量。

目前智能风控技术可在中国人民银行征信数据、内部数据的基础上，增加其他维度数据（如电子商务、社交网络），构建多维度指标体系，如信贷类指标、设备类指标、网络类指标、多头借贷类指标等，采用定制分、欺诈分、联合建模等方式，构建更加全面的风控体系，以适应线上运营条件下的业务模式和风控管理要求。

3. 智能贷后管理

传统金融行业，尤其是银行信贷，在贷后管理上投入不够。由于贷后管理表面上看起来并不为业务带来效益（实际上贷后管理可以减少违约损失）且耗费大量人力物力，所以银行在这方面的投入明显不足。

智能风控的贷后管理服务可持续扫描借款人的新增风险，帮助银行动态监控借款人的状况，发现可能不利于贷款按时归还的风险，及时采取风险化解措施。智能风控通过建立贷后监控规则，如新增其他平台借款、新增法律纠纷、其他平台违约记录、新增网络欺诈行为及其他定制规则，可以及时监控借款客户的风险变化状态，提醒金融机构及时采取有效措施，防止风险损失的扩大。

4. 智能逾期管理

一旦出现借款客户逾期的情况，如何减少损失，一直以来是金融业头疼的问题，传统的依靠人力的催收模式成本高、效率低。

智能风控的逾期管理技术，通过采用逾期客户画像、逾期评分模型、智能互动工具等改变了传统人工催收的互动和决策方式，更轻型化地协助银行适应互联网时代高频低额的业务催收情况。逾期客户画像根据客户的不同情况采取不同的客户交互策略，逾期评分模型对客户逾期情况评估不同账期的催收策略，智能互动工具则采用人工智能技术建立自动化催收流程，减少人力成本。

（四）国内智能风控行业发展现状

如图 15-1 所示，在我国，智能风控行业上游市场的参与主体为资源供应商，包括数据资源供应商和配套资源供应商；中游市场的参与主体为智能风控服务供应商，主要包括智能风控产品供应商、智能风控解决方案提供商、智能风控综合型服务商；下游则应用于信贷、保险等领域。在智能风控应用结构中，信贷领域应用最广，占比为 40%；其次是保险领域，占比为 20%。

我国智能风控行业竞争主体主要包括：以蚂蚁集团、腾讯信用、京东金融、度小满为代表的互联网巨头，以前海征信、神州数码为代表的产业类公司，以及以同盾科技等为代表的创新型企业（见图 15-2）。

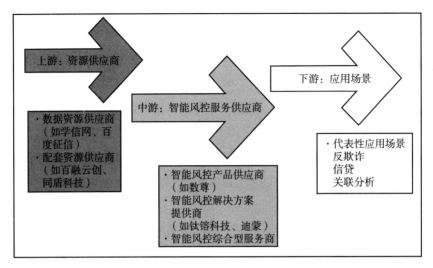

图 15 - 1　中国智能风控行业产业链示意图

资料来源：智研咨询集团：《2021～2027 年中国智能风控行业发展战略规划及投资方向研究报告》，2021 年。

图 15 - 2　中国智能风控企业图谱

资料来源：亿欧智库。

随着下游领域的需求增加，我国智能风控行业市场规模逐年扩张。智研咨询发布的《2021～2027 年中国智能风控行业发展战略规划及投资方向研究报告》显示，2015 年中国智能风控行业市场规模仅为 19.1 亿元，但 2020

年智能风控行业的市场规模就已达 78.0 亿元。此外，2020 年中国信贷领域市场规模为 35.1 亿元，反欺诈领域市场规模为 31.2 亿元，关联分析领域市场规模为 3.9 亿元，其他领域市场规模为 7.8 亿元。2021 年，预计智能风控行业市场规模为 109.6 亿元，而 2027 年智能风控行业的预期市场规模约为 327.0 亿元。

二　金融科技创新打破智能风控的数据困境

（一）数据安全成为提升智能风控的瓶颈

当下，大数据驱动的人工智能已经进入黄金发展时期，数据作为人工智能的"燃料"，是智能风控未来布局和发展的动力来源。在人工智能领域，传统建模方式仍需把各方数据整合到一处进行统一处理，从而为用户提供更好的服务。尤其是在风控领域，特别需要融合多家企业的数据来打造更好的信用模型。然而数据安全和隐私的保护成为国际和国内合规监管的焦点。如果无法解决好安全与发展、共享与隐私的问题，一切都无从谈起。

1. 金融行业"数据孤岛"现状

随着信息化和互联网应用的发展，"数据孤岛"已经成为一个全球普遍存在的问题。企业发展到一定阶段，会出现多个子公司或分公司，每个子公司都有各自的数据，各部门的数据往往都各自存储、各自定义。每个部门的数据就像一个个孤岛一样无法（或者极其困难）和企业内部的其他数据进行连接互动，这就是"数据孤岛"。"数据孤岛"的类型有很多，不仅企业内各部门或各环节存在着"数据孤岛"，企业或机构间也存在"数据孤岛"。

金融业看似数据多，实则许多数据未经专业标注，有效数据非常少，大量数据的控制权分散在不同机构、部门，"数据孤岛"问题严重。

在金融行业强监管的要求下，所有金融机构都面临一个数据战略的选择：如何有效操作合规数据，避开违规陷阱。加之数据隐私保护立法日趋严苛，数据交换与共享受到重重限制。

"数据孤岛"所带来的弊端是显而易见的。首先，不同部门间的数据信息不能共享，数据出现脱节，势必给企业带来重复多次采集、数据冗余的问题，甚至数据一致性和正确性也可能无法保证。其次，在涉及多工作模块数据时不能有效共享互动，会导致数据的价值不能得到真正体现，以致对企业的决策支持只能流于空谈。

"数据孤岛"产生的数据割裂也严重制约了人工智能的发展，人工智能应用需要大量的数据。发展人工智能需要消除"数据孤岛"，不仅是内部消除"孤岛"，还要消除外部"孤岛"，最终形成智能化应用的闭环。未来大数据的发展要消除各行业的"数据孤岛"现象，创造出各种渠道、模式，让数据协作得更好。

2. 隐私保护成为关注重点

随着越来越多的数据产生，用户隐私保护日益成为关注热点，而同时打破"数据孤岛"进行数据共享和交换也会面临数据安全的问题。尤其是近年来数据泄露事件频发，如 Facebook 的数据泄露事件、Zoom 爆出的百万用户私人视频泄露事件、中信银行泄露用户隐私数据事件、中国建设银行支行贩卖用户信息数据等，数据安全和隐私保护问题引起了全球的关注。2016 年 11 月，我国通过了《中华人民共和国网络安全法》，旨在通过多项举措加强个人信息和数据保护。2018 年 5 月在欧盟生效的《通用数据保护条例》（GDPR）规定用户可以要求经营者删除其个人数据并且停止利用其数据进行建模，而违背该条例的企业将会面临巨额罚款。在 GDPR 正式实施一个月后，美国加利福尼亚州颁布了《2018 年加利福尼亚州消费者隐私法案》（CCPA），加强消费者隐私权和数据安全保护。2019 年 5 月 28 日，我国国家互联网信息办公室发布了《数据安全管理办法（征求意见稿）》，提出了收集重要数据的备案制以及向协调方提供重要数据的批准制的新要求。中国人民银行于 2020 年 2 月 13 日正式发布了《个人金融信息保护技术规范》，从安全技术和安全管理两个方面，对个人金融信息保护提出了规范性要求。而随着 2020 年《信息安全技术个人信息安全规范》（修订版）正式获批发布，数据安全和隐私保护将迎来新时代。

3. 智能风控涉及的隐私数据

数据是智能风控的基因，作为原材料驱动智能风控技术发展。随着金融业态的演进，数据对于金融机构的风控而言已经是不可或缺，是整个风控体系的根基。数据的隐私信息贯穿于数据的采集、传输、存储、分析以及应用的全过程。金融行业中的数据更为敏感，一旦泄露会引起巨大的社会恐慌和无法挽回的经济损失。这里将风控隐私数据分为以下两类。

一是个人数据，包括基本信息、财产信息、行为信息、税务信息、就诊信息、公积金信息、社保信息、其他信息。

二是企业数据，包括工商信息、知识产权、经营信息、财务信息、企业行为、信用信息、投资关系、其他信息。

（二）金融科技创新提供平衡数据共享与隐私保护的新方法

数据拥有者出于监管要求和数据安全保密的考虑而不愿共享数据，使得金融机构之间难以利用对方的数据进行联合分析或建模。那么如何平衡大数据共享与隐私保护，打破数据"烟囱"与信息"孤岛"，挖掘数据的真正价值？金融科技正逐渐走入困境，亟须创新技术打破当前智能风控的阻滞状态。从2018年开始，以联邦学习为主的隐私保护技术在国内逐步落地试行，为金融智能风控困境找到新的突破点，为平衡数据共享与隐私保护提供了可能性。

1. 大数据、人工智能与密码学交叉融合

最近几年，学术界和工业界都已在数据安全和隐私保护方面持续探索。尤其是在大数据、人工智能和密码学等领域，出现了联邦学习、安全多方计算、可信执行环境等多个方向，都在研究如何在保证数据安全的前提下打破"数据孤岛"，实现数据可用。具体解决方案基本上沿着两个方向演化。

（1）中心化向分布式或去中心化过渡。现有的大数据平台基本上都是中心化的，对数据进行集中的存储、管理、分发等操作。中心化方式的缺点是数据存储在协调方平台，脱离数据提供方的控制，违背了数据隐私保护的规定。同时，随着数据规模的不断扩大，直接在中心服务器上计算或学习的压力也会不断增加。为了减轻这种压力，计算或学习过程需要分散到数据提供方或终端设备上进行，这种分布式计算或学习的过程则是人工智能领域更关心的问题。而如果没有中心节点的存在，这种智能化的过程则变为去中心化的形式。这时的数据是分而治之，各自为数据所有者控制，每个节点上的数据相对只是小数据，但由于可以触达更多的数据，其性能甚至会超越有限数据的中心化聚集方式。

（2）数据向知识化升级。为了保护节点数据的安全和隐私，直接共享使用显然是不可行的，要做到数据对外不可见才是关键，这就需要密码学。通过加密方法（如哈希编码、同态加密等）对数据进行脱敏和去标识化，让数据转化成为安全的信息或者知识，再对分散的信息进行计算或知识聚合，来保证数据不直接共享但是可用。

多学科多领域的交叉融合发展是大势所趋。大数据、人工智能和密码学的交叉融合可以将大数据分解成小数据，确保参与各方数据的独立性，同时用加密技术保证参与数据的安全，解决了参与方互不信任的问题，最终在小数据生成的信息或知识的基础上实现大智能。

2. 联邦学习

联邦学习，也称作联邦建模或联邦训练，其主要目的是联合多个参与方的数据进行模型训练学习。联邦学习技术可以在隐私不被参与方得知的前提下，安全进行多方数据联合建模。利用参与方现有的数据时，保证数据不离开本地，同时能够形成一个更全面的模型。简单地讲，联邦学习就是将传统的联合建模过程分布式在线上完成。但是传统的联合建模常用于异构数据的跨特征联邦，显然联邦学习并不局限于传统的联合建模，它还包括同构数据的跨样本联合训练。跨特征联邦学习在金融行业合作中常有应用，跨样本联邦学习在用户个性化产品定制或智能化运维中经常会用到。

3. 联邦学习技术升级——知识联邦

近年来受到关注的知识联邦[①]理论框架体系，是人工智能、大数据和密码学交叉融合的产物。知识联邦首先将数据转化成信息、模型、认知或知识，满足数据不可见，再通过联邦的方式实现数据可用，打造安全的人工智能。

知识联邦是将散落在不同机构或个人的数据联合起来转换成有价值的知识，同时在联合过程中采用安全协议来保护数据隐私。知识联邦不是一种单一的技术方法，它是一套理论框架体系，是人工智能、大数据、密码学等几个领域交叉融合的产物。

知识联邦是一个支持安全多方检索、安全多方计算、安全多方学习、安全多方推理的统一框架，为打造安全的知识融合、管理、使用的生态系统提供设计指南和标准。它可以用于涉及数据安全和隐私保护的诸多领域，尤其是在金融风控领域有非常大的应用潜力。

知识联邦是一个国产原创、自主可控、全球引领的技术体系，该体系在解决了数据割裂和数据安全问题的同时，可以进一步开展跨源跨域的知识发现、表示、归纳、推理和演绎，为人工智能3.0奠定了坚实的基础。

三 知识联邦智能风控的应用实践

（一）多头共债

智能风控平台的多头共债为金融机构（如消费金融公司）提供了一个平台，可以有效解决消费者在借贷过程产生的多头共债问题。多头共债通常采用知识联邦的方式，在保证消费者数据不离开参与金融机构的前提下，能对消费者的借贷风险进行快速评估。既符合监管规定，保证了用户数据的隐私安全，又可以实现精准的借贷风险评估，避免金融机构不必要的损失。

---

① 知识联邦，是同盾科技在"2019网易未来大会"之"未来数字生活论坛"上提出的概念。

多头共债实施主要分为两部分：构建多头风险评估知识库和多头风险实时预测。

1. 构建多头风险评估知识库

构建多头风险评估知识库的流程如图 15-3 所示。具体实施过程中，各参与机构需要在内部服务器上部署智能风控平台。智能风控平台分两部分，一是参与方平台，二是协调方平台。参与方平台主要是完成数据管理、用户指标对齐和数据加密工作，协调方平台主要是完成知识联邦并与风险评估知识库关联。

参与方平台部署完成后，协调方机构会向参与机构发起一个参与邀请，邀请该机构参与到当前的知识联邦环境中。参与机构在确认参与后，仅需在平台上选取相应的用户数据和对应的用户指标，完成数据管理。参与知识联邦的数据会在加密后以密文的形式上传至协调方机构。由于是密文数据，在传输过程中是安全的。而在协调方服务器中进行知识联邦的过程中，不会进行解密计算，而是会直接在密文上进行计算并形成风险评估模型知识。在服务器上计算的过程中，由于没有解密行为，所以用户数据对服务器是不可见的。风险评估模型知识将以密文形式直接存入风险评估知识库中，进而形成基于参与方的多头风险评估知识库。

知识联邦智能风控平台对多头贷业务进行知识抽象，形成知识公式，并根据公式，在密文基础上计算最大授信额度、已授信额度、已使用额度、申请贷款次数、贷款审批通过次数等，然后将计算结果和风险评估模型输出，构建风险评估知识库。

通过以上步骤，实现了多个机构的知识联盟，并构建了该联盟的风险评估知识库。在智能风控平台体系下，不限制参与机构的数量，参与机构越多，用户风险评估的精准度越高。

当有新的机构需要加入时，参与方智能风控平台会完成基于用户的各参与方数据指标对齐和加密。协调方智能风控平台将利用新参与机构的数据，与用户在当前风险评估知识库中的数据进行新一轮的知识联邦，并用计算结果对风险评估知识库进行知识更新。

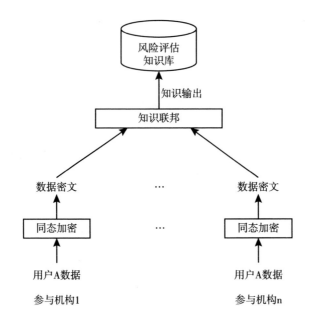

图 15 - 3 多头风险评估知识库的构建

2. 多头风险实时预测

当用户需要在某一参与机构申请贷款时，参与方平台将会发起对该用户的多头风险实时预测。参与机构首先向协调方平台发起风险评估请求，同时将用户数据加密后上传至协调方平台。协调方平台收到用户密文数据后将从风险评估知识库中调取用户风险评估指标，并根据用户申请数据计算出风险系数。最后，协调方平台将评估结果反馈给请求的参与机构。具体流程如图 15 - 4 所示。

（二）个人信用分：联邦学习

如图 15 - 5 所示，两家机构（机构 A、机构 B）信用分场景合作联邦项目的操作流程如下。

（1）双方准备好本次信用分场景项目的数据，包括训练数据和测试数据；

（2）项目发起机构（机构 A）创建项目并选择本次项目的训练数据，

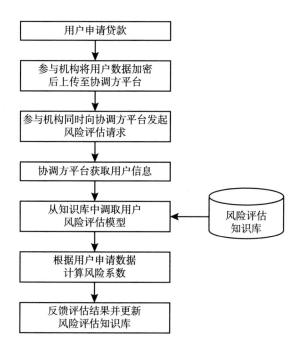

图15－4　多头风险实时预测

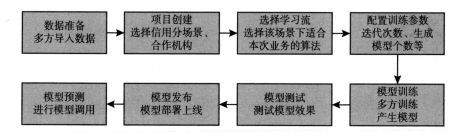

图15－5　信用分场景操作流程

受邀机构接收项目请求并选择本次项目的训练数据；

（3）项目发起方选择本次训练学习流，可新增多个学习流；

（4）在开始训练前，发起方配置本次训练参数，配置好参数后点击开始训练，各参与方可查看训练过程中的日志信息；

（5）模型训练结束，各参与方可发起模型测试请求，各参与方接受测试请求并选择本次测试数据，测试自动开始，各参与方可进行测试结果对比查看；

（6）各参与方可发起模型发布请求，各参与方可接受发布请求并选择模型预测过程中使用的取数接口；

（7）模型发布成功后，各方可进行模型预测；此外，有些机构有很多过去通过线下联合建模方式得到的模型，这些模型在应用中相对稳定性也能满足要求。这些机构希望能够将现有的这些存量模型快速地转换成为联邦化的模型，这就是存量模型联邦化的问题。受制于应用场景的限制，联合建模中产生的模型差异很大，也涉及不同参与方，所以存量模型目前还无法自动联邦化，但这将是联邦平台进一步演化升级的方向。

通过智能风控平台联邦建模和传统联合建模效果对比如下：

隐私性：联邦学习＞传统联合建模；

收敛速度：联邦学习（loss = 0.188）≈传统联合建模（loss = 0.184）；

准确率：联邦学习（auc = 0.72）≈传统联合建模（auc = 0.74）。

（三）反欺诈：认知层，安全多方预测

从2018年起，银行已开展覆盖个人与小微、消费贷款与经营性贷款等多场景领域的互联网贷款业务，目前业务规模已超千亿元。近年来，由于监管层面提出更高要求，加之银行方自主风控基础薄弱，急需打造完善的贷前、贷中、贷后的风控管理体系，并且要求既要关注客户端风险，也要关注合作方风险。

图15-6以贷前智能风控为例，给出基于智能风控平台的反欺诈应用案例。通过数据沙箱和知识联邦的认知层联邦，利用各参与方（合作方和自营方）的嵌套特征完成知识联邦，实现安全的贷前智能反欺诈。

（四）企业征信：知识层，安全多方推理及决策

基于知识联邦的知识推理，通过知识表示学习，在不泄露彼此数据的前提下，对多个参与方知识进行抽象，并完成联邦融合，协同进行知识推理。

如图15-7所示，技术方案包括三步：首先，各参与方基于自身知识图

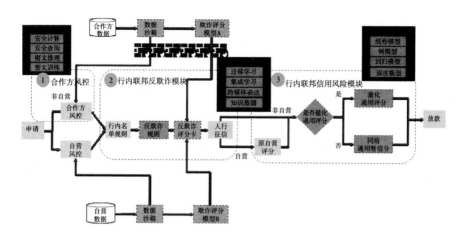

图 15 - 6　基于智能风控平台的反欺诈应用

谱结构信息，通过相同的图神经网络模型，对知识进行抽象，映射到一个新的低维特征空间，并上传到可信协调方；其次，可信协调方对所有参与方抽象知识进行联邦融合；最后，针对不同问题领域任务进行建模。

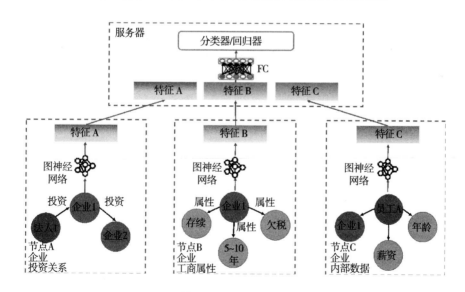

图 15 - 7　基于知识层的企业征信应用场景

四 联邦学习未来方向——联邦平台间的互联互通

目前，在金融行业数据融合协同的成本高，实现规模化用数难度大。不同机构开发的联邦产品或平台按照特定的技术路线实现，相互之间无法联通。一旦不同机构或部门采用不同供应商提供的联邦平台或产品，相互之间将很难联通，联邦规模无法有效扩展，数据的合力无法形成。这为打破"数据孤岛"实现数据融合带来了新的问题，亟待制定金融科技行业内的平台互通、联邦数据交换的规范或标准。

通过研究不同平台之间互联互通的技术方案，并制定联邦数据交换标准，可以使金融行业形成一套基于联邦学习技术的模型训练规范。不同联邦学习产品在遵守该协议的前提下，就可以保证在联邦建模过程中的互通能力，打通联邦平台之间的壁垒。同时，金融业掌握的数据量大、对于信息安全要求高，促使金融业对标准的迫切度高。通过制定标准，可以帮助金融机构进行联邦相关产品或联邦平台的选型，让金融风控应用方只需要更多关注联邦业务场景，而无须更多关注数据隐私以及建模过程中数据计算交互底层逻辑。

参考文献

梅子行：《智能风控：原理、算法与工程实践》，机械工业出版社，2020。

同盾科技人工智能研究院：《知识联邦白皮书》，2019。

同盾科技人工智能研究院：《知识联邦数据安全交换（FLEX）白皮书》，2020。

中国银行业协会东方银行业高级管理人员研修院、中国信息通信研究院金融科技研究中心、同盾科技：《人工智能在银行领域的应用——基于 AI 技术的智能风控应用》，2019。

第十六章　信用科技的创新与发展

闫文涛*

摘　要：　回顾2020年，面对新冠肺炎疫情和全球经济环境日渐复杂的双重夹击，我国经济受到严峻考验。对于整个信用科技领域而言，原来下沉市场的用户正在被重新划分，而在某种程度上，疫情也加快了数字化变革的步伐。"零接触式"金融服务需求日益凸显，金融机构更加深刻地认识到在"零接触式"金融服务背后，起支撑作用的是信用科技的巨大力量。信用科技赋能"零接触式"金融服务，通过纯线上流程和全智能风控，减少了人工干预，提升了业务运转效率，真正达到降本增效的目的。"零接触式"金融服务的代表——武汉市企业融资对接服务平台（以下简称汉融通平台）纯线上融资模式的典型应用，为金融服务提升风控能力提供了新思维、新模式和新手段，信用科技得到更加广泛的重视和应用。

关键词：　"零接触式"金融服务　信用科技　智能应用　301融资模式科技抗疫

---

* 闫文涛，中诚信征信有限公司总裁，中国人民大学国际货币研究所研究员，CFT50学术成员。中国人民大学经济学学士、硕士、博士。研究领域为信用风险管理、信用科技、大数据风险控制和消费金融资产证券化等。

引　言

2020 是特殊的一年，面对新冠肺炎疫情和全球经济环境日渐复杂的双重夹击，我国经济受到严峻考验。对于整个信用科技领域而言，疫情期间经济的停滞给其带来巨大挑战，贷款的违约或延期已让过去的部分信贷模型失灵；"零接触式"金融服务需求凸显，原来下沉市场的用户，正在被重新划分，这个领域商业格局也正在被重新定位。

疫情之下居家隔离时期，线上购物、线上获客、在线办公、在线教育等众多行业新业态正加速替代传统业务模式。众所周知，受疫情影响，我国大量小微企业更是出现了前所未有的经营困难，生存率下降。利用信用科技手段解决小微企业融资难题成为业界共识，这让很多金融机构意识到，由"零接触式"金融服务需求催生的纯线上金融需要更进一步拥抱科技，带来更新的技术和服务变革。

可以说，疫情无疑是检验银行数字化进程的"关口"，疫情下的"零接触式"金融服务，确实提升了传统金融机构对信用科技的认同感，也让银行对信用科技和服务的变革有了更直观的认知。而对于银行来说，机遇和挑战并存。从根本上来说，虽然银行部分业务已经可以在线上办理，但仍旧很难完全实现纯线上化，痛点核心是风控问题。特别是对一些中小企业的贷款，依旧需要进行线下实地排查，这就对后台技术系统提出了更高的要求。疫情环境下银行机构纷纷推出各种"零接触"金融措施，加强了线上服务和应用。"零接触"银行金融服务的爆发式增长现象，也并非疫情发生后才出现的变革趋势。近年来，金融科技的发展和大数据的运用推动了整个金融业向数字化方向转型，也加大了风险防控难度——多维数据交叉验证风控，以更好地深入场景，以保证借款人贷后的真实用途。信用科技作为金融科技范畴下一个高度专精的领域，与大数据、人工智能等前沿技术融合必将引领传统金融业变革。

一　疫情下信用科技发展态势

疫情之下，我们前所未有地感觉到如此强烈的数字化生存的需求。回顾2020年，不难发现，信用科技的监管思路也越来越清晰。而在某种程度上，疫情也加快了产业变革的步伐，"非接触式"理念深入人心，互联网成为维系社会运转的重要纽带，金融行业对金融服务数字化转型重要性和紧迫性的认识得到提升，加速淘汰了一批正在走下坡路的传统业务，线下场景线上化迁移等方面的需求更加显著。这些变化促使金融行业提供更多更好的线上化、数字化、智能化金融服务，让更多符合新时代需求的业务发展起来。数字化转型步伐加快，推动了大数据、人工智能、云计算、区块链等关键技术的应用探索，从客户营销、风控管理、信用评估等各方面着手，努力降低对现场接触展业方式的依赖。

（一）发展环境

1. 传统金融机构"科技属性"不断增强

疫情对金融行业提供快速、精准、"非接触式"服务的能力提出了挑战，同时也为信用科技发挥线上化、智能化等优势提供了契机。中国信息通讯研究院发布的《中国金融科技生态白皮书（2020年）》显示，在国内，传统金融机构通过成立金融科技子公司增强其"科技属性"。央行发起成立多个金融科技子公司，引领行业发展方向。2018年，央行在深圳成立深圳金融科技公司；2019年，央行在苏州成立长三角金融科技有限公司；2020年，央行在北京成立成方金融科技有限公司。

从图16-1来看，信用科技在金融业务场景中，正从外在的辅助支撑变成内在的改造力量，已经成为金融发展不可或缺的核心要素，正深刻影响着金融服务供给的方式。大数据是金融服务的基础，是金融科技的支点，信用科技则通过大数据、人工智能、区块链等技术的进步推动信用评估的智能化和信用价值的扩大化，代表了更高的生产效率和更广泛的生产要素。在上述

365

背景下，信用科技的发展和大数据运用推动了数字化大潮来袭，数据安全保护刻不容缓，强监管成为信用科技领域的主旋律。

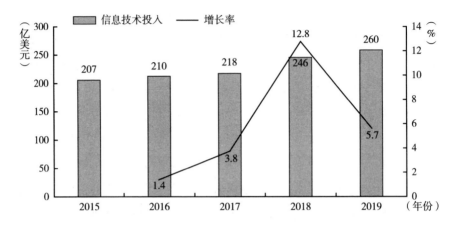

图 16 - 1 2015～2019 年全球部分国际领先金融机构信息技术投入趋势

注：2015～2019 年，全球金融机构的 IT 投入一直保持增长的态势。

资料来源：中国信息通讯研究院编《中国金融科技生态白皮书（2020 年）》，2020 年。

2. 金融科技监管体系逐渐完善

金融与科技的深度融合在创新金融产品、提升服务质效的同时，也加大了风险防范的难度。大数据作为先进生产力的代表，释放增长潜力的同时也潜藏着风险，金融与科技交叉融合导致风险复杂性和外溢性更突出。从金融监管动态来看，进入 2020 年，一方面，各地响应党中央、国务院政策部署，相继出台金融科技产业扶持政策，促进金融科技发展。另一方面，多项针对金融科技领域的强监管政策纷纷落地（或征求意见）：互联网贷款新规重磅来袭、民间借贷迎来史上最严"利率红线"、网络小贷新规公开征求意见、商业银行法迎来第三次大修、互联网保险驶入规范快车道……监管层面采取一系列措施平衡创新与风险的关系，遏制盲目扩张和滥用杠杆风险。

金融强监管的大环境下，鼓励金融机构发展自有线上渠道。可以说，2020 年是金融科技监管措施密集出台的一年，金融科技发展指标、金融科技监管沙盒、国家金融科技认证中心、国家金融科技风险监测中心都在这一年内尘埃落定。随着《个人信息保护法（草案）》《数据安全管理办法（征求意见稿)》等法律法规的出台，金融机构乃至全社会对于个人隐私信息保护和数据安全的诉求愈发强烈，也为安全多方计算技术的快速发展应用提供了肥沃土壤。通过安全多方计算技术，在确保各方原始数据不出库的基础上丰富模型数据源，实现对数据及模型的加密，营造安全可信任的营销环境，保护消费者个人隐私，提升金融服务的安全性。

3. 数据安全合规格局"凸显"

疫情下数字金融业务快速发展，面对信息保护与合规发展问题，把握好二者间的平衡成为社会关切的重要课题。众所周知，金融机构间共享风控能力和风险信息是解决信贷欺诈和多头借贷等风险问题的有效方式。近年来，基于密码学原理的安全多方计算、联邦机器学习等先进数字技术在金融领域得到大量的应用，能够有效实现能力共享中数据"可用不可见""定量定性使用"的目的，可在充分保护个人隐私与数据安全的前提下，实现合规的金融风险防控能力和信息的共享，有助于构建数字信贷生态的安全屏障。

在信用科技的发展道路上，在业内人士看来，从法律层面加强金融数据的保护，是保证用户信息安全、维护用户权益和金融稳定的重要课题，也是金融业务数字化、零接触发展的重要一环。信贷的核心是风控，风控的本质是数据。风控评分要达到效果，更须依赖于用户数据，必须解决赋能过程中对用户数据隐私的绝对保护。安全多方计算联合建模的优势，就是保证用户隐私安全，数据不出本地私域，而完成大数据风控模型，其核心就是解决"数据孤岛"和数据隐私保护的问题，通过建立一个数据"联邦"，让参与各方都获益，推动风控模型的持续进步。

随着大数据、云计算、移动互联网等新一代信息技术的不断发展，数据种类日益增多，数据规模急剧增长。加强个人信息保护、保障数据信息安全已成为未来大数据产业可持续发展的必要条件。同时对关键数据掌控能力的竞争也成为数字经济的焦点，与全球不断收紧的数据合规政策相类似，我国在法律监管方面也日趋严格规范。《民法典》《个人信息保护法》的有效实施，已对金融科技的多个领域予以保护。

2020 年末国家发改委、中央网信办、工信部、国家能源局四部门印发了《关于加快构建全国一体化大数据中心协同创新体系的指导意见》（以下简称《意见》）。《意见》提出，到 2025 年，全国范围内数据中心形成布局合理、绿色集约的基础设施一体化格局。东西部数据中心实现结构性平衡，大型、超大型数据中心运行电能利用效率降到 1.3 以下。数据中心集约化、规模化、绿色化水平显著提高，使用率明显提升。公共云服务体系初步形成，全社会算力获取成本显著降低。政府部门间、政企间数据壁垒进一步打破，数据资源流通活力明显增强。大数据协同应用效果凸显，全国范围内形成一批行业数据大脑、城市数据大脑，全社会算力资源、数据资源向智力资源高效转化的态势基本形成，数据安全保障能力稳步提升。毫无疑问，数据安全合规格局已逐渐形成。

（二）国内信用科技发展状况

大数据时代的来临，使得征信数据来源更加多元化、多维化和非机构化，丰富了传统征信对数据的收集、加工方式，推动了传统征信与大数据征信的融合发展。"信用科技"作为金融科技范畴下一个高度专精的领域，极具颠覆传统金融业的潜力，尤其对信用服务商和信用市场将产生深远影响。

2020 年新冠肺炎疫情倒逼金融机构充分利用新技术、大数据，创新性开发或推广各种线上产品服务。与此同时，互联网企业、传统 IT 企业以及第三方信用服务商借助在大数据、人工智能等领域的技术积累，纷纷进入信用科技市场领域，通过新科技改变信用行业的传统业务模式，并创新了一系列商业模式。信用与科技的结合带来了巨大的商机和发展潜力，创造了新的业务模式、新的应用、新的流程和新的产品，从而对金融市场、金融机构、金融服务的提供方式形成极大影响，信用科技利用技术创新，节约了信用成本，提高了信用效率，从而优化了现有的信用市场业务模式。

在新冠肺炎疫情影响驱动下，金融行业线下场景受限，金融机构不断挖掘可以通过科技手段予以优化的业务空间，力图从技术、场景和流量三个端口打通数字化转型的脉络，并通过信息系统技术的商业应用，逐渐与商业环境深度融合，金融服务生态呈现数字化、在线化、智能化的特点。在金融领域，原本直线型的产业链被重新定义，常规意义的客户群体被重新划分，基于消费习惯的客户画像使精准营销成为可能。金融机构应致力于打造差异化的竞争优势，创新发展平台化金融，推动金融商业模式朝着数字化、轻型化、智能化、开放化转型。

信用科技赋能下，"大数据＋场景"金融生态模式成为主流，大数据与人工智能结合，大数据可直接解决金融科技的核心需求，打造全新的风控、信贷模型，"数据智能＋金融落地场景"全面开花，营销、风控、客服、保险、监管、身份识别、投研、投顾、管理等众多金融场景迎来智能化升级，更多新技术应用到更多金融场景之中，数据智能转型加速，服务效率大大提升。目前，疫情加快了金融服务数字化变革的步伐，信用科技赋能"零接触式"金融服务，通过纯线上流程和全智能风控，减少了人工干预，提升了业务运转效率，真正达到降本增效的目的。

资料显示，信用科技公司的商业模式，对于中国信用科技市场而言，主要有三类参与者，即综合性信用资产发行机构、独立第三方信用服务商和独立第三方信用科技公司（见图16-2）。信用科技公司取得成功有四大要素：一是科技实力、商业场景应用、品牌及资源的结合，二是以市场为导向的运营模式，三是互联网创业公司文化，四是优秀人才及人才激励机制。

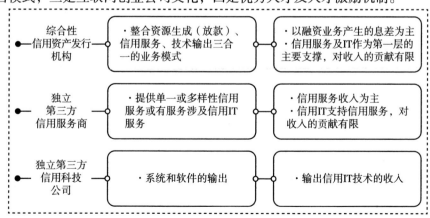

图 16 - 2　信用科技公司的商业模式

资料来源：奥维分析。

目前国内信用科技市场参与者，主要有芝麻信用、微众信科、中诚信征信、鹏元征信、百融云创、数联铭品、金融壹账通等。其中金融壹账通已于 2019 年底赴美上市，是金融科技类公司上市首例。百融云创于 2021 年 3 月底在香港联交所挂牌上市。2020 年 6 月上交所受理了微众信科科创板上市申请，2021 年 2 月上交所中止了其发行上市审核。

二　信用科技赋能下的金融数字化
——"零接触式"金融服务

在新冠肺炎疫情影响下，金融行业线下服务场景受限，线下网点及营业部流量下降，外拓营销、线下活动等传统下辖获客方式受阻，金融机构线下获客留客能力受到较大冲击。在此情况下，"零接触式"金融服务成为平台发展规划的探索重心。依托于大数据、人工智能、移动等技术，平台提供的金融服务规划从原来"面对面"的网点线下服务模式，向着远程化、线上化、数字化、智能化的"零接触式"服务转变。"零接触"不代表金融机构与客户无接触，而是通过金融服务平台、金融机构的手机银行、小程序等线上渠道向客户提供信贷业务服务，用"屏对屏"的模式替代原来的"面对面"模式。"零接触式"服务通过全在线流程、全智能风控，减少了人工干预，提升了业务运转效率，真正达到降本增效的目的。

（一）"零接触式"金融服务迎来发展机遇

"零接触式"金融服务在新冠肺炎疫情防控期间迎来发展机遇，疫情使得"零接触式"金融服务成为刚性需求。金融机构本身就是经营风险、管理不确定的，而最大的不确定性，可能就是重大疫情。2020 年到来之前，大概没有人会想过"零接触式"金融服务会因为一场意外步入发展的快车道。但是业务流程全在线化是"零接触式"金融服务的基础，这也让金融机构更加深刻认识到在"零接触式"金融服务背后起支撑作用的信用科技的巨大力量。

疫情防控的特殊时期，利用信息化手段精准防控疫情蔓延，考验着社会各行业的数字化管理能力。不少金融机构从自身情况出发，结合用户需求，纷纷推出了"有温度"的线上贴心服务。有的金融机构充分利用新技术、大数据，创新性地开发或推广各种线上产品服务。面对疫情，需要从顶层设计上多推出务实、管用、灵活、高效的信息化举措，让大数据在战疫过程中跑出速度、力度和效果，以充分满足大众的各种金融需求。同时，银行机构响应政策号召，通过延期还款、减免利息和手续费等措施，解了客户（特别是抗疫一线的特殊人群）的燃眉之急。还有的银行在 App 上推出诸如线上救助、线上诊疗、爱心捐助等个性化增值服务，让客户"宅"出"新花样"。

迅速响应并充分满足广大用户对金融服务的需求，在物理接触有限的情况下确保各项金融服务有序进行，这种"零接触式"金融服务背后体现了信用科技对金融业务发展的支撑，助力银行做好线上化、数字化、智能化的深耕，让线上金融服务能力成为疫情期间业务发展的关键。面对疫情的冲击，在"零接触式"金融服务方式的要求下，信用科技得到了更加广泛的应用，金融行业数字化转型呈现加速化趋势，金融发展与科技创新的融合程度不断加深。

同时，"科技抗疫"陆续得到多项相关政策支撑。2020 年 1 月 27 日，银保监会发布《关于加强银行业保险业金融服务配合做好新型冠状病毒感染的肺炎疫情防控工作的通知》，要求各银行保险机构强化营业网点、办公场所的卫生防疫管理，减少人员聚集和客户集中拜访；保障金融服务顺畅，鼓励积极运用技术手段，在全国范围特别是疫情较为严重的地区，加强线上业务服务，提升服务便捷性和可得性。

2020 年 2 月 1 日，央行、财政部、银保监会等五部门联合发布了《关于进一步强化金融支持防控新型冠状病毒感染肺炎疫情的通知》，要求"金融机构要加强全国范围特别是疫情严重地区的线上服务，引导企业和居民通过互联网、手机 App 等线上方式办理金融业务"。

通过互联网加强线上服务，避免人群聚集，以"零接触"的方式在特殊时期持续提供金融服务，系列政策也体现了鼓励商业银行运用技术手段加强在线业务的重要监管导向变化，进一步催生信用科技的应用与落地。

（二）"零接触式"金融服务——以"301融资模式"为例①

武汉市企业融资对接服务平台（汉融通平台）是武汉市地方金融工作局为响应武汉市委市政府发展金融科技，提升金融服务实体经济的要求，由武汉市地方金融工作局建设，中诚信征信研发承建的武汉市企业融资对接服务平台。该平台以优化中小微企业融资环境为目标，以市场需求为导向，以聚焦服务实体经济、聚力机制技术创新、聚合资源有效供给为抓手，是湖北省内第一个征信融资一体化的大型政银企综合性金融服务平台。"301融资模式"则是结合汉融通平台内多家金融机构的信贷业务产品实现线上3分钟申请、0人工干预、1分钟放款的纯线上信贷服务模式。

目前"301融资模式"与汉融通平台上金融机构的合作，根据金融机构自身的情况分为两种模式：一种是基于金融机构既有的标准线上信贷业务产品申请环境打造的与平台无缝对接的标准化信贷业务模式，另一种是综合考虑金融机构线上信贷业务产品存在不足的情况形成的平台对接业务模式。

标准化信贷业务模式：结合金融机构标准的线上业务申请环境，汉融通平台直接对接金融机构既有流程（如H5申请页面等），形成平台入口＋金融机构自有申请、授信、放款流程；同时基于金融机构标准数据、风控接口完成客户申请信息与风控衍生数据信息的接口对接，及时将客户申请相关信息反馈给合作金融机构，由金融机构端完成对应的业务审批，同时金融机构在对应合规授权下及时将审核结果回显至汉融通平台以备客户查询，客户在审核通过后按金融机构既定线上提款流程完成对应的提款操作。

平台对接业务模式：汉融通平台为合作金融机构打造了专属于它的金融服务中台，汉融通平台作为客户申请入口，客户在平台完成业务申请流程操

---

① 2020年8月31日，在武汉地方法人银行"301"贷款模式上线启动仪式上正式推出"301融资模式"。

作，申请信息通过专线链接反馈至金融服务中台，金融服务中台完成对应的客户预审批操作，并通过接口将预审结果推送至金融机构，由金融机构结合预审结果数据信息、金融机构内部数据及央行信息完成客户终审，并通过中台系统将客户终审结果反馈至汉融通平台，客户获悉审核结果后可以通过金融机构对应的手机银行完成提款动作。

在汉融通平台"301融资模式"下，由于业务的特殊性，更加需要对客户的信用风险进行准确评估。中诚信征信基于深度学习的现代人工智能算法，利用算法搭建模型，通过基于技术和算法的平台，协助金融机构将数据价值挖掘出来，赋能于各个金融业务产品之中，横向拓展行业应用，纵向发掘服务深度，在不同环节对全生命周期进行风险判别，覆盖信贷全生命周期的多个关键业务环节，致力于从不同细节处为平台合作金融机构的金融风控保驾护航。

1. 动态化的"获客 + 反欺诈"

第一，围绕以客户为中心的原则进行对应金融机构业务流程的设计，确保平台客户获取的营销产品和服务是客户在某一个阶段的切实需要，而不只是银行端想要传递和表达的内容。第二，借助不断获取、整合和更新的客户数据平台信息，形成动态行为档案，通过智能决策系统快速形成解决方案，包括客户行为预判、规则预设、自动触发营销内容来实现精准触发，同时通过全过程的回溯分析和端对端的效果跟踪，持续进行智能策略的迭代优化。第三，对团体识别可充分利用知识图谱技术，构建客户在某一段时间内所有登录行为和下单行为的关系链，并通过过程中的某一个节点进行发散，实现不同用户间的联通并最终构造成关系图谱，并打造团伙标签，标记团伙特征（见图 16 – 3）。

2. 智能化的"客户 + 风控"

一是需要把握好客户准入关，持续拓展安全认证新手段，在提供开户静态要素的同时，通过人脸识别以及本机号认证等方式，加强本人实名注册的安全防护。

二是在客户享受"零接触式"金融服务的过程中，通过分析客户行为

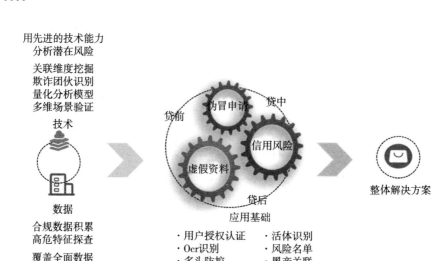

图16-3　中诚信征信——反欺诈产品服务体系

路径，确定客户的行为偏好，有效识别客户异常行为。

三是建立客户分群，引入白名单机制和正常客户画像，为后续通过平台进行新客申请提供参照样板和积极的反馈，从申报及准入环节，拦截恶意注册、虚假信息批量申请等异常行为，形成平台"零接触式"金融服务风控的基本闭环。

四是结合汉融通平台已收集的武汉市工商局、税务局、发改委、社保局等数据，基于业务逻辑梳理、统计分析、建模挖掘等手段，平台将数据整理归纳为工商、财务、政务、税务、风险5个板块。每个板块都包含上百个深度标签，利用大数据技术，从工商、财务、政务、税务、风险5个子维度对中小微企业进行精准画像（见图16-4）。采用集成学习框架，在完成数据预处理后对不同数据源单独建模，产生"个体学习器"，形成多层级子模型；融合多个"个体学习器"，生成最终评分，提升泛化能力。

3. 自动化的"产品+技术"

构建清晰的数据治理框架，通过智能中台的引入和打造，建立数据和数据管理的集成平台（见图16-5）。一方面，将前台业务中公共、通用的部

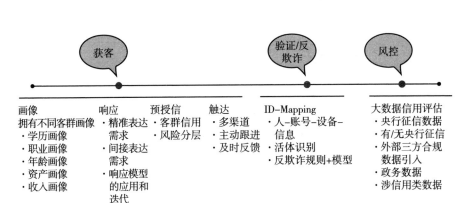

图 16－4　中诚信征信——信贷业务产品风控服务体系

分沉淀到中台，通过数据分析和机器学习，直接转化为前台可复用共享的核心能力，进一步缩短数据的传输路径，并通过能力的输出而非数据的输出来避免业务交叉带来的数据重复获取，遵循"最小够用"原则开放数据权限；另一方面，将后台与业务结合密切的部分提前到中台，从整体角度出发更合理地释放数据价值，打造可敏捷开发的技术中台以及可互联互通的数据中台，并直接在中台建设安全体系，进行智能化漏洞感知能力和智能化安全防控能力建设。

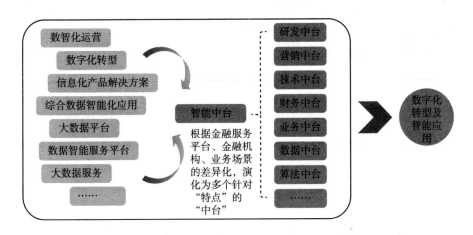

图 16－5　中诚信征信——智能中台产品服务体系

三 信用科技在"零接触式"金融服务中的应用

本部分我们将继续以汉融通平台为例，进一步"抽丝剥茧"，进行更加细致的案例剖析，从而更加深入地了解在相关创新案例中，信用科技究竟如何得以应用。

（一）信用风险智能决策体系

汉融通平台的智能决策体系如图16-6所示，通过完整的闭环系统更好地服务前台规模化创新，进而更好地服务用户。智能决策体系包括三个部分：数据治理、结构化模型和闭环反馈。其中，数据治理主要是将数据资产化，打通不同体系的数据，更好地夯实数据应用基础；结构化模型提供底层技术层面支撑；闭环反馈的数据可以进行业务数字化，不断反馈到数据中台，促进数据资产化，驱动业务创新发展。

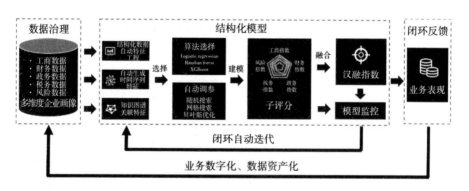

图16-6 汉融通平台——信用风险智能决策体系

安全多方计算、联邦学习技术着眼于数据的融合利用。在依法合规和安全可控的前提下，利用安全多方计算、联邦学习技术，把政府的政务数据和金融机构的数据进行融合，建立一体风控数据决策体系，推动数据融合应用，有助于在金融领域发挥数据要素的倍增作用，更好地实现金融业高质量发展。

汉融通平台评分包括汉融指数和 5 个子维度指数。平台利用大数据技术，从工商、财务、政务、税务、风险 5 个子维度刻画小微企业，从经营者基础信息、工商、财务、税务、风险 5 个子维度刻画个体工商户，形成多维度企业画像。汉融指数的构建采用集成学习框架，在完成数据采集后的第一时间进行数据认知、数据清洗、特征提取及衍生的工作；5 个维度的子模型采用逻辑回归和树模型实现算法构建，各个子模型中的变量相互独立；各个子模型的基本权重再次通过监督学习获取，并根据具体金融产品和使用场景进行微调，最终获得融合后的汉融指数。汉融指数可以有效评估企业的综合情况，评分越高，企业状况越好。金融机构可根据汉融指数及其区间建议，结合 5 个子维度的评分，考量企业风险水平。

（二）高效模型构建——自动调参

汉融通评分模型的构建重点关注机器学习模型的自动化建设。随着机器学习算法的广泛应用，在模型构建过程中，人工调参和模型迭代占用了建模人员许多时间。为了简化建模过程，减少建模人员的重复工作，让建模人员能够更多地深入实际业务，将业务问题与技术更好地融合，平台使用高级的控制系统去操作机器学习模型，使得模型可以自动学习到合适的参数和配置，减少人工干预。这样可以极大地提升建模效率，取得更好的模型效果。

通常模型的调参工作由建模人员根据经验反复进行，耗时耗力。而信用科技采用自动调参技术，在给定的搜索空间范围内，获取使模型达到最佳性能的参数，提高模型的预测效果，自动调参方法包括随机搜索、网格搜索和贝叶斯优化。

作为中诚信征信万象智慧平台使用的专利授权方法，贝叶斯优化在超参数调优中得到了充分的运用。对于机器学习模型，在观测数据 D 已知的情况下，其目的就是寻找一组超参数，使得模型表达式 $f(x)$ 在现有数据上的预测效果尽可能好，而贝叶斯优化就是在函数方程 $f(x)$ 未知的情况下根据已有的采样点预估函数最大值的一个算法。

假设目标函数 $f(x)$ 服从高斯过程，通过随机采集少量数据，就可以确定一个对应的高斯分布，然后通过这个高斯分布的某些指标来采集新的点 x^*，把 $[x^*, f(x^*)]$ 添加到观测数据 D 中，就可以描述更精确的高斯分布，其中选择新的采样点 x^* 就要使用到提取函数。

提取函数的使用考虑到两个方面：exploit 和 explore。exploit 用于强化已有的结果，在现有最大值的附近进行探索，基本思路是贪心算法的思想，认为最大值的附近更可能存在更大的值；而 explore 用于尽可能探索未知的空间，这样对 $f(x)$ 描述的高斯分布才会更接近 $f(x)$，避免 exploit 陷入局部优化。所以，贝叶斯优化的整个过程就是不停采样并计算高斯过程，采样时考虑 explore 和 exploit 之间的权衡。

图 16-7 是贝叶斯优化在一维问题上的例子，用于解释贝叶斯优化的简要过程。3 张子图自上而下分别表示第 2、第 3、第 4 次采样过程。在每一张采样图中，最上方的实线表示目标函数的拟合过程，最下方的实线表示采集函数的分布，虚线是未知的目标函数 $f(x)$。首先随机采样 2 个点，生成的高斯分布如第一张子图中的粗实线，很明显粗实线和虚线仍存在一定差距。接下来选择使采集函数达到最大值的位置作为新的采样位置 x^*，提取新的采样点 $[x^*, f(x^*)]$ 作为第 3 个数据点加入，此时粗实线更加逼近虚线。依此类推，当采集的样本点足够多，那么高斯分布就会收敛到接近 $f(x)$ 的分布。将最终采样的数据点中最理想的那组随机变量作为参数结果输出，此时的参数即为贝叶斯优化获取的最优参数。

贝叶斯优化用在参数调优过程中。我们需要确立目标函数，然后构建算法的超参数和目标函数之间的关系，最后采用贝叶斯优化算法，确定使目标函数达到最大值的一组超参数，这组参数就是我们寻找的最优参数。

当模型的调参工作经贝叶斯优化操作后，可以为建模人员节省大量时间，使得建模人员可以深入信用评级和反欺诈业务中，挖掘更多有助于提升模型效果的特征和信息。

（三）模型在线升级——自动迭代

随着时间的推移，环境、社会、客户的行为偏好和欺诈行为都会发生变

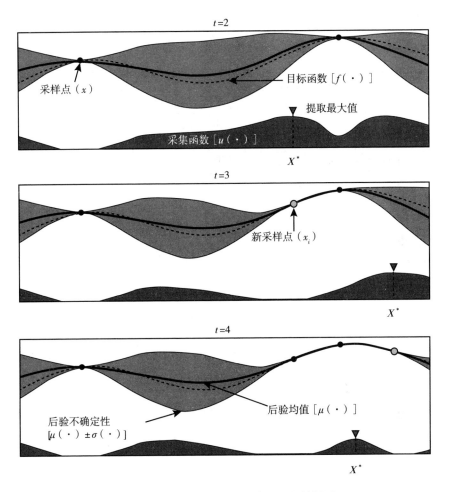

$t=2$

采样点 (x)

目标函数 $[f(\cdot)]$

提取最大值

采集函数 $[u(\cdot)]$

X^*

$t=3$

新采样点 (x_i)

X^*

$t=4$

后验不确定性
$[\mu(\cdot) \pm \sigma(\cdot)]$

后验均值 $[\mu(\cdot)]$

X^*

图 16 – 7　贝叶斯优化在一维问题上的例子

资料来源：Brochu, E., Cora, V. M., and Freitas, N. D., "A Tutorial on Bayesian Optimization of Expensive Cost Functions, with Application to Active User Modeling and Hierarchical Reinforcement Learning", 2010。

化，因此汉融通智能决策体系中加入监控模块，定期监测特征和模型的准确性、稳定性。为了使模型始终保持较高的精确度，并且预测结果受模型漂移的影响更小，我们对评分模型采用自动迭代技术，迭代框架如图 16 – 8 所示。

379

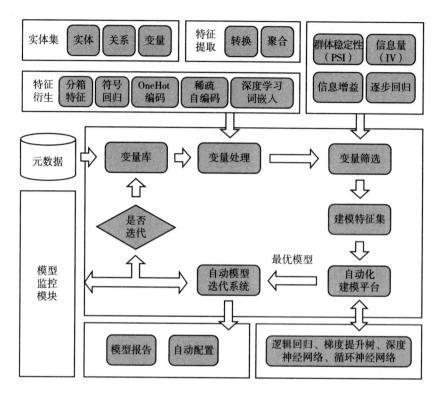

图 16-8　自动迭代框架

元数据保存在变量库中，首先通过结构化数据自动特征生成提取原始数据。经过简单的特征提取，比如时间切片、分箱、取对数、数值统计等构造大量特征，然后采用符号回归、OneHot 编码、自编码器、词嵌入等方法进行特征衍生，形成完备的输出特征。输出特征经过群体稳定性（PSI）、信息量（IV）、逐步回归等变量筛选方法，生成具有实际价值的建模特征集，然后通过自动化建模平台的多模型训练，经过算法的自动调参、模型选择，筛选出最优模型部署到生产环境。监控模块实时监测模型表现，模型的自动迭代可根据预设指标的判断条件触发，也可以按照时间周期迭代。若模型通过评估，迭代系统则会输出模型报告，并将最新的模型参数自动更新到生产环境，使得机器学习模型能够经常针对不断变化的环境和迁移的客群进行调整，保持较好的预测能力和稳定性。

对模型进行自动化的快速迭代具有重要的现实意义，比如在反欺诈业务中，客户的欺诈行为是时刻变化的，科技发展不仅提高了反欺诈的能力，同时也提高了欺诈的能力。在这样一个斗智斗勇的领域，技术人员训练的模型很快就无法应对新的欺诈行为，这就导致机器学习模型的效果逐渐变差，而模型的快速迭代恰好可以解决这个问题。自动化的快速迭代可以在最新的数据上自动训练模型，挖掘最新的信用风险和欺诈风险信息。当下很多银行存在模型更新缓慢、更新成本高的问题，通过模型的自动迭代，可以挖掘出最新的欺诈手段，不仅可以保证长期的模型效果，又能节省人力，助力信用科技的发展。

（四）未来发展趋势——自适应机器学习

当前，机器学习模型的自动化建设更偏向于模块化和流程化。中诚信征信的科技型目标是希望机器学习模型可以动态变化以应对情景差异，因此自适应机器学习就是未来发展的一个方向。

自适应机器学习是一种技术框架，当机器学习模型上线后，在运行环境中对其进行频繁再训练，而不是仅当机器学习模型离线时在开发环境中对其进行训练。借助这种技术方案，机器学习任务可以更快地适应在开发过程中无法预见或不可用的、不断变化或全新的真实环境。

Mieke Vandewaetere 和 Geraldine Clarebout 对自适应机器学习做了四维视图的界定（见图 16-9）。

● 适应的对象（改变什么）。关注学习任务中的哪些内容可以调整，仅改变模型参数，或者对模型本身进行更新。

● 适应的来源（因何改变）。关注学习任务的目标和自适应触发机制，应用中可以依据模型评价指标或者提升情况做出适应性动作。

● 适应的时间（何时改变）。关注学习任务的适应性发生的时间或情境，可以包括静态的用户建模和动态的用户建模，也可以是双路径方法。在首次建模后，基于数据的变化持续进行建模和调整。

● 适应的方法（如何改变）。关注学习任务适应性的控制者，可以由工程师控制、系统控制或者两者组合的适应控制。

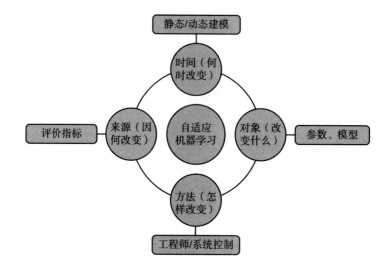

图 16 – 9　自适应机器学习

自适应机器学习能够更快速、更有效地响应改变，从而使更多的自治系统能够对渐进变化和大规模变革的动态变化做出响应。例如，COVID – 19 疫情导致市场环境发生重大变化，需要调整现有机器学习模型以保持其准确性。在环境和条件经常变化或者参与者的行为或偏好经常变化的领域中，比如反欺诈领域，自适应机器学习的相关度最高。

随着社会信用体系建设的纵深推进，我国社会信用体系建设向大数据征信的方向发展。在全社会信息量爆炸式增长的背景下，现有的信用评分模式无法应对信息的快速迭代，未来自适应机器学习在信用科技的信用评分、欺诈检测等领域会逐渐得到广泛运用，原因在于自适应机器学习使 AI 更接近于自学习，或者至少更接近于频繁学习。相比之下，最新的 AI 应用仅使用静态 ML 模型来自我改进，这些静态模型中很少重新部署对新模型的更新，导致信用评估算法的实际表现逐渐变差。不过，当前自适应机器学习的发展仍具有很大挑战，原因主要有如下方面：①自适应机器学习不需要在全量数据上重新训练模型，而是以增量数据的形式进行在线训练和模型更新，这就需要工程师探索不同于离线学习的增量学习算法；②自适应机器学习需要权衡新数据与旧数据之间的关系，保证模型的泛化性能和稳定运行；③自适应机器学习需要根据环境和用户给予的奖励或惩罚支持强化学习，通过反馈和闭环信息在线更新模型参数。

（五）小结

疫情影响下，"零接触式"金融服务迎来发展新机遇，借助信用科技赋能，用户的信用积累可以更多元、多位、实时。通过各种纯线上场景和数据应用，金融服务方式更高效、智能。在需求倒逼和政策鼓励的背景下，信用科技已成为银行业数字化变革的重要驱动力和关键支撑力，推动着金融和科技深度融合协调发展，金融与科技再次碰撞出耀眼的火花。以数据为重要生产要素，不仅创造出新的服务模式，带来了更高的服务效率和更低的信用风险，而且给传统金融机构的组织机制、制度管理带来了深刻影响，加快数字化转型已经成为转变发展方式、培育增长动能的必然选择，也是适应未来金融生态变革大趋势的必然选择。

随着市场化进程的不断推进，未来金融服务核心竞争力的提升必然借助数字化技术、借助信用科技的赋能。信用科技为金融服务提升风控能力提供了新思维、新模式和新手段，更高效地运用机器学习、自适应机器学习等技术能够优化金融风险防控指标和模型，精准刻画客户风险特征，将风险技防机制嵌入金融服务的全链条，有效甄别多平台借贷、逾期关联账户等风险，来提高识别风险、处置风险、防范风险的能力。积极运用信用科技，加快数字化转型步伐，提升其在信用评分、欺诈检测等领域的应用价值，推动数字经济蓬勃发展。

参考文献

奥纬咨询、中证信：《中国信用科技市场报告（2019 年）》，2019。
蚂蚁金服：《2021 十大金融科技趋势》，2020。
世界经济论坛：《2020 年未来工作报告》，2020。
中国信通院：《中国金融科技生态白皮书（2020 年）》，2020。

第十七章　监管科技与合规科技的发展

尹振涛　李浩*

摘　要：　自2015年国际金融协会（IIF）最早提出"合规科技"以来，监
管科技和合规科技在全球金融领域得到了广泛关注。无论是
各国政府、监管部门，还是金融机构、科技公司，都试图利用
大数据、云计算、人工智能和区块链等新型科技实现降低成
本、化解风险、促进创新等目的。在我国，监管科技和合规科
技还承担着"普惠金融"的任务。在这样的背景下，梳理2020
年监管科技和合规科技的发展状况就显得十分重要。本章将通
过查阅相关资料，在厘清监管科技和合规科技概念的基础上，
对二者在2020年度内的发展状况进行评述，为读者描绘出过去
一年监管科技和合规科技的大致情况，最后对未来几年监管科
技和合规科技的发展状况进行展望。

关键词：　监管科技　合规科技　监管沙盒　金融科技

一　引言

自2008年金融危机以来，金融创新层出不穷，监管部门使用传统的监
管模式和方法在面对掌握大量资金和客户的金融机构，以及不断出新的新型

---

* 尹振涛，中国社会科学院金融研究所金融科技研究室主任；李浩，中国社会科学院大学硕士
研究生。

金融机构时，很难对其采取更加有效的监管。与此同时，在面对监管部门专业性强，更迭速度快的监管政策时，金融机构也应接不暇，难以保证完全合规。现阶段，区块链、人工智能等新兴科技被引入金融监管领域，无论是监管部门还是金融机构都开始试图将自身职能与科技绑定在一起，提高效率，降低成本，监管科技和合规科技应运而生。

对监管者而言，监管科技使得监管的手段更加丰富、细致、高效。尤其是以中国为代表的发展中国家，监管体制面临着较大程度的改变，在应对纷繁复杂的金融创新活动时，必须拥抱科技才能够更好地保障金融消费者的权益，维护金融稳定。对于金融机构而言，合规科技带来的是"无后顾之忧"的创新激励，在充分控制风险的前提下降低合规成本，使得金融机构在面对监管要求时提高效率，不断激发业务创新活力。

2020年是中国金融监管的重要年份，金融科技监管举措陆续出台，许多监管科技方式被纳入试点，吸引了全国乃至全世界金融高科技领域的目光。对过去一年国内外监管科技和合规科技的发展进行评述可以为我国金融科技领域的未来发展起到重要指导作用。

二　基本概念解析

很长一段时间以来，监管科技（SupTech）和合规科技（RegTech）并未被当作具有明确指向性的金融术语，随着近些年来国内外研究机构以及专家们的深入研究，二者已经形成了较为清晰的概念。本章将根据国内外专家学者的文献，对二者的内涵进行归纳，厘清二者之间的关系。

（一）监管科技

"监管科技"一词本身并不专属于金融领域，理论上，任何行政管理领域均需要引入科学技术进行协助。以我国为例，"监管科技"的概念在"环境保护""国土资源""食品药品安全""电子商务"等领域都曾被使用。新加坡金融管理局（MAS）Ravi Menton在2017年发表演讲指出，金融监管部门可以采取新技术、新科技来提高监管的质量与效率，并首次使用"SupTech"来表示"监管科技"，此后，监管科技开始应用于金融领域。同年，我国发布的《中国金融业信息技术"十三五"规划》指出，监管科技是基于新技术、新科技的监管办法，为监管部门提升金融风险的甄别、防范以及化解能力提供手段。由此我们不难看出，监管科技的主体为监管部门。

（二）合规科技

"合规科技"与"监管科技"相对应，在一些场合，两者会被统称为"监管科技"。早在2015年，国际金融协会（IIF）就指出，"合规科技"是指金融机构主动运用技术手段作为方案来应对不断上升的合规成本。很明显，这里"合规科技"的主体指的是金融机构。巴塞尔委员会也在2018年称合规科技是金融企业为了应对监管、降低合规成本所采取的技术手段。

（三）二者的区别与联系

通过国内外机构的定义和解释我们可以很直观地看出"监管科技"和"合规科技"最大的区别在于主体的不同。

但也正如前文所言，在很多种场合，二者统称为"监管科技"。根本原因在于二者的底层技术基本一致，尤其是以人工智能（AI）、云计算（Cloud）和大数据（Big Data）为代表的新型技术，既可以在监管端成为监管部门发挥职能的有效手段，也能在金融机构合规端帮助金融机构主动规避制度红线，降低成本。在国际金融协会对监管科技的应用领域划分中，可以看出，"监管科技"和"合规科技"的应用场景既有区别，也有较多重叠的内容（见表17-1）。

表 17-1　IIF 所列举的监管科技七大类应用领域

应用领域	具体描述
风险数据汇总	汇总和收集金融机构高质量的结构化数据
建模、分析和预测	对金融机构整体运行情况的分析和预测的要求越来越高,在计算能力和劳动力以及智力能力方面都有更高要求

应用领域	具体描述
交易监测	通过对支付系统交易的实时监测可以应用在打击恐怖主义融资、反洗钱等领域
客户身份识别	运用自动识别方案（如指纹、虹膜扫描、区块链等）可高效达成客户的合规要求
机构内部文化和行为监控	确定机构内部是否遵守服务流程
金融市场自动交易	提高交易的速度和效率
自动解释监管规定	自动解释监管规定的含义并分配给对应部门

本章将沿用以上惯用表述，根据行为主体将监管科技与合规科技二者予以区分，并仅涉及金融领域的监管机构和金融机构。

三　监管科技年度发展评述

（一）国内监管科技发展

2019年底，中央经济工作会议明确指出推进深化科技体制改革，加快科技成果转化运用。中国人民银行也发布了《金融科技（FinTech）发展规划（2019～2021年)》，要求进一步增强金融业科技应用能力，实现金融风控水平明显提高、金融监管效能持续提升。回顾整个2020年，在新冠肺炎疫情防控常态化的背景下，监管层对运用金融科技的态度进一步开放，监管科技的发展更加规范、高效。以下内容将从建立监管科技标准体系、监管部门对监管科技的应用等两个方面回顾2020年国内监管科技的发展。

1.建立监管科技标准体系

监管科技的背后是纷繁复杂的技术以及海量的数据信息，无论是监管规则数字化的关键共性标准还是数据的采集、交互、存储、处理等环节的使用规范，都是监管科技发展的前提和基础。

客户端软件、条形码支付受理、生物信息识别以及云计算平台等11种金融科技产品已在2019年被纳入国家统一推行的认证。2020年中国人民银行从基础标准、技术标准、应用标准、管理标准等方面继续健全监管科技标准化体系，出台了个人金融信息保护、客户端应用软件、区块链安全和应用程序编程接口的相关监管规则。

与此同时，2020 年 6 月，中国证监会科技监管局正式"上线"，其成立的重要目标之一就是拟订并组织实施证券期货行业科技监管规则和信息化建设标准。

为推动我国监管科技发展，监管部门不能仅仅满足于制定国内标准。2020 年底，央行科技司表示中国人民银行将主动推动金融科技标准、检测、认证服务走出国门，截至目前已经有多位专家学者牵头编制包含移动支付以及区块链技术在内的国际标准。

2. 监管部门对监管科技的应用

监管科技虽然是随着科技发展而出现的新生事物，但本质上仍然属于金融监管的范畴。经过几年的发展，监管科技已经渗透到不同的监管部门及领域。

（1）"数字央行"数据中心建设

"数字央行"指利用大数据、云计算等新兴科技，充分提升央行的信息化水平，促使央行提高决策科技化、监管精准化和服务高效化水平，帮助央行更好地履行自身职能。中国人民银行数据中心便是在"数字央行"规划下建立的，依托大数据及人工智能提高监管的前瞻性和准确性的重要手段。

宏观上，由金融科技委员会设立的数据管理委员会，负责央行数据管理工作的统筹组织、指导推进和协调落实工作，组织各成员单位编制业务领域数据标准和开展融合应用。在建立全行级数据管理组织的基础上，在北京、上海、西安等地整合数据资源，建立资源中心，构建"1 + N"（1 个数据交换管理平台 + N 个数据中心）数据交换机制，提供更开放的数据管理，解决"有数不能用、有数不好用"问题。

首先，通过大数据监测，在综合分析金融信息、风险指数以及舆情信息的条件下，对金融交易活动中异常企业和个人进行风险提醒和监测；其次，通过对资金异常流动的数据监测，对电信诈骗、洗钱和非法集资等违法犯罪活动进行打击；最后，利用企业画像、关联方拓扑图等手段对金融市场运行状况进行具象化阐述，为提升监管效率和优化监管手段提供参考。

（2）新一代监察系统的实践

上海证券交易所（简称上交所）最新的市场监察系统是基于上交所大数据平台设计，于 2019 年 12 月正式上线运行，2020 年在实践检验中积累了丰富的经验，也展现了充分的实力。

上交所的新市场监察系统综合了大数据、云计算、人工智能等技术，既能够全面覆盖主板和科创板的实时监控，也能够通过机器学习和文本挖掘等手段，提升数据可视化的能力；无论是单只股票的异常交易，还是多账户、多点的股票操作，都能够通过敏感用户、账户关联度以及识别实际控制人等功能，由机器自动生成并以画像的形式呈现在监管员的眼前。

新一代市场监察系统成功上线运行之后，实现了实时风险监测、历史数据分析和监管工作的统一，对落实证监会推动科技与业务深度融合，加快提升科技监管能力有着重要意义。

（二）国内监管科技的应用——中国版"监管沙盒"

1. 中国版"监管沙盒"的前世今生

作为最早由英国政府提出的概念，根据英国金融行为监管局（FCA）的定义，"监管沙盒"指监管者利用新技术保护消费者与投资者权益，防止风险外溢所打造的安全空间，在这一空间中由于监管规定的适当放宽，金融机构可以得到更多的发挥空间，更加便于将创新方案化为现实。如果操作得当，这种尝试既能合理控制风险，也能激发金融机构的创新意识。

2017 年的区块链金融沙盒计划是我国第一个由政府主导的沙盒计划，在赣州市政府发布的《合规区块链指引》的指导下，赣州市政府充分考虑监管和市场创新的需求，给监管主体提供实时有弹性的试错环境，使得监管端与金融机构共同创新，为其他地区后续开展监管沙盒实践积累了宝贵的经验。

经过几年的准备，2020 年 1 月，中国人民银行发布首批"监管沙盒"试点应用公告，并两度扩容，一共发布了 9 城共计 70 个创新项目。

2. 中国版"监管沙盒"的发展特征

（1）"入盒"机构主要为持牌机构

中国版"监管沙盒"中的企业先期主要以持牌机构为主。在北京的第一批试点工作中，只有持牌金融机构及其产品才能"入盒"，引导持牌金融机构在依法合规、保护消费者权益的前提下，运用现代信息技术赋能金融机构提质增效，营造守正、安全、普惠、开放的金融科技创新发展环境。同样的，2020年5月，中国人民银行上海总部宣布，上海金融科技创新监管试点工作启动，参与主体包括持牌金融机构以及符合条件的科技公司，但仍以持牌金融机构为主。通过提升数字监管能力，助推金融业数字化转型，强化监管科技的应用，提升金融科技创新监管的专业性、统一性。随着各地试点工作的不断推进，下一步会有更多的非持牌机构及科技企业"入盒"。

（2）广泛涉及"普惠金融"，技术以大数据、人工智能为主

在立足金融服务的前提下，已经试点的"监管沙盒"主要涉及"普惠金融"领域，70个试点项目中有34个涉及"普惠金融"、"小微企业"或"农业"，着力于使用金融科技扩大金融业服务范围，使更多的群体享受到金融服务。以北京地区试点的基于物联网的物品溯源认证管理与供应链金融项目为例，具体内容为基于物联网技术采集产品的生产制造、质检、库存、物流、销售等全生命周期特征数据，不可篡改地记录在区块链上，并接入物联网服务平台及企业智能管理系统（ECSP），实现产品全链条质量管控与信息透明，这一项目对于我国普惠金融的发展有着重要的意义。

在技术层面，大数据和人工智能占据了主流，在全部70个项目中，有50个项目提及大数据技术，提及人工智能、机器识别、语音图像识别等人工智能范畴的项目达42项，涉及区块链、分布式账本技术的项目有26项，云计算、5G、自动驾驶、物联网等技术也屡次上榜。

（3）依托试点地区原有产业优势

在选择试点地区时，中国人民银行综合考虑了试点地区的自有优势，如丰富的金融资源、强大的科技实力以及高素质的管理人员和从业人员等，而随着试点工作的开展，试点地区的"监管沙盒"试点项目也充分体现了自

身的产业优势。

北京地区凭借其人才优势侧重于人工智能和区块链；深圳、雄安新区以及苏州则成为数字人民币试点的重点地区；重庆依托于大学以及自有数据库侧重于风控技术对于小微金融科技和农村金融的促进；上海侧重于基于区块链和大数据的产业链金融风控技术促进金融和产业链和数字政务的融合；杭州依托自身的电商大数据侧重于大数据、区块链和分布式账本技术；广州则依赖于自身的外贸业以及制造业相关金融数据侧重于跨境金融服务安全和小微企业风控。

3."监管沙盒"在中国的后续发展

（1）非持牌机构将获得更多的机会

目前大数据、人工智能以及区块链等技术主要通过银行业为载体发展，所以已有试点的"监管沙盒"项目主要以传统持牌金融机构为主，但同时也有携程、百度、腾讯、小米、京东等互联网巨头旗下的科技公司以及其他科技型企业参与进来。随着项目试点的持续推进，非持牌机构尤其是大型互联网金融机构可以依靠自身在云计算以及大数据等领域的优势更多地参与到"监管沙盒"中来。

长期以来，非持牌金融机构以及科技企业都是创新业务的主力军，"监管沙盒"的安全空间中放松的监管条件、与持牌机构一视同仁的监管地位，能够使非持牌机构更加充分地释放其创新能力，加快创新步伐。

（2）助力数字人民币的应用试点

随着"监管沙盒"试点项目的持续开展，数字人民币的应用试点也稳步提上日程。在试点中积累了充分经验及资源的城市，可以利用自身的金融资源和科技基础，通过"沙盒环境"深入推动金融创新，规范金融场景建设并提升自身在支付市场体系中的竞争力，积极参与、助力央行数字人民币在各个场景应用的试点。

以苏州为例，苏州目前正在试点的基于区块链的长三角征信链应用平台对征信数据的使用处理方式，既能够为金融机构提供全流程的异地征信服务，也能够依靠其构建的分布式征信链应用平台，为央行数字货币发行提供所需要的信用数据。

（3）二、三线城市将获得更多试点机会

如前文所述，目前参与"监管沙盒"试点的城市主要为金融资源丰富、科技发达且存在产业优势的一线或"新一线"城市，而随着试点规模的不断扩大，更多的二、三线城市都将获得试点的机会。"金融业服务实体经济"是近年来我国金融行业熟稔于心的要求，目前众多二、三线城市的产业链已经较为完备，但缺乏金融资源的支撑，随着这些城市获得"监管沙盒"的试点机会，它们既可以获得金融资源和科技资源的倾斜，更可以充分吸收已经试点过的地区的经验，充分释放自身的创新活力。例如，2020年湖南省和海南省也先后发文提出将在省内开展"监管沙盒"试点。

4. 小结

"监管沙盒"作为监管科技应用领域的"舶来品"，其中国版在整个2020 年得到了长足的发展，不同的科技应用将不同的行业联系在了一起。此举一方面对监管方提出了较高的要求，锻炼了监管主体的能力，丰富了不同场景下的监管经验；另一方面将金融机构、科技企业与不同类型的产业相联系，既推动了"普惠金融"的发展，更贯彻了"金融业服务实体经济"的要求。

"监管沙盒"带来诸多益处的同时，监管部门仍然要时刻牢记，"监管沙盒"的核心是安全空间，这对相关机构在监管规则制定、防止风险外溢等方面提出了更高的要求，需要政府部门"摸着石头过河"，充分积累经验，不可操之过急。

（三）域外监管科技的发展

1. "监管沙盒"在各国蓬勃发展

"监管沙盒"作为监管科技的创新场景，在全球范围内得到了各国政府的广泛支持。2020 年 3 月，美国夏威夷州政府推出"数字货币创新实验室"监管沙箱计划；韩国金融服务委员会（FSC）在 2020 年分两次宣布共计 16 项新进入监管沙箱的创新金融服务，涉及诈骗预防、医疗保健以及保费支付等领域；俄罗斯央行也在 2 月公布数字资产框架与监管沙箱试点计划。除此之外，新加坡、保加利亚、阿联酋等国家也在政策鼓励下开展"监管沙盒"试点。

"监管沙盒"核心在于利用技术理念监管基础创新，借助新兴技术提升监管效能。当今时代，科技快速发展对监管提出了巨大的挑战，为此，各国已经达成了"用科技武装监管，用监管应对创新"的共识。

2. 世界各国监管科技的应用

（1）美国

美国凭借自身的金融实力和科技水平，一直走在监管科技发展的最前沿。早在 2012 年美国消费者金融保护局（CFPB）就已经启动项目催化计划（Project Catalyst），以此来到监管部门监管和金融创新的平衡。随着美国众议院在 2019 年通过《金融科技法案 2019》，消费者金融保护局进一步推动监管科技的运用，推出了"试验披露计划"等监管举措。"试验披露计划"是指经监管部门批准，金融机构主动提供创新的信息披露计划，监管部门则借助云计算和人工智能，在结合历史数据的前提下，通过算法判断是否允许经营。

（2）欧盟主体

欧盟主体始终都积极主动拓展监管科技的使用范围，欧洲保险和职业养老金管理局（EIOPA）在 2020 年 2 月发布了《2020 年监管科技战略》，具体内容如下。

首先，利用自然语言处理（NLP）技术对网络中关于保险运行状况的舆情信息进行收集处理，实现风险的监测和预警；其次，搭建一个能够共享的平台，利用索赔三角（Claims Triangles）等信息，帮助监管机构对汽车责任险相关规定的适当性进行评估；最后，利用大数据处理方式，对已有的保险和养老金基金的资金使用以及运行状况进行可视化分析，充分利用历史数据，帮助 EIOPA 履行职责。

（3）欧盟各成员国

2020 年，欧盟各成员国在监管科技的使用上投入了巨大的精力，也收获了丰富的实践经验和成果。

意大利银行（BoI）在吸取其他国家过往经验的基础上，将大数据技术运用到打击洗钱等违法犯罪活动的监测之中，既可以减少分析时间，也能够为监管部门提供预警。捷克国家银行（CNB）则是通过 MKT（资本市场监测）工具，将捷克国内的数据与来自欧盟的信息结合起来，同时再结合国内主要的金融市场交易场景来分析，充分履行央行的监管职能。荷兰中央银行（DNB）通过使用神经元技术，研究出一种自动解码器（Auto-encoder），对商业银行在运行过程中的流动性状况进行监测，对金融市场上可能出现的流动性危机进行监测和预警。

四　合规科技年度发展评述

有别于监管科技的发展主要表现为监管主体的政策条例，合规科技的发展则表现为金融企业实现监管合规，改善风险管理和降低合规成本的方案。以下从五个方面对合规科技的发展进行评述。

（一）身份管理和控制

身份管理和控制是合规科技在金融活动中的第一个应用场景，对客户的身份管理和合理控制，充分了解客户的金融信息，如投资意向、资金用途和现有财务状况等，既是金融机构防范金融风险的基本手段，更是监控和防范诈骗、反洗钱等犯罪行为的重要方式。

KYC（Know Your Customer）即了解你的客户，是近年来最常见也是最重要的监管合规机制之一，通过加强客户信息的审核，利用大数据和人工智能等科技手段，将客户的身份信息和生物识别信息进行比对，既能够达到了解客户需求的效果，更是防范违法犯罪行为的一把利剑。除 KYC 机制之外，也有一些金融机构通过大数据知识图谱技术，将抽象的资金数据信息以图表的形式绘制出来，以此来分析客户信息是否真实，帮助企业更加精准地把握可能的造假、欺诈行为。如我国邦盛科技的反洗钱系统，通过使用大数据系统，辅之以人脸、语音、指纹、瞳孔等生物信息，可以在保证客户信息真实性的背景下，对客户精准画像，在第一时间识别异常行为，并及时做出反馈和拦截。同样是对交易主体的身份信息进行确认和监管，美国的IdentityMind公司主要的数据来源是交易主体的网络信息，借助自身拥有的eDNA专利，跟踪能够监测到的每一笔交易的主体。

（二）风险管理

对风险进行预测和管理是金融机构平稳运行的基础，也是其开展合规活动的重要助力。内部风险数据的生成、整合、汇报、分析以及处理的整个流程机制也是合规科技解决方案中的重要内容。人工智能技术对风险管理范畴的合规科技发展有着重要的意义，既可以使用模型对风险进行预警并做到实时监测，还可以提供条件丰富的情景分析和压力测试，尽可能控制风险影响的范围。

以位于美国硅谷的 Ayasdi 公司为例，该公司是一家充分利用人工智能与大数据的智能分析公司。通过 Ayasdi AI 智能平台，Ayasdi 公司可以在金融、医疗两个领域起到风险控制、反洗钱以及降低合规成本的作用。同样位于美洲的 Feedzai 公司也是利用大数据和人工智能，整合不同渠道的数据，立足预防诈骗风险，协助金融机构及时发现诈骗行为。

（三）监管报告

这里的监管报告包括企业内部的自查报告以及满足监管部门需求的标准化报告。利用云计算等技术快速处理的监管报告，便于金融机构迅速排查自身问题，也能为监管部门提供信息，减少不必要的资源浪费。

以色列的 Cappitech 便是专注于合规报告领域，帮助各类机构达成各项合规条款要求，以降低客户的合规成本。基于自身扎实的理论基础和对监管要求的长期关注，Cappitech 既能够协助因为专业知识缺乏无法达到合规要求而产生大额合规成本的机构完成监管报告，也能给同行业提供比较分析报告。与 Cappitech 相区别，位于欧洲的 Cube 公司则是利用自身开发的自动化合规平台，使用 AI 技术实时跟踪全球超过 180 多个国家和 60 多种语言的监管规制，对监管规则变化做出实时反馈，在 Cube 公司的监管情报的帮助下，金融机构和企业能够实现监管报告的自动生成和合规化。

（四）交易监测

交易是金融机构开展业务最为常见的场景，因此交易监测是合规科技最为重要的应用场景之一。在交易监测领域，合规科技可以对逐笔交易行为进行实时监控及同步跟踪会计财务处理的合规性，同时还可以进行交易信息的确认、反欺诈和异常交易行为的监测。交易监测通常运用大数据技术对数据进行处理和可视化，便于实时反馈并快速发现问题，如果交易监测场景能够实现合规科技的全覆盖，可以充分保证交易的效率和安全。

交易监测领域的领导公司是于 2017 年被纳斯达克收购的 NasdaqBuy-side Compliance，该公司依托自身平台，采取行为分析技术对交易活动中的异常行为进行分析，极大地降低金融机构合规部门的时间成本和交易中的异常风险。位于新加坡的 AIDA Technologies 公司则将主要的目标放在交易监测过程中防范交易欺诈和风险管理上，通过自身研发建立的预测分析系统，在新加坡监管局（MAS）的支持下，帮助企业在交易中达到合规、安全的目的。

（五）金融决策

合规科技领域探讨的金融决策指的是决策的自动化，既能够在决策制定时实现自动化，也能够实现决策结果跟踪、评估和反馈的自动化。通过引入人工智能技术，既能够确保整个金融决策过程符合监管部门的要求，还能够在劳动力成本高企的行业里减少相关成本。

2017 年麦肯锡发布的《全球劳动力可自动化潜力指数》显示，我国的劳动力可自动化潜力较高，由人工智能替代低价值的劳动力，大多数的工作人员主动进行自我升级，转而进入到更有价值的工作领域。我国的信数科技 AIS 体系，通过专注于企业的日常运营决策环节，利用实时数据和机器学习，帮助企业实现运营管理的自动化和智能化。蚂蚁集团通过和北京市地方金融监督管理局合作发布"金融风控驾驶舱"，在云计算以及区块链的基础上，建立一体化智能监管系统，为金融机构提供风险监测和决策研判的服务。

（六）小结

从国内外发展程度来看，我国的合规科技发展与国外先进水平有一定差距，这是由多方面的因素造成的。首先是科技发展程度的差距。虽然近年来我国金融科技得到了迅速发展，但与欧美国家相比仍有差距，反映到合规科技上，体现为主要企业在合规科技的应用上还处在学习阶段。其次是传统金融机构还没有完全摆脱传统运营模式的束缚。合规科技与监管科技的区别之一就是其发展需要企业自身主动探索，与监管部门充分沟通，对机构内部运行模式进行适时的变革。最后是金融科技复合型人才的缺乏。人才对于合规科技的发展重要性不言而喻，促进合规科技的发展，需要培养和引进更多拥有金融基础理论知识和金融科技使用能力的人才。

五　建议与展望

（一）对监管科技和合规科技发展的建议

1. 扩展监管科技和合规科技的覆盖范围

目前，全球主要经济体参与到监管科技应用和合规科技发展的主要为传统金融机构，同时主要表现在金融监管的事中和事后的环节。我国和欧盟从2020年起就已经开始试图将更广泛的互联网金融公司、科技企业纳入监管科技的框架中来，以此提高监管科技效率、积累更多的经验。中国、美国以及欧盟都有监管部门和金融机构搭建交流平台，将监管规则标准流程化，使得合规科技逐步向事前倾斜。

2. 培养适合监管科技和合规科技的复合型人才

无论是监管部门还是金融机构，都需要掌握金融领域知识并对新兴科技有着足够了解的复合型人才。除了鼓励现有金融行业从业人员学习新兴科技的相关内容外，还需要监管部门、金融机构与大学校园展开合作，根据监管科技和合规科技的现实发展建立人才培养方案，培养适合本国发展状况的金融科技人才。

3. 推动监管科技和合规科技的相互融合

监管科技和合规科技在不少场合统称为监管科技，原因在于许多监管科技应用产品既能够满足监管主体的需求，也能达到帮助合规方完成合规目标的任务，很多产品需要二者深入合作。监管科技和合规科技的相互融合，既能够推动监管部门和金融机构加强交流，也能促使二者在反洗钱、反诈骗等打击违法犯罪活动上达成更加有效的合作。

（二）对监管科技和合规科技发展的展望

2021 年 1 月 26 日和 28 日，中国银保监会和证监会分别召开会议总结 2020 年工作并部署 2021 年工作安排，会议多次提及加强科技运用能力，提高监管科技效率。显然，监管科技的运用和发展仍然会在 2021 年的金融监管工作中占据重要的地位。同样，从 2020 年下半年开始，京东、阿里巴巴、美团等互联网公司开始利用自身的数据和传统金融机构展开合作，其中涉及不少合规科技相关项目。

从目前的情况看，新冠肺炎疫情对全球经济的影响依然存在，对各国监管部门和金融机构的考验也仍然存在。充分发挥数字金融的优势，控制其风险仍是监管科技和合规科技在未来一段时间的主题。在此前提下，笔者对未来监管科技和合规科技的发展有如下几点展望。

1. 数据采集和运用是监管关键点

从世界各国来看，数据已经成为监管科技和合规科技发展必不可少的基础战略资源，无论是监管部门还是金融机构，充分发挥数据价值的能力已经成为履行职能水平的重要指标。可以预见，未来数据应用能力会是监管科技和合规科技各自领域竞争的"战略制高点"。

2. 包容审慎的监管理念是保障机制

尽管科学技术日新月异，但将科技与金融相结合产生的监管科技和合规科技始终在摸索中发展，难以一蹴而就。在世界各国的"监管沙盒"试点中就有不少国家设置了紧急退出机制，这种做法代表相关部门对新事物运用于新领域的未知状况的敬畏。打造包容审慎的试错、容错机制，保留足够的回旋余地，充分利用好试点机会是发展监管科技和合规科技所需要的。

3. 信息保护和金融安全是严守的底线

经过一段时间的运行，监管科技和合规科技在某些领域不可避免地会进入"深水区"，但无论如何都需要恪守信息保护和维护金融安全的底线，这既是保护金融用户权益的需要，也是为了监管科技和合规科技更长远和更健康的发展。

参考文献

陈辉：《监管科技：框架与实践》，中国经济出版社，2019。

杜宁、王志峰、沈筱彦、孟庆顺等：《监管科技：人工智能与区块链应用之大道》，中国金融出版社，2018。

范云朋、尹振涛：《FinTech 背景下的金融监管变革——基于监管科技的分析维度》，《技术经济与管理研究》2020 年第 9 期。

鲁篱、陈阳：《论我国金融监管"试验性规制"的路径与机制》，《社会科学研究》2021 年第 1 期。

肖翔、周钰博、杨海盟：《金融科技监管沙盒实践的国际比较》，《金融市场研究》2020 年第 12 期。

杨东：《监管科技：金融科技的监管挑战与维度建构》，《中国社会科学》2018 年第 5 期。

尹振涛：《监管科技：面向未来的监管变革》，中国金融出版社，2020。

尹振涛：《中美比较：BigTech 金融业务的发展路径》，《当代金融家》2020 年第 6 期。

周仲飞、李敬伟：《金融科技背景下金融监管范式的转变》，《法学研究》2018 年第 5 期。

Ai Xprt, "London Based RegTech Firm, Ai XPRT Creating Waves Globally", *Journal of Engineering*, 2020.

Ake Freij, "Using Technology to Support Financial Services Regulatory Compliance: Current Applications and Future Prospects of RegTech", *Journal of Investment Compliance*, 2020.

Arun Kumar Tripathy, Anshul Jain, "FinTech Adoption: Strategy for Customer Retention", Strategic Direction, 2020.

Becker Michael, Merz Kevin, Buchkremer Rüdiger, "RegTech—The Application of Modern Information Technology in Regulatory Affairs: Areas of Interest in Research and Practice", Intelligent Systems in Accounting, Finance and Management, 2020.

Dakshitha N. Jinasena, Konstantina Spanaki, Thanos Papadopoulos, Maria E. Balta. "Success and Failure Retrospectives of FinTech Projects: A Case Study Approach", Information Systems Frontiers, 2020.

Gasparri Giorgio, "Risks and Opportunities of RegTech and SupTech Developments", Frontiers in Artificial Intelligence, 2019.

Leong Carmen, Tan Felix Ter Chian, Tan Barney, Faisal Fithra, "The Emancipatory Potential of Digital Entrepreneurship: A Study of Financial Technology-driven Inclusive Growth", Information & Management, 2020.

Rachrapee Namchoochai, Supaporn Kiattisin, Smitti Darakorn Na Ayuthaya, Santipat Arunthari, "Elimination of FinTech Risks to Achieve Sustainable Quality Improvement", Wireless Personal Communications, 2020.

Suryono Ryan Randy, Budi Indra, Purwandari Betty, "Challenges and Trends of Financial Technology (FinTech): A Systematic Literature Review", Information, 2020.

"Global Regulatory Technology (RegTech) Market: Drivers, Restraints, Opportunities, Trends, and Forecast up to 2023", Infoholic Research LLP, 2018.

"Technology Based Innovations for Regulatory Compliance ('RegTech') in the Securities Industry", FINRA, 2018.

比较篇｜全球视野下的金融
科技理论与实践

Comparison Part: FinTech Theory and Application with a Global Perspective

第十八章　金融科技相关文献概览

董　昀　章苣今*

摘　要：　近年来，金融科技成为金融学、经济学、法学研究的焦点领域
之一，相关文献数量急速增长，以至于很难写出一份覆盖金融
科技研究各个领域的研究综述。本年度的文献综述围绕金融科
技的功能与决定因素、银行业数字化转型、金融科技在财富管
理中的应用、金融科技风险与监管等几个有代表性的领域对相
关文献进行梳理和评述，以期为后续研究提供线索。

关键词：　金融科技　创新发展　风险与安全　数字化转型

一　引言

当前，金融科技成为世界主要经济体产业竞争的焦点领域，未来大国之
间的金融竞争将更多体现为金融科技要素竞争。各国政府纷纷出台政策，力
图通过放松对金融科技的监管来培育适合创新的政策环境，为提升金融领域
的国家竞争优势提供制度保障。

伴随着各类行业主体的充分竞争和分工合作，金融体系与科技的融合持
续深化。从技术企业一端看，互联网企业和其他新兴技术企业不断将人工智

* 董昀，中国社会科学院金融研究所金融科技研究室副主任、国家金融与发展实验室国际政治
经济学研究中心主任，研究方向为金融科技、创新发展、宏观经济；章苣今，中国社会科学
院金融研究所博士后，研究方向为金融科技、供应链金融。

能、大数据、互联网技术、分布式技术和安全技术应用到金融服务领域，涵盖支付清算、财富管理、资源配置、风险管理等主要功能，催生了一批新的金融业态。从传统金融机构一端看，各大金融企业也纷纷利用新技术降成本、补短板，开发新的产品，探索新的商业模式，提升金融服务的质量。

与金融科技如火如荼的实践相对应，有关金融科技的学术研究也从边缘走向中心。近年来，金融科技成为金融学、经济学、法学研究的焦点领域之一，相关文献数量急速增长。

本年度的文献综述围绕金融科技的功能与决定因素、银行业数字化转型、金融科技在财富管理中的应用、金融科技风险与监管等几个有代表性的领域对相关文献进行梳理和评述，以期为后续研究提供线索。总体考虑如下。

第一，发展金融科技的初心和使命是通过提升金融体系效率来服务实体经济，因此，研究金融科技的功能对厘清金融、科技与实体经济的关系极为重要，分析影响金融科技发展的因素自然也不可或缺。

第二，银行业是金融业中最传统、最关键的组成部分之一，受金融科技发展的冲击也较大。研究银行业数字化转型对重塑银行业发展方式具有革命性意义，相关研究成果也较为丰富，值得做专题研究。

第三，金融科技在财富管理业已经得到较广泛的应用，但之前几年的文献综述对此关注较少，本年度的综述中拟补上这一缺环。

第四，风险与安全始终是金融科技发展面临的重大挑战。在百年未有之大变局下，这一挑战更为紧迫。因此，本年度的文献综述对风险与监管的相关文献也做一个简要梳理，并将继续密切跟踪这一领域的发展动向。

二　金融科技的主要功能与决定因素

（一）金融科技的概念与内涵

2017 年金融稳定委员会（FSB）将金融科技（FinTech）定义为一系列

金融技术提供商，为企业甚至个人用户提供无缝和更好的金融服务，如创新应用、产品、商业模式和流程。随着网络技术和互联网的飞速发展，各种传统产业的创新在中国蓬勃发展。金融科技可以包括来自新公司、现有科技公司和金融机构的创新。在过去几年中，金融科技已经在世界上的各主要地区出现，无论是发达经济体，还是新兴市场和发展中经济体（乔恩·弗罗斯特、张林，2020）。金融科技包括多种先进技术的应用，以支持金融行业的发展（Darolles，2016），其中相关领域涵盖了大数据、人工智能、云计算、区块链、量子计算等。过往文献研究探讨了金融科技的经济和金融后果，Anagnostopoulos（2018）回顾并梳理了金融科技发展对更广泛的金融科技环境的影响。Claessens 等（2018）利用全球数据研究发现，收入水平和银行的市场力量是影响金融科技信贷的重要因素。United Nations（2019）认为金融科技是一系列数字金融技术，包括移动支付平台、人工智能、大数据、物联网、区块链和加密货币。其中，人工智能和物联网的空前发展，引发了金融体系的突变，突破性地改变了金融领域的运作方式，为金融业务模式创新提供机遇。

金融科技是金融与科技的融合。董昀（2019）在创新发展视角下梳理金融科技内涵并认为，金融科技的聚焦点在金融，而非科技。依托新技术改变的是金融服务的载体、渠道、成本以及效率。但基于服务于实体经济的最终目的，金融科技依旧需满足配置资源、风险管理以及支付清算等金融功能。大量实践证明，金融供给不足也是推动金融科技信贷发展的动力。在中国，金融科技信贷在一定程度上缓解了金融供应矛盾，并包容性允许信用评分较低的公司获得信贷。

还有研究表明，新技术应用下技术创新与金融机构的绩效提升和盈利能力发展紧密相关（Palmie et al.，2020；Su et al.，2020c）。因此，金融科技应用下金融领域的数字创新和技术支持，不仅改变传统的行业结构，行业边界近似模糊，还促进行业战略性去中介化，改变现有机构运营与提供产品及服务的方式。

自 2008 年全球金融危机以来，金融科技在投资、保险和银行服务自动化方面的应用显著增加。随着工业4.0智能技术的应用，生产率将出现前所未有的提高（Cockburn et al.，2018）。其中，加密货币、数字交易系统、移动支付系统等是金融技术创新应用场景（Philippon，2016；Su et al.，2020b）。全球金融科技公司正在努力改变金融资产的形成、管理和交易方式，从而影响从银行到支付到风险管理的几乎所有金融活动（Anagnostopoulos，2018）。Iman（2020）通过对金融科技相关研究的回顾与梳理，将金融科技进行以下分类：金融科技的崛起和转型、独特性、消费者接受、监管和市场竞争。金融科技包括技术广泛应用的金融领域，如前端消费产品、新进入者和现有参与者之间的竞争等（Dranev et al.，2019）。金融科技的核心创新成果包括区块链技术的创新应用、数字咨询和交易系统、人工智能和机器学习、点对点借贷、股权众筹和移动支付系统等（Philippon，2015；Darolles，2016）。

Sangwan等（2020）通过对金融科技的研究成果进行梳理，整理了在不同类别中反复出现的金融科技相关技术术语，并对其进行解释。该研究强调了成长中的金融科技公司及其监管机构可以从全球同行的实践中获得经验。这篇专题论文系统回顾了130篇关于金融科技的研究〔社会科学研究网络（SSRN）29篇，Scopus 81篇，其他来源20篇〕，将金融科技分为三个主题，即金融产业、创新和技术、法律和监管。对三个主题进行研究，并指出对金融科技用户、生产者、企业家、投资者、政策制定者和监管机构可能具有重要借鉴价值的经验。

董昀和李鑫（2019）认为，金融科技借助新技术在信息收集、传输、存储和分析等方面的突破性进展，持续创造出新的业务模式、新的应用、新的流程和新的产品，从而对金融市场、金融机构、金融服务的提供方式产生巨大的冲击，具有鲜明的熊彼特式"创造性破坏"特征。传统金融机构与新兴金融科技企业在激烈的市场竞争中共同推动着金融与科技的融合发展。

（二）金融服务供给降本增效

金融科技在经济领域有着广泛的影响，United Nations（2019）将其视为促进实现可持续发展目标的关键创新之一。Blakstad和Allen（2018）认为金融科技可成为促进创新解决方案和商业模式发展的有利因素，有助于支持可持续发展目标。

在智能决策、市场营销、风险控制、操作和客户服务等领域中应用金融科技，可优化银行信贷和客户评价模型（Aylin et al.，2020），使具有资金需求的客户端快速获得贷款资金，以降低企业的融资成本，并提升银行金融服务的经济效益（Roubaud，2020）。在预测用户违约方面，金融科技应用下对用户"数字足迹"的数据预测能力或可超过传统信用机构的预测结果（Pagnotta，2018）。

金融科技以其开放、共享、包容、智能等特征，逐渐改变了金融机构传统经营理念。金融领域利用数据资源已不再局限于机构内部各类业务数据，各机构纷纷建立起外部数据的管理平台，实现了外部公共信息如工商、税务、司法机构等数据互通。金融机构正在加快与科技型企业深入合作，实现优势互补、人才流动，不断打通多维生态场景，逐步实现线上线下融合发展（沈一飞、郭笑雨，2020）。金融科技的发展使得信息需求方获得信息数据的成本下降，意味着随着时间的推移，投资者通过新技术可以获得关于资产收益越来越精准的有效信号，而技术的发展降低了低精度信号的产生成本和高精度信号的交易价值。Dugast 和 Foucault（2018）认为随着低精度信号的成本下降，投资者会随着价格优势优先选择低精度信号，减少了投资者对高精度信号（产品市场的基本分析等）的需求。

中小企业在我国实体经济发展中起着至关重要的作用，供应链金融作为一种新型的融资方式有效地缓解了中小企业的融资难问题。尤其在疫情冲击之下，大量中小微企业的运营成本骤升，且应急性资金需求陡增，而收入却锐减，中小微企业陷入资金链紧张、复工复产难度较大的困境（董昀，2020）。随着金融科技的涌现，供应链金融得到了较大的创新和发展，同时也产生了较多的风险变化。

郑伟进（2021）认为，云计算、大数据等金融科技应用于供应链金融中，促使供应链金融走向智慧化供应链金融，金融科技对供应链金融的全面赋能，使得供应链金融活动高度融合金融科技。在供应链金融多场景应用中，金融科技扮演的角色众多，如云计算、区块链和物联网的应用可大幅降低产业链市场数据端的经营成本。崔勇（2018）研究了依托大数据、云计算和人工智能技术，描绘核心客户的信用画像，基于数据分析评估核心企业的信用等级和还款能力，以降低供应链各成员间信息不对称引发的爆雷风险。李平（2020）根据供应链金融发展需求，在区块链技术驱动供应链金融创新发展方面进行分析。通过分析区块链技术底层应用的功能，利用分布式存储、数据公开不可篡改、加密易于监管等特性构建供应链金融场景，以解决供应链成员企业之间的信息壁垒和中小企业融资可得性低的现实问题。

（三）增强风险防范功能

金融风险表现形式和内涵不断翻新，增加了风险识别难度和风险传播速度，从而给金融风险防控工作与监管部门提出了更高更新的要求（程军等，2017）。金融科技是金融领域的一种更先进的技术创新类型（Chang et al.，2020；Schindler，2017），技术创新对金融发展的影响在文献中被广泛讨论（Beccalli，2007；Erzurumlu and Pachamanova，2020；Lee et al.，2016；Romer，1990）。科技创新提高了银行业务能力与服务水平，促进了国内生产率的提高（Katz et al.，2014；Su et al.，2021）。

Katz 等（2014）研究了人工智能改变银行的组织结构和绩效能力，新技术的创新提升银行机构的运营效能。通过电子银行的数字化举措提高银行的绩效。电子银行形式的数字技术促进了企业之间的良性竞争，因此对改善银行业绩效至关重要。此外，金融科技和金融发展在交易系统、银行系统、能源和改善银行业绩效等方面的重要作用也有较多研究（Alfaro et al.，2004；Beck and Levine，2004；Berger and DeYoung，2001；Gozman et al.，2018；Hosseini et al.，2015；Mell and Grance，2011；Su et al.，2020a）。

随着科技的高速发展，互联网平台依托新技术服务金融市场，促使互联网平台从单一业务向跨界经营转型，部分平台打通上下游产业链，部分平台则构建交易闭环，并打造更复杂的金融生态。在平台经济中，数据由生产产物演化成为生产要素，在规模经济和范围经济的叠加作用下，互联网平台实现数据垄断并利用数据垄断进入金融领域，实现跨界混业经营，相关金融风险的复杂性、外溢性和传染性引发全球关注。孙方江（2021）以分析数据垄断的形成机制和主要形态视角，研究了互联网平台利用数据垄断进入金融领域的现行格局、实现逻辑和风险问题以及国内外的治理思路，并提出：①加快互联网平台新业态数据立法，从数据、反垄断、金融等方面夯实法律基础；②引导头部机构承担社会责任，构建科技与金融的安全风险防火墙；③加强监管合作，从审慎、功能、行为监管等维度治理维护金融科技健康发展。

李平（2021）研究得出区块链技术与供应链金融相结合，完美解决了企业之间信任关系的问题。通过区块链技术，对供应链条上中小企业的质押担保信息进行实时监控，促进完善供应链金融系统化监管体制，降低了企业投资融资的风险。

Cheng 和 Qu（2020）利用 2008～2017 年中国商业银行的数据，探讨了银行金融科技对信贷风险的影响。首先利用网络爬虫技术和词频分析构建并测度银行金融科技指数。结果表明，国有银行金融科技发展速度快于其他银行；此外，在银行金融科技五大子领域中，互联网技术的发展领先于人工智能技术、区块链技术、云计算技术、大数据技术。然后研究了银行金融科技对信贷风险的影响，得出银行金融科技显著降低了我国商业银行的信贷风险，进一步分析表明，银行金融科技对信贷风险的负面影响在大型银行、国有银行和上市银行中相对较弱。

三 银行业数字化转型的经济分析

近年来，银行金融科技的发展已成为金融科技行业的大势所趋。越来越多的商业银行在运营过程中使用银行金融科技。金融科技的发展促进了商业银行的盈利能力、金融创新能力和风险控制能力。商业银行通过运用金融技术，降低银行运营成本、提高服务效率、强化风险控制能力，为客户打造以客户为中心的业务模式，来改善传统的业务模式，从而提高综合竞争力。2016 年，在人工智能技术的帮助下，中国建设银行开始推广机器人顾问的应用。此外，中国银行和腾讯科技公司于 2017 年建立了基于人工智能技术、区块链技术和大数据技术的联合金融科技实验室，以推动中国的金融科技发展。

金融科技的发展增强了商业银行的竞争力，因为数字技术在提高银行和其他金融机构向小微企业和私营企业提供服务的效率方面发挥了重要作用（Bodenhorn，2000；Berg et al.，2019）。银行和其他金融机构正寻求将客户获取和风险控制成本最小化，降低运营成本和提高效率，并为更广泛的消费者增强用户体验，引发对金融科技应用的需求日益强劲。Ky 等（2019）在研究中提出，金融科技在银行中的创新应用提升了银行的盈利能力和效率，增强了银行与客户互动，进而开发了新的客户细分。Wang 等（2021）认为，金融科技企业促进了银行业务与服务创新，通过提供优质和及时的服务以获得和维护客户，并在降低客户资金成本和增加银行盈利能力等方面发挥了至关重要的作用。金融科技手段能够解决最关键的信息不对称问题（Lapavitsas and Santos，2008）。互联网和大数据技术能够为商业银行收集更多维度的客户信息，人工智能、云计算和区块链等技术则能够集中化处理海量的数据，描绘出完整的客户画像，从而缓解信息不对称。邱晗等（2018）使用数字金融普惠指数反映互联网金融企业的金融科技发展情况，发现金融科技发展虽然会对银行产生影响，但是影响很小，并认为金融科技在信贷方面更多扮演的是银行补充者而非竞争者。金洪飞等（2020）以银行的视角，发现银行的金融科技发展将显著降低自身的风险水平，并加大对小微企业的贷款规模。金融科技是推动中小企业信贷需求供应的高度相关力量（Jaksic and Marinc，2019）。研究表明，银行信贷仍然是中小企业外部融资的主要渠道（Berger and Gleisner，2009；Schweitzer and Barkley，2017）。

同时，金融科技高速发展也给银行业带来了巨大挑战，互联网金融公司、第三方支付平台等新兴金融业态会挤占商业银行的负债业务、中间业务和资产业务，从而影响银行风险（郑志来，2015）。戴国强和方鹏飞（2014）

指出，互联网金融对存款利率市场化进程产生了冲击，影响了商业银行利润，增加了银行风险。邱晗等（2018）也发现，金融科技的发展实际上推动了利率市场化，商业银行更加依赖同业拆借来吸收资金，并提高自身风险承担水平以弥补增加的成本。

金融科技的崛起对商业银行的传统业务产生了重大影响（Petralia et al.，2019）。在住房抵押贷款等关键领域，商业银行的市场份额已被影子银行和金融科技贷款机构抢走，因为它们受到不同的监管，并享有技术优势（Buchak et al.，2018）。与影子银行相比，金融科技贷款机构为更有信誉的借款人提供服务，但收取更高的利率，这支持了消费者愿意为更好的用户体验和更快的放贷决定支付更多费用的观点。金融科技贷款机构和传统贷款机构在抵押贷款市场的区别是，前者处理申请的速度较快，而具有较低的贷款风险（Fuster et al.，2019）。

学者们除了研究金融科技本身对银行机构业务的影响之外，还有一部分学者从银行自身角度出发，区别于自身的银行属性来分析信贷业务的发展能力。

许多研究调查了银行规模与向中小企业提供贷款的相关性。大多数研究认为，小型银行具有比较优势，能够向中小企业提供更多的贷款（Berger and De Young，2001）。银行向中小企业提供贷款的借贷技术包括交易借贷和关系借贷。以往的研究认为，小型银行更擅长关系借贷，更适合处理中小企业的软信息。此外，有研究提出，大型银行在中小企业贷款市场上逐渐形成了比较优势（Berger and De Young，2001），指出中小企业不太愿意将小型银行作为其主要银行，因为不具备充分的背书能力，Berger 和 Gleisner（2009）指出，主要原因可能是大型银行与小型银行二者之间的借贷形式发生了技术性改变。

金融科技赋能可为大型银行和小型银行的不同优势提供新的证据。然而，很少有研究检验实际效果。我们根据一些可能相关的文献做出推断。一方面，大型银行可以利用金融科技来改善其贷款技术。金融科技可以将软信息转化为硬信息，消除人工数据收集或实时决策，简化信息传递，提高处理速度，降低成本，促进交易借贷的持续改善（Liberti and Petersen，2018）。由于大型银行在交易贷款方面的经验较多，上述影响更有可能使大型银行的贷款技术升级。另一方面，小型银行利用金融科技的速度较慢，原有的组织结构优势下降。Liberti 和 Petersen（2018）指出，金融科技降低了远距离获取信息的成本。

开放金融生态、人工智能、大数据、数字化等都成为银行进行转型战略的标配工具（杨茜媛，2020）。在数字化转型时代，对客户数据进行有效的深度分析是所有商业银行必不可少的工作，满足客户服务的生态数字平台，创新设计便民的金融服务产品，才能实现银行领域资源和能力最大化。商业银行以数字化为支撑推进自身转型发展，获得新环境下的竞争优势，已成为商业银行尤其是中小银行开展日常业务的必然趋势。张萍（2021）在研究中结合中小银行面临的数字化转型趋势，探讨了中小银行结合自身的优势和劣势，快速适应数字化转型的迫切要求，并提出中小银行数字化转型须建立完善的数字治理管控体系，构建符合业务发展逻辑的数据模型，加强数据挖掘和对信息的智能化分析能力；完善数据治理，实现数据信息存续周期的闭合管理；通过新技术应用提高数据治理能力；应用金融科技手段实现对不同客户群体精准画像，形成场景化应用的多元化、多维化。

杨茜媛（2020）认为，在商业银行数字化转型的风控方面，除了加强对数据信息进行加密管控外，还应将所有数据信息进行风险评级，通过风控预警系统，及时掌握各种风险信息，从而采取应对措施。

自 2020 年以来，金融科技作为服务实体经济、促进普惠金融发展的关键技术手段，更加引起了政府监管部门的重视。王超（2021）通过梳理金融科技发展的现状及其对商业银行的影响，并着重探讨新冠肺炎疫情对商业银行产生的冲击，认为疫情影响下金融科技能有效推动我国构建多层次的银行体系，无论是大型银行提升综合金融服务实力、股份制银行打造"差异化"竞争力，还是中小银行服务地方经济，都需要金融科技的支持，从而实现提质增效，加速提升自身核心竞争力。

四　金融科技在财富管理中的应用

在近几年的宏观经济环境下，高净值人群的整体财富增长速度下降，但相关数据预计，从 2019 年到 2025 年，高净值人群的财富依然会保持 15% 左右的增长率，伴随而来的也将是我国私人金融服务巨大的发展机遇（高珊珊，2021）。

近年来，我国高净值人群金融消费观念提升，对财富管理需求逐渐加强。财富规划管理的首要目标是使财富可持续增长，核心逻辑在于风险管理（蔡燕辉，2021）。财富管理主体的多样性增加了财富管理实践过程的复杂性（周树江，2021），金融科技依托大数据、人工智能、云计算以及区块链等主要技术，在财富管理领域的应用和渗透逐渐深化，新技术紧密联系，相互融合，为银行理财业务创新提供强有力的技术支撑，对商业银行提升投资能力和风控水平，满足投资者多元化的理财需求和风险定价起着显著的赋能作用。商业银行需不断加强财富管理的咨询输出，建立多样化的产品筛选和评估能力，并提高资产的调节能力，引导客户在众多的产品中选择最适合自己的产品（王巧稚，2021）。金融科技在财富管理中的应用逐渐成熟。为提升财富管理服务质量、扩大财富管理业务发展空间，金融机构可依托金融科技手段赋能金融服务能力，促进财富管理业务转型发展。

作为财富管理的核心领域，金融投资紧跟新技术发展趋势，金融科技应用对金融投资行为的影响也成为研究热点。商业银行智能投顾的本质是运用人工智能等新技术手段、投资组合模型算法，在财富管理领域为客户提供中长期的资产配置服务。在商业银行传统财富管理中出现的两大痛点：一是理财经理数量有限且专业水平参差不齐，对客户各级需求的服务水平不稳定；二是客户可投资的产品风险图谱呈现两极化特征，一端集中在存款、低风险理财、固定收益类的产品，另一端集中在权益基金、贵金属等波动较强的高风险产品，而分布在中间风险状态的产品数量有限（王文婧，2020）。智能投顾依托大数据、人工智能、区块链等新技术创新优化智能资产配置建议，助力财富管理业务数字化转型。

Claessens（2018）认为，金融科技降低信息获取成本，提高价格效率，减少机会主义，提高投资效率。金融科技提高了价格效率，价格中包含的关于未来收益的信息含量的增加影响管理层的行为。

在宏观数字化生态环境正加速形成的当下，财富管理业数字化转型已成趋势。数字技术的升级迭代与数字化工具的广泛应用改变了当下各类的商业模式。新技术的应用为财富管理机构提供了更完善和精准的客户服务。孙衡缜（2021）认为，在新冠肺炎疫情防控常态化的环境下，数字化转型已成为财富管理机构的必然选择。"非接触"经济与服务将成为常态，"非接触"的财富管理服务，需要在保持服务产品专业化的前提下，创新服务场景、重构客户体验，推进金融科技应用下的新业态发展。

不仅是财富管理机构进行数字化转型布局，金融科技公司也在财富管理市场上展开竞争。美国是机器人顾问的领先市场，2017年占机器人顾问管理投资的一半以上（Nayak et al.，2019）。尽管如此，机器人顾问管理的资产仍然只占其管理的总资产的一小部分，客户平均财富远低于行业平均水平（Garleanu and Pedersen，2018）。机器人顾问模式降低了财务顾问的薪酬与实体办公室维护等固定运营成本。

五 有关金融科技风险与监管的探讨

金融科技在推动金融升级的同时，也带来了新型金融风险，对现有金融监管体系提出了挑战，在加快"金融脱媒"、提升资源配置效率、降低交易成本的同时，暴露出风控手段缺失、监管能力不足等问题（杨涛，2019）。对金融科技的发展现状与不同阶段特点进行归纳梳理后得出，金融科技在发展过程中仍面临传统金融风险，新技术的创新融入，为传统金融领域带来的风险也逐渐凸显。

一是传统金融风险。金融科技是提升金融服务效率的应用创新，其风险属性与类型并未因信息科技的应用而产生实质性转变，仍然涵盖法律合规风险、信用风险、流动性风险等传统金融风险（张凯，2021）。

二是新技术原发风险。金融科技相比于传统金融服务更容易引发系统性风险，主要体现于大数据、互联网、人工智能等技术在金融业的应用极大地拓宽了信息传播的渠道，提升了信息传播的速度（何德旭等，2019）。科技创新推动了金融业务的开放化和线上化，但底层技术出现的风险漏洞会导致信息数据等隐私泄露的技术性风险，由此对金融机构与客户终端造成损失。金融科技的出现不仅改变传统金融行业的应用形态，改变传统金融的风险形态，还可能引发出技术漏洞导致的新技术原发风险。

三是系统性风险。金融科技的快速发展，使金融业务跨界融合，各主体之间信息交互日益增多。潜在的传统金融风险与科技自身的风险交叉融合，导致金融发生风险会更隐蔽、易突发和易蔓延，如数据安全风险。数据多次流转带来的泄露风险、数据权属尚未明晰、数据开放与全球流通等因素，导致数据安全问题持续变化，且很难从根本上抑制（沈一飞、郭笑雨，2020）。

四是监管潜在风险。金融科技与技术的深度融合，显著提高了金融服务的效率和系统安全，为金融领域创新发展提供了新的契机。但是，创新产物往往具有"双刃剑"的特性，各相关领域的法律法规尚未完善、历史数据未全部形成电子化数据集、监管力度不够等弊端导致金融科技在改善金融业务能力的同时仍具有较高的风险隐患，且日益显露出来。

金融科技的发展加快了金融机构业务、模式等创新，使得金融体系变得更加复杂。陈彦达（2020）认为，数据口径不统一、业务标准不一致等都给监管带来了挑战，易引发合规风险。金融机构内部组织与金融科技监管部门之间存在不完善之处，金融科技应用过度与监管滞后较为突出，现有的金融监管制度难以适应金融科技创新高速发展的需求。针对金融科技带来的新型金融风险，国内外很多学者认为应该加强金融科技行业监管，将风险发生的概率降到最低。金融稳定理事会（2017）认为，目前金融科技创新还没有经历过完整的金融周期，因此早期制定的规则具有示范作用。当金融科技的使用频率增加时，政策制定者应该持续评价其监管框架的有效性以增加收益并减少风险。

代梦雪等（2021）认为，在金融科技日益发展的当下，金融活动主体的非理性心理和行为进一步凸显，传统金融监管理论难以适用。在传统监管之下，金融领域监管真空、监管滞后现象突出。随着科技在金融领域的应用场景不断增多，监管真空和监管滞后问题将带来更为严重的金融风险。首先，监管真空会在一定程度上增加企业科技创新的风险，监管不到位将导致创新速度降低。其次，监管滞后将扩大本已存在的风险，导致风险发现、处理不及时。

乔恩（2020）认为，金融科技应用有助于拓展金融普惠的领域，一方面，依托金融科技手段拓宽中小企业的融资渠道，降低融资成本；但另一方面，它也可能导致借款人的过度借贷并背上沉重的债务负担，从而引发一系列问题。

刘孟飞（2021）认为，金融科技在加快"金融脱媒"、提升资源配置效率、降低交易成本的同时，也暴露出风控手段缺失和监管能力不足等问题。基于2008～2018年中国26家上市银行的非平衡面板数据，对金融科技与商业银行系统性风险之间的关联机制与影响效应进行多维度的理论与实证分析，研究结果得到：①金融科技整体上提高了我国银行业的系统性风险；②金融科技的影响具有异质性；③经济增长、金融发展、货币政策、人民币实际汇率以及国际利差等因素也对商业银行系统性风险溢出存在不同程度的影响。

人工智能、大数据、区块链等新技术在金融领域的广泛应用，缓解了信息不对称的问题，有效提升了金融服务效率，增强了金融普惠性。但同时技术介入使得金融风险传导方式发生改变，加大了金融监管力度。陈健（2021）对金融科技监管展开研究，阐述了金融科技监管的功能，通过阐述其监管挑战，重点提出了：①解决信息不对称问题；②提高算法的可信度；③应用适宜合理的监管方式。进一步强化金融科技监管效力，不断提高系统性金融风险的防范水平，确保监管效用的充分发挥。

参考文献

蔡燕辉：《财富管理大时代来临》，《经济》2021 年第 3 期。

陈彦达、王玉凤、张强：《我国金融科技监管挑战及应对》，《金融理论与实践》2020 年第 1 期。

程军、何军、袁慧萍：《金融科技风险与监管对策》，《中国金融》2017 年第 24 期。

崔勇：《供应链金融业务发展创新》，《中国金融》2018 年第 6 期。

代梦雪、崔海博、刘可心、原帮成：《金融监管沙盒创新思考》，《合作经济与科技》2021 年第 5 期。

戴国强、方鹏飞：《监管创新、利率市场化与互联网金融》，《现代经济探讨》2014 年第 7 期。

董昀：《从创新发展视角理解金融科技的内涵》，《银行家》2019 年第 10 期。

董昀：《新冠肺炎疫情冲击下的中国经济韧性》，《中国社会科学院研究生院学报》2020 年第 4 期。

董昀、李鑫：《中国金融科技思想的发展脉络与前沿动态：文献述评》，《金融经济学研究》2019 年第 5 期。

高珊珊：《高净值人群的财富管理需求与私人金融服务的发展策略探析》，《商业文化》2021 年第 3 期。

郭品、沈悦：《互联网金融对商业银行风险承担的影响：理论解读与实证检验》，《财贸经济》2015 年第 10 期。

何德旭、余晶晶、韩阳阳：《金融科技对货币政策的影响》，《中国金融》2019 年第 24 期。

李平：《区块链技术驱动供应链金融创新发展分析》，《中国物流与采购》2020 第 13 期。

乔恩·弗罗斯特、张林：《推动金融科技应用的经济力量》，《中国金融》2020 年第 5 期。

邱晗、黄益平、纪洋：《金融科技对传统银行行为的影响——基于互联网理财的视角》，《金融研究》2018 年第 11 期。

沈一飞、郭笑雨：《数字经济与金融数据治理》，《中国金融》2020 年第 22 期。

孙方江：《数据垄断视角下金融业和互联网平台的共生发展问题研究》，《西南金融》2021 年第 3 期。

孙衙缜：《数字生态进化：财富管理业务的内在动力》，《金融博览（财富）》2021 年第 2 期。

王超：《金融科技给商业银行带来的挑战与机遇》，《中国物价》2021 年第 1 期。

王巧稚：《基于需求趋势探索财富管理发展方向》，《经济管理文摘》2021 年第 2 期。

王文婧：《智能投顾助力商业银行财富管理数字化转型》，《国际金融》2020 年第 12 期。

杨茜媛：《商业银行数字化转型研究》，《合作经济与科技》2021 年第 2 期。

杨涛：《警惕金融科技风险》，《人民论坛》2019 年第 17 期。

张萍：《浅析金融科技背景下中小银行的数字化转型路径》，《商展经济》2021 年第 4 期。

郑志来：《互联网金融对我国商业银行的影响路径——基于"互联网＋"对零售业的影响视角》，《财经科学》2015 年第 5 期。

周树江：《财富管理理论和实践研究新视野——"定制财富管理——理财成功因果探究"评介》，《山东工商学院学报》2021 年第 1 期。

Alfaro, L., Chanda, A., Kalemli-Ozcan, S., et al., "FDI and Economic Growth: The Role of Local Financial Markets", *Journal of International Economics*, 2004, 64: 89 – 112.

Anagnostopoulos, I., "FinTech and RegTech: Impact on Regulators and Banks", *Journal of Economics and Business*, 2018, 100 (Nov. – Dec.): 7 – 25.

Aslan, A., Sensoy, A., "Intraday Efficiency-Frequency Nexus in the Cryptocurrency Markets", *Finance Research Letters*, 2019, 35 (7): 101 – 298.

Beccalli, E., "Does IT Investment Improve Bank Performance? Evidence from Europe", *Journal of Banking and Finance*, 2007, 31 (7): 2205 – 2230.

Beck, T., Levine, R., "Stock Markets, Banks, and Growth: Panel Evidence", *Journal of Banking and Finance*, 2004, 28 (3): 423 – 442.

Berger, A. N., De Young, R., "The Effects of Geographic Expansion on Bank Efficiency", *Journal of Financial Services Research*, 2001, 19 (2 – 3): 163 – 184.

Berger, S. C., Gleisner, F., "Emergence of Financial Intermediaries in Electronic Markets: The Case of Online P2P Lending", *Business Research*, 2009, 2 (1): 39 – 65.

Berg, T., Burg, V., Gombovic, A., Puri, M., "On the Rise of FinTechs: Credit Scoring Using Digital Footprints", *The Review of Financial Studies*, 2019.

Blakstad, S., Allen, R., *FinTech Revolution*, Springer Books, 2018.

Majewski, J., Bodenhorn, H., "A History of Banking in Antebellum America: Financial Markets and Economic Development in an Era of Nation-Building", *The Journal of American History*, 2001, 87 (4): 1483.

Buchak, G., Matvos, G., Piskorski, T., Seru, A., "FinTech, Regulatory Arbitrage, and the Rise of Shadow Banks", *Journal of Financial Economics*, 2018, 130 (3): 453 – 483.

Chang, V., Baudier, P., Zhang, H., Xu, Q., Zhang, J., Arami, M., "How

Blockchain Can Impact Financial Services—The Overview, Challenges and Recommendations from Expert Interviewees", *Technological Forecasting and Social Change*, 2020, 158: 120166.

Cheng, M., Qu, Y., "Does Bank FinTech Reduce Credit Risk? Evidence from China", *Pacific-Basin Finance Journal*, 2020, 63: 101398.

Claessens, S., Frost, J., Turner, G., Zhu, F., "FinTech Credit Markets Around the World: Size, Drivers and Policy Issues", *BIS Quarterly Review*, 2018.

Cockburn, I. M., Henderson, R., Stern, S., "The Impact of Artificial Intelligence on Innovation", *Nber Chapters*, 2018.

Darolles, S., "The Rise of FinTechs and Their Regulation", *Financial Stability Review*, 2016, 20: 85 –92.

Deyoung, R., "The Financial Performance of Pure Play Internet Banks", *Economic Perspectives*, 2001, 7: 60 –78.

Dranev, Y., et al., "The Impact of FinTech M&A on Stock Returns", *Research in International Business and Finance*, 2019, 48: 353 –364.

Dugast, J., Foucault, T., "Data Abundance and Asset Price Informativeness", *Journal of Financial Economics*, 2018, 130 (2): 367 –391.

Erzurumlu, S. S., Pachamanova, D., "Topic Modeling and Technology Forecasting for Assessing the Commercial Viability of Healthcare Innovations", *Technological Forecasting and Social Change*, 2020, 156: 120041.

FSB, "Financial Stability Implications from FinTech", Financial Stability Board, 2017.

Fuster, A., Plosser, M., et al., "The Role of Technology in Mortgage Lending", *The Review of Financial Studies*, 2019, 32 (5): 1854 –1899.

Garleanu, N. B., Pedersen, L. H., "Efficiently Inefficient Markets for Assets and Asset Management", CEPR Discussion Papers, 2018.

Gimpel, H., Rau, D., "Understanding FinTech Start-ups—A Taxonomy of Consumer-Oriented Service Offerings", *Electron Markets*, 2018, 28: 245 –264.

Gomber, P., Kauffman, R. J., Parker, C., Weber, B. W., "On the FinTech Revolution: Interpreting the Forces of Innovation, Disruption, and Transformation in Financial Services", *Journal of Management Information Systems*, 2018, 35 (1): 220 –265.

Gozman, D., Liebenau, J., Mangan, J., "The Innovation Mechanisms of FinTech Start-Ups: Insights from SWIFT's Innotribe Competition", *Journal of Management Information Systems*, 2018, 35 (1): 145 –179.

Hou, X., Gao, Z., Wang, Q., "Internet Finance Development and Banking Market Discipline: Evidence from China", *Journal of Financial Stability*, 2016, 22: 88 –100.

Hou, H., "The Application of Blockchain Technology in E-Government in China", 2017

26th International Conference on Computer Communication and Networks （ICCCN）, IEEE, 2017.

Hosseini, M. H., Fatemifar, A., Rahimzadeh, M., "Effective Factors of the Adoption of Mobile Banking Services by Customers", *Kuwait Chapter of Arabian Journal of Business and Management Review*, 2015, 4 (6): 1 – 13.

Huynh, T. L. D., Hille, E., Nasir, M. A., "Diversification in the Age of the 4th Industrial Revolution: The Role of Artificial Intelligence, Green Bonds and Cryptocurrencies", *Technological Forecasting and Social Change*, 2020, 159: 120188.

Iansiti, M., Lakhani, K. R., "The Truth about Blockchain", *Harvard Business Review*, 2017, 95 (1): 118 – 127.

Iman, N., "The Rise and Rise of Financial Technology: The Good, the Bad, and the Verdict", *Cogent Business and Management*, 2020, 7 (1), 1725309.

Jagtiania, J., Lemieuxb, C., " Do FinTech Lenders Penetrate Areas that are Underserved by Traditional Banks?", *Journal of Economics and Business*, 2018, 100 (4): 43 – 54.

Jaksic, M., Marinc, M., "Relationship Banking and Information Technology: The Role of Artificial Intelligence and FinTech", *Risk Management*, 2017, 21 (1): 1 – 18.

Jayaraman, R., Saleh, K., King, N., "Improving Opportunities in Healthcare Supply Chain Processes via the Internet of Things and Blockchain Technology", *International Journal of Healthcare Information Systems and Informatics*, 2019, 14 (2): 49 – 65.

Katz, R., Koutroumpis, P., Callorda, F. M., "Using a Digitization Index to Measure the Economic and Social Impact of Digital Agendas", *Info*, 2014, 16 (1): 32 – 44.

Ky, S., Rugemintwari, C., Sauviat, A., "Is FinTech Good for Bank Performance? The Case of Mobile Money in the East African Community", 36th GdRE International Symposium on Money, Banking and Finance, 2019, June 5.

Lapavitsas, C., Santos, P. L. D., "Globalization and Contemporary Banking: On the Impact of New Technology", *Contributions to Political Economy*, 2008, 27 (1): 3156.

Laidroo, L., Avarmaa, M., " The Role of Location in FinTech Formation ", *Entrepreneurship and Regional Development*, 2020, 32 (7 – 8): 555 – 572.

Lee, S., Nam, Y., Lee, S., Son, H., "Determinants of ICT Innovations: A Cross-Country Empirical Study", *Technological Forecasting and Social Change*, 2016, 110: 71 – 77.

Liberti, J. M., Petersen, M. A., "Information: Hard and Soft", NBER Working Papers, 2018.

Mashelkar, R. A., "Exponential Technology, Industry 4. 0 and Future of Jobs in India", *Review of Market Integration*, 2018, 10 (2): 138 – 157.

Mell, P. , Grance, T. . "The NIST Definition of Cloud Computing", *Communications of the ACM*, 2011, 53 (6) .

Mettler, M. , "Blockchain Technology in Healthcare: The Revolution Starts Here", 2016 IEEE 18th International Conference on e-Health Networking, *Applications and Services* (Healthcom) , IEEE, 2016.

Nayak, J. , Abraham, A. , Krishna, B. M. , et al. , "Advances in Intelligent Systems and Computing", Soft Computing in Data Analytics, 2019, 758: 73 – 81.

Olnes, S. , Ubacht, J. , Janssen, M. , "Blockchain in Government: Benefits and Implications of Distributed Ledger Technology for Information Sharing", *Government Information Quarterly*, 2017, 34 (3) , 355 – 364.

Palmie, M. , Wincent, J. , Parida, V. , Caglar, U. , "The Evolution of the Financial Technology Ecosystem: An Introduction and Agenda for Future Research on Disruptive Innovations in Ecosystems ", *Technological Forecasting and Social Change* , 2020, 151: 119779.

Petralia, K. , Philippon, T. , Rice, T. , Veron, N. , "Banking Disrupted? Financial Intermediation in an Era of Transformational Technology", Geneva Reports on the World Economy, Technical Report 22, 2019.

Philippon, T. , "Has U. S. Finance Industry Become Less Efficient? On the Theory and Measurement of Financial Intermediation", *The American Economic Review*, 2015, 105 (4): 1408 – 1438.

Philippon, T. , "The FinTech Opportunity", NBER Working Papers, 2016.

Polvora, A. , Nascimento, S. , Lourenço, J. S. , Scapolo, F. , "Blockchain for Industrial Transformations: A Forward-Looking Approach with Multi-Stakeholder Engagement for Policy Advice", *Technological Forecasting and Social Change*, 2020, 157: 120091.

Romer, P. M. , "Capital, Labor, and Productivity", *Brookings Papers on Economic Activity Microeconomics*, 1990: 337 – 367.

Sangwan, V. , Harshita, Prakash, P. , Singh, S. , "Financial Technology: A Review of Extant Literature", *Studies in Economics and Finance*, 2019, 37 (1): 71 – 88.

Schindler, J. W. , "FinTech and Financial Innovation: Drivers and Depth", *Finance and Economics Discussion*, 2017.

Schweitzer, M. E. , Barkley, B. , *Is "FinTech" Good for Small Business Borrowers? Impacts on Firm Growth and Customer Satisfaction*, Social Science Electronic Publishing, 2017.

Su, C. W. , Cai, X. Y. , Qin, M. , Tao, R. , Umar, M. , "Can Bank Credit Withstand Falling House Price in China?", *International Review of Economics & Finance*, 2021, 71: 257 – 267.

Su, C. W. , Qin, M. , Rizvi, S. K. A. , Umar, M. , "Bank Competition in China: A

Blessing or a Curse for Financial System？", *Ekonomska Istraivanja/Economic Research*, 2020a: 1 – 21.

Su, C. W. , Qin, M. , Tao, R. , Shao, X. F. , Albu, L. L. , Umar, M. , "Can Bitcoin Hedge the Risks of Geopolitical Events?", *Technological Forecasting and Social Change*, 2020b, 159: 120182.

Su, C. W. , Qin, M. , Tao, R. , Umar, M. , "Financial Implications of Fourth Industrial Revolution: Can Bitcoin Improve Prospects of Energy Investment?", *Technological Forecasting and Social Change*, 2020c, 158: 120178.

United Nations, "Harnessing Digitalization in Financing of the Sustainable Development Goals", United Nations Development Programme, 2019/9/26.

Wang, R. , Liu, J. , Luo, H. , "FinTech Development and Bank Risk Taking in China", *The European Journal of Finance*, 2021, 27 (4 – 5): 397 – 418 .

第十九章 各国金融科技
生态环境比较分析

贲圣林 罗曼 孔维莹 黄越 孙天怡 梁浩天*

摘　要：　本章基于浙江大学互联网金融研究院的研究成果，"全球金
融科技发展指数"，对全球六大洲80余个国家及其代表性城
市的金融科技产业、体验、生态发展现状进行调研和多维度
分析，展现全球各个国家及地区金融科技发展现状及竞争格
局，从经济基础、产业基础、技术基础、人才基础、政策基
础五个层面重点剖析、比较2020年各国金融科技生态发展态
势，并据此展望其2021年发展动向及关键性趋势。

关键词：　金融科技生态　金融科技产业　金融科技体验

"金融科技生态系统"的建设与完善对金融科技的持续健康发展举足轻
重。2020年，面对席卷全球的新冠疫情所带来的风险与不确定性，全球金
融科技生态迎来重要转变，产业格局加速重构，投融资风向逐渐明晰，关键
技术持续创新，监管政策全面升级。

纵览全球金融科技竞争格局，发达国家优势依然显著，欧美国家生态发

* 贲圣林，浙江大学国际联合商学院（ZIBS）、互联网金融研究院（AIF）院长，管理学院教授；
罗曼，浙江大学管理学院博士研究生，浙江大学互联网金融研究院观智国际金融科技研究室负
责人；孔维莹，伦敦政治经济学院硕士，浙江大学互联网金融研究院研究助理；黄越，美国匹
兹堡大学硕士，浙江大学互联网金融研究院研究助理；孙天怡，南洋理工大学硕士，浙江大学互
联网金融研究院研究助理；梁浩天，美国匹兹堡大学硕士，浙江大学互联网金融研究院研究助理。

展加速，除中国以外的亚洲国家发展相对较为缓慢，而中国产业基础发展迅速，并利用金融与科技产业超越自身禀赋，实现弯道超车。综合全球金融科技中国、美国、英国三国鼎立的发展态势，浙江大学互联网金融研究院（2020）根据各国金融科技发展的主要驱动因素将其发展模式归为三类：以需求拉动为代表的中国模式、以技术驱动为代表的美国模式和以制度保障为代表的英国模式。回顾 2020 年，三国均着力在发挥自身优势的基础上积极弥补短板，寻求更为平衡的发展模式，这三大发展模式在动态演进中展现趋同与融合之势。

根据当前全球金融科技发展与竞争情况，浙江大学互联网金融研究院司南研究室（2021）构建了全球金融科技发展指数①（FinTech Development Index，FDI），遴选全球 80 余个国家进行数据采集与计算，形成金融科技国家发展指数；同时遴选全球 70 余座城市②进行数据采集与计算，形成金融科技中心城市发展指数，全面分析这些国家及城市的金融科技生态发展。立足于产业、体验、生态三大维度，全球金融科技发展指数聚焦全球金融科技发展态势，并以经济基础、产业基础、数字基建、科研实力和政策监管五大核心要素为指标框架，呈现全球金融科技生态发展格局。

本章将基于全球金融科技三大发展模式和全球金融科技发展指数，梳理总结全球金融科技发展共性与趋势，比较剖析各国金融科技生态发展的特点与差异，并据此展望金融科技 2021 年发展动向及关键性趋势。

一 全球金融科技发展现状

（一）全球金融科技发展格局总览

放眼全球，各个国家及地区金融科技发展提速，资源集中之势日盛，实力竞争加剧。浙江大学互联网金融研究院司南研究室（2021）对全球 80 余

---

① 2021 年 FDI 基于全球金融科技中心指数（Global FinTech Hub Index，GFHI）进行优化，提供国家及城市指数排名。全球金融科技中心指数说明详见杨涛、贲圣林主编《中国金融科技发展报告（2020）》，社会科学文献出版社，2020。

② 样本国家和样本城市间样本选择独立。

个国家和 70 余座城市的研究表明，全球金融科技发展格局呈现三个梯队，即九大全球金融科技中心城市（Global FinTech Hubs）、41 座区域金融科技中心城市（Regional FinTech Hubs），以及 N 个虽未进入全球 TOP50 却拥有巨大发展空间的潜力之城（Emerging FinTech Hubs），同时呈现中国、美国、英国三国鼎立的状态。

1. 梯队变化

如表 19 - 1 所示，2020 年，全球金融科技中心城市数量有所增加，从 2019 年的 8 个上升至 9 个，依次为北京、旧金山（硅谷）、纽约、上海、深圳、伦敦、杭州、新加坡、芝加哥。其中北京、旧金山、纽约、上海稳定占据前四，深圳超越伦敦成为第五，伦敦、杭州位列第六、第七。值得注意的是，新加坡强势崛起，凭借首次超过 60 的总指数得分从区域中心城市晋升为全球金融科技中心城市，并超越芝加哥跻身全球第八。

表 19 - 1　2020 年全球金融科技中心城市排名

城市	所属国家	FDI 总排名	较 2019 年排名变动	产业排名	体验排名	生态排名
北京	中国	1	——	1	5	2
旧金山（硅谷）	美国	2	——	3	15	4
纽约	美国	3	——	2	32	3
上海	中国	4	——	4	4	6
深圳	中国	5	↑1	6	2	5
伦敦	英国	6	↓1	5	16	1
杭州	中国	7	↓1	7	1	13
新加坡	新加坡	8	↑1	9	19	8
芝加哥	美国	9	↓1	8	41	14

注：本章中所指的"2019 年排名"均为《2020 全球金融科技中心城市报告》中的排名。
资料来源：浙江大学互联网金融研究院司南研究室、杭州摩西信息科技。

区域中心城市数量从 32 个增至 41 个，排名情况见表 19 - 2。悉尼、东京、巴黎、广州、香港分列前五。其中，悉尼和东京仍是区域中心城市中的领头羊，排名未有变化；巴黎、广州、香港紧随其后，相比 2019 年均上升

1 位。同时，首尔、新德里、雅加达、米兰等城市进步最为突出，排名相较去年均上升了至少 3 位，而亚特兰大、斯德哥尔摩、开普敦退步最为明显，排名均下降了 4 位。

表 19-2　2020 年区域金融科技中心城市排名

城市	所属国家	FDI 总排名	较 2019 年 排名变动	城市	所属国家	FDI 总排名	较 2019 年 排名变动
悉尼	澳大利亚	10	—	重庆	中国	31	↑1
东京	日本	11	—	特拉维夫	以色列	32	↑1
巴黎	法国	12	↑1	洛杉矶	美国	33	↓2
广州	中国	13	↑1	新德里	印度	34	↑3
香港	中国	14	↑1	雅加达	印度尼西亚	35	↑4
墨尔本	澳大利亚	15	↑1	墨西哥城	墨西哥	36	↓1
亚特兰大	美国	16	↓4	莫斯科	俄罗斯	37	↓1
西雅图	美国	17	—	开普敦	南非	38	↓4
孟买	印度	18	↑2	巴塞罗那	西班牙	39	↓1
首尔	韩国	19	↑4	米兰	意大利	40	新晋
南京	中国	20	↓1	法兰克福	德国	41	新晋
波士顿	美国	21	↑1	日内瓦	瑞士	42	↓2
斯德哥尔摩	瑞典	22	↓4	吉隆坡	马来西亚	43	新晋
苏黎世	瑞士	23	↓2	胡志明市	越南	44	新晋
多伦多	加拿大	24	—	华沙	波兰	45	新晋
阿姆斯特丹	荷兰	25	—	西安	中国	46	新晋
班加罗尔	印度	26	—	圣彼得堡	俄罗斯	47	新晋
柏林	德国	27	↑1	曼谷	泰国	48	新晋
圣保罗	巴西	28	↑2	内罗毕	肯尼亚	49	新晋
都柏林	爱尔兰	29	↓2	阿布扎比	阿拉伯联合酋长国	50	新晋
成都	中国	30	↓1				

资料来源：浙江大学互联网金融研究院司南研究室、杭州摩西信息科技。

此外，全球金融科技发展赛道上的新生力量纷纷涌现，米兰、法兰克福、吉隆坡、胡志明市、华沙、西安、圣彼得堡、曼谷、内罗毕、阿布扎比10座城市首次入榜。

（1）全球中心持续领航，资源高度集中

九大全球金融科技中心城市仍是当之无愧的金融科技领头羊，指数平均分大幅领先区域中心城市，差距达29.3分。同时，九大城市资源高度集中，相比2019年在金融科技发展的三大维度上均有所突破。从产业维度来看，9城产业资源高度集中，聚集了TOP50城市中约74.2%的上市金融科技企业和89.2%的市值，上市金融科技企业数量与市值较2019年分别增长了56.5%和37.5%；从体验维度来看，9城金融科技应用场景广泛且深入，传统金融科技化均值是区域中心城市的两倍有余，同时其金融科技使用者平均占比较区域中心高出32.6个百分点；从生态维度来看，9城生态资源丰富，拥有TOP50城市中56.3%的上市金融机构以及47.2%的科技企业，且既有优势不断巩固，相较2019年，全球中心的监管能力和数字基建指标平均分值分别提升了4.7分和0.6分。

（2）全球竞争愈加激烈，同梯队内部差距逐渐缩小

随着金融科技的战略意义逐渐凸显，各国各城争相加速布局金融科技，金融科技实力竞争愈发激烈。全球金融科技中心城市的内部平均相邻指数分差从2019年的3.5降低至3.1，区域金融科技中心城市则由0.7降至0.6，且区域中心城市中排名发生变动的城市占比高达80.5%。

2. 格局变化

从FDI指数样本分布来看，TOP50城市有超半数位于国家指数TOP10的国家。其中，中国不仅国家指数排名第一，有10城入围城市指数TOP50，更有北、上、深、杭4城位于全球金融科技中心城市之列；美国紧随其后，有7城入围城市指数TOP50；英国则凭借伦敦1城的高指数排名位列第三。

亚美始终引领，区域中心分布趋于分散。纵览世界金融科技发展版图，全球中心依旧集中在亚洲和美洲，除了亚洲凭借中国城市占据4席，美洲凭

借美国城市占据 3 席，欧洲凭借伦敦占据 1 席之外，亚洲凭借新加坡又占 1 席，进一步拉开与美洲的距离。区域中心在亚、美两洲的集中度却连连下降，两洲入榜城市总数量占总区域中心城市数比重从 2018 年的 69.6% 持续下降至 58.5%。

（二）2020全球金融科技生态环境大势回顾

全球金融科技发展指数以产业、体验、生态三大维度来评价全球金融科技发展水平，本部分重点关注 2020 年全球金融科技生态发展的主要趋势，并基于 FDI 中衡量生态发展的五大指标，从经济基础、产业基础、数字基建、科研实力和政策监管五个方面进行系统梳理。

1. 全球实体经济低迷，金融科技助力复苏

新冠肺炎疫情对实体经济产生了全方位的冲击，国际货币基金组织（IMF）预计 2020 年全球经济萎缩 3.5%，成为自 1930 年代大萧条以来最严重的一次下滑。面对疫情带来的生产停滞、消费需求疲软等一系列问题，金融科技与产业链、服务链深度融合，助力实体经济复苏，保障实体经济活力。

一方面，金融科技对小微企业的支持作用更加凸显，通过推动金融机构产品线上化与服务智能化，降低其综合融资成本并提高融资效率，同时金融科技赋能小微企业数字化转型，提升其内生发展能力；另一方面，金融科技满足了消费者的"非接触式"金融服务需求，通过创造更多消费场景进一步释放了新型网络消费潜能。

我国金融科技助力实体经济复苏的效果尤为突出。在世界经济下行的情况下，中国经济在 2020 年实现了 2.3% 的逆势增长。在疫情防控的关键阶段，中国金融科技公司及时有效地以创新科技保障线上服务渠道畅通，发行数字消费券拉动消费者需求；同时与传统金融机构互补，成为扶持政策的落地执行者，帮助小微企业解决现金流断裂问题，并依托数字平台的数字化工具赋能其数字化转型，保障了供给侧可持续发展，促进形成供需匹配、循环畅通的"双循环"新发展格局，保障经济的平

稳运行。

2. 金融科技韧性体现，产业格局加速重构

面对疫情带来的风险与不确定性，全球金融科技市场体现了较强韧性。世界银行和剑桥大学新兴金融研究中心（CCAF）于 2020 年联合发布了 *The Global Covid - 19 FinTech Market Rapid Assessment Study*，对总部位于 119 个辖区的 1428 家金融科技相关公司进行调研。报告显示，2020 年上半年，受访金融科技相关公司整体的交易规模和交易数量平均增长 13% 和 11%，其中新兴市场和发展中经济体的增长高于发达经济体。

各细分行业市场受疫情的影响表现也不尽相同，如图 19 - 1 所示，在 13 个细分行业中，除数字信贷由于违约率上升，交易数量同比下降 8%，其他行业均实现了增长，但增长率差异显著。其中数字支付、理财科技等 5 个行业增长率超过 20%，数字托管行业的涨幅更是达到 36%，而数字银行、数字身份和监管科技的增长则较为温和，约为 10%。

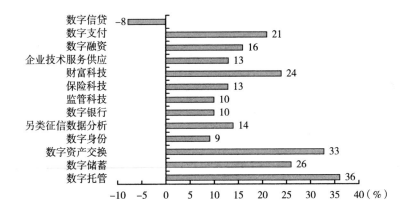

图 19 - 1　2020 年上半年金融科技细分行业交易数量增长情况

资料来源：作者根据剑桥大学新兴金融研究中心（CCAF）发布的 *The Global Covid - 19 FinTech Market Rapid Assessment Study* 绘制。

金融科技的产业韧性在资本市场上也可见一斑。尽管疫情使全球金融科技领域投融资活动在 2020 年开局疲软，但金融科技公司经过业务调整较快适应了疫情防控新常态，持续吸引投资者入场，全球金融科技投融资在降温

后开始回暖。KPMG（2021）发布的 Pulse of FinTech H2'20 显示，2020 年下半年全球金融科技领域共吸引 719 亿美元的投资额，是上半年总额的两倍以上。

此外，科技在金融领域的广泛应用助推金融科技各行业主体积极转型，加速重构金融科技行业竞争格局。传统金融机构纷纷通过合作建立实验室、接受互联网公司入股等方式以期增强科技实力，金融科技公司之间的兼并也明显增多。据 CB Insights 统计，2020 年全球金融科技并购活动同比增长 25%。

3. 数字新基建支撑金融业转型，完善数据安全解决方案

当前，信息基础设施加速向全覆盖、高速率、智能化方向发展，新型基础设施建设的创新发展成为新的国际热点，各个国家及地区政府均高度关注数字新基建建设，中国亦于 2020 年 3 月提出"新基建"，聚焦区块链、工业互联网等领域，为金融科技的发展打造可靠的平台。

数字新基建既助力金融业转型，也为金融数据安全提供了解决方案。首先，全球网络普及程度的提升和 5G 等技术的演进为金融服务商提供了转型的基础。《世界互联网发展报告 2020》显示，2020 年，全球互联网用户数约为 45.4 亿，比 2019 年增长了近 3 亿，渗透率达 59%。根据全球移动设备供应商协会（GSA）的统计，截至 2020 年底，140 家运营商已在 59 个国家或地区推出商用 5G 网络，其中中国已建成全球最大的 5G 网络，累计开通 5G 基站 71.8 万个。其次，多技术的融合将不断拓展金融服务的深度与广度，给予更多金融业转型可能性。例如，人工智能（AI）与机器人流程自动化（RPA）的结合，丰富了可应用的金融业务场景，实现了自动处理银行信用卡发卡、保险申诉信息自动分类。

支持金融业转型的同时，数字新基建亦助力解决金融数据安全问题。在使金融科技更加安全的创新趋势中，隐私保护计算与安全访问服务边缘（SASE）等技术脱颖而出。以联邦学习、同态加密等为代表的隐私保护计算有效实现了数据隐私保护与价值挖掘之间的平衡，从而避

免了对金融数据的过度采集、非法共享或随意滥用；安全访问服务边缘则提供了一种替代传统的云端安全模型，通过在边缘网络上实施基于身份的零信任网络访问，使金融科技企业能够更精细地控制其网络安全策略。

4. 金融科技人才需求旺盛，培养项目层出不穷

2020 年，新技术的快速演化及其在金融场景下的融合复杂性对培养创新型、复合型人才提出了更高的要求和更大的需求。合格的金融科技工作者不仅需要具备金融专业知识与数字技术能力，还要拥有创新思维、实践能力和风险意识。

为了更好地契合金融科技市场需求，许多国家日益重视本国人才的培养与国际人才的吸引，政府、高校、企业之间密切合作，推出众多金融科技相关人才计划。首先，金融科技相关学历项目不断增加，教学培养模式迎来变革，以亚洲地区为例，浙江大学、香港大学、新加坡国立大学等知名高校均设立了金融科技方向的本科或研究生课程，并致力于以产学研结合模式培养人才。其次，金融科技企业人才培养与培训课程得到支持，美国、韩国、新加坡政府分别通过举办一系列金融科技业内虚拟会议、斥巨资启动数字金融人才培养计划以及为金融科技公司员工培训提供补贴来促进企业人才的成长。此外，英国、澳大利亚等多国政府通过放宽签证强势引进国际科技人才，助力本国金融科技发展。

5. 金融科技监管持续推进，共同聚焦两大热点

2020 年，各国政府及监管部门对金融科技领域的政策支持力度和监管创新能力均有提高。一方面，金融科技相关业务得到更多监管支持，尤其是亚洲地区大力推进数字银行牌照申请；另一方面，各国纷纷提倡利用数字技术创新监管举措，以英国为代表的欧美国家通过"监管沙盒"等工具有效提高了对金融科技的监管能力。表 19-3 列举了主要国家或地区 2020 年出台的相关政策。

表19－3　2020年主要国家或地区金融科技监管政策

国家/地区		时间	主要内容
亚洲	中国	2020年2月	中国人民银行发布《个人金融信息保护技术规范》，规定了个人金融信息在生命周期各环节的安全防护要求
		2020年7月	银保监会发布《商业银行互联网贷款管理暂行办法》，一定程度上放宽对地方法人银行、互联网银行的限制
		2020年10月	中国人民银行发布《金融科技创新应用测试规范》《金融科技创新安全通用规范》《金融科技创新风险监控规范》三项金融行业标准
	新加坡	2020年3月	新加坡金融管理局发布针对数字支付代币供应商（digital payment token）的反洗钱和反恐怖融资指引文件
		2020年8月	新加坡与澳大利亚正式签署数字经济协议，并据此加强两国之间金融服务领域数据联通
		2020年12月	新加坡金融管理局宣布成功申请数字银行牌照的4家公司
	韩国	2020年5月	韩国金融服务委员会发布《金融中心政策三年规划（2020~2022）》
		2020年6月	韩国金融服务委员会公布促进众筹行业发展的计划
	马来西亚	2020年3月	马来西亚央行发布有关数字银行许可框架的更新版征求意见稿，以简化数字银行运营在最初3~5年基础阶段的资本充足率和流动性要求
美洲	美国	2020年2月	美国联邦存款保险公司技术实验室发布《与银行开展业务——金融科技公司和第三方机构指南》，要求金融科技公司和第三方机构在与银行合作时应证明其有能力持续遵守相关法律法规并已建立适当的监控系统
		2020年6月	美国货币监管署发布数字银行业务监管意见征询，加密技术、人工智能被纳入考察范围
	加拿大	2020年5月	加拿大保险监督管理委员会和加拿大保险服务监管机构成立金融科技/保险科技咨询中心，为所有省或地区提供一个公共接入点，以便金融科技公司等访问监管机构，在推出产品之前获得有关保险法规的指引和解释

国家/地区		时间	主要内容
欧洲	英国	2020 年 1 月	英国金融行为监管局宣布同英格兰银行建立人工智能公共私人论坛,重点探讨如何在金融服务中安全运用人工智能和机器学习等技术,并研究相关金融法律法规、指导原则的适用性
		2020 年 7 月	英国金融行为监管局与伦敦金融城公司宣布将合作推出"数字沙盒"试验计划
	法国	2020 年 3 月	法国金融市场管理局提议建立针对区块链的欧洲层面豁免机制,即欧洲数字实验室
大洋洲	澳大利亚	2020 年 2 月	澳大利亚竞争与消费者委员会正式通过《消费者数据权利规则》,明确银行共享消费者数据属于法定义务,赋予消费者安全访问银行所持有与其有关数据的权利
		2020 年 2 月	澳大利亚联邦议会通过法案,将"监管沙盒"运行时限扩展至 24 个月,并扩大"监管沙盒"范围

资料来源:作者整理自未央网资讯等。

此外,由于金融科技领域缺乏国际标准,各国监管规则不一,可能带来监管套利等风险,跨区域的全球金融科技监管合作成为必然选择。如国际证监会组织于 2020 年 3 月发布的《全球稳定币计划》专题报告称,全球稳定币或将受到证券法规监管。

在此背景下,科技巨头(BigTech)监管与央行数字货币(CBDC)的研究和应用成为各个国家和地区金融科技政策的共同焦点。首先,近年来,关于大型成熟技术公司进入金融服务领域可能引发的问题受到高度重视,中美等国持续关注金融科技伦理,建立数据共享和数据垄断规则。例如,中国人民银行于 2020 年 10 月发布了三项金融行业标准,同时适用于从事金融服务创新的持牌金融机构和从事相关科技产品研发的科技公司。其次,各国央行纷纷布局央行数字货币研发与试点。根据国际清算银行(BIS)对全球 60 多个国家 CBDC 发展状况的调查,截至 2020 年底,超过 80% 的央行正在开展相关研发工作,其中 10% 的央行已上线 CBDC 试点项目,包括巴哈马、泰国、柬埔寨等国。在新兴市场国家积极开展零售型 CBDC 的应用测试的同时,发达国家做 CBDC 尚处于研究实验阶段,仅新加坡 Ubin、加拿大 Jasper 的研发进展稍快一步。

二 各国金融科技发展比较分析

2020 年，全球金融科技生态呈现产业格局重构、关键技术创新、监管政策升级等共性特征，然而各个国家及区域间的金融科技生态发展各具风格。下文将基于中美英三大模式及 FDI 2021 报告"三维度"（即产业、体验、生态），比较分析当前全球金融科技生态发展态势。

（一）金融科技发展三种主要模式

FDI 国家排名显示（表 19 - 4），2020 年，中国、美国、英国、澳大利亚、加拿大、新加坡、日本、德国、荷兰和法国占据 FDI 总排名前十，全球金融科技呈现中国、美国、英国三国鼎立的发展态势。

表 19 – 4　全球 FDI 总排名 TOP10 国家

	总排名	产业	用户	生态
中国	1	2	1	3
美国	2	1	3	1
英国	3	3	4	2
澳大利亚	4	6	5	6
加拿大	5	5	8	7
新加坡	6	4	6	10
日本	7	10	13	4
德国	8	9	7	11
荷兰	9	12	2	8
法国	10	7	10	17

据此，浙江大学互联网金融研究院（2020）将目前全球金融科技发展格局分为三大类别：以需求拉动为代表的中国模式、以技术驱动为代表的美国模式和以制度保障为代表的英国模式（见图 19 - 2）。2020 年，三大模式内部需求、技术与制度三大驱动因素互相角力，三国均着力在保持优势的基础上弥补短板，寻求更为平衡的发展模式，三大模式渐显趋同与融合之势。

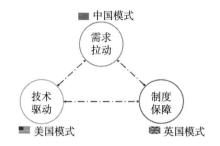

图 19-2 金融科技发展的三种模式

资料来源：杨涛、贲圣林主编《中国金融科技运行
报告（2020）》，社会科学文献出版社，2020。

1. 以需求拉动为代表的中国模式

作为金融科技后起之秀，广阔的市场和庞大的客群需求持续驱动中国在
金融科技领域的蓬勃发展。然而，逐渐趋严的监管环境与日渐饱和的市场需
求，皆昭示着金融科技由需求拉动向技术驱动转型的必要性。此外，关键技
术的不断突破与监管制度的不断完善亦为模式转型提供了可能性。

（1）市场需求依然强劲，技术转型大势所趋

自2003年移动支付应用支付宝横空出世以来，广阔的市场和庞大的客
群需求持续助推中国金融科技蓬勃发展。安永发布的《2019年全球金融科
技采纳率指数》显示，2019年中国消费者金融科技采纳率达87%，小微企
业金融科技采纳率达61%，均位居全球首位。浙江大学互联网金融研究院
司南研究室（2021）发布的《全球金融科技发展指数报告（2021）》显示，
中国包揽全球金融科技体验排名前九席，9个中国城市的金融科技使用者占
比均在70%以上。巨大的市场需求在移动支付行业表现尤为显著，中国人
民银行发布的《2020年第三季度支付体系运行总体情况》报告显示，2020
年第三季度，移动支付业务达344.95亿笔，金额达116.74万亿元，同比分
别增长26.48%和35.57%。然而，趋严的监管环境和日渐饱和的市场等都
对强劲市场需求的可持续性提出了挑战，由需求拉动向技术驱动转型的必要
性逐步凸显。一方面，2018年以来，中国监管层对金融科技的监管全方位
升级，2020年更是被称为中国金融科技"强监管"元年。中国人民银行于

2020 年 9 月正式发布《金融控股公司监督管理试行办法》，中国银保监会于
2020 年 9 月发布《关于加强小额贷款公司监督管理的通知》，并于 2020 年
11 月出台《网络小额贷款业务管理暂行办法（征求意见稿）》，国务院反垄
断委员会于 2021 年初正式发布《关于平台经济领域的反垄断指南》，众多
细分领域监管办法的纷纷出台将一定程度抑制此前金融科技各细分赛道粗放
的发展模式。另一方面，根据中国互联网络信息中心（CNNNIC）发布的
《第 46 次中国互联网络发展状况统计报告》，截至 2020 年 6 月，中国移动支付
用户规模达 8.02 亿人，已占中国网民数量的 86%，移动支付市场的逐渐饱和
昭示着移动支付带来的金融科技需求爆炸性增长，在未来或将难以重现。

（2）关键技术实现重大突破，监管制度不断完善

2017 年以来，中国高度关注金融科技技术研发，凭借快速发展的科技
产业弯道超车。浙江大学互联网金融研究院司南研究室（2021）发布的
《全球金融科技发展指数报告（2021）》显示，2020 年，北京首次超越纽约
位居科技产业基础全球第一。中国信息通信研究院发布的《中国金融科技
生态白皮书（2020 年）》指出，中国金融科技关键技术已取得一系列重大突
破，以容器和微服务为核心的云原生技术实现突破创新，进一步推动数字金
融基础设施建设，加速金融业务开发与迭代；算法、算力、数据的积累与突
破促进了人工智能等智能化技术的融合演进，机器人流程自动化技术
（RPA）逐步在金融场景落地，加速金融业务智能化转型；金融区块链平台
成为热点并在贸易融资、支付清算等多领域开展应用。

与此同时，监管机构不断完善监管制度与规则，加速推进顶层规划，逐
步明确了试点先行的创新思路。在央行《金融科技（FinTech）发展规划
（2019~2021 年）》的引领下，证监会新部门"科技监管局"正式入列，
"一体两翼"的科技监管体制形成。金融科技应用试点已在苏浙沪京等十大
省市开展；数字人民币相关试点已在京津冀、长三角、粤港澳大湾区及中西
部具备条件地区有序开展；中国版"监管沙盒"试点推出，并向纵深推进，
京沪广深渝杭苏蓉及雄安新区九城已纳入试点。地方层面，各金融科技领先
城市纷纷出台政策，鼓励金融科技持续创新与规范发展。北京率全国之先于

2018 年发布《北京市促进金融科技发展规划（2018～2022 年)》，杭州于2019 年发布《杭州国际金融科技中心建设专项规划》，签约落地由世界银行和中国互联网金融协会共建的全球数字金融中心；深圳于2019 年发布《深圳市扶持金融业发展的若干措施》，并于2020 年正式印发《深圳市贯彻落实〈关于金融支持粤港澳大湾区建设的意见〉行动方案》，提出打造全球金融科技中心和全球可持续金融中心。

2. 以技术驱动为代表的美国模式

作为传统金融强国，美国高度重视金融科技研发投入，在金融科技领域的技术优势持续凸显。此外，新冠肺炎疫情带来了线上需求的急剧增长，以移动支付和数字信贷为代表的数字金融在美国迅速崛起。

（1）技术优势持续凸显，数字金融借力疫情迅速崛起

作为金融科技领域的先行者，美国金融科技技术优势持续领跑全球。智能投顾及区块链等前沿技术探索步伐遥遥领先，率先出现合规的区块链证券交易结算业务和基于比特币的衍生品交易服务。此外，美国金融科技投融资数量和龙头科技企业市值惊人。德勤金融服务研究中心（2020）披露的数据显示，美国 2020 年金融科技投资额为 66 亿美元，位居全球第一。路透社（2020）数据显示，苹果、亚马逊、微软、脸书及 Alphabet 五家美国龙头科技企业市值总和已超 7 万亿美元，占标普 500 指数市值比重近 25%。实力雄厚的高新技术领导企业主导了美国专利申请市场，专利申请在 2008 年金融危机后保持高增长态势，为底层技术革新提供支撑。与此同时，新冠肺炎疫情带来了迅速的线上需求增长，美国高新技术企业不断推出金融科技产品与服务以满足高速增长的线上金融服务需求，数字金融借力疫情迅速崛起。

（2）移动支付与数字信贷需求深化，监管政策鼓励金融科技创新

美国数字经济需求在新冠疫情的蔓延下不断深化，移动支付与数字信贷行业需求显著崛起。由于传统支付手段有可能成为潜在的新型冠状病毒传播渠道，大批消费者迅速转向 Apple Pay 等无接触（NFC）移动支付，移动支付行业迎来拐点。移动应用数据监测公司 Adjust 和应用情报提供商 Apptopia 联合发布的《2020 年移动金融报告》显示，2020 年美国移动支付类应用使

用量增长率高达 33%。数字信贷市场亦借力疫情机遇迅速发展，Market Axess 等电子交易平台在受疫情影响的动荡市场环境下优势凸显，成为唯一价格提供方，进一步推动信贷市场交易方式革新。与此同时，美国监管机构秉持审慎宽松的监管态度，鼓励金融科技持续创新。2016 年，美国货币监理署（OCC）发布"金融科技宪章"提议，并于 2020 年启动，通过该宪章授予金融科技公司履行"核心银行服务"等资质。2018 年，美国证券交易委员会（SEC）在企业财务部内设立创新与金融科技战略中心（FinHub）以鼓励金融部门科技创新，并于 2020 年宣布将 FinHub 设为独立办公室。美国加利福尼亚州政府亦于 2020 年宣布旧金山创新办公室设立计划，希望借此推动业界与监管机构合作进行新产品与服务开发。

3. 以制度保障为代表的英国模式

作为金融监管创新的先行者，英国政府一直以前沿的监管政策为金融科技发展提供制度保障。此外，长时间蔓延的新冠肺炎疫情重塑了英国金融科技市场需求，数字信贷和数字筹资行业需求收缩，而以移动支付为代表的多数垂直行业需求迅速增长。

（1）前沿监管政策提供制度保障，疫情重塑金融科技市场需求

英国政府持续走在金融科技监管前沿，采取强有力的政策为金融科技企业应对新冠肺炎疫情冲击保驾护航。2020 年 5 月，英国金融行为管理局（FCA）与伦敦金融城联合启动了"数字沙盒"计划。相较于此前的"监管沙盒"，"数字沙盒"计划开发和提供完备的数字测试环境，向创新企业提供高质量数据库访问权限，帮助其验证技术解决方案的可行性。此外，英国政府还出台了 e-KYC、员工远程入职的监管支持及加快业务牌照发放等监管举措与针对金融科技公司的税收减免、政府贷款担保等财政政策，助力金融科技企业应对新冠疫情带来的重重挑战。与此同时，疫情全方位影响了英国金融科技的市场需求，以移动支付为代表的多数金融科技垂直行业需求迅速增长。

（2）疫情催生细分行业需求分化，推动行业产品与服务转型

英国金融科技业态以数字信贷、数字筹资、移动支付、保险科技和企业数字化转型五大垂直产业为主。世界银行和剑桥大学新兴金融研究中心

（CCAF）于2020年联合发布的 *The Global Covid – 19 FinTech Market Rapid Assessment Study* 显示，受新冠肺炎疫情影响，2020年上半年五大细分行业需求呈现分化态势。移动支付、保险科技、企业数字化转型等大多数金融科技垂直行业需求快速增长，2020年上半年交易量实现13%～28%的同比增长；数字信贷与数字筹资行业需求则呈收缩态势，2020年上半年交易量同比降幅在20%左右。为应对疫情下分化的市场需求，数字信贷和数字筹资产业分别针对现有产品与服务进行改造升级以实现获客和客户留存，推出支付间歇期（Payment Holidays）服务、非金融增值服务和网络安全与反欺诈服务。

随着金融科技的全球普及和各国间的合作深化，以需求拉动为代表的中国模式、以技术驱动为代表的美国模式和以制度保障为代表的英国模式并驾齐驱的同时，逐渐呈现趋同与融合之势。一方面，三国在需求、技术和政策方面表现出趋同态势。新冠肺炎疫情催生的线上需求增长使得移动支付行业在三国均迎来了新一轮迅猛发展；科技创新的重要性成为三国共识，人工智能及区块链技术成为三国共同关注重点；三国广泛推行业务牌照和"监管沙盒"政策。另一方面，开放银行政策的推行和应用编程接口（API）技术的进步推动了三国银行业市场的融合，Revolut、Monzo等英国挑战者银行得以进入美国市场并占据一席之地，中英之间亦计划在开放银行领域开展合作，为有意在英国开拓银行业务的中国初创公司提供创新性的金融科技产品和服务。

（二）各国金融科技三维度比较分析

本部分基于FDI的指标框架，从企业、用户、政府三大视角出发，分别从产业、体验、生态维度比较剖析2020年各国金融科技发展态势。

从TOP50城各项数据统计对比中不难看出，九大全球金融科技中心城市仍然扮演领头羊角色，优势资源高度集中（见表19-4）。一方面大力拓展数字基建、提升科研能力、加强监管效能，营造良好的金融科技生态；另一方面进一步拉大在传统金融科技化程度上与区域中心城市间差距，并持续吸引优质资本投入金融科技产业。

表 19 – 4　2021 全球金融科技发展 TOP50 城各项数据统计

类别	金融科技产业								传统金融科技化
	上市企业				未上市高融资企业				
	数量	占比（%）	市值总额（亿美元）	占比（%）	数量	占比（%）	市值总额（亿美元）	占比（%）	均值
全球中心	72	74.2	11051	89.2	428	62.4	1598	76.3	68.7
区域中心	25	25.8	1333	10.8	258	37.6	496	23.7	29.1
TOP50	97	–	12384	–	686	–	2094	–	36.2

类别	金融科技体验	金融科技生态						
	金融科技使用者占比	金融机构市值 TOP500		科技企业市值 TOP500		数字基建	科研能力	监管能力
	均值（%）	市值总额（亿美元）	占比（%）	市值总额（亿美元）	占比（%）	均值	均值	均值
全球中心	70.4	4.2	56.0	4.2	47.7	84.9	67.4	85.6
区域中心	53.1	3.3	44.0	4.6	52.3	79.1	40.3	76.0
TOP50	56.2	7.5	–	8.8	–	80.1	45.2	77.7

资料来源：浙大 AIF 司南研究室、杭州摩西信息科技。

1. 金融科技产业

2021 年全球金融科技产业 50 城排名与 FDI 城市指数排名相似，并呈现"全球金融科技中心 + 区域金融科技中心"的两梯队格局（见表 19 – 5）。第一梯队 9 城中亚洲占据 5 城，除新加坡进步显著首次跻身第一梯队外，其他 8 城连续四年趋于稳定，体现亚洲地区金融科技产业持续发力的强势地位。同时，根据 FDI 数据，一、二梯队间平均分差距进一步扩大至 42.8 分，第一梯队产业优势还在逐步增强。

梯队间差距拉大，第二梯队内各城市间竞争也在加剧。第二梯队 41 城中，欧洲城市占据 14 席，是 2020 年上榜数量的近 2 倍，局部地区呈现百花齐放的新态势。同时，排名下降的城市共 24 个且下降幅度在 1 ~ 7 位不等，在亚、欧、北美三大洲的数量分别为 9 个、8 个、4 个，表明全球金融科技产业在快速洗牌。

表 19-5 2021 全球金融科技产业 50 城排名

排名	城市	国家	较上年排名变动	排名	城市	国家	较上年排名变动
1	北京	中国	—	26	班加罗尔	印度	↓5
2	纽约	美国	↑1	27	圣保罗	巴西	↓3
3	旧金山	美国	↓1	28	雅加达	印度尼西亚	↑6
4	上海	中国	—	29	特拉维夫	以色列	↑1
5	伦敦	英国	—	30	南京	中国	↓2
6	深圳	中国	↑1	31	洛杉矶	美国	↓5
7	杭州	中国	↓1	32	都柏林	爱尔兰	↓1
8	芝加哥	美国	—	33	重庆	中国	↑2
9	新加坡	新加坡	↑3	34	成都	中国	↓2
10	亚特兰大	美国	↓1	35	墨西哥城	墨西哥	↑2
11	巴黎	法国	—	36	米兰	意大利	↑10
12	东京	日本	↑2	37	胡志明市	越南	↓4
13	香港	中国	↓3	38	新德里	印度	↑1
14	悉尼	澳大利亚	↓1	39	巴塞罗那	西班牙	↓3
15	墨尔本	澳大利亚	↑4	40	莫斯科	俄罗斯	↑2
16	阿姆斯特丹	荷兰	↑2	41	法兰克福	德国	↑3
17	多伦多	加拿大	↑6	42	华沙	波兰	↓1
18	西雅图	美国	↓3	43	内罗毕	肯尼亚	—
19	孟买	印度	↑3	44	开普敦	南非	↓4
20	柏林	德国	↓4	45	维尔纽斯	立陶宛	↓7
21	苏黎世	瑞士	↓4	46	日内瓦	瑞士	↓1
22	广州	中国	↑7	47	布鲁塞尔	比利时	—
23	首尔	韩国	↑2	48	曼谷	泰国	↓1
24	波士顿	美国	↑3	49	吉隆坡	马来西亚	↓2
25	斯德哥尔摩	瑞典	↓5	50	迪拜	阿联酋	↓3

资料来源：浙江大学互联网金融研究院司南研究室、杭州摩西信息科技。

（1）中美保持领先优势，发力方向各有不同

中美两国不仅在 FDI 城市指数层面遥遥领先，在全球金融科技产业前 10 城市中，中美各占 4 席，中美两国优势依旧明显。依照表 19-6 汇总整理的数据可以看出，美国以旧金山、纽约两城市为龙头，在金融科技上市公司市值总额和均值上更占据优势；北京连续三年排名全球金融科技产业榜单第一。特别是杭州位列"融资总额"榜单第三位、"融资均值"第一位，力压伦敦、新加坡等金融科技发展较成熟的城市，作为中国"新一线"城市的代表，充分体现了中国发力金融科技的底蕴与决心。

表 19 - 6　2021 年全球金融科技产业、高融资未上市企业数量、
融资总额、融资均值 TOP10

排名	金融科技产业排名	企业数量	融资总额	融资均值
1	北京	北京	北京	杭州
2	纽约	纽约	旧金山	南京
3	旧金山	旧金山	杭州	雅加达
4	上海	伦敦	伦敦	北京
5	伦敦	上海	纽约	香港
6	深圳	新加坡	新加坡	新加坡
7	杭州	深圳	上海	胡志明
8	芝加哥	柏林	香港	亚特兰大
9	新加坡	巴黎	雅加达	旧金山
10	亚特兰大	班加罗尔	深圳	新德里

资料来源：浙江大学互联网金融研究院司南研究室、杭州摩西信息科技。

（2）新加坡拥抱初创公司，助力金科产业提升

在全球金融科技产业 TOP10 城市中，新加坡的表现尤其亮眼。与 2020 年排名相比，新加坡进步 3 位，超越亚特兰大、巴黎、东京，强势跻身榜单前十位。疫情冲击下，新加坡仍对中小额度投资保持了较高吸引力。2020 年，新加坡金融科技的 5000 万美元以下投资额同比增长 27.9%，显示新加坡积极投入充沛资金支持初创公司成长。高效的互联网基建、成熟的银行网络、集中的金融机构以及政府的大力支持都是新加坡保持金科产业活力的良方。

（3）亚太地区持续领跑，印度孟买表现不俗

2021 年全球金融科技产业 11 ~ 20 名城市中，位于亚太地区的有 7 个，打破了 2020 年全球金融科技产业 11 ~ 20 名欧洲与亚太势均力敌的局面，显示出该地区较为广阔的金融科技发展业态，以及较高的金融数字化转型水平。此外，孟买超过柏林，跻身前二十，也是得益于印度政府大力推行的诸如"设立印度储备银行创新中心"等举措和战略对金科产业的大力扶持。

2. 金融科技体验

疫情影响下，金融、零售等产业加速数字化建设，金融科技应用率不断攀升，全球各地金融科技体验在 2020 年持续提升。根据表 19 - 7，2021 年金融科技体验排名变动较小，以中国城市为代表的发展中国家城市仍保持领

先，南非、俄罗斯、印度等国城市继续徘徊在榜单的 11 ~ 20 名，在金融科技生态建设方面持续追赶。本节将呈现全球金融科技体验发展格局，并以"金融科技使用者占比"① 作为主要分析指标。

表 19 - 7　2021 年全球金融科技体验城市 TOP50

排名	城市	国家	较上年排名变动	排名	城市	国家	较上年排名变动
1	杭州	中国	—	26	圣保罗	巴西	↓1
2	深圳	中国	—	27	柏林	德国	↓1
3	广州	中国	—	28	首尔	韩国	↑2
4	上海	中国	—	29	斯德哥尔摩	瑞典	↓2
5	北京	中国	—	30	法兰克福	德国	↓1
6	南京	中国	—	31	日内瓦	瑞士	—
7	成都	中国	↑1	32	纽约	美国	—
8	西安	中国	↓1	33	西雅图	美国	—
9	重庆	中国	↑1	34	香港	中国	↑2
10	孟买	印度	↑2	35	米兰	意大利	—
11	开普敦	南非	↓2	36	巴塞罗那	西班牙	↓2
12	班加罗尔	印度	↑1	37	吉隆坡	马来西亚	↑2
13	新德里	印度	↑1	38	多伦多	加拿大	↓1
14	莫斯科	俄罗斯	↓3	39	波士顿	美国	↓1
15	旧金山	美国	↑1	40	曼谷	泰国	↑2
16	伦敦	英国	↑2	41	芝加哥	美国	—
17	圣彼得堡	俄罗斯	↓2	42	洛杉矶	美国	↓2
18	墨西哥城	墨西哥	↓1	43	雅加达	印度尼西亚	↑2
19	新加坡	新加坡	↑1	44	特拉维夫	以色列	—
20	悉尼	澳大利亚	↑3	45	亚特兰大	美国	↓2
21	苏黎世	瑞士	↓2	46	布鲁塞尔	比利时	—
22	阿姆斯特丹	荷兰	—	47	内罗毕	肯尼亚	↑2
23	都柏林	爱尔兰	↓2	48	华沙	波兰	↓1
24	布宜诺斯艾利斯	阿根廷	—	49	迪拜	阿拉伯联合酋长国	↑1
25	墨尔本	澳大利亚	↑3	50	巴黎	法国	↑1

资料来源：浙江大学互联网金融研究院司南研究室、杭州摩西信息科技。

---

① 根据《2021 全球金融科技发展报告》，衡量"金融科技使用者占比"的工具变量为一个城市的金融科技采纳率，相关数据采用金融科技体验调查问卷的形式进行收集。

（1）亚洲地区力量突出，包揽金融科技体验前十位

2020 年，全球金融科技体验整体升级。全球金融科技使用者占比平均值为 53.4%，较上年的 51.0% 稍有增长。金融科技应用发展领先的城市金融科技使用者占比均在 70% 以上，且城市数量由去年的 10 城增加至 11 城。

以中国城市为代表的亚洲城市全面领先，包揽 TOP10 榜单。其中，杭州连续四年金融科技体验排名全球第一，金融科技应用率（使用者占比）高达 93.7%。头部城市金融科技体验稳定发展，深圳、广州、上海、北京等中国城市连续多年占据金融科技 TOP10 榜单。值得注意的是，深圳今年金融科技应用率首次超过了 90%，增幅达 3.3%，位列榜单第二，与杭州一并成为金融科技体验发展的标杆。

（2）潜力释放，印度城市大幅发力

值得注意的是，印度第一大城市孟买首次入围全球金融科技体验城市TOP10 榜单，其金融科技应用率从 2019 年的 64.0% 跃升至 73.6%，是全球金融科技应用率增长最多的城市。而在 FDI 城市指数排名中，印度位列第11，且印度共有 3 座城市入围区域金融科技中心城市行列，印度的金融科技正在蓬勃发展。印度政府自 2015 年实施"数字印度"战略后，陆续推出了数字化身份认证项目、普惠金融计划、废钞运动等多项改革举措，有效刺激了印度金融科技的迅猛发展。如今，印度巨大的金融科技潜力正在逐步释放，发展前景不可小觑。

3. 金融科技生态

2021 年全球金融科技生态榜单较上年变化明显，各城市排名有升有降。发达国家城市具有显著优势，欧洲城市生态发展加速。相比之下，除中国城市外，亚洲城市整体发展仍较为缓慢（见表 19 - 8）。

（1）发达国家城市生态优势显著，欧洲城市发展加速

2021 全球金融科技生态 TOP10 城市依旧被发达国家城市以及中国城市包揽，且与 2020 全球金融科技生态 TOP10 城市保持一致。发展中国家城市与发达国家城市之间仍存在较大的差距，发达国家的优势主要体现在日趋完善的

表 19 – 8　2021 年全球金融科技生态城市 TOP50

排名	城市	国家	较上年排名变动	排名	城市	国家	较上年排名变动
1	伦敦	英国	—	26	洛杉矶	美国	↓2
2	北京	中国	↑1	27	亚特兰大	美国	↑2
3	纽约	美国	↓1	28	吉隆坡	马来西亚	↓3
4	旧金山	美国	—	29	孟买	印度	↓2
5	深圳	中国	↑1	30	成都	中国	—
6	上海	中国	↑1	31	巴塞罗那	西班牙	↑2
7	东京	日本	↓2	32	阿布扎比	阿拉伯联合酋长国	↓1
8	新加坡	新加坡	—	33	重庆	中国	↓1
9	波士顿	美国	↑1	34	阿姆斯特丹	荷兰	↑2
10	西雅图	美国	↓1	35	圣保罗	巴西	↑2
11	巴黎	法国	↑2	36	班加罗尔	印度	↓2
12	悉尼	澳大利亚	—	37	新德里	印度	↓2
13	杭州	中国	↑1	38	莫斯科	俄罗斯	↑4
14	芝加哥	美国	↓3	39	柏林	德国	↑6
15	墨尔本	澳大利亚	—	40	法兰克福	德国	—
16	首尔	韩国	—	41	米兰	意大利	↑5
17	广州	中国	↑2	42	雅加达	印度尼西亚	↓3
18	多伦多	加拿大	↓1	43	开普敦	南非	↓5
19	斯德哥尔摩	瑞典	↓1	44	曼谷	泰国	↓1
20	南京	中国	↑2	45	墨西哥城	墨西哥	↓4
21	香港	中国	↓1	46	布鲁塞尔	比利时	↓2
22	都柏林	爱尔兰	↓1	47	西安	中国	↑3
23	苏黎世	瑞士	↑5	48	华沙	波兰	↓1
24	日内瓦	瑞士	↓1	49	维尔纽斯	立陶宛	↓1
25	特拉维夫	以色列	↑1	50	迪拜	阿拉伯联合酋长国	↓1

资料来源：浙江大学互联网金融研究院司南研究室、杭州摩西信息科技。

数字基建、愈发充足的金融科技优秀人才以及不断加大的政策监管力度。因此，对于发展中国家而言，想要在金融科技生态方面进行追赶或实现超越，仍要重视并大力推动数字基础设施建设，不断完善金融科技人才体系并从顶层设计开始加速补齐短板。

与此同时，欧洲城市 2020 年加速发展金融科技生态，"追赶者"们厚积薄发，实力不容小觑。在金融科技生态 Top50 排名中上升的有 18 城，其中超 1/3 位于欧洲。柏林、米兰、苏黎世三大城市排名前进超过 5 名，依托强有力的数字基础建设、城市科研能力位居进步榜前三。

（2）亚洲城市进步放缓，中国城市表现抢眼

2021 全球金融科技生态 TOP10 城市虽与 2020 全球金融科技生态 TOP10 城市名单一致，但名次仍有较大变动。在 22 个入榜金融科技生态 TOP50 的亚洲城市中，仅 8 城实现排名提升，较 2020 年相比少了 6 个。与此同时，11 个城市排名下滑，表明亚洲城市金融科技生态的发展整体放缓。

放眼中国城市，北京超越纽约位列第二，深圳、上海超越东京分别位列第五、第六，中国城市不断发力，表现亮眼。这主要得益于中国各地政府对金融科技发展的高度重视和不断加码的政策支持。近些年，北京率全国之先发布《北京市促进金融科技发展规划（2018～2022 年）》，并成为全国首个金融科技创新监管试点城市，已推进两批项目"入箱"，引领全国金融与科技创新融合发展；深圳于 2019 年发布《深圳市扶持金融业发展的若干措施》，并于 2020 年正式印发《深圳市贯彻落实〈关于金融支持粤港澳大湾区建设的意见〉行动方案》，提出打造全球金融科技中心和全球可持续金融中心，不断优化金融科技发展生态，构建金融科技全球领先实力。

（3）全球政策监管加速落地

在金融科技生态五大二级指标中（即经济基础、产业基础、数字基建、科研能力、政策监管），实现政策监管得分排名上升的 TOP50 城数量最多，达 17 城，表明全球各个国家和地区日益重视金融科技政策监管。亚洲城市政策监管落地最为迅速，在进步榜中占 9 席。其中，中国政策监管发展显著，7 城实现排名提升。深圳超过日内瓦首次跻身全球前三，上海连续两年位居全球前五，北京超越特拉维夫位居全球第六，广州、南京、成都等城市进步显著。

三　2021全球主要国家金融科技趋势研判

前文基于"三个主要发展模式"以及"三维度"框架，梳理总结了区域金融科技发展的主要趋势和异同。本部分将试从产业、技术、政策三方面切入，对2021年金融科技企业的产业前瞻、技术迭代以及金融监管机构的政策变化的趋势做出预判。

（一）细分市场发力，聚焦开放银行

1. 细分行业需求持稳，市场份额仍将提升

世卫组织预计，随着新冠病毒变异株的传播增强，全球或将进入一个新的、更难预测的大流行阶段。[1] 可以推断2021年个人用户对"无接触支付""数字钱包"等电子支付的需求预计保持高涨。2020年上半年FIS[2]发布报告称，"电子/移动钱包支付"在全球电商、零售场景的占比将持续增长，相较于2019年的41.8%和21.5%，该比例在2023年预计将分别高达52.2%和29.6%。另有研究预计，2020~2024年全球数字支付领域将以13.4%的复合年增长率保持扩张，截至2024年其规模将高达8.17万亿美元。[3]

作为金融科技热点，2021年理财科技和保险科技有望保持增长势头。一方面，理财科技行业将从较为成熟的美国等市场向新兴市场进一步扩张；另一方面，Lemonade、Oscar Health等快速扩张的新兴保险科技企业将倒逼传统保险公司加速拥抱保险科技，优化定制产品、完善线上理赔和销售，削

---

[1] 世界卫生组织2021年2月24日文章"通过COVAX机制运送的COVID-19疫苗抵达加纳，这标志着全球推广的开始"中提出"随着COVID-19变异株的传播增强，我们进入了一个新的、更难预测的大流行阶段"，https://www.who.int/zh/news/item/24-02-2021-covid-19-vaccine-doses-shipped-by-the-covax-facility-head-to-ghana-marking-beginning-of-global-rollout。

[2] FIS是美国财富500强企业之一，提供广泛的金融产品和服务。

[3] Nica San Juan, "Global Digital Payments Market to Grow by 23.7% in 2021 to \$4.9 Trillion", 2021。

减人力成本。基于 FinTech Global 数据，2020 年理财科技、保险科技的投融资笔数增长速率高达 14%（见图 19 - 3）和 18%（见图 19 - 4）。若保持这一增速，2021 年二者的投融资笔数预计将分别突破 500 例和 380 例，全球投融资总额预计将分别达到 100 亿美元和 65 亿美元。

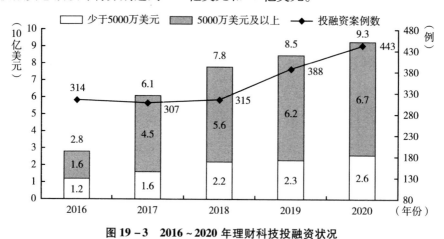

图 19 - 3　2016 ~ 2020 年理财科技投融资状况

资料来源：FinTech Global。

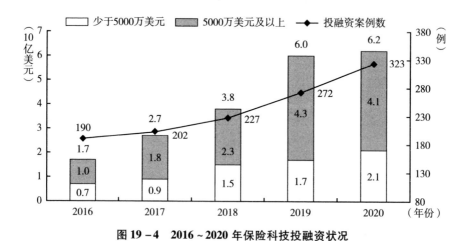

图 19 - 4　2016 ~ 2020 年保险科技投融资状况

资料来源：FinTech Global。

2. 头部资本观望市场态势，拉美市场跻身投资热点

2020 年，金融科技头部市场——欧洲、东南亚等地的资本活动趋于谨

慎，而拉美地区金融科技产业投融资活动依旧活跃，良好势头有望延续至2021年。根据图19-5、图19-6所示，2020年英国、新加坡的金融科技投融资总额仅为2019年的73.5%和41.4%，主要原因是两国大额融资①笔数分别降至2019年的66%和24%。众多知名风投机构保持观望，仅Blackstone、Vulcan Capital、Salesforce Ventures等投资机构入场。而同期，拉美地区投融资总额及笔数均较2019年增长4.6%（见图19-7），其中大额融资约占总融资额的76%，吸收了来自Credit Suisse Group、Softbank、Sequoia Capital、PayPal Ventures等的头部资本，展现出头部投资者对该地区金融科技行业发展前景的信心。预计2021年拉美地区金融科技投融资活动还将持续保持活力，或将吸引其他国家和地区流出的资本。

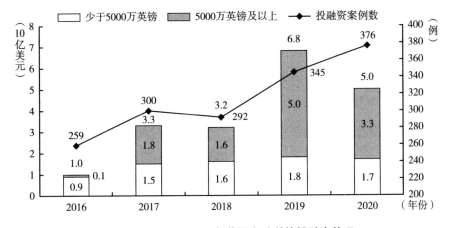

图 19-5　2016~2020 年英国金融科技投融资状况

资料来源：FinTech Global。

3. 金融科技助力开放银行落地，数据互通构建新信任模式

2021年，新冠肺炎疫情将持续冲击传统银行业②，多方数据关系网打通、数据分享机制升级、接口共享式金融应用普及等需求预计提速增长，开

---

① "大额融资"指大于5000万英镑（万美元）的投融资。

② 根据KPMG报告，新冠肺炎疫情使得银行股受到影响，大多数银行股在3月中旬遭遇价格暴跌。以2019年12月1日~2020年4月30日为例，欧洲STOXX银行指数大幅下跌40.18%，同期STOXX北美600指数和STOXX亚太600指数分别下挫31.23%和26.09%。

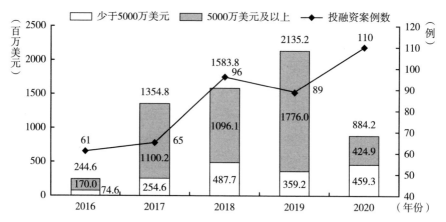

图 19－6　2016～2020 年新加坡金融科技投融资状况

资料来源：FinTech Global。

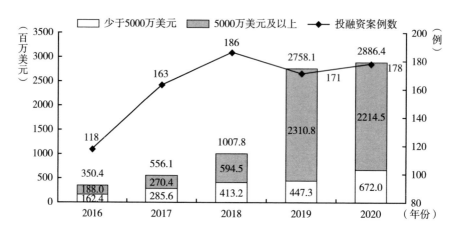

图 19－7　2016～2020 年拉美地区金融科技投融资状况

资料来源：FinTech Global。

放银行、数据互通的发展被多方看好。Allied Market Research 2020 年 11 月报告揭示近 4 年内全球开放银行市场将逐步建成，预测至 2026 年全球开放银行市场规模将达 431.5 亿美元，并保持 24.4% 的复合年增长率。根据 OpenBanking.Org 2021 年 1 月最新发布文章，金融科技领头羊英国率先邀请 300 余家金融科技公司进入开放银行生态，目前已有超 250 万英国消费者和企业使用了具有开放银行功能的产品进行理财和支付。澳大利亚财政部则从

2019 年 6 月开始阶段式开放银行测试，预计于 2021 年 6 月实现银行同业间金融数据互通。新西兰政府主导成立 Payments NZ API① 中心，不断构建开放 API 使用规范，同时向社会提供技术支持，截至 2020 年 12 月已吸收近 130 个成员，涵盖清算参与企业、基础设施提供商、API 服务商、社区核心贡献者等。可以预见，2021 年将有更多传统金融机构携手金融科技企业共建开放银行生态系统，并利用前沿科技工具解决现有难题，共同打破数据孤岛、探索市场潜力。

全球范围内，多国金融机构也在同步积极探索开放银行相关应用场景和配套监管模式，为全面推行金融数据互通积累宝贵经验。2020 年英国金融行为监管局（FCA）提出了"金融新信任模式"，即多数依赖中介信息完成技术解决方案，以开放银行的形式在金融服务方面设立更多创新性法规。此外，FCA 多次在 2020 年发起对"开放银行"议题的倡议并将"开放银行促进行业竞争"写入 2021 年工作计划。新加坡金融管理局（MAS）于 2020 年 12 月宣布发起世界首个国家级数字身份核验公共数字系统 SGFinDex，并将于 2021 年开始全面测试。SGFinDex 建立在新加坡国家数字身份（SingPass）上，实现了个人可访问并管理其在不同政府部门、机构的金融信息。预计 2021 年将会出现更多开放银行和数据互信的落地案例。

（二）数据要素重要性凸显，技术赋能去中心化金融

1. 去中心化金融发展迅猛，跨链兼容互操作性亟待提升

2021 年去中心化金融（DeFi）预计将步入爆发式增长新阶段。DeFi Pulse 公开数据② 显示，DeFi 未偿还贷款③ 从 2020 年初 1.5 亿美元上涨至 2021 年 1 月近 75.7 亿美元，增长超 49 倍（见图 19 - 8）。井喷的 DeFi 交易

---

① API（Application Programming Interface，应用程序接口）是一些预先定义的接口（如函数、HTTP 接口），或指软件系统不同组成部分衔接的约定。用来提供应用程序与开发人员基于某软件或硬件得以访问的一组例程，而无须访问源码或理解内部工作机制的细节。

② https：//defipulse. com/defi - lending。

③ 去中心化借贷是去中心化金融的一个核心应用，DeFi 未偿还贷款可体现 DeFi 交易市场活力。

额反映了市场投资信心，DeFi 前景被看好，并将加速 DeFi 相关技术迭代。目前，区块链底层技术百花齐放，市场多链并行但缺乏统一的互联互通机制，跨链的需求由此而来。因此，DeFi 系统将更关注跨链，而跨链中的互操作性则将作为新的技术难点受到关注。同时，2020 年 DeFi 交易额激增进一步说明通过链接区块链层级①，可以真正挖掘实现区块链的商业价值和利润。由此可见，提高跨链、跨层的兼容性从而寻找新的投资机会成为 2021 年围绕 DeFi 展开的重要命题。

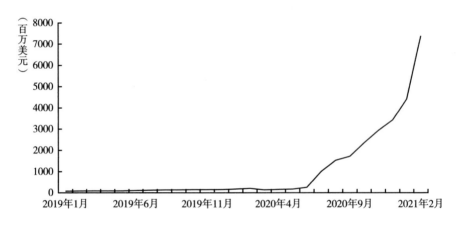

图 19-8　2019 年 1 月至 2021 年 2 月 DeFi 未偿还贷款额

资料来源：DeFi Pulse。

2. 数据基建锚定行业需求，聚焦数据安全隐私保护

2020 年，"数据"被纳入我国市场化配置改革的五大基础生产要素，与土地、劳动力、资本、技术并列，其重要性得到进一步强化。随着数字经济进入"算力时代"，吸收海量数据的金融科技将迎来新的挑战。挑战与机遇并存，本节将分别从数据应用与治理的四个维度（即数据采集、数据分析、数据治理和数据安全）展开分析。

---

① 区块链的层（Layer）基本指 L1 和 L2，L1 是以比特币和以太坊等为主的币层，而 L2 是在 L1 基础上构建出的应用程序和协议。L1 主要为 L2 创造价值所使用，大部分价值在 L2 的协议和结合用例的区块链应用上。

精准数据采集进一步贴合行业需求。"数据采集精准度"将成为2021年行业追逐热点和重要突破口。金融科技行业对于人工智能产品的品质要求不断升级，需采集更高质量的数据对已有算法进行优化。从应用场景来看，金融科技场景跨多个行业，数据需求往往呈多维度、多层级、多关联性等特征；从产品迭代和用户体验来看，应用需更贴合场景数据更新。精确度标准被再次定义，加入更多行业定制化需求已成为数据采集的未来关键趋势之一。

多维度数据分析助力智能风控。大数据分析技术快速迭代，已赋能大量相关应用在金融科技领域落地，然而金融决策需要应对不断升级的金融风险，越来越多的风险体现出团伙性和隐蔽性[①]，单一事件数据分析方法虽然已较为成熟，但无法满足日益复杂的决策需求。2021年，多维度综合智能风控无疑成为金融科技主要趋势之一。因智能风控场景多变、网络关系庞杂、数据跨行业等特征，时序图计算和知识图谱成为最优解。时序图计算[②]主要通过大量历史交易数据和跨行业多维度异构数据完成综合数据分析以用于风险识别、信用评级等场景；企业知识图谱则通过自然语言处理（NLP）、因果分析等技术将关系面有效联系，帮助减少信息不对称带来的金融风险。结合两种技术可完成智能风控从单一行为到多维度、单一时间切片到基于时序的跨越。

法治化数据治理关注个人信息保护。2020年是全球数据治理的变革之年。以中国为例，《数据安全法》以及《个人信息保护法（草案）》相继出台，《民法典》也于2021年1月1日生效。以上法案多次提及数据监管、个人信息处理及权益、数据安全保护等重要概念和规定，明确定义并规范活动。展望2021年，中国、加拿大以及其他国家相关数据隐私立法草案或将在完善后最终出台，通过法律法规保护个人信息安全并重视合理分配利用数据将成为各国数据治理发展共识。

① 《2021十大金融科技趋势》，蚂蚁集团，2020。
② 时序图计算是一种基于时序的分布式图数据库、实时图计算分析、图学习框架、图的动态时序、知识图谱的构建与推理的数据分析方法。

隐私计算成数据安全领域热点。作为数据安全领域的新兴技术，2021年隐私计算的发展将持续深化。2020年被公认为隐私计算发展元年，受各国数据相关法规政策陆续颁布和个人隐私保护需求增强影响，伴随区块链、隐私计算、多方安全计算等技术研究深入，多个项目在不同行业开始实施。例如，蚂蚁链摩斯多方安全计算平台已在超过 10 个行业完成商用。隐私增强计算（Privacy-Enhancing Computation）也荣膺 Gartner 2021 最前沿的九大科技趋势之一。[1] 随着金融科技的广泛应用，诸多场景要求在不受信任环境中安全共享数据和分布式处理数据。隐私计算作为主要解决方案之一，将赋能更多金融科技应用场景，尤其是在风控和获客上的表现备受关注。例如，金融机构使用隐私计算中的联邦学习（Federated Learning）等技术可在不泄露或者不获得客户个人信息的环境中实现多方共同决策、共建模型从而实现联合风控的"千人千面"。

（三）监管机构拓展监管工具，国际组织协调巩固

1. 新常态[2]下金融科技新业态，全球监管工具创新步伐还将提速

2021 年，全球各国与国际组织将加速开展监管工具创新，以应对快速变化的金融科技业态。新冠肺炎疫情持续，形成新常态，金融科技产业保持"韧性"，各细分行业抓住机遇高速成长，现有监管工具恐将难以全面应对。需在匹配新常态下业态变革的同时，满足"适用、包容、有效、审慎"[3] 的监管新需求。在此背景下，BIS 创新中心在其 2021 年工作计划中勾勒了两种集成式监管科技平台，以期促进国际监管协同。其中，部署于瑞士的

---

① Gartner,"Gartner Top 9 Security and Risk Trends for 2020",2020。
② 世界卫生组织西太平洋区域、东南亚区域等组织均上线了"New normal"板块用以宣传新冠肺炎疫情持续下人们应该如何调整防疫措施;世界卫生组织欧洲区域、非洲区域等组织也均在发表文章中多次使用"New normal"一词描述可能与新冠肺炎疫情长期斗争的情形
③ 源自范一飞发表的《我国金融科技创新监管工具探索与实践》中提到的四个"新型创新监管工具的设计理念"——"破解'一管就死、一放就乱'困局，提高监管适用性""摒弃'一刀切'简单模式，增强监管包容性""引入'多元联动'公众监督机制，提升监管有效性""设置创新应用'刚性门槛'，强调监管审慎性"。

"Rio"将定位为基于云平台的实时市场监管工具以服务央行实时检测金融市场动向，并通过"原型化＋定制化"的设计理念，在满足各国央行差异化应用场景的同时降低央行间协作难度，为后续打通国际间合作通道奠定基础；而部署于新加坡的另一监管报告平台则以开源形式提供基于数据可视化的概念性验证解决方案，在为监管人员提供更深入、及时的见解以有效管控风险的同时，借由开源模式触及更多使用者，探索多主体协同可能性。

除国际组织外，部分国家政府也将持续对现有监管工具进行创新、升级，在满足监管新需求的前提下，探索金融科技促进可持续金融发展的潜力。英国推出"数字沙盒"（Digital Sandbox），在原有"监管沙盒"基础上不断激励入盒项目思考"防金融欺诈""推动金融服务触达弱势消费者""助力小微企业融资"等普惠难题；2021年1月我国新一批"监管沙盒"试点项目突出"灵活用工""复工复产""缩小数字鸿沟"几大主旨，预示着金融科技监管工具将进一步为促进金融普惠性和可持续性服务。

2. 科技巨头引起监管关注，2021年金融"强监管"

2020年末，世界各地有关限制科技巨头的声浪此起彼伏，可以预见2021年针对科技巨头（BigTech）在金融领域的监管还将持续推进，并很有可能进入到落地阶段。支付科技、理财科技等在新冠肺炎疫情影响下需求激增，位于幕后的科技巨头们却已然引起了国际组织和各国政府的担忧。着眼国内，国家市场监督管理总局于2020年11月发布管理纲要并公开征求意见，意在预防BigTech垄断市场并维护消费者合法权益；转向国际，美国众议院率先发声，建议限制BigTech不当竞争、信息滥用等行为。欧洲地区紧随其后，金融稳定委员会（FSB）和荷兰消费者和市场管理局（ACM）发布报告，呼吁保持金融"强监管"。作为回应，欧盟委员会在2020年12月发布了《数字服务法》《数字市场法》，限制BigTech在个人数据隐私、支付服务等方面的权力。BIS总裁Agustín Carstens在2021年1月发表的演讲中强调，目前监管框架还不足以提前识别BigTech引起系统性风险的可能性，各国监管当局需要保持警惕，持续追踪、分析BigTech可能扰乱市场秩序的行为，为需要采取强制措施做好准备。不难看出，"针对科技巨头加强金融监管"的浪潮势必引起越来越多共鸣。

3. 全球央行数字货币体系正逐步构建，场景拓展中跨境支付将成主流

整体来看，2020 年全球央行纷纷加快推进央行数字货币（CBDC）的研究与测试。作为全球新兴货币政策工具，各国 CBDC 所依托的技术、理论架构等均存在较大差异。在此背景下，部分国际组织积极推动跨国合作，助力各国 CBDC 实现国际间流通。

截至 2021 年 3 月，G20 正在与 IMF、世界银行和 BIS 加紧合作，共同探讨银行间数字货币流通规范化。根据 FSB 报告，国际流通标准制定工作将于 2021 年底完成，各国将同步搭建机构间合作机制。截至 2022 年底，各国将依照国际准则和 FSB 建议完成国内 CBDC 的框架搭建、法规设立、监管运行等工作。截至 2023 年 7 月，G20 将与 IMF、世界银行、BIS 等共同完成对国际准则的修改与优化。

2021 年，CBDC 全球体系逐步完善的同时，跨境支付预计进入主流应用场景。BIS 计划推动数个新项目，以探索更快、更便捷的跨境支付方式。将于新加坡建设的跨境支付平台项目聚焦央行间 CBDC 的国际结算，授权商业银行和服务提供商向交易者提供多种 CBDC 服务。而香港 CBDC"桥"项目则在专注研究基于分布式账簿技术（DLT）的跨境资金实时转移的同时，思考如何搭建连通各国 CBDC 的"走廊"网络。

参考文献

安永：《2019 年全球金融科技采纳率指数》，2019。

陈雨露：《"双循环"新发展格局与金融改革开放》，《中国人民银行政策研究》2020 年第 4 期。

范一飞：《我国金融科技创新监管工具探索与实践》，《中国金融》2020 年第 8 期。

和讯科技：《2020 年全球数据治理十大事件》，2021。

陆书春：《疫情下金融科技发展的优势与展望》，《清华金融评论》2020 年第 7 期。

路透社：《分析：五大科技龙头主宰美股　令投资人又爱又怕》，2020。

蚂蚁集团：《2021 十大全球金融科技趋势》，2020。

肖翔等：《2020 年上半年全球金融科技监管动态综述》，《当代金融家》2020 年第 8 期。

张云、杨凌霄、李季珍：《FinTech 时代金融人才培养实验实训体系重构》，中国大学教学，2020 年第 1 期。

浙江大学－蚂蚁集团金融科技研究中心、浙江大学互联网金融研究院、浙江大学国际联合商学院：《三驱并驾，驰骋以术——2020 全球金融科技发展报告》，2020。

浙江大学互联网金融研究院：《中国金融科技发展报告（2020 年）》，2020。

浙江大学互联网金融研究院司南研究室：《全球金融科技发展指数报告（2021）》，2021。

中国互联网络信息中心：《第 46 次中国互联网络发展状况统计报告》，2020。

中国人民银行：《2020 年第三季度支付体系运行总体情况》，2020。

中国网络空间研究院：《世界互联网发展报告 2020》，2020。

中国信息通信研究院：《中国金融科技生态白皮书（2020 年）》，2020。

中国信息通信研究院、阿里巴巴集团安全部、北京数牍科技有限公司：《隐私保护计算技术行业研究报告》，2020。

ACM, "BigTechs in the Dutch Payment System-summary, Adjust and Apptopia", The Mobile Finance Report, 2020.

Allied Market Research, "Open Banking Market by Financial Services (Banking and Capital Markets, Payments, Digital Currencies, and Value Added Services) and Distribution Channel (Bank Channel, App market, Distributors, and Aggregators): Global Opportunity Analysis and Industry Forecast, 2019 – 2026", 2020.

Australian Government (The Treasury), "Government Response to Review into Open Banking", 2018.

Bank for International Settlements (BIS), "Central Bankers of the Future", 2020.

Bank for International Settlements (BIS), "Public Policy for BigTechs in Finance", 2020.

Bank for International Settlements (BIS), "Ready, Steady, Go? —Results of the third BIS Survey on Central Bank Digital Currency", 2021.

Bank for International Settlements (BIS), "Work Programme FY 2021/22", 2021.

BBC News, "Coronavirus: How the Pandemic has Changed the World Economy", 2021.

Cambridge Centre of Alternative Finance (CCAF), World Bank, "The Global Covid – 19 FinTech Market Rapid Assessment Study", 2020.

CB Insight, "The State of FinTech Report: Investment & Sector Trends To Watch", 2021.

Deloitte, "FinTech by the Numbers: Incumbents, Startups, and Investors Adapt to

FinTech Evolution", 2020.

EY, "UK FinTech: Moving Mountains and Moving Mainstream", 2020.

FCA, "Call for Input: Open Finance", 2020.

FCA, "Digital Sandbox Pilot", 2021.

FCA, "Our Business Plan 2020/2021", 2020.

Federal Reserve Bank of Boston, "Developments in Open Banking and APIs: Where Does the U. S. Stand", 2020.

Federal Reserve System, "An Update on Digital Currencies", 2020.

FinTech Global, "FinTech Funding in Latin America Set a New Record in 2020 Led by Large Deals in Brazil", 2021.

FinTech Global, "FinTech Funding in Singapore Hit Lowest Level in Four Years in 2020 as Large Deals Dried Up", 2021.

FinTech Global, "Global WealthTech Funding Nearly Quadrupled over the Last Five Years after a Record 2020 for the Sector", 2021.

FinTech Global, "InsurTech Funding Hit Record Levels in 2020 but Can This Level of Investment Continue", 2021.

FinTech Global, "UK FinTech Deal Activity Hit Record Highs in 2020 as Funding Declined", 2021.

FIS, "Global Payment Report", 2020.

FSB, "FSB Report Considers Financial Stability Implications of BigTech in Finance in Emerging Market and Developing Economies", 2020.

FSB, "Regulation, Supervision and Oversight of 'Global Stablecoin' Arrangements", 2020.

Gartner, "Gartner Top 9 Security and Risk Trends for 2020", 2020.

Global Mobile Suppliers Association, "LTE & 5G Market Statistics-December 2020", 2021.

International Monetary Fund, "World Economic Outlook Reports", 2021.

KPMG, "Pulse of FinTech H2'20", 2021.

KPMG, "Standing Firm on Shifting Sands-Global Banking M&A Outlook H2 2020", 2020.

MAS, "Singapore Financial Data Exchange (SGFinDex)", 2020.

Nica San Juan, "Global Digital Payments Market to Grow by 23.7% in 2021 to $4.9 Trillion", 2021.

Open Banking, "Three Years since PSD2 Marked the Start of Open Banking, the UK has Built a World-leading Ecosystem", 2021.

"Payments NZ", December 2020 Update, 2020.

第二十章　各国金融科技监管及法律关系

杨东　田骞　王睿*

摘　要：　世界范围内，2020年最值得关注的金融科技议题包括数字加密货币监管、区块链技术的规范与应用、数据治理问题、互联网融资监管、电子支付监管、金融科技支持政策等。美国、英国、欧盟及其成员国、日本、俄罗斯、新加坡、印度、澳大利亚、南非、埃及、委内瑞拉等国在鼓励金融科技创新的同时均强调监管，特别是金融消费者权益保护。在新冠肺炎疫情大流行的2020年，各国针对疫情的金融科技监管新举措也纷纷出台。目前，我国管制型金融监管存在较多盲区，建议扩展我国证券法对证券的定义，划定金融衍生品基础资产的范围，填补监管漏洞，以应对数字资产和其他金融科技创新。

关键词：　金融科技　金融监管　消费者保护

一　全球金融科技行业监管概述

（一）2020年全球金融科技监管的重点

2020 年金融科技带来的风险与挑战仍然是全球性的热点问题，受到

---

* 杨东，教育部"长江学者"特聘教授，区块链研究院执行院长，中国人民大学未来法治研究院金融科技与互联网安全研究中心主任；田骞，中国人民大学金融科技与互联网安全研究中心助理研究员；王睿，中国人民大学金融科技与互联网安全研究中心助理研究员。

全球各国、各地区政府以及国际组织的关注。2020 年，金融科技领域最受关注的是数字货币。当前各国政府以及企业如火如荼地开展着各自数字货币项目，以期在该领域取得突破，赢得国际竞争力。在大数据、人工智能、区块链等新兴数字技术在繁荣发展的同时，一系列的技术风险与金融风险也引发了广泛关注。对金融科技的有效监管是各国金融监管机构面临的一大难题，这直接与消费者的切身利益以及金融市场的长期稳定繁荣发展相关，要求监管机构从宏观和微观层面做出更加全面、审慎的监管。

从各国数字货币发展情况来看，当前数字货币的发展主要有以下三种模式：一是企业以稳定币为突破口主导开发数字货币，货币当局对此进行监管。如美国的 Tether、TrustToken、摩根大通、沃尔玛等企业，均以稳定币为突破口，成为"数字美元"中的一个节点。二是货币当局主导研发。我国正在研发的央行数字货币 DC/EP 即采用这种模式。三是货币当局和企业共同开发，如新加坡正在进行的 Ubin 项目、加拿大的 Jasper 项目等，均是货币当局与区块链企业合作基于分布式记账技术对央行数字货币进行试验。[1] 对相关国家法定数字货币运行实践比较的结果表明，现有的法定数字货币大多以区块链技术为基础并由本国央行集中发行，主要采用双层运营体系；批发型设计有利于提高运行效率和金融安全，零售型设计则更有利于应用场景推广以满足不同需求；能否稳定币值事关法定数字货币试点成败。[2]

2020 年各国、各地区的政府组织及金融机构都进一步出台了各项政策，同时也在积极进行国际合作并达成共识，以推动全球金融科技领域整体的规范化发展。目前全球金融科技监管的着眼点与监管动态包括但不限于数据技术的安全监管、电子支付监管、金融科技支持政策、监管科技创新、互联网融资监管、数字银行（开放银行）监管、

---

[1] 王旭、贾媛馨：《数字化背景下的国际货币竞争及其对人民币国际化的启示》，《南方金融》2020 年第 5 期。

[2] 封思贤、杨靖：《法定数字货币运行的国际实践及启示》，《改革》2020 年第 5 期。

区块链技术的规范与应用、数字加密货币监管、国际金融科技监管合作等。

（二）2020年全球金融科技行业监管动态概述

2020 年，美国在全球金融科技领域仍然是最重要的领导力量。美国政府继续出台了相关政策方针，推动金融科技行业的发展，以期维持其在技术与金融方面的国际竞争优势，刺激国内的经济增长。受到新冠肺炎疫情的冲击，美国监管机构在投资者保护、数字资产监管等方面都推出了新的政策，针对疫情为金融机构提供了临时的救济措施，以保证美国金融业的整体稳定。

2020 年英国继续在金融科技创新领域发力。英国金融服务管理局向金融机构展示其所提供的全方位面向公司的创新支持服务，并解答了如何更好地利用这些服务。在金融消费者保护方面，2020 年英国金融行为监管局公布了带有针对中小企业的额外奖励的定期资助计划（TFSME）。

欧盟一直处在金融科技监管的前沿阵地。2020 年欧盟继续监控金融活动和散户投资者活动趋势，尤其是金融科技和加密资产的金融创新。另外，在数据安全性、操作事件、数据隐私、销售惯例以及某些个人的财务排斥等风险领域，欧盟也给予了相当程度的重视。在数字货币方面，欧洲央行表示或将推出数字欧元。欧盟内部的德国、法国、意大利、荷兰等在2020 年针对金融科技创新与监管、金融消费者保护等方面推出了最新的行动。

另外，俄罗斯、日本、新加坡、印度、埃及、南非以及委内瑞拉等国的金融科技行业发展也进入了新的阶段，或是各种金融科技投资项目在这些国家落地生根，或是推出新的数字经济法案鼓励金融科技创新、增强金融科技领域的监管，或是健全原有的监管框架，进一步金融保护消费者的利益。总之，各国金融监管机构都不断跟进，利用新技术使监管科技在更大范围、更多领域得到了深层次的应用。在推进金融科技创新的同时，各国也积极回应技术带来的监管挑战。

二 各国金融科技行业监管实践

（一）美国

2020 年 12 月 3 日，美国证券交易委员会宣布成立创新和金融技术战略中心（FinHub）独立办公室。其职责主要是鼓励金融部门进行分布式分类账技术和数字资产、自动化投资建议、数字市场融资以及人工智能和机器学习等方面的创新。[①]

美国商品期货交易委员会（CFTC）正加紧制定并完善针对数字资产交易的法律框架。2020 年 3 月，CFTC 通过《涉及特定数字资产的零售商品交易》指南。7 月 8 日，CFTC 发布未来四年最终战略，表示将把全面监管加密货币市场列为优先事项。其战略目标中承诺将制定一个整体框架，以促进负责任的数字资产的创新。2020 年 7 月，美国财政部下属的货币监理署（OCC）发表声明信，明确说明美国联邦体系银行可以为加密数字货币提供托管服务，同时再次重申国家银行可以向任何包括加密数字货币公司在内的合法的实体提供金融服务。2020 年 9 月，OCC 发表声明，确认国家银行和联邦储蓄协会可以向用户的稳定币产品提供储备物托管服务。2020 年 12 月11 日，美国国税局发布了一份新的 1040 纳税表，美国所有的纳税者都需要提交这份申报表。表中包含虚拟货币相关问题，每个人都必须如实填写纳税表，否则就会面临被判犯有伪证罪的风险。[②]

由于新冠肺炎疫情的影响，美国金融业监管局（FINRA）决定为成员公司提供临时救济，使得这些成员不必遵守部分常见的规则和要求。FINRA 表示，将继续监测情况以确定是否需要额外的指导和救济。具体的，FINRA

[①] 美国金融业监管局网站，2020 Industry Snapshot｜FINRA. org https：//www. finra. org/rules - guidance/guidance/reports - studies/2020 - industry - snapshot。

[②] 《万字解读美国最新加密金融监管格局，提升从业者 2021 年"生存几率"》，36 氪，https：//36kr. com/p/1051007018679561。

要求会员必须以合理设计的方式通过视频、音频会议使得平台与客户进行的会议受到监管，以确保相关活动遵守证券法律法规和 FINRA 规则。①

（二）英国

金融科技是技术驱动的金融创新，它正在改变金融机构提供金融服务以及消费者和企业使用金融服务的方式。2020 年 9 月 3 日，英国央行行长安德鲁·贝利在布鲁金斯学会上发表了有关支付的最新创新及其带来的挑战的演讲，阐述了稳定币带来的好处和风险，并探讨了金融政策委员会最近对付款和稳定币监管的期望。数字货币是一种新型的货币，具有自己的支付基础设施。私人稳定币的一种替代选择是中央银行数字货币，它具有巨大的潜力，但还需要做更多的工作来充分探索其对金融系统和中央银行的作用。②2020 年 10 月 12 日英国举办了人工智能公共私人论坛，该论坛与金融行为监管局合作，力求促进公共和私营部门之间有关 AI 如何影响政策目标的讨论。③ 2020 年 10 月 26 日，金融科技总监汤姆·穆顿（Tom Mutton）在外滩金融峰会上发表了有关数字货币、金融科技和普惠金融的演讲，演讲主题是"创新如何帮助经济应对新冠肺炎疫情提出的挑战"。④

2020 年 11 月 5 日，英国金融服务管理局公开了它们的创新服务范围，该机构表示其将向公司创新提供全方位支持服务。英国金融服务管理局于 2016 年成立了"监管沙盒"，引发了人们的强烈兴趣。目前"监管沙盒"方面，英国又有了新进展。英国金融服务管理局与伦敦金融城公司合作推出全新"数字沙盒"试验，而且还将讨论跨境测试（"全球沙盒"）的最新工作。此外，英国参与了全球金融创新网络（GFIN）的构建，GFIN 旨在通过

---

① 美国金融业监管局网站，Frequently Asked Questions Related to Regulatory Relief Due to the Coronavirus Pandemic ｜ FINRA. org https：//www. finra. org/rules-guidance/key-topics/covid - 19/faq。

② 英国金融行为监管局网站，https：//www. bankofengland. co. uk/research/fintech。

③ 英国金融行为监管局网站，https：//www. bankofengland. co. uk/research/fintech。

④ 英国金融行为监管局网站，https：//www. bankofengland. co. uk/research/fintech。

营造一种环境来支持金融科技行业以及消费者利益创新，使企业可以在多个司法辖区试用和扩展新技术，实时了解产品或服务的运作方式。[1]

通常在重大事件冲击后容易出现金融欺诈风险，针对2020年的新冠肺炎疫情，英国政府于2020年4月27日发布指导文件《冠状病毒（COVID - 19）：有关如何保护自己和企业免受欺诈和网络犯罪的建议》[2]，英国金融服务管理局也在努力敦促消费者保持警惕，防止欺诈行为。[3] 另外，2020年12月22日英国金融服务管理局发布文件，强烈建议消费者仅与其授权的金融公司打交道，可通过查看《金融服务注册簿》明确金融公司是否已经获得授权。[4]

（三）欧盟

1. 欧盟的整体情况

在金融科技监管方面，欧洲证券及市场管理局（ESMA）与国家主管部门（NCA）进行了合作。ESMA对金融活动和散户投资者趋势进行监控，尤其关注金融科技和加密资产相关的动向，来确定与此类活动和趋势相关的问题或风险。与此同时，帮助NCA协调有关金融科技市场的举措，促进双方实践交流，以便在需要时采取相关行动。[5]

2020年6月29日，ESMA就欧盟的新数字金融策略向欧盟委员会（EC）的磋商提交了回应。ESMA在回应中着重于金融部门数字化的风险和收益，并提出，欧盟范围内的统一监管/监督框架是必要的，这可以为投资

---

[1] 英国金融服务管理局网站，https：//www.fca.org.uk/news/search - results? n_ search_ term = &year = f. Published%20Year%7Cyear%3D2020&sort_ by = dmetaZ&start = 21。

[2] 英国政府网站，https：//www.gov.uk/government/publications/coronavirus-covid-19-fraud-and-cyber-crime/coronavirus-covid-19-advice-on-how-to-protect-yourself-and-your-business-from-fraud-and-cyber-crime。

[3] 英国金融服务管理局网站，https：//www.fca.org.uk/news/news-stories/avoid-coronavirus-scams。

[4] 英国金融服务管理局网站，https：//www.fca.org.uk/news/warnings/smart-investor-centre。

[5] 欧洲证券及市场管理局网站，https：//www.esma.europa.eu/market - analysis/financial - innovation。

者、金融稳定和有序市场提供必要的安全保障，并消除数字金融服务在单一市场中的分散性。①

欧洲央行的创新工作则着眼于理解、评估和拥抱当前在市场基础设施和支付领域的变革性金融技术浪潮。目前，欧洲央行对三个领域的新兴技术进行分析和试验：金融市场基础设施、金融资产和金融生态系统。② 数字化已渗透到我们生活的每个角落，并改变了我们的付款方式。欧洲中央银行指出，在这个新时代，数字欧元将保证欧元区的公民能够以一种简单、安全和可信赖的方式进行交易支付。目前，欧洲央行尚未决定是否发行数字欧元。但其正在进行实验。欧洲央行提出，将在 2021 年中期决定是否启动数字欧元项目，以便为将来某个时候发行数字欧元做准备。③

关于消费者保护特别是隐私保护，欧洲中央银行承诺，会根据欧盟数据保护法，即欧洲议会和理事会于 2018 年 10 月 23 日颁布的（EU）2018/1725 法规，对个人数据进行处理。④ 欧洲银行业管理局（EBA）也提出，将促进金融产品和服务的消费者透明、简单和公平的内部市场。⑤ 欧洲银行业管理局（EBA）于 2020 年 6 月 29 日发布了对欧盟委员会关于新的欧洲数字金融战略的咨询的回应。其致力于在监管和监督方法中确保技术中立，并大力支持委员会针对新的数字金融战略的倡议。EBA 在响应中确定了一系列可能的欧盟行动，以支持跨境创新技术的扩展，同时确保高标准的消费者保护和金融部门的弹性。EBA 在回应中强调了技术中立性在监管和监督方法中的重要性，这是促进金融部门创新和支持跨境扩展的一种手段。这需要对创新技术的应用进行全面、持续的监控，以便及时发现机遇和风险，并根据

---

① 欧洲证券及市场管理局网站，https：//www.esma.europa.eu/press-news/esma-news/esma-responds-european-commission-consultation-digital-finance-strategy。

② 欧洲中央银行网站，https：//www.ecb.europa.eu/paym/innovation/html/index.en.html。

③ 欧洲中央银行网站，https：//www.ecb.europa.eu/euro/digital_euro/html/index.en.html。

④ 欧洲中央银行网站，https：//www.ecb.europa.eu/home/data-protection/privacy-statements/html/index.en.html。

⑤ 欧洲银行业管理局网站，https：//www.eba.europa.eu/regulation-and-policy/consumer-protection-and-financial-innovation。

监管和监督方法进行实时调整。①

2. 德国

德国联邦金融监管局（BaFin）于2020年9月18日就虚拟货币（VC）发表专门文章。根据《银行业法》的规定，比特币和其他加密货币将金融工具表示为加密值，因为它们是数字表示的价值，未经任何中央银行或公共机构发行或担保，不具有货币的合法地位。此外，BaFin根据其长期的管理惯例，将比特币归类为记账单位，也归为金融工具。这也包括在交易中具有私人支付手段功能的价值单位，以及根据私法协议在多边清算组中用作支付手段的任何其他替代货币。此法律分类基本上适用于所有VC。底层软件或加密技术在这里无关紧要。VC不是法定货币，它们也不属于《支付服务监管法》（ZAG）定义的电子货币，因为没有发行人根据对自己的索偿要求发行它们，这与数字支付方式显然不同。②

德国联邦金融监管局（BaFin）实行集体消费者保护，即负责保护金融服务领域的所有消费者。例如，为了所有消费者的利益，它监视各种金融机构，确保其稳定性和整个金融体系的完整性。它对受监管的公司提出申诉，并为消费者提供广泛的帮助。BaFin的《小投资者保护法》规定了集体消费者保护的法律目标。保护个人消费者是监察员、仲裁委员会和普通法院的任务。2020年9月2日，BaFin就其为保护金融消费者而采取的监督手段进行了梳理，涉及的手段包括透明度、消费者教育、产品干预、消费趋势分析、投诉处理、操作行为监督、全国保护消费者合作。③

3. 法国

法国审慎监管管理局（ACPR）在其能力范围内保持开放，以促进金融科技的发展以及金融领域创新与新技术的融合。此外，数字使用、技术创新

---

① 欧洲银行业管理局网站，https：//www. eba. europa. eu/eba-supports-commission% E2% 80% 99s-proposal-new-digital-finance-strategy-europe。

② 德国联邦金融监管局网站，https：//www. bafin. de/DE/Aufsicht/FinTech/VirtualCurrency/ virtual_ currency_ node. html。

③ 德国联邦金融监管局网站，https：//www. bafin. de/DE/Verbraucher/BaFinVerbraucherschutz/ BaFin/was_ macht_ die_ bafin_ node. html。

和新参与者的到来给金融部门带来了新的挑战，ACPR 着力于将这些风险与机遇相结合。

2020 年 7 月 9 日，ACPR 发表《金融领域人工智能算法的治理》，该文件是 ACPR 自 2018 年以来开展的关于人工智能（AI）工作的一部分。2019 年 3 月，在首次报告和首次公众咨询后，ACPR 与金融业的一些参与者开展了探索工作。[①]

2020 年 6 月 29 日，法国金融市场管理局（AMF）和 ACPR 告知公众，不要在未经其网站授权的情况下，从事在外汇和加密资产衍生产品上的投资活动。另外，为保护储户，AMF 和 ACPR 定期更新已确定站点的黑名单。[②]为了规范注册情况，保护金融消费者权益，规范市场秩序，2020 年 11 月 23 日，AMF 和 ACPR 提出，要求服务提供商代表第三方提供数字资产托管服务及以合法货币购买和出售具有法定货币的数字资产，必须在 2020 年 12 月 18 日之前履行注册义务。[③]

4. 意大利

技术创新与应用使金融创新成为可能。意大利金融市场监管局（CONSOB）从负责保护储蓄的监管机构和权威的双重角度进行分析，认为应通过讨论代币发行（ICO），研究金融科技现象，旨在定义 ICO 现象的构成要素的首次实践。[④]

2020 年 12 月 3 日，意大利银行创建旨在支持意大利金融市场的数字化发展并鼓励吸引人才和投资的米兰中心（Milano Hub）。此举面向私营企业，它代表了意大利银行的实体和虚拟场所。米兰中心将根据其定位，协助运营

---

① 法国审慎监管管理局网站，https：//acpr. banque-france. fr/gouvernance-des-algorithmes-dintelligence-artificielle-dans-le-secteur-financier-0。

② 法国审慎监管管理局网站，https：//acpr. banque-france. fr/communique-de-presse/lamf-et-lacpr-mettent-en-garde-le-public-contre-les-activites-de-plusieurs-acteurs-qui-proposent-en。

③ 法国审慎监管管理局网站，https：//acpr. banque-france. fr/communique-de-presse/lamf-et-lacpr-rappellent-que-la-periode-transitoire-pour-exercer-une-activite-sur-actifs-numerique。

④ 意大利金融市场监管局网站，https：//www. consob. it/c/portal/layout？ p _ l _ id = 1196821&p_ v_ l_ s_ g_ id = 0。

商合作开发项目，并对意大利银行的质量和安全性进行创新方面的验证。目的是支持意大利金融市场积极采用数字技术，并促进其安全使用，以确保金融稳定并避免采用有潜在风险的解决方案。① 2020 年 12 月 23 日，意大利银行与日本金融服务局签署了一项合作协议（合作备忘录，MoC），以监督有跨境业务的金融中介机构。这项不具法律约束力的 MoC 为两个机构之间的定期信息交流和监督对话奠定了框架。②

2020 年 11 月 10 日，意大利银行与消费者协会举行了全体会议。协会对在线支付工具和日益严重的投资服务欺诈现象表示关注，特别是在数字支付安全性方面，意大利银行提供了技术更新。会议还回顾了金融银行仲裁员作为客户可用的保护工具的作用。意大利银行与消费者协会将开展宣传活动，以提高公民对电子支付的认识。③

5. 荷兰

由于新冠肺炎疫情影响，许多荷兰人已开始在结账时使用借记卡或手机进行非接触式付款。自 2020 年夏天以来，荷兰现金支付份额急剧下降。④

另外，荷兰央行（DNB）的一项新研究得出的结论是，现金仍然扮演重要的社会角色。没有现金，公民就无法向银行申请信贷，现金也是人们独立于银行携带金钱的唯一途径。DNB 与欧元体系中的其他中央银行一起，正在调查"数字欧元"是否可以满足现金以外的公共货币需求。⑤

2020 年 4 月 3 日，荷兰金融市场管理局（AFM）公开表示支持 EBA 的

---

① 意大利中央银行网站，https：//www. bancaditalia. it/media/notizia/nasce-milano-hub-il-centro-di-innovazione-della-banca-d-italia/。

② 意大利中央银行网站，https：//www. bancaditalia. it/media/notizia/la-banca-d-italia-e-la-japan-financial-services-agency-sottoscrivono-un-accordo-di-cooperazione-moc/。

③ 意大利中央银行网站，https：//www. bancaditalia. it/media/notizia/riunione-banca-d-italia-e-associazioni-dei-consumatori-accrescere-la-consapevolezza-dei-cittadini-sull-uso-dei-pagamenti-elettronici/。

④ 荷兰中央银行网站，https：//www. dnb. nl/actueel/algemeen-nieuws/dnbulletins-2020/opmars-contactloos-betalen-in-coronatijd/。

⑤ 荷兰中央银行网站，https：//www. dnb. nl/actueel/algemeen-nieuws/dnbulletins-2020/dnb-studie-contant-geld-moet-goed-bereikbaar-en-bruikbaar-blijven/。

声明，并承诺将为了稳定和有序的金融市场而密切监视金融市场的发展。具体而言，呼吁放贷人在与消费者进行付款安排时，继续依据当前规则保护顾客的利益。特别是，贷方应确保以清晰透明的方式说明，确保消费者理解其含义。[①]

荷兰金融市场管理局（AFM）于 2020 年 5 月 12 日对 Aegon 处以 50 万欧元的行政罚款，原因是 Aegon 在开发和调整金融产品——支付投资退休金（UBP）时，不符合针对产品开发过程的规定。虽然 Aegon 采取措施防止此类事件再次发生，并尽可能减少违规对客户造成的损失，但这不会令罚款减少。[②]

2020 年 10 月 27 日，荷兰金融市场管理局（AFM）发布有关保险信息文档的指南。发布该指南的原因在于，面向消费者的信息文档通常不完整，这导致消费者在做出选择时有可能承担未充分了解信息的风险。[③]

（四）日本

日本一直比较关注数字货币的问题。日本金融厅（FSA）2020 年 1 月 14 日公布了关于《资金清算法》的修正案。该修正案于 2020 年 5 月 1 日正式生效，该法案将"虚拟货币"改称"加密资产"，对"加密资产交易所"的注册申请的事前申报等制定相关规章制度，降低交易门槛。[④] 2020 年 1 月 21 日，日本央行携手国际清算银行及加拿大银行、英格兰银行、欧洲中央银行、瑞典瑞克斯银行、瑞士国家银行开展合作项目，主要从中央银行的数字货币利用率、经济、功能和技术设计方案以及跨境互操作性展开。为提高

[①] 荷兰金融市场管理局（AFM）网站，2021 年 2 月 26 日访问。https：//www. afm. nl/nl-nl/consumenten/nieuws/2020/april/eba-consumentenbescherming-centraal-in-betalingsregelingen。

[②] 荷兰金融市场管理局（AFM）网站，https：//www. afm. nl/nl-nl/consumenten/nieuws/2020/juli/afm-legt-aegon-boete-op。

[③] 荷兰金融市场管理局（AFM）网站，https：//www. afm. nl/nl-nl/consumenten/nieuws/2020/okt/handvatten-voor-informatiedocument-verzekeringen。

[④] 《日本金融厅公布关于〈资金清算法〉修正案的政令及内阁府令》，https：//www. feixiaohao. com/news/7075140. html。

跨境大额支付和证券结算系统的效率，日本银行和欧洲中央银行合作开展"Stella 项目"，2020 年 2 月该项目第四阶段关于分布式账本技术的联合研究成果报告已经发布。[①] 2020 年 10 月 9 日，日本央行发布了"日本中央银行数字货币政策"，该文件声明为确保支付系统的稳定性和效率，日本银行决定通过发布针对"通用类 CBDC"的政策来约束个人和公司等的行为。[②]

监管政策上，FSA 延续了对数字货币严格监管的态度，表示将会把日本的加密资产交易放在全方位监管的框架之下，包括监控交易所内部系统、检查客户资产保护机制以及现场检查。2020 年，FSA 对多家未经注册而从事加密资产交换业务的企业发出了警告，并对一家企业做出了行政制裁。[③] FSA 与日本银行还决定双方将通过集中数据、调整检查计划、共享结果、加强银行执照检查及检查账户开立程序等方面的合作，减轻金融机构的负担并提高监管质量。[④] 另外，日本也十分关注金融科技发展带来的隐私保护问题。2020 年 6 月 5 日，日本参议院通过《个人信息保护法（修订版）》，该法案修订版加大了使用个人数据的企业的责任，扩大了包括可以为了不让自身数据以不希望的形式被使用而要求企业停用等个人权利，并将罚金上限提

[①] 日本银行网站，Project Stella：日本银行・欧洲中央银行による分散型台帳技術に関する共同調査報告書（第 4 フェーズ），https：//www. boj. or. jp/announcements/release_ 2020/data/rel200212a1. pdf。

[②] 日本银行网站，「中央銀行デジタル通貨に関する日本銀行の取り組み方針」の公表について，https：//www. boj. or. jp/announcements/release_ 2020/rel201009e. htm/。

[③] 实际上日本是全球建立数字货币交易商监管条例，并明确数字货币交易商运营准则的第一个国家。2017 年 9 月 30 日，日本金融厅（FSA）正式向 11 家数字货币牌照申请机构颁发首批数字货币交易所运营许可，另外 17 家数字货币运营商则正在接受审核。作为首家可以为各大数字货币交易商、区块链技术商、ICO 机构申请办理日本金融厅的营运牌照，允许在全球包括中国的地区合法经营数字货币经纪商业务、交易业务、ICO 发行业务。2018 年，FSA 进行大规模组织改革，成立"综合政策局"等部门，负责处理财务管理的战略制定和包括数字货币和洗钱在内的金融科技问题，可见日本在数字货币监管问题上一直持严肃态度。根据日本金融厅网站公示的信息显示，2020 年 FSA 对 CBASE FINTECH LAB LLC、AMANPURI Co.，Ltd、Bitforex Limited 发出了行政警告，对违反《防止犯罪收益转移法》的 Avakus Co.，Ltd. 进行了行政制裁。

[④] 日本金融厅网站，「金融庁検査・日本銀行考査の連携強化に向けたタスクフォース」の開催について，https：//www. fsa. go. jp/news/r2/sonota/20201120. html。

升至 1 亿日元，该法预计将在 2022 年 6 月前正式实施。① 日本证券交易监督委员会在其网站上专门开设了一个信息服务窗口，以便金融消费者对金融市场上存在的损害消费者利益的行为进行投诉。

（五）俄罗斯

与欧美相比，俄罗斯在金融科技领域监管问题上持较为谨慎的态度。目前在俄罗斯国内，金融科技监管的范围仍存在较大的争议，这导致俄罗斯国内相关立法工作落后于其他欧洲国家。2020 年俄罗斯发布了一些针对加密资产的研究报告，这将推动其监管立法的进程。由于俄罗斯中央银行对加密货币持怀疑态度，正式通过与"数字货币"相关的法案还有很长的路要走。②

2020 年 7 月，俄罗斯的立法机构同意给予加密资产合法地位，该法案为加密资产提供了法律上的定义，使得俄罗斯境内的加密资产交易合法化，但目前使用比特币等加密货币进行支付仍然被禁止。俄罗斯中央银行公开的文件《国家支付系统发展战略》要求"建立法规框架为新的非现金交易方式、电子货币转移以及应资金接受者的要求转移资金提供法律依据"，这表明俄罗斯仍将致力于推进本国的加密货币立法。③ 2020 年 10 月 20 日，俄罗斯总检察长 Igor Krasnov 在与 15 位上海合作组织（SCO）成员国的总检察长会晤后宣布，从 2021 年元旦开始，俄罗斯公务员将被要求在与其他资产同等的基础上申报加密货币资产。④

作为实施《2018—2020 年金融技术发展主要方向》的一部分，俄罗斯银行于 2018 年 4 月启动了"监管沙盒"，为在金融市场试行创新金融技术和服务提供机会。试点的优先领域是大数据和机器学习技术、移动技术、人

---

① 《日本通过修订版〈个人信息保护法〉，违规企业最高可罚 1 亿日元》，界面新闻，https：//www.jiemian.com/article/4484303.html。

② 《俄罗斯承认加密资产合法地位》，凤凰网，https：//ishare.ifeng.com/c/s/7yY4FT67mHu。

③ 俄罗斯中央银行网站文件，国家支付系统发展战略（Стратегия развития национальной платежной системы），http：//www.cbr.ru/Content/Document/File/92829/strategy_psys.pdf。

④ 《俄罗斯公职人员现在必须申报加密资产》，金色财经，https：//www.jinse.com/news/blockchain/884154.html。

工智能、生物识别技术、分布式账本技术、开放接口、数字配置文件技术等，该计划于2020年2月完成。[①]

（六）新加坡

新加坡主要利用"监管沙盒"来刺激本国金融科技的发展，"监管沙盒"使金融机构和其他金融科技的参与者能在有生命力的环境中尝试创新的金融产品或服务。2019年8月，新加坡金融监管局（MAS）推出快速监管沙盒（Sandbox Express），使金融科技公司能够在Sandbox Express下创建应用程序，不必通过现有的沙盒应用程序，进而在新加坡和国外市场上检验有前途的创新方式。[②]

2020年4月，MAS宣布将提供1.25亿新元的一揽子援助计划，用于支持金融科技公司劳动力培训和人力成本、加强数字化和运营弹性以及增强金融科技公司对数字平台和工具的访问。[③] 2020年12月，MAS和智能国家与数字政府集团（SNDGG）启动了新加坡金融数据交换（SGFinDex）项目，该项目建立在新加坡的国家数字身份（SingPass）之上，由公共部门与新加坡银行协会及7家参与银行合作开发，是世界上第一个使用国家数字身份和集中管理的在线同意系统的公共数字基础架构，个人可以通过应用程序访问其在不同政府机构和金融机构中持有的金融信息。[④] 此外，根据MAS发布的消息显示，MAS同联合国开发计划署（UNDP）签署了一项合作协议，以帮助中小型企业利用技术更好地进入全球价值链；MAS还与Magyar Nemzeti银行（MNB）签署合作协议，以加强新加坡和匈牙利之间在金融科技创新

[①] https：//www. crowdfundinsider. com/2020/02/157569-central-bank-of-russia-announces-digital-asset-framework-regulatory-sandbox-pilot/。

[②] 新加坡金融管理局网站，https：//www. mas. gov. sg/-/media/MAS/Smart-Financial-Centre/Sandbox-Express/Sandbox-Express-Guidelines-7-Aug. pdf? la = en&hash = E7917E9851BBE097 AB7E889D64591FA340CC483C。

[③] 新加坡金融管理局网站，https：//www. mas. gov. sg/news/media-releases/2020/mas-launches-package-for-fis-and-fintech-firms-to-strengthen-long-term-capabilities。

[④] 新加坡金融管理局网站，https：//www. mas. gov. sg/news/media-releases/2020/digital-infrastructure-to-enable-more-effective-financial-planning-by-singaporeans。

方面的合作。① 在数字货币和金融消费者保护领域，新加坡出台了一些法规，2020 年 1 月 28 日，新加坡《支付服务法》（PS 法案）正式生效。新的 PS 法案将改善新加坡支付服务的监管框架，加强消费者保护并增强人们对使用电子支付的信心。② 根据 2020 年 4 月公布的《电子税收指南：数字令牌的所得税处理》，在新加坡选择接受数字令牌（例如比特币）作为其报酬或收入的企业必须遵守正常的所得税规则，该电子税收指南对涉及数字令牌或加密货币的交易的征税规则做出了具体规定。③ 在金融数据管理方面，新加坡致力于同其他国家合作。2020 年 4 月，新加坡与美国关于金融服务数据连通性发布联合声明，宣布将允许金融服务提供商跨境传输数据，该声明旨在促进金融服务环境的发展。④ 另外，MAS 和中国证券监督管理委员会（CSRC）于 2020 年举行会议，讨论 COVID-19 对资本市场的影响，新冠肺炎疫情期间金融、运营、技术和网络风险的管理，以及为金融机构应对疫情带来的挑战提供监管支持。⑤

（七）印度

印度储备银行（RBI）是印度国内负责金融科技监管的主要部门。2019 年 RBI 发布了《监管沙盒授权框架》，并于当年 11 月 4 日正式开放首批申请。⑥ 2020 年 11 月 17 日，RBI 宣布斋浦尔公司、新德里 Nucleus 软件公司 2

---

① 新加坡金融管理局网站，https：//www. mas. gov. sg/news? content _ type = Media%20Releases&focus_ areas = FinTech&page = 1。

② 新加坡金融管理局网站，https：//www. mas. gov. sg/news/media-releases/2020/payment-services-act-comes-into-force。

③ 新加坡税务局网站，https：//www. iras. gov. sg/irashome/uploadedFiles/IRASHome/e-Tax_ Guides/etaxguide_ CIT_ Income%20Tax%20Treatment%20of%20Digital%20Tokens_ 091020. pdf。

④ 新加坡金融管理局网站，https：//www. mas. gov. sg/news/media-releases/2020/united-states-singapore-joint-statement-on-financial-services-data-connectivity。

⑤ 新加坡金融管理局网站，https：//www. mas. gov. sg/news/media-releases/2020/mas-and-csrc-enhance-cooperation-at-the-5th-bilateral-roundtable。

⑥ 印度储备银行网站，https：//www. rbi. org. in/Scripts/BS_ PressReleaseDisplay. aspx? prid = 48550。

个实体也已开始对电子支付相关产品在第一批零售支付类别下进行测试，另外 CityCash、ToneTag、班加罗尔公司、诺伊达公司 4 个实体也将于 2020 年12 月进入测试阶段。① 在第一批零售支付类别下的测试阶段开始后，"监管沙盒"下以"跨境支付"为主题的类别也开始开放。② 2020 年 8 月 6 日，RBI发布《发展与监管政策声明》，该声明要求数字支付系统运营商（PSO）要分阶段引入在线争议解决（ODR）系统以及时应对数字支付交易产生的争议。③

印度政府正努力鼓励金融科技创新，但 RBI 和印度证券交易委员会（SEBI）尚未提出针对金融科技行业的全面且独立的准则，该行业仍受银行法规的约束。RBI 已经允许小型银行和支付工具进入市场，但在金融科技监管的道路上仍存在许多障碍。④ 在 RBI 的 2020 年度报告中提到，印度金融业的审慎监管框架将与全球标准和实践保持一致。⑤

（八）澳大利亚

2020 年 11 月，澳大利亚储备银行宣布其正在与联邦银行、澳大利亚国民银行、Perpetual 和 ConsenSys Software 合作进行一个项目，以探索使用分布式账本技术（DLT）批发形式的中央银行数字货币（CBDC）的潜在用途和影响。⑥ 2020 年，澳大利亚参议院金融技术和监管技术特别委员会主席布

---

① 印度储备银行网站，https：//www.rbi.org.in/Scripts/BS_ PressReleaseDisplay.aspx？prid = 50665，https：//www.rbi.org.in/scripts/FS_ PressRelease.aspx？prid =50856&fn =9。
② 印度储备银行网站，https：//www.rbi.org.in/scripts/FS_ PressRelease.aspx？prid =50814&fn =9。
③ 印度储备银行网站，https：//www.rbi.org.in/Scripts/BS_ PressReleaseDisplay.aspx？prid = 50176。
④ 马继媛：《印度金融科技概述（下）》，上海情报服务平台网站，http：//www.istis.sh.cn/list/list.aspx？id =12746。
⑤ 印度储备银行网站，https：//www.rbi.org.in/Scripts/AnnualReportPublications.aspx？Id = 1290。
⑥ 该项目将开发一种以代币形式发行的 CBDC 概念证明（proof-of-concept，简称 POC），允许批发市场参与者在基于以太坊的平台上利用这种新模式融资、结算和偿还代币化银团贷款。此外，这个 POC 还将用于探索代币化 CBDC 和金融资产的其他潜在可编程性和自动化功能。参见 finextra 网站，https：//www.finextra.com/newsarticle/36866/reserve-bank-of-australia-kicks-off-cbdc-project-with-nab-and-cba/crypto。

拉格提交报告，呼吁采用区块链和其他新兴技术，因为区块链技术将成为所有金融和监管技术公司的关键。① 目前，由澳大利亚国家区块链路线图指导委员会组成的 RegTech 工作组目前正在进行研究，以便更好地理解有关使用 DLT 的理论，确定区块链和 DLT 是否可以帮助减轻企业的法律、法规和其他合规要求的"负担"。②

近年来，澳大利亚致力于研究相匹配的创新型监管战略以应对金融科技和数字经济带来的一系列监管挑战。澳大利亚引入了开放的金融数据改革，实施了"监管沙盒"和数字货币减税措施。为了提升监管效率，多项前沿技术被应用于澳大利亚的金融科技监管实践之中。澳大利亚金融监管者通过"监管沙盒"机制，主动、合理、适度放松监管规定，减少现有金融科技创新体制的机制障碍，鼓励并有效管理金融科技发展过程中的创新，从而降低创新产品或服务的风险和成本。③。

（九）南非

南非监管机构已经意识到金融技术和相关的新型金融服务平台正在其国内迅速发展，因此南非金融监管机构对金融科技领域给予了高度重视。2016年，南非成立了政府间金融科技工作组（IFWG），该工作组由南非财政部、金融情报中心、金融部门行为管理局、国家信贷监管机构、南非储备银行（SARB）、南非税务局和竞争委员会共同参与，旨在帮助金融监管机构了解金融技术和创新在南非金融领域日益提升的作用，促进监管机构积极地评估市场中出现的风险和机遇。④

---

① 澳大利亚参议院：《区块链将在未来十年内成为金融科技中的关键技术》，鸵鸟区块链，tuoniaox. com/news/p-461508. html。

② crowdfundinsider 网站，https：//www. crowdfundinsider. com/2021/01/171679-regtech-group-formed-by-steering-committee-of-australias-national-blockchain-roadmap-wants-to-know-if-dlt-will-improve-business-processes/。

③ 范云朋、赵璇：《澳大利亚金融科技"监管沙盒"的经验与启示》，《财会月刊》2020 年第 1 期。

④ 南非政府间金融科技工作组网站，https：//www. ifwg. co. za/about-us/。

IFWG 为南非的金融创新工作者提供了一个信息入口，便于相关人员对与金融科技和创新导向有关的政策和法规进行咨询。此外，该工作组还利用"监管沙盒"为市场创新者提供测试新产品和服务的机会。2020 年 4 月 22 日，IFWG 宣布启动 IFWG 创新中心，以响应由金融技术推动的金融领域的变化，并促进该领域的创新。① 2020 年 7 月，IFWG 发布《南非金融科技部门的愿景》报告称，南非的愿景是成为非洲领先的金融科技枢纽，在保证金融包容性的同时，通过创新促进竞争、数字技能和经济增长。② 2021 年 2 月 11 日，IFWG 宣布将启动 Khokha 2 项目，以探索由 DLT 驱动的金融市场创新的政策和监管含义。③ 除了在本国积极开展金融科技工作之外，南非金融监管机构还通过金融稳定委员会和国际清算银行等实体开展的工作，积极参与国际监管和标准制定，在这些机构发布的涉及金融科技对金融稳定的影响以及分布式账本技术对支付和证券市场的影响等主题的论文中做出了一定贡献。

根据 IFWG 于 2020 年 4 月发布的一份文件，南非监管机构承认加密资产是一种新的金融创新，在可实施适当和足够的监管保护措施的情况下，将其容纳在监管框架内，如果加密资产将来对其各自的监管要求构成重大风险，则监管机构保留修改其政策立场的权利。④ 2020 年 11 月，南非金融监管机构指出，根据南非的《金融咨询和中介服务（FAIS）法案》，加密货币资产将被视为金融产品，也即任何提供有关加密资产的建议或提供中介服务的人都必须根据《FAIS 法案》获得金融服务提供商的授权，并且必须遵守该法案的要求。⑤ 南非金融部门行为监管局（FSCA）对违反《FAIS 法案》个人和实体进行行政处罚。2020 年 12 月，FSCA 向当地执法部门提起刑事

---

① 南非政府间金融科技工作组网站，https：//www. ifwg. co. za/wp-content/uploads/IFWG_ Fintech_ scoping_ in_ SA_ Press_ Release. pdf。
② 南非政府间金融科技工作组网站，https：//www. ifwg. co. za/wp-content/uploads/IFWG_ Fintech_ scoping_ in_ SA_ Press_ Release. pdf。
③ 南非政府间金融科技工作组网站，https：//www. ifwg. co. za/wp-content/uploads/PK2_ IFWG_ PressRelease_ Project_ Launch. pdf。
④ 南非政府间金融科技工作组网站，https：//www. ifwg. co. za/wp-content/uploads/IFWG_ CAR_ WG-Position_ Paper_ on_ Crypto_ Assets. pdf。
⑤ 《南非拟将加密资产视为金融产品》，搜狐新闻，https：//m. k. sohu. com/d/498669026。

诉讼，指控 Mirror Trading International（MTI）存在线上比特币交易欺诈行为，受指控公司于 2020 年 8 月遭到 FSCA 的调查。[①] 这也表明南非在加密数字货币上的审慎态度。

（十）埃及

埃及政府采取多种措施来鼓励国内金融科技业的发展，成立金融科技中心，还推出了金融科技"监管沙盒"项目以供金融科技企业和创新者在可控环境中来测试产品。同时也推进普惠金融的监管改革，出台了一系列措施鼓励个人和机构投资者更多参与到金融科技领域。目前埃及有大量的金融科技投资项目，包括 EFG-EV、Startup Bootcamp、Pride Capital 旗下的 FinTech Cairo，等等。

2020 年埃及金融科技行业发展迅速，埃及新《银行和中央银行法》的出台为数字支付、银行和货币的运营搭建了监管框架。新冠肺炎疫情导致民众对数字支付的依赖度大幅提升，2020 年 3 ~ 10 月移动钱包的使用量跃升了 17%。大型银行和公司帮助新兴的埃及金融科技公司"扩大了足迹"，从而推动了金融科技行业的发展。[②] 埃及积极探索对非银行金融机构的监管思路，寻求将非银行金融机构纳入监管的法律体系。2020 年，埃及金融监管局（FRA）理事会宣布批准一项法律草案，主要用于规范和支持非银行领域对金融科技服务的使用。[③]

[①] 南非金融部门行为监管局 FSCA 表示，在对 MTI 进行调查后，决定对其提起诉讼。因为 FSCA 发现该公司使用了虚假交易报表、未申报损失，以及可能涉及数千枚比特币的欺诈行为。根据 2020 年 12 月 17 日的声明，FSCA 指责 MTI 的高管反复使用"基于模拟交易账户而非实际交易的交易声明"。这种做法似乎旨在使投资者放心 MTI 的盈利能力。https://baijiahao. baidu. com/s? id = 1686468936216935678&wfr = spider&for = pc。

[②] 2020 年是埃及金融科技界的丰收年，中华人民共和国商务部网站，http://www. mofcom. gov. cn/article/i/jyjl/k/202102/20210203037044. shtml。

[③] FRA 主席 Mohamed Omran 指出，这项新政的目标是建立一个以信息安全交换和法律健全监管为基础的远程工作环境，推动创新技术的落实，增加市场透明度。近一段时间以来，中东和北非地区（MENA）IT 领域投资持续增加。来自 MenaFn 的报道显示，2020 年中东和北非地区累计获得约 1600 亿美元的技术领域投资，较 2019 年增长 2.5%。新冠肺炎疫情的暴发也加速了该地区的金融科技产业发展，例如，埃及的数字支付服务商 Fawry 就在疫情期间获得了创纪录的增长。移动支付网，https://www. mpaypass. com. cn/news/202009/23104510. html。

（十一）委内瑞拉

委内瑞拉国内的加密货币政策较为激进。早在 2018 年，该国正式推出了第一个由国家支持的加密货币——石油币（Petro）[1]，Petro 在委内瑞拉是该国合法货币的"主权加密资产"，这使得委内瑞拉成为首批提倡使用加密货币作为经济交流手段并形成法律机制的国家之一。2019 年，委内瑞拉颁布了一套关于加密货币和区块链技术的法规——《关于加密资产整体系统的宪法法令》，根据该法令，委内瑞拉将成立国家加密货币资产及相关活动监管局（Sunacrip），该机构在与加密和数字资产有关的所有事务中均具有监管权，具体职责有：①数字采矿和类似流程的管理；②促进和发展数字资产及相关活动；③加密金融服务的监管；④承担审计的职责。[2]

目前，比特币及其他货币采矿在委内瑞拉已经合法化，但矿工必须获得许可证并接受监管机构的监督。2020 年 10 月，委内瑞拉总统马杜罗谈到委内瑞拉政府的下一步计划是进一步使用政府发行 Petro，并将出台法案提议在国际贸易交易中使用加密货币合法化。[3] 2020 年 11 月，Sunacrip 授权委内瑞拉交易所（VEX）进行 P2P 交易，用户将可以通过该平台来获取石油币和其他加密货币。[4] 2020 年 12 月，Sunacrip 和委内瑞拉国家电气公司（Corpoelec）签署了一项《机构间合作框架协议》，该协议确定在该国发展比特币挖矿所应遵循的一些准则。如果公司确定不满足在特定位置进行挖矿作业的条件，那么将不会获得挖矿的许可证。[5]

---

[1] ethereumworldnews 网站，https：//ethereumworldnews.com/venezuela-cryptocurrency-petro-coin-2018/。

[2] ethereumworldnews 网站，https：//ethereumworldnews.com/venezuela-announces-set-of-regulations-for-cryptocurrencies-and-blockchain-tech/。

[3] 趣币网，https：//www.qubi8.com/archives/665175.html。

[4] 《Sunacrip 委内瑞拉交易所（VEX）的授权运营》，0x 资讯，https：//0xzx.com/202011042201928253.html/。

[5] 《委内瑞拉：Corpoelec 和 Sunacrip 将为比特币挖矿设定 Electroneum》，0x 资讯，https：//0xzx.com/2020121018311001989.html/。

三　各国金融科技行业监管重点总结与启示

（一）各国金融科技行业监管重点总结

综上，各国金融科技行业监管重点有以下几方面。

第一，各国金融科技与监管科技呈现协调发展的态势。科技驱动的金融创新有技术风险、操作风险，甚至诱发系统性风险之可能，迫使监管者必须予以及时、有力的回应。以审慎监管、功能监管、行为监管等为核心构建的传统监管体系和法规无法有效应对去中介、去中心化的金融交易现状。因此，必须在审慎监管、行为监管等传统金融监管维度之外增加科技维度，形塑双维监管体系，以更好地应对金融科技所内含的风险及其引发的监管挑战。[①]

监管科技专注于人工报告和合规流程的数字化，这为金融服务业和监管机构节约了巨大成本。然而，监管科技的潜力远不止此——它有可能构建一个促进有效监管合规、识别并化解风险的监管机制。只有更新数据、数字识别和监管的联结方式，才能掌握技术变革的本质。[②] 目前，科技维度的监管以数据驱动监管为核心，构筑起分布式的平等监管、智能化的实时监管、试点性的"监管沙盒"为核心的金融监管体系，创新监管方式，保护金融消费者，维护金融稳定。[③] 以区块链技术为例进行分析，可以发现区块链易受自利、攻击和操纵行为的影响，构建于区块链技术基础之上的系统，同样需要法律规制界定其合法行为的范畴。以区块链技术为依托的监管科技（Reg-Tech），需要构建内嵌型的、技术辅助型的解决政府与市场双重失灵并考虑

---

① 杨东：《监管科技：金融科技的监管挑战与维度建构》，《中国社会科学》2018 年第 5 期。

② 金融科技、监管科技与金融监管的再认识 https：//mp. weixin. qq. com/s？ src＝11&timestamp＝1614253049&ver＝2912&signature＝CdIu1lGdAuy＊BQb1AegQhD3EqcaAxCYfHjBJpptXvGb9MXaZdFr＊dFTNaJ5UNGrqzUfMxINsAmssmyTpkoTcZxoOZanWYIzdMSFmmr7pv714RsD9k9VmZ5-I23I6OHyJ&new＝1

③ 杨东：《监管科技：金融科技的监管挑战与维度建构》，《中国社会科学》2018 年第 5 期。

技术自身特性的有机监管路径。监管者可以通过实时透明的共享账簿，在结果恶化之前识别并予以回应，甚至可以将合规机制直接内嵌到区块链系统之内。[1]

第二，各国金融科技监管的目标和抓手是保护金融消费者。互联网金融对金融风险结构的创新，在缔造以金融消费者为中心的竞争型融资市场的同时，也会增大金融消费者面临的金融风险。金融消费者保护对降低我国互联网金融风险、鼓励竞争的新型风险规制范式具有重要意义，同时金融消费者保护也检验了依循法律规则的金融消费者风险吸收能力是否合乎投融资便利和公正价格形成的理性。[2] 我国非常重视对金融消费者的保护，2020 年 11 月 1 日起施行的《中国人民银行金融消费者权益保护实施办法》（以下简称《办法》）明确规定，未经消费者允许发送金融营销短信属于违规行为。根据《办法》第二十三条，银行、支付机构在进行营销宣传活动时，不得有下列行为：明示或者暗示保本、无风险或者保收益等，对非保本投资型金融产品的未来效果、收益或者相关情况做出保证性承诺。总而言之，以保护金融消费者作为金融科技监管的目标和抓手，是各国在金融科技监管方面的共识和普遍做法。

第三，针对新冠肺炎疫情，各国在金融科技行业监管方面出台了一些新的举措。如美国金融业监管局提出，投资者应警惕他们在互联网和社交媒体上看到的声称为开发可检测、治疗或治愈新冠肺炎病毒的新型保健产品的公司筹集资金的计划。[3] 欧洲证券和市场管理局（ESMA）表示其目标是维持开放有序的市场，开放市场允许继续调整价格以适应新信息，并且通过允许投资者重新平衡投资组合并履行合同义务来提供流动性，从而使投资者受益。ESMA 还继续监视因新冠肺炎疫情暴发而导致的金融市场风险，并准备利用其权力来确保欧盟市场的有序运作，从而使欧盟市场受益于投资者并保

---

[1] 杨东：《区块链如何推动金融科技监管的变革》，《人民论坛·学术前沿》2018 年第 6 期。

[2] 杨东：《互联网金融风险规制路径》，《中国法学》2015 年第 3 期。

[3] 美国金融业监管局网站，https://www.finra.org/investors/insights/coronavirus-novel-crisis-related-scams。

持市场稳定。① 2020 年 2 月 1 日，中国人民银行、财政部、银保监会、证监会、外汇局等五部门联合发布《关于进一步强化金融支持防控新型冠状病毒感染肺炎疫情的通知》，吹响了金融抗疫的号角，各类金融机构纷纷响应。另外，数字经济平台已经成为当前数字经济时代的重要主体。数字经济平台融合企业和市场功能、兼具一定的政府和行业协会、公益组织等公共属性，是对国民经济起到支撑性、稳定性作用的重要新型基础设施。而数字平台经济的代表——数字普惠金融平台也在此次"战疫"中充分发挥了平台经济的优势。②

（二）各国金融科技行业监管实践对我国的启示

金融科技具有发展快、迭代迅速、虚拟化、跨区域、跨领域等特点，向金融监管提出了新的挑战。③ 目前我国金融监管部门受到信息数据约束、监管成本较高以及信息不对称等要素的影响，使得金融科技监管严重滞后，无法与各种金融科技应用场景、应用业务和服务进行匹配，致使金融科技风险不断累积和爆发。④

建设我国金融科技监管体系迫在眉睫，各国金融科技行业的监管实践或可为我国带来一些启示。如美国复杂的金融监管框架具有"两广双层多重"特征。一方面，美国对金融科技采取的穿透式监管、第三方关系风险管理指导、消费者金融保护监管在防范风险方面发挥了积极作用；另一方面，复杂的金融监管框架在一定程度上阻碍了金融科技产业的发展。⑤ 澳大利亚的"监管沙盒"机制根据金融科技企业的多样化需求不断进行调整，提高了监

---

① 欧洲证券及市场管理局网站，https：//www. esma. europa. eu/node/90557。
② 杨东、俞晨晖：《发挥数字普惠金融在"抗疫"中的作用》，《中国金融》2020 年第 7 期。
③ 陈彦达、王玉凤、张强：《我国金融科技监管挑战及应对》，《金融理论与实践》2020 年第 1 期。
④ 杜青雨：《我国金融科技监管体系构建策略研究》，《技术经济与管理研究》2020 年第 1 期。
⑤ 陈彦达、王玉凤、张强：《我国金融科技监管挑战及应对》，《金融理论与实践》2020 年第 1 期。

管政策的适应能力，进而为澳大利亚金融科技生态系统的健全完善提供助力。[①] 目前，我国金融科技产业发展迅猛。尤其是以互联网金融为代表的传统金融互联网化发展不仅助推了传统金融产业转型升级，更为我国经济发展注入了新的活力，以技术驱动的金融产业创新已经得到了社会的广泛认可。[②] 为深入落实《金融科技（FinTech）发展规划（2019～2021年)》，充分发挥先进典型的示范引领作用，中国人民银行金融科技委员会办公室、中国人民银行金融科技研究中心、北京金融科技产业联盟组织编制了《金融科技发展规划实施案例与参考》，选取金融机构、科技公司、自律组织、科研院校等产学研用各方在《发展规划》落地实施过程中的典型做法与案例，推动实现金融科技发展以大带小、以强扶弱，让所有金融机构都能搭上数字化转型的快车，加快金融与科技深度融合、协调发展。

健全金融科技监管体系的一个重要任务是围绕数据这一生产要素形成"由市场评价贡献，贡献决定报酬"的机制。从促进我国金融科技发展的现实需要出发，应当鼓励数据开放和共享，但要警惕金融科技企业利用数据集中形成的数据流量优势损害其他小型创新性平台利益，破坏金融市场竞争秩序。为了在对金融科技保持更高理解的维度中实现治理的有效性，可以借助"共票"理论[③]实现以数据为核心的监管治理。"共票"理论能有效涵盖金融科技的"原油"—数据，不但能为金融科技发展所依托的数据赋能，还可以通过数据提升金融科技监管的效率。对于金融科技治理而言，"共票"既指明了其回归初心的发展前景，又能有效释放金融技术创新驱动力，更好

① 范云朋、赵璇：《澳大利亚金融科技"监管沙盒"的经验与启示》，《财会月刊》2020年第1期。

② 徐晓莉、杜青雨：《我国金融科技监管体系研究：来自国外的启示》，《新金融》2019年第6期。

③ 杨东：《"共票"：区块链治理新维度》，《东方法学》2019年第3期。"共票"理论，其英文可以结合表示"共同、联合"之意的"Co-"和"Token"译为"Coken"，既代表了与惯用词"Token"的继承，也代表区块链等金融科技的发展方向。其集增长红利分享、流通消费、权益证明等功能为一体，是凝聚系统共识的机制与手段。"共票"与"Coken"充分体现了众筹的思想，在理念上可以引导金融科技应用转向正轨，也为监管机构治理提供方向和目标。

地服务实体经济。"共票"是区块链等金融科技技术和数据经济结合诞生的中国原创理论，站在中国实践之上，回应了社会实际需求①，将引导金融科技发展道路，续造拓展金融科技监管的制度设计。在认识世界各国、各地区政府组织的金融科技监管动态的基础之上，着眼中国现实，运用中国智慧，解决中国问题，促进制度与法律构造发展。以"共票"为监管理念的金融科技治理，将大力推动我国金融科技市场的健康发展，使我国成为世界金融科技市场的主导力量。

---

① 杨东：《区块链让众筹和共票成为中国原创的制度理论》，《金融博览》2018 年第 10 期。

第二十一章
全球金融科技领域投融资分析

毕马威中国金融科技工作组*

摘　要： 突袭而至的新冠肺炎疫情在一定程度上加快了全球数字化转
型的进程。随着全球疫情进入下半场，疫情对投资领域的冲
击也逐渐减小，全球金融服务业各领域的企业更加深切体会
到推动数字化创新的重大意义。本章着重探讨和分析金融科
技领域各板块在投资领域的表现和趋势，以及金融科技投融
资领域如何利用这次千载难逢的历史机遇。

关键词： 金融科技　风险投资　网络安全

一　全球金融科技领域总体投资动态

突如其来的新冠肺炎疫情使 2020 年上半年的大量投资交易无疾而终，
随着疫情趋于稳定，2020 年下半年该趋势有所扭转，但全年交易金额及数
量不及 2019 年。同时，投资者和金融科技企业也开始学习并适应如何在新
常态下开展业务。

---

* 毕马威中国金融科技工作组一直致力于促进中国金融科技领域的健康成长，为中国金融科技
产业进一步发展提供支持。2016 年首次推出了"毕马威中国领先金融科技 50 企业"，获得业
界广泛关注，随后每年推出名单及报告。工作组积极搭建跨领域的沟通平台，积极推动中国
金融科技生态圈的建设。
参与本报告编写的人员包括但不限于黄艾舟、吴福昌、周海滨、李海洋、尉杰。

（一）2020年金融科技投资规模大幅下滑，下半年数字银行领域多笔大额交易发生

全球金融科技投资交易金额由 2019 年的 1680 亿美元下跌至 2020 年的 1053 亿美元，最终以 2861 宗交易收官（见图 21-1）。除新冠肺炎疫情影响外，缺乏超大型并购交易（如 2019 年 FIS 以 425 亿美元收购 WorldPay），也是投资交易规模下滑的原因之一。经历了上半年的投资放缓，2020 年下半年涵盖并购、私募基金和风险投资的全球金融科技投资总额达 719 亿美元，是 2020 年上半年投资总额 334 亿美元的 2 倍以上。

2020 年下半年，数字银行吸引了多轮大额风险投资，瑞典数字银行 Klarna 筹得 6.5 亿美元，Revolut 筹得 5.8 亿美元，美国 Chime 筹得 5.338 亿美元。

图 21-1　2017~2020 年全球金融科技投资（风险投资、私募基金与并购）

资料来源：毕马威《金融科技脉搏——2020 年上半年》《金融科技脉搏——2020 年下半年》。有关全球金融科技投资分析的数据由 PitchBook 提供。时间截至 2020 年 12 月 31 日。

（二）全球风险投资规模创历史第二高纪录，下半年多个独角兽诞生

2020 年金融科技公司在全球范围内吸引了 423 亿美元的风险投资，仅次于 2018 年（见图 21-2）。美国财富科技公司 Robinhood 在 2020 年下半年吸引到最高额风险投资，7 月筹得 6 亿美元，10 月筹得 6.68 亿美元。

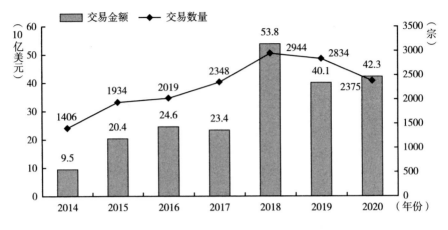

图 21 - 2　2014～2020 年全球金融科技风险投资

资料来源：毕马威《金融科技脉搏——2020 年上半年》《金融科技脉搏——2020 年下半年》。有关全球金融科技投资分析的数据由 PitchBook 提供。时间截至 2020 年 12 月 31 日。

2020 年下半年，金融科技独角兽在美国（Next Insurance、Chainalysis、Better. com、Forter 等）、中国（水滴）、加拿大（Wealthsimple）、印度（Razorpay）、荷兰（Mollie）、巴西（Creditas）等国纷纷诞生。此外，沙特阿拉伯（STC Pay）和乌拉圭（dLocal）首次有金融科技独角兽诞生。金融科技独角兽的业态、国别多样性反映了急速变化的全球金融科技生态。

（三）政企全力推动金融科技发展

推动金融科技发展是 2020 年全球各国政府和监管机构的首要任务之一。在中国，2020 年 10 月中国人民银行在深圳首次开展中央银行数字货币——数字人民币测试。在世界范围内，新加坡金融管理局首次分别向 Grab 与 Singtel 合组财团和科技巨头 SEA 发放数字银行牌照，此外该局还向蚂蚁集团及绿地金融控股集团、香港联易融数字科技和北京中合供销股权投资基金管理公司合组的财团发放数字批发银行牌照。包括美联储、欧洲中央银行、英格兰银行在内的多家中央银行共同为推出中央银行数字货币制定了框架和要求。

此外，企业也积极参与金融科技领域的风险投资，全球企业在该领域的风险投资交易额达 210 亿美元（包括 2020 年下半年超过 90 亿美元的投资）。今后几年，企业在金融科技领域的投资也将大幅增长，因为越来越多的传统企业会在疫情的冲击下采取行动，例如，收购其他企业、开展企业风险投资和缔结合作伙伴关系等。

（四）2020年十大全球金融科技投资交易

2020 年全球最大的金融科技交易仍主要集中于并购交易方面，以金融科技为主的交易达到 1053 亿美元，其中并购交易投资在整个金融科技领域投资活动（风险投资、私募、并购）中占比 58.26%，相较于 2019 年降低了 52.71%。2020 年，美国市场仍在全球并购交易中占主导地位，具体表现在美国在全球十大并购交易中占 8 席，其中包括 TD Ameritrade、Credit Karma、Vertafore 及 Iberia Bank 等。此外，印度尼西亚（Gojek）、瑞士（Avaloq）也有较大规模的并购交易发生（见表 21 – 1）。

表 21 – 1　2020 年十大全球金融科技投资交易

排名	交易主体	交易金额（亿美元）	企业所属国家及城市	企业类型	交易类型
1	TD Ameritrade	220.0	美国奥马哈	财富/投资管理	并购
2	Credit Karma	71.0	美国旧金山	借贷	并购
3	Vertafore	53.5	美国丹佛	机构/B2B	并购
4	Honey Science	40.0	美国洛杉矶	支付/交易	并购
5	Gojek	30.0	印度尼西亚雅加达	支付/交易	F 轮
6	IberiaBank	25.4	美国拉斐特	银行	并购
7	Avaloq	23.0	瑞士苏黎世	机构/B2B	并购
8	Paya	13.0	美国邓伍德	支付/交易	反向并购
9	Open Lending	13.0	美国奥斯丁	借贷	反向并购
10	Galileo	12.0	美国盐湖城	支付/交易	并购

资料来源：毕马威《金融科技脉搏——2020 年上半年》《金融科技脉搏——2020 年下半年》。有关全球金融科技投资分析的数据由 PitchBook 提供。时间截至 2020 年 12 月 31 日。

二 金融科技细分板块投融资交易动态及分析

（一）支付科技领域：支付科技成为投融资界新宠

尽管 2020 年缺乏巨额交易，以致投资总额大幅下滑，但投资交易数量基本与 2019 年持平，反映了该领域对投资者仍具有相当的吸引力（见图 21 - 3）。

图 21 - 3　2014～2020 年全球支付领域投资（风险投资、私募基金与并购）

资料来源：毕马威《金融科技脉搏——2020 年上半年》《金融科技脉搏——2020 年下半年》。有关全球金融科技投资分析的数据由 PitchBook 提供。时间截至 2020 年 12 月 31 日。

随着数字化潮流的加速普及以及对另类支付模式的需求增加，创新型银行业务和 B2B 板块的活动变得更为活跃，具体表现在以下几个方面。

第一，支付业务遍布全球。2020 年下半年，越来越多国家包括美国（13 亿美元 — Paya，5.3 亿美元 — Chime）、瑞典（6.5 亿美元 — Klarnar）、英国（5.8 亿美元 — Revolut）和波兰（5.87 亿美元 — Polskie ePlatnosc）等达成大额交易。STC Pay 和 dLocal 分别筹得 2 亿美元，使这两家公司分别成为沙特阿拉伯和乌拉圭两国的首家金融科技独角兽。

第二，嵌入式支付解决方案受到广泛关注。大型科技平台公司和其他非金融服务公司积极推动各种嵌入式金融服务。如2020年下半年Stripe宣布与高盛、巴克莱银行和花旗集团合作，通过其平台向用户提供嵌入式金融和支付功能。

第三，B2B支付越来越受欢迎。由于小型企业对流动性、融资、资金流通和其他银行服务有殷切的需求，B2B服务被投资者视为潜力丰富但未充分开发的领域。大量以B2B支付为主业的公司最初仅提供出具发票或汇款等简单产品，目前这些公司正尝试增加功能和价值，以支持端到端全流程交易。

未来，我们或将看到更多的产品通过销售端、线上以及移动端数字交易方式为用户带来无缝的体验。更多的初创企业将专注于垂直行业（如医疗保健、房地产或其他行业），以提供高度数字化和顺畅的客户体验。放眼跨境支付领域，我们还可能看到更大规模的收购项目。同时，支付行业将越来越重视"先买后付"（buy now, pay later）服务；银行即服务平台和嵌入式支付解决方案也将不断涌现。

（二）保险科技领域：保持高水平投资规模

受疫情影响，保险科技领域在2020年的交易数量大幅下滑至287宗，而投资额由2019年的143亿美元小幅上升至2020年的145亿美元（见图21-4）。成熟的金融科技企业吸引到更大额的投资，而传统企业也意识到有必要加快数字化转型，这些发展均有助于提升保险科技投资的规模。

2020年，尽管交易数量有所减少，但大额交易使保险科技投资规模仍保持高水平，具体表现在以下几个方面。

第一，2020年下半年的大额风险投融资有助于抵消2020年上半年投资规模的大幅下滑。不难发现，保险科技已经成为风险投资者2020年下半年的热门投资领域之一，2020年也因此保持了较高的投资水平。多笔大额投资交易缓解了交易额下滑的趋势，如美国的Bright Health经过多轮融资后筹得5亿美元、Hippo Insurance经过两轮融资筹得5亿美元、Next Insurance筹得2.5亿美元及Oscar筹得1.4亿美元，中国的水滴经两轮融资筹得4.8亿美元。

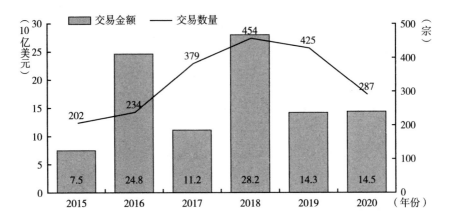

图 21 - 4 2014 ~ 2020 年全球保险科技投资（风险投资、私募基金与并购）

资料来源：毕马威《金融科技脉搏——2020 年上半年》《金融科技脉搏——2020 年下半年》。有关全球金融科技投资分析的数据由 PitchBook 提供。时间截至 2020 年 12 月 31 日。

第二，风险投资者在保险科技领域的投资在 2020 年迅速增长，疫情加速了传统保险公司的数字化转型进程，一些大型科技公司也把目光聚焦到了保险行业。例如，2020 年下半年，谷歌母公司 Alphabet 所拥有的 Verily 宣布成立一家新的保险子公司 Coefficient Insurance，主要提供止损保险业务。

第三，合作伙伴关系模式方兴未艾。为了更贴近客户，越来越多的保险公司寻求缔结合作伙伴关系，例如，保险机构与汽车代工生产商（OEM）合作在出售汽车的时间点提供保险服务。同时，业务合作还可以在平台层面展开，例如，Chubb 于 2020 下半年与 Chubb Studio 开展合作，通过合作伙伴的数字渠道提供综合保险服务。

第四，成熟的保险科技公司开始退出投资。我们发现有成熟的保险科技公司开始投资退出。如 2020 年 7 月 Lemonade 的 IPO 成功筹集了 3.19 亿美元资金，首个交易日股价暴涨 132%，该股的强劲表现掀起一股退资潮，Root Insurance 也紧随其后退资；2020 年 11 月 Metromile 宣布其将通过被特殊目的收购公司（SPAC）收购的交易实现上市，股份预计在 2021 年开始交投。

展望未来，IPO 和 SPAC IPO 作为退资渠道的交易将增加；保险科技公司通过收购取得更多能力和保险牌照；市场或将出现更多与嵌入式保险业务相关的合作关系。

（三）监管科技领域：获得青睐，再创新高

受疫情影响，传统企业纷纷寻求流程数字化的途径，并寻求以效率和效益更高的方式管理合规工作，以适应不断变化的经营环境，这使得企业对监管科技解决方案的兴趣也变得空前浓厚。因此，不难理解该领域何以创下高达106亿美元集资额的纪录，是2019年集资额的3倍多（见图21-5）。

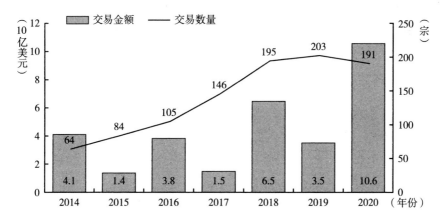

图 21-5　2014～2020 年全球监管科技投资（风险投资、私募基金与并购）

资料来源：毕马威《金融科技脉搏——2020 年上半年》《金融科技脉搏——2020 年下半年》。有关全球金融科技投资分析的数据由 PitchBook 提供。时间截至 2020 年 12 月 31 日。

监管科技领域投资的特点具体表现在以下几个方面。

第一，疫情仍是推动 2020 年下半年投资的重要动力之一。疫情的出现使金融机构意识到更有效、更主动地应对结构性挑战、管理风险的重要性。监管科技公司更获青睐，特别是专注于信贷相关解决方案的企业。例如，疫情期间个人与公司信贷风险日益上升，与此同时，监管要求日趋严格，使投资者对监管科技解决方案的兴趣日益浓厚。

第二，监管机构对监管科技的包容度越来越大，这有助于提升受监管实体的合规性。如美国商品期货交易委员会（CFTC）建立了"Lab CFTC"机

制以支持创新，并提升监管科技及更广泛解决方案的质量和竞争力；阿拉伯联合酋长国的阿布扎比全球市场（ADGM）金融服务监管局（FSRA）正在执行数个监管科技试验项目，包括利用机器人处理授权应用以及基于应用程序接口的监管追踪实验。

第三，环境、社会和公司治理（ESG）或将成为更重要的监管组成部分。2020年11月，欧洲银行管理局（EBA）就信贷机构和投资公司的监管和监督框架纳入ESG因素和风险发布了讨论稿。讨论稿首次界定了ESG风险的公认定义，建立通用分类法并展示现行评估方法，还提出将ESG风险纳入业务战略、治理和风险管理以及业务监督的建议。该讨论稿反映的ESG风险对投资决策的重要性获得越来越多的认同，协助企业调整业务战略以纳入ESG风险作为审慎风险的驱动因素将被视为缓解ESG风险潜在影响的渐进式风险管理解决方案，因此我们认为这类解决方案将推动市场发展。

展望未来，我们或将看到更多ESG风险和资本要求相关的监管规定。同时，随着企业日渐意识到资料隐私、了解客户（KYC）和透明度问题的重要性，这也将在很大程度上推动监管科技方案的发展。

（四）财富科技领域：起步较晚，投资放缓

作为金融科技领域中起步较晚的领域之一，财富科技投资在2019年出现下滑，主要是由于投资者更为关注发展较为成熟的企业及安全性较高的项目。对于财富科技公司来说，2020年是艰难的一年，受新冠肺炎疫情的影响，财富科技领域投资的活跃程度远不如其他金融科技领域，投资额仅为约3.5亿美元（见图21-6）。

第一，合伙关系正在迅速成为财富科技领域的关键要素。如2020年下半年，机器人咨询公司Nutmeg宣布与摩根资产管理结为合作伙伴，推出一系列以机器人顾问客户群为目标的交易所买卖基金（ETF）。

第二，B2B服务蒸蒸日上。越来越多的财富科技公司将关注焦点由单一业务解决方案转移到B2B服务上。例如，提供平台以实现业务简化和自动

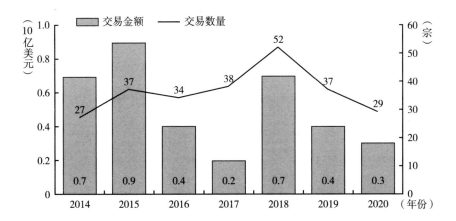

图 21 - 6　2014 ~ 2020 年全球财富科技投资（风险投资、私募基金与并购）

资料来源：毕马威《金融科技脉搏——2020 年上半年》《金融科技脉搏——2020 年下半年》。有关全球金融科技投资分析的数据由 PitchBook 提供。时间截至 2020 年 12 月 31 日。

化，如股息派发及报告生成，或向理财经理提供工具和数据以协助其向客户提供建议。

展望 2021 年，小型财富科技公司将进一步整合以扩大规模，发展较成熟的财富科技公司则将寻求实现协同效应。因为投资者理解其所投资的小型财富科技公司不一定能够获得他们所期待的 IPO 估值，因此他们会设法整合业务或出售业务，合并或将成为财富科技行业投资经久不息的主题。与此同时，财富管理公司将设法为新冠肺炎疫情之类的突发事件做好准备，因此会更注重业务韧性，进而为财富科技公司提供更多的业务机会。

（五）区块链等底层技术领域：屡创新高，虚拟资产或将成为主流

区块链和加密货币领域在 2018 年的投资交易数量创历史新高，尽管 2019 和 2020 年产业发展趋势似乎有所放缓，且投资总额也减少至 28 亿美元，但区块链及相关技术的发展仍是世界大多数国家和地区的热门话题之一，投资领域的表现在 2020 年依然相对强劲（见图 21 - 7）。

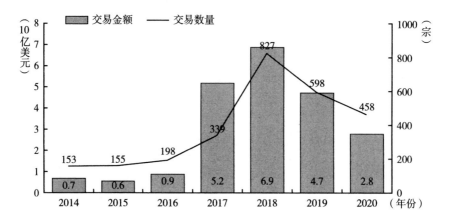

图 21 - 7   2014 ~ 2020 年全球区块链及加密货币投资（风险投资、私募基金与并购）

资料来源：毕马威《金融科技脉搏——2020 年上半年》《金融科技脉搏——2020 年下半年》。有关全球金融科技投资分析的数据由 PitchBook 提供。时间截至 2020 年 12 月 31 日。

　　监管环境利好，各国和地区探索数字货币可行性。2020 年，香港特别行政区和新加坡针对虚拟资产服务提供商制定了监管框架和授权机制；阿拉伯联合酋长国的阿布扎比全球市场（ADGM）金融服务监管局（FSRA）则对虚拟资产的监管框架进行了修订；国际证监会组织（IOSCO）和财务行动特别组织（FATF）等超级监管机构继续就监管框架提供建议。这些举措对进一步推动加密及虚拟资产行业的运行和发展，可谓至关重要。

　　随着中国稳步推进央行数字货币的实际测试，其他国家也开始评估其选择方案。例如，多国和地区央行（如美联储、欧洲中央银行和英格兰银行）成立工作组，共同为央行数字货币制定框架和规定。

　　此外，稳定币在 2020 年继续引发关注，这包括摩根大通在 2020 年下半年发行的"JP Coin"。稳定币日益得到接受和认可，并在某些地区受到更多监管，这将在未来的跨境支付领域为用户、跨国公司以及有能力以更经济的方式提供转账便利的跨国银行带来更多机遇。

　　随着监管框架不断完善、数字货币探索逐步加深，可以预测日后加密资产生态系统中的参与者将日渐增加，机构投资者带来的新渠道和新技术或将使得机构投资者在虚拟资产领域中异军突起。同时，随着稳定币持续引发关注，主流机构或在不久的将来纷纷发行稳定币。

（六）网络安全领域：屡创新高，虚拟资产或将成为主流

突发的疫情使得居家办公成为新常态，也助推 2020 年的网络安全投资额与 2019 年相比翻了两番，即从 2019 年的约 4.6 亿美元增至 2020 年的 20 亿美元（见图 21 - 8），既反映了疫情拉动远程办公和在线渠道使用需求增长，也反映了全球公司应对这一增长所带来的网络安全挑战的决心。

图 21 - 8　2014 ~ 2020 年全球金融科技网络安全投资（风险投资、私募基金与并购）

资料来源：毕马威《金融科技脉搏——2020 年上半年》《金融科技脉搏——2020 年下半年》。有关全球金融科技投资分析的数据由 PitchBook 提供。时间截至 2020 年 12 月 31 日。

第一，云技术获得更多关注。2020 年，全球企业均面临着快速为员工提供受控系统访问的挑战，这迫使许多坚持采用本地解决方案的企业为了维持运营而不得不采用云技术，这也使得云安全解决方案备受关注。WIX 在 2020 年 12 月为应对不断增长的需求而融资 1 亿美元扩大业务规模有力地证明了这一点。同时，鉴于远程办公人员数量的增加，网络管理亦成为重点关注领域。

第二，网络安全领域的投融资活动不断增多。疫情促使网络安全领域的投融资交易增多，尤其是并购交易，原因或可分为几类：更多企业希望扩展

其网络安全和数据分析能力；平台提供商将目光瞄准专注创新的网络安全及防范欺诈的公司，希望将其纳入自身的安全架构；安全咨询公司寻求收购托管平台，如万事达卡在 2020 年下半年以 9.85 亿美元收购了安全数据共享公司 Finicity。此外，人们日益关注同时结合了用户行为、身份管理和反欺诈的解决方案，这也将促使相关领域进一步融合。

展望 2021 年，机构投资者或将更加关注机器学习和基于数据分析的网络安全技术领域。与云安全及治理相关的领域预计也将成为投资热点领域。企业在隐私与安全之间寻求平衡或将吸引更多关注。

三　美洲区金融科技领域总体投资动态

美洲区的金融科技投资在 2020 年展现了令人瞩目的韧性，投资总额超过 790 亿美元，仅 2020 年下半年就达到 580 亿美元。尽管某些行业遭受了新冠肺炎疫情重创，但随着消费者和企业转向数字解决方案来满足财务需求，新冠肺炎疫情也凸显了许多金融科技子行业的价值（见图 21 -9）。

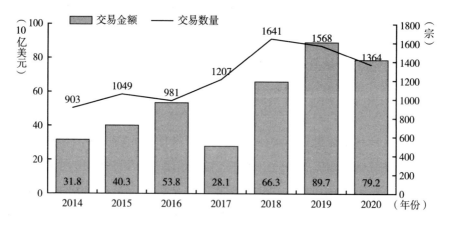

图 21 -9　2014~2020 年美洲区金融科技投资（风险投资、私募基金与并购）

资料来源：毕马威《金融科技脉搏——2020 年上半年》《金融科技脉搏——2020 年下半年》。有关全球金融科技投资分析的数据由 PitchBook 提供。时间截至 2020 年 12 月 31 日。

（一）并购活动在2020年下半年强劲反弹

在经历了平静的上半年后，并购活动在 2020 年下半年强劲反弹，这主要受到美国并购活动的推动，主要交易包括 Charles Schwab 斥资 220 亿美元收购 TD Ameritrade、Intuit 以 71 亿美元收购 Credit Karma 以及 Roper 以 53.5 亿美元收购 Vertafore。

（二）美国、巴西的金融科技投资表现强劲

美国的金融科技投资规模自 2020 年上半年的 200 亿美元增至 2020 年下半年的逾 550 亿美元。其中，充足的流动性以及投资者对后期交易的持续关注，使得金融科技风险投资年度总额达到创纪录的 210 亿美元。2020 年下半年，财富科技公司 Robinhood 在两轮风险融资中共筹集 12 亿美元；而 Chime、Affirm 和 Bright Health 各自筹得 5 亿美元以上资金。随着成熟的金融科技公司寻求退出，IPO 及并购活动不断增加且持续活跃，预计美国的金融科技投资将在 2021 年保持强劲势头。

巴西的金融科技投资在 2020 年第四季度达成创纪录的 5.06 亿美元，使其全年的金融科技投资总额超过 14 亿美元，创下历史新高。例如，巴西的贷款公司 Creditas 在 2020 年下半年筹集了 2.55 亿美元，奠定了其独角兽的地位。预计巴西很可能在 2021 年继续成为拉丁美洲的领先金融科技市场。

（三）面临挑战的贷款市场在下半年迎来大量并购活动

另类贷款公司在 2020 年受疫情影响严重，其融资模式遭受市场质疑，这为资本雄厚且寻求扩张的企业提供了良好的并购机会。例如，2020 年下半年，美国运通收购 Kabbage，Alliance Data 收购 Bread，而 OnDeck 则被 Enova 收购。

（四）2020年美洲区十大金融科技交易

表 21 - 2 列示了 2020 年美洲区十大金融科技交易（按成交金额顺序排列）。

表 21-2　2020 年美洲区十大金融科技交易

排名	交易主体	交易金额(亿美元)	企业所属国家及城市	企业类型	交易类型
1	TD Ameritrade	220.0	美国奥马哈	财富/投资管理	并购
2	Credit Karma	71.0	美国旧金山	借贷	并购
3	Vertafore	53.5	美国丹佛	机构/B2B	并购
4	Honey Science	40.0	美国洛杉矶	支付/交易	并购
5	IberiaBank	25.4	美国拉斐特	银行	并购
6	Paya	13.0	美国邓伍德	支付/交易	反向收购
7	Open Lending	13.0	美国奥斯汀	借贷	反向收购
8	Galileo	12.0	美国盐湖城	支付/交易	并购
9	Opendoor	10.0	美国盐湖城	房地产/B2C	反向收购
9	Personal Capital	10.0	美国旧金山	财富/投资管理	并购
9	Generate	10.0	美国红木城	借贷	风投后期

资料来源：毕马威《金融科技脉搏——2020 年上半年》《金融科技脉搏——2020 年下半年》。有关全球金融科技投资分析的数据由 PitchBook 提供。时间截至 2020 年 12 月 31 日。

四　欧洲区金融科技领域总体投资状况

由于大规模并购活动大幅减少，2020 年欧洲、中东与非洲（下称 EMEA 地区）的金融科技投资总额从 2019 年的 609 亿美元降至 139 亿美元（见图 21-10）。欧洲区的风险投资仍然十分强劲，2020 年第三季度达到创纪录的 30 亿美元，推动 EMEA 地区的风险投资增至 93 亿美元的年度最高纪录。尽管中东和非洲的金融科技生态系统不断发展，但 EMEA 地区的金融科技投资主要由欧洲带动。

（一）2020 年风险投资主要投向传统银行和创新型银行

支付公司和创新型银行在 EMEA 地区深受投资者的欢迎，这一趋势因新冠肺炎疫情推进数字化而快速发展。2020 年上半年，3 家公司分别实现了

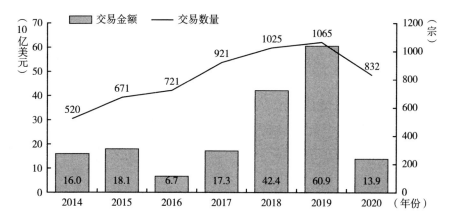

图 21-10　2014～2020 年欧洲区金融科技投资（风险投资、私募基金与并购）

资料来源：毕马威《金融科技脉搏——2020 年上半年》《金融科技脉搏——2020 年下半年》。有关全球金融科技投资分析的数据由 PitchBook 提供。时间截至 2020 年 12 月 31 日。

逾 5 亿美元的融资，即瑞典的 Klarna（6.5 亿美元）、波兰的 Polskie ePlatnosci（5.87 亿美元）及英国的 Revolut（5.8 亿美元）。

（二）并购活动因新冠肺炎疫情和英国脱欧冲击而低迷

由于新冠肺炎疫情及英国脱欧导致的不确定性的共同影响，2020 年欧洲的金融科技投资规模骤降。2020 年，欧洲最大的金融科技并购交易为下半年日本 NEC 公司以 22 亿美元收购瑞士"银行即服务"供应商 Avaloq，而 2019 年 FIS 收购 Worldpay 的交易规模高达 425 亿美元。

（三）欧洲各国金融科技生态系统正不断完善

欧洲各国（包括英国、德国、法国和瑞典）政府和监管部门努力发展其金融科技生态系统，其他国家和监管部门也紧随其后。2020 年下半年，西班牙公布了"监管沙盒"机制（比特币创新），以推动本国金融科技发展。

（四）2020 年欧洲区十大金融科技交易

表 21 – 3 列示了 2020 年欧洲区十大金融科技交易（按成交金额顺序排列）。

表 21 – 3　2020 年欧洲区十大金融科技交易

排名	交易主体	交易金额（亿美元）	企业所属国家及城市	企业类型	交易类型
1	Avaloq	22.0	瑞士苏黎世	机构/B2B	并购
2	Klarna	6.5	瑞典斯德哥尔摩	支付/交易	风投后期
3	Polskie ePlatnosci	5.9	波兰加西翁卡	支付/交易	整体收购
4	Revolut	5.8	英国伦敦	支付/交易	D 轮
5	N26	5.7	德国柏林	银行业	D 轮
6	Fondcenter	4.3	瑞士苏黎世	机构/B2B	并购
7	Molo（金融软件）	3.4	英国伦敦	贷款	风投早期
8	October（金融软件）	3.0	法国巴黎	贷款	企业
9	Smart2Pay	2.6	荷兰拉伦	支付/交易	并购
10	Prepaid Financial Services	2.1	英国伦敦	支付/交易	并购

资料来源：毕马威《金融科技脉搏——2020 年上半年》《金融科技脉搏——2020 年下半年》。有关全球金融科技投资分析的数据由 PitchBook 提供。时间截至 2020 年 12 月 31 日。

五　亚太区金融科技领域总体投资状况

亚太区的金融科技投资规模 2020 年骤降至 116 亿美元，为 2014 年以来的最低水平。新冠肺炎疫情导致大量投资撤离东南亚等新兴市场，2020 年下半年尤其明显。2020 年的一个亮点是企业相关投资仅小幅降至 70 亿美元，部分原因是面对新冠肺炎疫情，企业希望加快数字化转型进而持续进行资本投入（见图 21 – 11）。

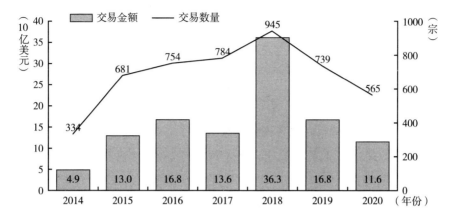

图 21 – 11　2014～2020 年亚太区金融科技投资（风险投资、私募基金与并购）

资料来源：毕马威《金融科技脉搏——2020 年上半年》《金融科技脉搏——2020 年下半年》。有关全球金融科技投资分析的数据由 PitchBook 提供。时间截至 2020 年 12 月 31 日。

（一）支付领域韧性最强

支付领域是亚太区最具韧性的金融科技子行业。2020 年下半年，澳大利亚 B2B 支付公司 Enet 被美国 WEX 以 5.77 亿美元收购，澳大利亚数字银行 Judo Bank 融资 2.09 亿美元，韩国转账公司 Toss 融资 1.47 亿美元，印度支付公司 Razorpay 融资 1 亿美元。

（二）投资从东南亚转向更为成熟的市场

东南亚在最近一段时间吸引了大量的金融科技投资，如印度尼西亚支付公司 Gojek 在 2020 年上半年融资 30 亿美元。但是，由于投资者迅速转向发达国家市场及业务模式经受疫情冲击的成熟公司，2020 年下半年东南亚金融科技投资低迷。

（三）虽然蚂蚁集团暂缓双重上市，"独角兽"公司对 IPO 的兴趣仍然看涨

虽然蚂蚁集团在上市前夕暂缓双重 IPO，但考虑到"独角兽"公司近期

501

获得的成功和估值的提升，亚太区金融科技"独角兽"公司对 IPO 仍然存在强烈兴趣。

（四）巨头主导市场及监管加强导致中国金融科技投资降至近七年低点

2020 年中国金融科技投资意外疲软，投资总额仅为 16.35 亿美元。投资下降反映了中国金融科技行业已相当成熟，尤其是在少数科技巨头主导的支付领域（见图 21 - 12）。

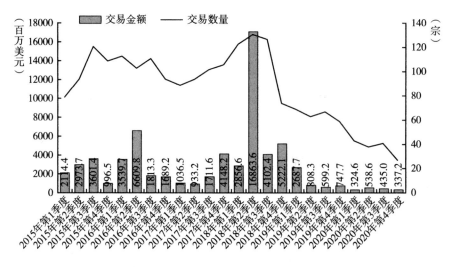

图 21 - 12　2015 ~ 2020 年中国内地金融科技投资（风险投资、私募基金与并购）

资料来源：毕马威《金融科技脉搏——2020 年上半年》《金融科技脉搏——2020 年下半年》。有关全球金融科技投资分析的数据由 PitchBook 提供。时间截至 2020 年 12 月 31 日。

中国传统银行在 2020 年进行大量内部投资，以变革其数字化能力。几家代表性大型银行还设立分支机构以提升其数字化能力，并向规模较小的机构提供 B2B 数字银行服务。

保险科技仍然受到投资者的青睐。2020 年下半年，医疗费用众筹平台水滴进行两轮融资，总额达 3.8 亿美元。数字化成为当前中国保险业的口头禅。保险业的数字化转型由政府、保险公司和科技公司共同推动，因此，预计保险服务提供商可能将继续进行结构性改革，更加强调通过能够降低风险的创新方法防范风险。

2020 年下半年，中国政府和监管部门发布多项暂行办法和正式规定，对金融科技投资造成影响。其中包括设定民间借贷利率上限、制定反垄断条款、做出数据隐私限制、修订网络小额贷款公司资本要求和设定贷款规模上限等。这些措施最终导致蚂蚁集团暂缓 IPO，以及投资者对金融科技投资活动采取观望态度。

（五）香港特别行政区仍是金融科技企业 IPO 目的地，且数字银行已开始展业

2020 年香港特别行政区科技 IPO 市场表现强劲。虽然蚂蚁集团暂缓 H 股、A 股同时上市，但越来越多的金融科技"独角兽"公司正考虑或已在推进 IPO。

此外，在 2020 年获得香港特别行政区牌照的 8 家数字银行大多已开始展业，虽然其影响如何尚需观察，但这些数字银行已经推动香港特别行政区传统银行努力改进其 App、用户界面、产品和服务。

（六）新加坡发放首批数字银行牌照

银行因新冠肺炎疫情暴发而转向在线服务，数字客户登录变得至关重要，银行及其他金融机构想方设法强化其数字 ID 流程，以遵守本国强有力的监管规定。

2020 年下半年，新加坡金融管理局（MAS）向 Grab 和 Singtel 组成的财团及科技巨头 SEA 颁发两张首批次数字银行牌照，并颁发两张数字批发银行牌照。

随着 Grab 之类的平台公司开始探索为客户构建包括金融服务在内的服务生态系统，此类公司在新加坡市场备受瞩目。

（七）2020年亚太区十大金融科技交易

表21 - 4列示了2020年亚太区十大金融科技交易（按成交金额顺序排列）。

表21 - 4　2020年亚太区十大金融科技交易

排名	交易主体	交易金额（亿美元）	企业所属国家及城市	企业类型	交易类型
1	Gojek	30.0	印度尼西亚雅加达	支付/交易	F轮
2	Grab	8.9	新加坡	支付/交易	风投后期
3	eNett International	5.8	澳大利亚墨尔本	支付/交易	并购
4	Navi Technologies	4.0	印度班加罗尔	支付/交易	天使轮
5	Pine Labs	3.0	印度诺伊达	银行	成长性股权投资
6	Paidy	2.5	日本东京	支付/交易	C轮
7	JD Digits	2.5	中国北京	财富/投资	企业
8	KSNET	2.4	韩国首尔	银行	整体收购
9	Shuidi	2.3	中国北京	保险科技	D轮
10	Judo Bank	2.1	澳大利亚墨尔本	支付/交易	成长性股权投资

资料来源：毕马威《金融科技脉搏——2020年上半年》《金融科技脉搏——2020年下半年》。有关全球金融科技投资分析的数据由PitchBook提供。时间截至2020年12月31日。

参考文献

《毕马威中国领先金融科技50企业报告》（2019～2020）。
《金融科技脉搏——2019年上半年》。
《金融科技脉搏——2019年下半年》。
《金融科技脉搏——2020年上半年》。
《金融科技脉搏——2020年下半年》。

附　录

Appendices

附录1 2020年金融科技大事记

2020 年 1 月 2 日 中国银联宣布，其移动支付产品已实现北京、上海、广州、深圳等一线城市公交场景全覆盖，上述城市的公交系统均可使用银联手机闪付或以 62 开头的银联卡实现无感支付，这是银联推进移动支付便民工程的重要里程碑。

2020 年 1 月 8 日 上海市人民政府办公厅印发《加快推进上海金融科技中心建设实施方案》，该方案提出力争用 5 年时间，把上海打造成为金融科技的技术研发高地、创新应用高地、产业集聚高地、人才汇集高地、标准形成高地和监管创新试验区，将上海建设成为具有全球竞争力的金融科技中心。

2020 年 1 月 14 日 中国人民银行营业管理部对首批 6 个拟纳入北京金融科技创新监管试点的应用项目向社会公开征求意见，涉及的试点单位包括中国工商银行、中国农业银行、中信银行、中国银联、度小满、携程、百信银行、宁波银行、中国银联、小米数科、京东数科共 11 家，北京市也由此成为首个开展金融科技创新监管试点工作的城市。

2020 年 1 月 15 日 杭州银行与通联钱包、壹钱包在杭州某商户现场通过网联系统完成多账户消费结算，这是网联在国内实现的首笔银行与非银行支付机构之间的央行标准化条码互联互通验证。此前，网联还于 2019 年 12 月 30 日在宁波实现了平安付壹钱包与乐刷的账户交易，这是网联实现的首笔非银行支付机构间的互联互通条码验证，央行标准化条码互联互通的落地

是我国统一条码支付编码规则、推动条码支付互联互通的重要推进成果。

2020年1月19日 中国人民银行征信中心启动二代征信系统切换上线工作，并自2020年1月19日起面向社会公众和金融机构提供二代格式信用报告查询服务。与自2006年正式运行的一代征信系统相比，二代征信系统在信息采集、产品加工、技术架构和安全防护方面均进行了优化改进，并通过采用发放USB Key证书、加强用户访问控制、强化数据传输和存储安全防护等措施，保障用户数据采集和对外服务各环节流转安全。

2020年1月20日 中国支付清算协会发布刷脸支付首份市场公约《人脸识别线下支付行业自律公约（试行）》，提出"设置单笔及日累计交易限额""建立刷脸支付突发事件应急处理机制""建立健全风险拨备资金、保险计划、应急处置等风险补偿机制"等条款，从安全管理、终端管理、风险管理和用户权益保护等角度提出技术要求和业务规范，以保障账户资金安全，降低个人信息泄露风险。

2020年1月28日 新加坡《支付服务法案》（*Payment Services Act*）正式生效。新的《支付服务法案》采用基于活动的许可框架，将数字支付令牌服务等新型支付服务纳入监管框架，以便更好地识别各种活动和支付服务的新发展。

2020年1月 亚太经合组织（OECD）发布《关于以双支柱提案应对经济数字化税收挑战的声明》，认为用户数据是社交媒体、搜索引擎以及电子商务等数字经济业态价值的创造基础，因此赋予了用户所在国向相关数字平台征税的权力，通过构建"致力于解决征税权的重新配置"与"开展反税基侵蚀的全球合作"两大支柱，解决数字经济征税问题以及跨国企业集团税基侵蚀和利润转移问题。

2020年1月 广东省深圳市南山区人民法院一审审结原告深圳市腾讯计算机系统有限公司诉被告上海盈某科技有限公司侵害著作权及不正当竞争纠纷一案，认定人工智能生成的文章构成作品。此案系全国首例认定人工智能生成的文章构成作品案件。

2020年2月5日 中国人民银行正式发布《金融分布式账本技术安全

规范》，规定了金融分布式账本技术的安全体系，包括基础硬件、基础软件、密码算法、节点通信、账本数据、共识协议等方面。此次安全规范的发布，将提升从业机构在分布式账本技术应用中的业务保障能力，以及信息安全方面的风险约束能力。

2020年2月5日 中国人民银行正式发布新版《网上银行系统信息安全通用规范》（JR/T 0068—2020），要求金融机构通过交易行为分析、机器学习等技术不断优化风险评估模型，结合生物探针、相关客户行为分析等手段，建立并完善反欺诈规则。同时，相关金融机构还应基于高风险交易特点和用户行为特征等因素，建立风险评估模型，并根据风险等级实施差异化风险防控措施。

2020年2月11日 万事网联信息技术（北京）有限公司关于银行卡清算机构筹备的申请，获中国人民银行与银保监会批准。该公司由万事达与网联科技有限公司合资设立，注册资本为10亿元，成为继连通公司后第二家持牌的中外合资银行卡清算机构。

2020年2月12日 互联网保险平台慧择保险正式在纳斯达克交易所挂牌交易，交易代码为"HUIZ"。慧择保险共发行525万股美国存托股票，发行定价为每股10.5美元，募资5512万美元，这是我国首家赴美上市的互联网保险平台企业，此次融资将有助于实现其打造"中国入口级保险服务平台"的发展愿景。

2020年2月12日 日本个人信息保护委员会公布《个人信息保护法3年修正制度改订大纲》，并征求社会公众意见。该大纲主要针对个人信息的充分利用与个人权利保护的立法平衡，在立法修订和监管层面进行细化完善。

2020年2月13日 中国人民银行发布《商业银行应用程序接口安全管理规范》（JR/T 0185—2020），对商业银行与场景应用方合作，以及应用程序接口设计、集成运行、运维监测、系统下线等全生命周期过程提出安全技术与安全管理要求。

2020年2月20日 中国人民银行办公厅发布《关于做好新冠肺炎疫情

防控期间支付结算有关工作的通知》，鼓励各商业银行加强线上业务服务，加大个人Ⅱ类银行结算账户的服务力度，如在有效防控风险、准确识别客户身份的前提下，通过Ⅱ类银行结算账户为客户发放工资津贴等，也可综合客户需求和风控情况自主确定Ⅱ类银行结算账户限额。

2020 年 2 月 26 日 美国白宫科技政策办公室发布《"美国人工智能计划"：首个年度报告》，总结了自 2019 年 2 月特朗普启动"美国人工智能计划"以来的重大进展情况，并提出投资 AI 研发、释放 AI 资源、清除 AI 创新的障碍、培养 AI 人才队伍、促进支持美国创新的国际环境以及为政府服务和任务提供值得信赖的 AI 六项战略措施。

2020 年 2 月 印度国家支付公司（National Payment Corporation of India，NPCI）批准 Facebook 旗下的 WhatsApp Pay 可接入印度国家支付平台清算系统（Unified Payment Interface，UPI），并分阶段运营数字支付业务。

2020 年 2 月 FindAble 发布《2020 年全球金融科技指数》，对全球金融科技城市进行排名，发现在全球领先的金融科技百强城市中，几乎有一半位于新兴市场，而全球最重要的 20 个金融中心中有 8 个不在较大的 20 个金融科技中心之列，反映了金融科技的快速发展，为新兴市场国家改变原有金融服务市场格局提供了机遇。

2020 年 2 月 教育部公布了 2019 年度普通高等学校本科专业备案和审批结果，全国共计 180 所高校获得人工智能专业本科建设资格，相较于 2018 年度首批 35 所高校增幅明显。

2020 年 3 月 3 日 银联国际宣布银联二维码被纳入日本统一二维码（JPQR）普及工程，成为第一家兼容 JPQR 标准的国际卡组织，也是当时唯一被列入普及工程的国际支付品牌。

2020 年 3 月 24 日 香港众安银行（ZA Bank）正式开业，成为自 2019 年 3 月 27 日香港金融管理局发出首批 3 个虚拟银行牌照后首家营业的虚拟银行。香港众安银行首个虚拟银行产品为活期存款产品"ZA 活期 Go"，实行分层利率计息，新用户 50 万港元以下的存款可享受 1%的活期优惠利率，超出 50 万港元的资金则按基础利率计息。

2020年3月 国家外汇管理局对持有跨境人民币支付许可的支付机构进行名录登记，这是落实国家外汇管理局于2019年4月发布的《支付机构外汇业务管理办法》的政策要求，登记有效期为5年，标志着监管机构自2013年10月批准第三方支付机构开展跨境电子商务外汇支付业务的"试点政策"正式转变为"许可制"，有利于基于人民币结算的跨境支付产业的发展。

2020年3月 Spring Cloud发布最新版本Hoxton. SR3，作为"微服务"的代表，Spring Cloud提供分布式应用开发的一套共用模式，提倡将单一应用程序划分成耦合性更低的一组小的服务，各服务之间互相协调与配合，为用户提供最终价值。为避免子项目之间的混淆，Spring Cloud采用伦敦地铁站的名称来命名，以A~Z字母顺序发布子项目版本。2020年12月22日，Spring Cloud正式发布最新版本Spring Cloud 2020.0.0，改"地铁命名制"为"日历制"，意味着Hoxton. SR3为最后一个以"伦敦地铁站"命名的系统版本。

2020年4月1日 英国政府确认从当日起正式开征数字服务税（Digital Services Taxes），该税种将适用于全球销售额超过5亿英镑且至少有2500万英镑来自英国用户的企业，税基为英国用户的收入，税率为2%。除英国以外，以法国为代表的多个欧盟成员国均准备征收数字服务税，这表明在全球化市场运行过程中，数字经济下的税基侵蚀与利润转移（Base Erosion and Profit Shifting）问题已引起各国的高度关注。

2020年4月3日 中国人民银行发布《非银行支付机构客户备付金存管办法（征求意见稿）》，规定非银行支付机构接收的客户备付金应全额、直接交存至开立在中国人民银行的备付金集中存管账户，并由清算机构完成非银行支付机构间客户备付金的划转。非银行支付机构间不得相互直接开放支付业务接口，不得相互开立支付账户，不得产生客户备付金划转业务；对于预付卡发行或充值业务产生的备付金，则需要交存在备付金银行的备付金专用存款账户。

2020年4月15日 两张带有中国农业银行央行数字货币（DC/EP）字

样的数字钱包截图流出并引发社会热议。数字人民币于 2020 年 4 月 16 日在苏州相城区落地应用后，中国人民银行计划在深圳、雄安新区、成都及冬奥场景，即"4+1"试点场景进行封闭测试，以不断优化和完善其功能。

2020 年 4 月 16 日　自 2018 年首次发布 Libra 白皮书后，Facebook 再次发布了 Libra 白皮书 2.0。相较于第一版，2.0 版本主要新增锚定单一货币的稳定币 LBR、以稳健的合规框架提高 Libra 支付系统的安全性、放弃向无许可公有链系统的过渡计划、在 Libra 储备资产的设计中建立更强的保护措施等内容。

2020 年 4 月 20 日　国家发改委首次明确新型基础设施的范围，指出新型基础设施是以新发展理念为引领，以技术创新为驱动，以信息网络为基础，面向高质量发展需要，提供数字转型、智能升级、融合创新等服务的基础设施体系。其中，信息基础设施、融合基础设施以及创新基础设施是当前新型基础设施的主要发展方向，以人工智能、云计算、区块链等为代表的新技术被明确列入新基建的发展范畴。

2020 年 4 月 22 日　Facebook 宣布投资 57 亿美元收购印度移动运营商 Reliance Jio 9.9% 的股份，这是 Facebook 在 2014 年收购 WhatsApp 后最大的一项单笔投资，也是近年来印度 IT 业获投金额最大的外国直接投资项目。

2020 年 4 月 25 日　由国家信息中心、中国移动、中国银联、红枣科技等共同发起的区块链服务网络（Blockchain-based Service Network，BSN）完成为期 6 个月的内测工作，宣布正式商用并启动国际版海外公测。BSN 是基于联盟链技术，用于部署和运行区块链应用公共基础设施的网络，通过统一的运维机制、统一的密钥体系以及监管部门的"一站式"监管等举措，为区块链应用发布者和参与者提供一个低成本开发、部署、运维、互通、监管联盟链应用的基础设施和公共网络服务。

2020 年 4 月　生物识别安全科技公司 BioCatch 宣布完成 1.45 亿美元的 C 轮融资。作为一家创立于以色列的网络安全技术服务商，BioCatch 将检测手眼协调、按压、滑动页面等几百种生物行为作为参数，为金融机构和电子商务平台提供实时的反欺诈保护技术服务，本轮融资将用于加速公司扩张并拓展核心生物行为洞察技术。

2020 年 5 月 5 日 欧洲中央银行（European Central Bank）发布了一篇关于全球稳定币的研究报告（*A Regulatory and Financial Stability Perspective on Global Stablecoins*），认为具有全球影响力的稳定币将有助于解决消费者对快捷、廉价、易用、可跨境运营的支付服务需求，同时全球稳定币的潜在规模可能会对金融稳定构成风险，建议构建一个强有力的监管框架，以便将相关风险控制在稳定币全面运行之前。

2020 年 5 月 8 日 金山云在纳斯达克证券交易所正式挂牌上市，股票代码为"KC"，其发行价为 17 美元/ADS。目前，金山云业务主要集中于内容分发网络（CDN）、画质增强等公有云服务，此次融资将有助于拓展其企业云业务，提升其在云服务市场的核心竞争力。

2020 年 5 月 12 日 随着第 630000 个区块被挖出，比特币实现第三次区块奖励减半，区块奖励从 12.5 枚比特币减少到 6.25 枚比特币。基于比特币特有的发行机制，每挖出 21 万枚比特币就需要实施一次奖励减半。自 2009 年 1 月 9 日史上首个比特币区块被挖出后，比特币分别于 2012 年和 2016 年经历了两次区块奖励减半。

2020 年 6 月 1 日 深圳市移卡科技有限公司（以下简称移卡）在香港交易所主板正式挂牌上市，股票代码为 9923，首日收盘价为 17.66 港元，市值约 73.25 亿港元。移卡于 2018 年成为同时接入网联和银联二维码支付网络的首批服务提供商。该公司官网介绍，根据奥纬咨询报告，按 2019 年的交易笔数计，移卡在独立非银行二维码支付服务提供商中排名第二。

2020 年 6 月 3 日 第二批 11 个拟纳入北京金融科技创新监管试点的应用向社会公示，公示项目涉及试点单位如中国工商银行、中国银行、中国人寿财产保险股份有限公司、腾讯云计算（北京）有限责任公司等 20 家机构。与第一批试点项目相比，第二批项目支持科技公司直接申请测试，并拓宽了金融业务范围，覆盖了银行、保险、非银行支付等领域。

2020 年 6 月 5 日 日本参议院通过了《个人信息保护法修正案》，该法案扩大了个人权利，包括可对合法采集的数据使用形式提出限制性要求，以及对有违规行为的企业罚金上限提升至 1 亿日元等，预计该法案将于 2022 年 6 月之前正式实施。

2020 年 6 月 11 日　小米金融旗下的香港虚拟银行——天星银行有限公司（Airstar Bank）正式开业。天星银行网站信息显示，与传统银行账户管理不同，个人用户可远程办理开户手续，且不设置最低账户余额和低余额账户管理费，其账户资金可基于转数快系统（FPS）提供与其他支付账户的即时转账服务，也可基于即时支付结算系统（RTGS）提供港币、人民币与美元的跨行转账服务，且不需要任何手续费。

2020 年 6 月 13 日　美国运通公司和连连数字科技有限公司的合资企业——连通（杭州）技术服务有限公司（以下简称连通公司）获得中国人民银行颁发的银行卡清算业务许可证，并于 2020 年 8 月正式开业。连通公司成为国内首家持牌的中外合资银行卡清算机构，也是我国政府扩大金融业双向开放政策的落实成果。

2020 年 6 月　证监会更新官网内容，科技监管局新增入列，其主要职能包括拟订证监会科技发展规划和信息化建设计划、统筹监管系统科技资源、组织编制并推动落实证券期货行业科技发展规划等，体现了证监会重构科技监管体系、推动科技与业务深度融合的监管新模式。

2020 年 6 月　印度尼西亚共享出行服务商 Go-Jek 完成 F 轮融资，融资总额超过 30 亿美元，成为 2020 年度全球获投金额最大的金融科技企业，投资者包括 Facebook、PayPal，以及现有投资者谷歌和腾讯等知名企业，反映出市场看好东南亚地区超级应用模式的发展前景。

2020 年 7 月 3 日　《中华人民共和国数据安全法（草案）》全文在中国人大网公开征求意见。该草案确立了数据分级分类管理以及风险评估、监测预警和应急处置等数据安全管理各项基本制度，明确了开展数据活动必须履行数据安全保护义务、承担社会责任等。

2020 年 7 月 9 日　以"智联世界　共同家园"为主题的第三届世界人工智能大会（WAIC）云端峰会在上海正式召开。围绕应用层、技术层、基础层，人工智能产业链在数据获取、算力分析、终端产品研发方面发展迅猛，包括声智科技、集萃感知、瑞为技术等在内的科创公司不断研发 AI 感知创新产品，使 AIaaS（人工智能即服务）成为垂直市场中价值服务的新模式。

2020 年 7 月 10 日　中国人民银行发布《区块链技术金融应用评估规则》，规定了区块链技术在金融领域应用的实现要求、评估方法、判定准则等，适用于金融机构开展区块链技术金融应用的产品设计、软件开发、系统评估。

2020 年 7 月 17 日　中国银保监会发布《商业银行互联网贷款管理暂行办法》，明确了商业银行应将互联网贷款业务纳入全面风险管理体系，加强对支付账户的监测和对账管理；不得接受无担保资质以及不符合信用保险和保证保险经营资质监管要求的合作机构提供的直接或变相增信服务；除共同出资发放贷款的合作机构以外，商业银行也不得将贷款发放、本息回收等关键环节操作全权委托合作机构执行。该办法还要求商业银行不得因与合作机构开展互联网贷款业务而降低自身信息系统的安全性，同时要防范对单一合作机构形成依赖。

2020 年 7 月 27 日　国家标准化管理委员会、中央网信办等五部门联合印发《国家新一代人工智能标准体系建设指南》，明确规定 2023 年初步建立人工智能标准体系，指出该体系结构包括"基础共性""支撑技术与产品""基础软硬件平台""关键通用技术""关键领域技术""产品与服务""行业应用""安全/伦理"八个部分。该指南的发布有助于进一步加强人工智能领域标准化顶层设计，推动人工智能产业技术研发和标准制定。

2020 年 7 月 30 日　香港汇立银行（WeLab Bank）正式营业，并成为继众安银行、天星银行之后香港第三家虚拟银行，也是首家以独资公司形式申请通过的香港虚拟银行。除远程开户、7×24 小时全天候数字银行服务等虚拟银行常规创新服务外，汇立银行还推出"GoSave"定期存款与无卡号银行卡。其中，"GoSave"是以同时参与储蓄的人数而非资金余额决定利率的定期存款产品，而无卡号银行卡则是与万事达卡联合发行的，所有账户资料仅储存在汇立银行手机 App 里，有助于保护用户的账户信息及便利银行卡挂失。

2020 年 7 月 30 日 成方金融科技有限公司在北京正式成立，这是央行成立的首家金融科技子公司。

2020 年 8 月 6 日 印度储备银行（RBI）发布《发展与监管政策声明》，要求支付系统运营商（PSO）分阶段引入在线争议解决（ODR）系统，并建立储备银行创新中心（RBIH），以期利用技术和创造环境来促进整个金融领域的创新。

2020 年 8 月 12 日 由中银香港、怡和集团及京东数科合资成立的香港虚拟银行 Livi Bank 正式开业。同日，Livi Bank 与银联国际合作推出虚拟银行银联卡，并支持二维码支付。与其他虚拟银行同时开展存款、贷款业务不同，Livi Bank 将零售支付服务作为主要业务领域。

2020 年 8 月 14 日 商务部印发《全面深化服务贸易创新发展试点总体方案》，指出将在京津冀、长三角、粤港澳大湾区及中西部具备条件的地区开展数字人民币试点。

2020 年 8 月 27 日 中国支付清算协会发布《收单外包服务机构备案管理办法（试行）》，明确了收单外包机构的定义及备案条件，要求收单机构协调其外包服务机构提交备案申请，为外包服务机构备案管理提供了制度保障，进一步完善了行业自律制度体系。

2020 年 9 月 1 日 中国人民银行发布《金融消费者权益保护实施办法》（中国人民银行令〔2020〕第 5 号），明确了银行、支付机构应当建立健全涉及金融消费者权益保护工作的全流程管控机制，合理划分金融产品和服务风险等级以及金融消费者风险承受等级，且不得利用技术手段、优势地位强制或者变相强制金融消费者接受金融产品或服务等，该办法于 2020 年 11 月 1 日正式实施。

2020 年 9 月 8 日 国务委员兼外交部部长王毅代表中国政府提出《全球数据安全倡议》，呼吁各国政府共同构建和平、安全、开放、合作、有序的网络空间命运共同体，包括"反对利用信息技术破坏他国关键基础设施或窃取重要数据""反对滥用信息技术从事针对他国的大规模监控、非法采集他国公民个人信息""不得要求本国企业将境外产生、获取的数据存储在境内"等内容。

2020年9月9日 由渣打银行与电讯盈科、香港电讯、携程合资设立的虚拟银行 Mox Bank 正式开业。Mox Bank 与万事达卡合作推出无卡号信用卡产品,是香港首家同时支援 Apple Pay 及 Google Pay 的虚拟银行。

2020年9月11日 上海证券交易所官网发布消息称,京东数字科技控股股份有限公司(2021年5月更名为京东科技控股股份有限公司)首次公开发行股票并在科创板上市,拟发行不超过5.38亿股,占发行后总股本的比例不低于10%。

2020年9月12日 由我国自主研发的国内首个超导量子计算云平台"悟源"正式上线,并面向全球用户免费提供真实的量子计算服务。悟源计算系统搭载了有6个量子比特的超导量子处理器"夸父 KF C6-130",其保真度、相干时间等各项关键技术指标均处于国际先进水平。

2020年9月13日 国务院发布《关于实施金融控股公司准入管理的决定》,明确对金融控股公司实施准入管理,并由中国人民银行颁发金融控股公司许可证。同日,中国人民银行发布《金融控股公司监督管理试行办法》,明确了金融控股公司的申请设立条件,要求金融控股公司突出核心主业,严控关联交易,不得干预所控股机构的正常独立自主经营,未经许可不得在公司名称中使用带有"金融控股""金融集团"等字样的内容,以进一步规范金融控股公司行为,防范系统性金融风险。

2020年9月16日 第三届中国金融科技产业峰会在江苏苏州召开,本届峰会以"让金融更科技"为主题,围绕"专业化、国际化、平台化和生态化"四大方向进行成果展示、合作签约、观点交流,并发布《中国金融科技生态白皮书(2020年)》《金融科技应用创新实践录》等研究成果。

2020年9月16日 北京顶象技术有限公司发布顶象风控系统5.0及国内首张《金融业务安全全景图》,详细揭示了金融行业面临的业务风险、风险背后的产业链,以及风险欺诈对金融机构数字化业务造成的影响。

2020年9月22日 中国人民银行等八部门联合发布《关于规范发展供

应链金融支持供应链产业链稳定循环和优化升级的意见》，要求供应链金融产业发展，应准确把握供应链金融的内涵和发展方向，稳步推进供应链金融规范发展和创新，加强供应链金融配套基础设施建设，完善供应链金融政策支持体系，防范供应链金融风险，并提出各类供应链金融服务平台不得无牌或超出牌照载明的业务范围开展金融业务，不得封闭循环和限定融资服务方，也不得以各种供应链金融产品规避国家宏观调控要求，或收取质价不符的服务费用。

2020 年 9 月 25 日 蚂蚁集团发布基于蚂蚁链技术的 Trusple 平台，Trusple 是"Trust Made Simple"的缩写。该平台与合作银行结合区块链技术，为买卖双方提供了从订单到付款、端到端的贸易保障及金融服务，实现了跨境贸易的全链路智能化履约。

2020 年 9 月 28 日 蚂蚁银行（香港）有限公司（Ant Bank）正式开业。用户可申请活期储蓄账户和存款宝账户两种类型账户，但存款宝账户的开立首先需要持有活期储蓄账户，存款宝账户资金余额对应分层利率每日结息。存款宝账户可与 AliPay 电子钱包绑定，并在 AliPay 的支付网络环境中提供消费、转账等个人虚拟银行服务。同月，平安壹账通银行（PAOB）与富融银行（Fusion Bank）分别于 29 日和 30 日正式营业，至此持有香港金融管理局首批发放的虚拟银行牌照的 8 家银行均已正式开业。

2020 年 9 月 28 日 国内首份智能文字识别（OCR）能力测评与应用白皮书正式发布，OCR 是 Optical Character Recognition（光学字符识别）的缩写，是利用机器将图像中手写体或印刷体的文本转换为计算机可以直接处理的格式。白皮书从 OCR 发展背景、技术沿革、产业发展现状、技术标准化、发展趋势等多个维度，对当前国内 OCR 产业进行了详细梳理，并指出"构建一体化端到端的 OCR 模型""发展兼具高性能高效率的 OCR""实现从感知到认知的智能 OCR"是 OCR 技术未来发展的三大方向。

2020 年 10 月 1 日 国家互联网应急中心牵头推进的行业标准《区块链技术架构安全要求》正式发布并实施，这是国内首个正式发布的区块链通用安全技术行业标准。该标准规定了区块链技术架构应满足的安全要求，包括共识机制安全、智能合约安全、账本安全等，适用于区块链技术架构。

2020年10月13日 中国人民银行正式公布《非银行支付机构行业保障基金管理办法（征求意见稿）》，标志着支付行业成为继银行、证券、保险等行业之后，又一设立行业保障基金的金融行业。作为非政府性行业互助资金，保障基金将用于化解和处置支付机构客户备付金缺口导致的行业风险，有助于保障客户合法权益，促进支付行业持续健康发展。

2020年10月14日 中国信息通信研究院发布《全球数字经济新图景（2020年）——大变局下的可持续发展新动能》。该报告认为，2019年全球数字经济规模达到31.8万亿美元，同比增长5.4%，高于同期GDP名义增速3.1个百分点，全球数字经济占GDP的比重达到41.5%，数字经济在国民经济中的地位持续提升。

2020年10月15日 美国国务院发布《关键与新兴技术国家战略》（*National Strategy for Critical and Emerging Technology*）。该报告将"推进国家安全创新基地（NSIB）建设"与"保护和提高在关键与新兴技术（C&ET）中的优势地位"作为两大战略支柱，并明确了包括人工智能、高级传感、分布式分类技术等在内的20项关键与新兴技术清单。

2020年10月16日 中国信息通信研究院发布《开源生态白皮书2020年》，这是中国信息通信研究院首次就开源产业发布白皮书。白皮书指出，全球开源项目数量呈指数级增长，我国企业在前端开发、人工智能、数据库、微服务、中间件等领域向开源项目贡献代码。

2020年10月16日 中国人民银行发布《云计算技术金融应用规范 技术架构》（JR/T 0166—2020）、《云计算技术金融应用规范 安全技术要求》（JR/T 0167—2020）、《云计算技术金融应用规范 容灾》（JR/T 0168—2020）三项金融行业标准，结合金融云的运行机制与风险特性，从基本能力、网络安全、数据保护、运行环境安全、业务连续性保障等方面提出了有针对性的技术要求。

2020年10月19日 众安银行（ZA Bank）正式发布香港第一张自定卡号的Visa卡——ZA Card。与传统银行卡不同，ZA Card是一张"数字＋实体"形式的银行卡，可支持自定义后 6 位卡号，且实体卡上没有 CVV、有效期以及签名信息。用户可通过绑定其开立的众安银行活期存款账户进行消费、取现。根据众安银行网站信息，该银行卡暂无法与微信钱包、AliPay HK 等第三方支付平台进行绑定支付。

2020 年 10 月 21 日　中国人民银行正式发布《金融科技创新应用测试规范》（JR/T 0198—2020）、《金融科技创新安全通用规范》（JR/T 0199—2020）、《金融科技创新风险监控规范》（JR/T 0200—2020）三项金融行业标准，从不同的角度对金融科技创新进行管控。

2020 年 10 月 22 日　中国人民银行在 2020 年金融街论坛年会新闻发布会上正式发布《金融科技发展指标》，该指标以《金融科技（FinTech）发展规划（2019～2021 年)》为指导，由机构指标、行业指标、区域指标三大指标构成，其中机构指标包括战略部署、资源投入、服务能力、风控能力与应用能力等子项，行业指标包括行业资源倾斜、整体服务水平、风控能力建设、研发应用赋能，区域指标则分为金融科技产业、金融科技应用、金融科技生态等，旨在形成一套可以在我国乃至全球范围内推广的科学、全面、可量化的金融科技发展评价标准，以规范金融科技的数据统计和成果检验。

2020 年 10 月 22 日　中国人民银行发布《中华人民共和国中国人民银行法（修订草案征求意见稿)》，提出中国人民银行"负责金融标准化和金融科技工作"，"牵头编制并推动落实金融科技发展规划，拟订金融科技监管基本规则，指导协调金融科技应用"。此外，该征求意见稿还明确了"人民币包括实物形式和数字形式"，为发行数字货币提供了法律依据，同时要求"任何单位和个人不得制作、发售代币票券和数字代币，以代替人民币在市场上流通"，防范虚拟货币风险。

2020 年 10 月 28 日　汇丰银行（中国）有限公司宣布已与交通银行通过中国贸易金融跨行交易区块链平台完成了一笔福费廷跨行交易，这是外资银行通过该平台完成的首笔此类交易。

2020 年 10 月 30 日　陆金所在纽交所正式挂牌上市，股票代码为"LU"，按照其 IPO 定价 13.5 美元计算，陆金所控股市值约为 330 亿美元。

2020 年 11 月 2 日 中国银保监会、中国人民银行发布《网络小额贷款业务管理暂行办法（征求意见稿）》，规定小额贷款公司需遵循"小额、分散"原则，并对其实施业务准入式管理。通过明确网络小额贷款业务经营许可证管理、未经批准不得跨省级行政区域开展业务、不得吸收或变相吸收公众存款、限定非标准化融资以及标准化债权融资分别不得超过其净资产的 1 倍和 4 倍等内容，防范网络小额贷款业务风险，促进行业规范、健康发展。

2020 年 11 月 3 日 上交所发布关于暂缓蚂蚁集团科创板上市的决定，"蚂蚁暂缓上市"成为震动行业的大新闻。

2020 年 11 月 10 日 国家市场监管总局网站公布《关于平台经济领域的反垄断指南（征求意见稿）》，明确了互联网平台是指通过网络信息技术，使相互依赖的多边主体在特定载体提供的规则和撮合下交互，以此共同创造价值的商业组织形态，并对相关市场界定、垄断协议（包含纵向垄断协议、横向垄断协议及轴辐协议）、滥用市场支配地位行为以及经营者集中等问题进行了阐释，有助于预防和制止平台经济领域垄断行为，引导经营者依法合规经营。

2020 年 11 月 20 日 浙江省杭州市富阳区人民法院对郭某诉杭州野生动物世界服务合同纠纷一案开庭宣判，法院认为被告"收集人脸识别信息，超出了必要原则要求，不具有正当性"，判决杭州野生动物世界赔偿郭某 1038 元，删除郭某办理指纹年卡时提交的包括照片在内的面部特征信息等，此次因入园方式变更而引发的合同纠纷被称为我国"人脸识别第一案"。

2020 年 11 月 25 日 法国政府宣布自 2020 年 12 月起正式开始向大型跨国互联网企业征收数字服务税，其中包括亚马逊、脸书在内的多家美国数字巨头均被列为数字服务税首批征收对象。

2020 年 11 月 25 日 欧盟发布《欧洲数据治理条例》提案，目的是在欧洲共同数据空间的政策下，为涉及他方权利的公共数据的二次利用建立统一架构。希望在此架构下增强对共享个人和非个人数据的信任，并降低与 B2B 和 C2B 数据共享相关的交易成本，从而促进"数据利他主义"以及确保数据共享服务以开放和协作的方式运行。

2020 年 11 月 27 日 中国银保监会宣布，我国防范化解重大风险攻坚战取得实质性进展，全国实际运营的 P2P 网贷机构由高峰时期的约 5000 家逐渐压降，至 2020 年 11 月中旬已实现完全归零。

2020 年 11 月 27 日 全国信息安全标准化技术委员会发布《网络安全标准实践指南——移动互联网应用程序（App）使用软件开发工具包（SDK）安全指引》，提出当前 App 使用过程中存在的 SDK 自身安全漏洞、违法违规收集 App 用户个人信息等问题，并对从业机构如何防范 SDK 使用安全问题提供实践指引。

2020 年 11 月 印度国家支付公司（NPCI）公告表示，自 2021 年 1 月 1 日起，所有第三方应用程序提供商（TPAPs）通过统一支付接口（UPI）处理的交易金额不能超过交易总额的 30%，该比例目标将在两年内完成。该项政策将影响印度移动支付市场第三方应用程序提供商（包括 Google Pay、PhonePe 以及 Paytm 等支付平台）基于印度 UPI 支付系统开展快捷支付服务，转而向电子钱包支付业务发展。

2020 年 12 月 1 日 以太坊 2.0 于 2020 年 12 月 1 日 20：00 启动创世区块，标志着 ETH2.0 信标链正式上线。在经历了 Frontier（前沿）、Homestead（家园）、Metropolis（大都会）三个阶段后，以太坊进入 Serenity（宁静）的 2.0 阶段。相较于以太坊 1.0，以太坊 2.0 的创新性主要表现在将共识机制由工作量证明（PoW）替换为权益证明（PoS），将整体架构由单链转化为分片多链（Shard Chains），这将有助于提升以太坊主网的可扩展性、吞吐量和安全性。

2020 年 12 月 1 日 Libra Association 宣布，Libra 将正式更名为 Diem，并于 2021 年推出与美元挂钩的稳定币，这也意味着 Facebook 的稳定币项目从锚定多国法币的超主权货币妥协为只锚定美元的单一代币。

2020 年 12 月 4 日 我国科研团队关于量子计算优越性的相关论文在国际学术期刊《科学》上发表。此前，我国成功构建了 76 个光子 100 个模式的高斯玻色取样量子计算原型机"九章"，基于并行计算原理，量子计算具有超越经典计算机的计算能力，该项科研成果确立了我国在国际量子计算研究中第一方阵的地位，为未来实现规模化量子模拟机奠定了技术基础。

2020 年 12 月 5 日　渣打银行旗下的虚拟银行 MOX Bank 宣布，由于部分银行改变原有涉及电子直接付款授权（eDDA）的费用政策，其基于"转数快"的"入钱"功能无法连接部分银行账户。与即时支付结算系统（RTGS）不同，"转数快"系统需要由商业银行与其他转数快参与机构就 eDDA 等跨行转账服务方式及手续费用进行协商，监管机构并不介入相关机构之间的协议内容或干预双方拟订的收费水平。

2020 年 12 月 7 日　银保监会发布《互联网保险业务监管办法》，规定自 2021 年 2 月 1 日起正式施行。该办法厘清了互联网保险业务的本质，定义了持牌机构自营网络平台，明确了非保险机构不得开展互联网保险业务，即通过负面清单方式明确非持牌机构的禁止性行为，并依据经营主体分类监管原则，在规定"基本业务规则"的基础上，针对互联网保险公司、保险公司、保险中介机构、互联网企业代理保险业务分别规定了"特别业务规则"。

2020 年 12 月 8 日　银保监会主席郭树清在 2020 年新加坡金融科技节的演讲中指出，金融科技行业具有"赢者通吃"的特征。大型科技公司往往利用数据垄断优势，阻碍公平竞争，获取超额收益，应坚持既鼓励创新又守牢底线的积极审慎态度，重点关注网络安全，促进市场公平竞争，关注新型"大而不能倒"风险、数据权益归属以及数据跨境流动等问题。

2020 年 12 月 11 日　招商银行股份有限公司发布公告称，其与京东数科旗下子公司合资设立的招商拓扑银行股份有限公司获监管机构批复，这是继百信银行后第二家以独立法人身份设立的直销银行。

2020 年 12 月 13 日　中汇金融科技（深圳）有限公司正式成立，这是中国人民银行年内成立的第二家金融科技子公司。

2020 年 12 月 23 日　中国电子技术标准化研究院牵头发布《区块链系统的标准数据格式》（IEEE 2418.2—2020），规定了区块链和分布式账本技术相关的数据结构、数据分类、数据元素属性及数据规范，标志着我国在区块链和分布式账本技术研究与国际标准制定方面取得了重大突破。

2020 年 12 月 25 日　中国人民银行官网公布已批准朴道征信有限公司个人征信业务许可，这是中国人民银行继 2018 年 2 月向百行征信发放个人征信牌照后，第二家获准持照开展个人征信业务的民营征信机构。同月 28 日，朴道征信有限公司在北京正式成立。

2020 年 12 月 29 日　北京市首个央行数字货币应用场景在丰台丽泽落地，当天上午，在一家名为漫猫咖啡的咖啡店内启动了数字人民币应用场景测试，获得授权的消费者可以用数字人民币钱包支付购买各类商品。

2020 年 12 月 30 日　中国人民银行官网公示对鹏元征信有限公司的行政处罚决定，因鹏元征信有限公司未经批准擅自从事个人征信业务活动、企业征信机构任命高级管理人员未及时备案，决定没收其违法所得 1917.55 万元，并处罚款 62 万元，合计罚没 1979.55 万元。这是近年来中国人民银行对国内获批的征信机构开具的最大罚单，也表明中国人民银行对个人征信业务需持照经营的坚定监管意愿。

2020 年 12 月　世界经济论坛全球加密货币未来理事会发布首份数字资产报告（*Crypto, What is It Good for? —An Overview of Cryptocurrency Use Cases*），该报告展示了数字货币的主要金融应用案例以及加密技术的实践效果，同时提出希望扩大数字货币的讨论范围，而不仅仅限于"价格和金融投机"。

附录2　2020年典型城市
金融科技发展及政策

沈燕鸿　李晶[*]

2020年，我国金融科技持续、稳步发展，相关制度与规则不断完善。中国人民银行、中国银保监会、中国证监会发布了与金融科技相关的一系列政策措施（见表1）。

表1　监管部门出台的与金融科技相关的政策

发布单位	时间	政策措施
中国人民银行	2019年8月	《金融科技（FinTech）发展规划（2019~2021年）》
	2019年9月	《关于发布金融行业标准加强移动金融客户端应用软件安全管理的通知》
	2019年10月	《金融科技产品认证目录（第一批）》《金融科技产品认证规则》
	2020年2月	《关于发布金融行业标准做好个人金融信息保护技术管理工作的通知》
	2020年2月	《关于发布金融行业标准加强商业银行应用程序接口安全管理的通知》
	2020年2月	《网上银行系统信息安全通用规范》
	2020年4月	《关于开展金融科技应用风险专项摸排工作的通知》
	2020年10月	《金融科技发展指标》
中国银保监会	2020年7月	《商业银行互联网贷款管理暂行办法》
	2021年2月	《关于进一步规范商业银行互联网贷款业务的通知》
中国证监会	2021年3月	为贯彻国务院支持北京深化服务业扩大开放试点工作要求，加快推动大数据、云计算、人工智能、区块链等新一代信息技术在资本市场业务领域的应用实施，促进资本市场金融科技健康发展，中国证监会决定在北京地区开展资本市场金融科技创新试点工作，根据试点工作安排，现组织开展资本市场金融科技创新试点（北京）项目征集

沈燕鸿，中关村互联网金融研究院研究员，拥有多年金融科技领域的研究经验，毕业于中国财政科学研究院；李晶，北京立言金融与发展研究院党支部书记、主任，金融科技50人论坛青年成员。

同时，各地金融科技发展各有侧重，东部地区总体实力仍然比较强，西部地区也在加速发展，金融科技发展速度和水平在发展中逐渐缩小差异。北京作为国内金融科技发展的"领头雁"，以政策驱动向更高水平发展；上海围绕国际金融中心建设，在提升国内外影响力的同时带动金融科技更全面地发展；杭州以数字化为主动力加快城市数字化建设，在国内及国际起到示范引领作用；深圳具有强大的科创实力，经过改革开放40周年的实力厚积后，向更高水平迈进。成都、重庆、广州、南京、苏州、雄安新区、青岛、厦门等地也在加速布局抢占金融科技赛道。下面主要分析北京、上海、深圳、杭州、广州、成都、重庆、南京、苏州、雄安新区、青岛、厦门十二地2020年金融科技发展情况，并梳理呈现各地出台的相关政策。

一 北京金融科技发展现状及政策

（一）发展概述

2020年，北京市金融科技发展综合实力依然领先全球，金融科技企业实力不断增强。同时，北京市进一步落实金融科技相关发展规划，各区实施差异化金融科技发展战略，以"监管沙盒"为核心的金融科技监管创新工作加快推进。《2020全球金融科技中心城市报告》显示，北京继2019年被评为全球金融科技中心城市No.1之后，2020年继续位居全球金融科技中心城市榜首。北京连续两年有20余家企业进入毕马威发布的"中国领先金融科技企业50强"，居全国首位。截至2020年底，北京共有金融科技企业3906家①（不包含P2P网络借贷和网络众筹），涵盖综合金融类集团、金融科技底层技术类企业、市场基础设施类企业和金融科技应用类企业。

金融科技与专业服务创新示范区（以下简称金科新区）建设成果显著。自金科新区建设以来，大型金融机构、总部企业、互联网领军企业纷纷成立

---

① 数据来源于金融科技企业数据库。

金融科技企业，投身金科新区建设。目前，金科新区范围内，仅西城区的金融科技企业总数就已经超过100家，年收入近千亿元，入驻企业有金融总部机构衍生的光大云缴费、建信金服、爱保科技等，有央企总部衍生的中移金科、云成金服，有头部科技公司或互联网公司衍生的云粒智慧、相互帮健康科技，有国家金融基础设施金融大数据、网联清算，有国际金融组织衍生机构环球同业银行金融电讯协会（SWIFT），也有国际清算机构万事网联、威士信息技术（北京）有限公司（Visa）等。随着金科新区的影响力进一步扩大和相关利好政策的吸引，越来越多优秀的金融科技企业加入金科新区建设中。

以监管沙盒为核心的金融科技监管创新工作加快推进。2020年，北京率先开展三批共22个金融科技监管沙盒试点项目。第一批监管沙盒项目完全是持牌金融机构，第二批和第三批项目由持牌机构和高科技企业等牵头。这些领域的试点创新将与监管审批规定逐步磨合，达成共识，作为今后试点项目的典型范本，将监管沙盒运行机制推广至更多省份，从而推动普惠金融更好更快发展。

科技抗疫中北京金融科技企业表现亮眼。新冠肺炎疫情期间，北京地区的金融科技公司发挥自身技术优势，针对疫情防控工作，加强相关系统的技术研发，为疫情防控建立技术"护城河"。例如，中科软研发"新型冠状病毒肺炎的流行病学调查及密切接触者追踪系统"并在除夕前上线，实现新冠肺炎疫情信息的实时报告，确保国家第一时间获得最准确的数据，为疫情的防控和指挥工作提供可靠的数据支撑；旷视科技提出"人体识别＋人像识别＋红外/可见光双传感"的创新解决方案，实现疑似高热人员的精准锁定，满足了复工潮期间疫情防控需求，提升了城市管理和便民服务效率。此外，北京中科金财科技股份有限公司、第四范式（北京）技术有限公司、神州信息股份有限公司、北京宇信科技集团股份有限公司、拉卡拉支付股份有限公司等一批金融科技企业在疫情期间保障金融服务也起到了关键作用。

（二）政策

北京金融科技发展相关政策见表2。

表 2　北京金融科技发展相关政策

时间	发布单位	政策	主要内容
2020 年 6 月	中共北京市委、北京市人民政府	《关于加快培育壮大新业态新模式促进北京经济高质量发展的若干意见》	准确把握数字化、智能化、绿色化、融合化发展趋势，在疫情防控常态化前提下，加快推进新型基础设施建设，持续拓展前沿科技应用场景，不断优化新兴消费供给，高水平推进对外开放，全面改革创新政府服务，培育壮大疫情防控中催生的新业态新模式，打造北京经济新增长点，为北京经济高质量发展持续注入新动能新活力
2020 年 6 月	北京市海淀区人民政府	《海淀区进一步优化营商环境行动计划》	提出科技金融创新"标杆"行动。进一步深化打造金融科技协同创新平台，高标准推进北京金融科技与专业服务创新示范区及核心区建设。建设创新资本中心，积极建设金融科技主题楼宇，吸引一批头部企业落地，形成金融科技发展要素聚集示范效应
2020 年 9 月	北京市经济和信息化局	《北京市促进数字经济创新发展行动纲要（2020～2022年）》	将北京打造成为全国数字经济发展的先导区和示范区。到 2022 年，数字经济增加值占地区 GDP 比重达到 55%；基础设施建设及数字产业化能力不断夯实提升，建设完善的数字化产业链和数字化生态；三次产业数字化转型持续深化，中小企业数字化赋能稳步推进，产业数字化水平显著提升；基本形成数据资源汇聚共享、数据流动安全有序、数据价值市场化配置的数据要素良性发展格局；突破制约数字经济发展的体制机制约束和政策瓶颈，建立数字贸易试验区，开展数据跨境流动安全管理试点，构建适应开放环境的数字经济和数字贸易政策体系
2020 年 9 月	北京市商务局	《北京市关于打造数字贸易试验区实施方案》	通过数字贸易试验区建设，加快试点示范和政策创新，真正实现北京在数字领域更深层次、更宽领域、更大力度的高水平开放，吸引数字领域高端产业落地，推动数字龙头企业和优秀人才不断汇集，将北京打造成为具有全球影响力的数字经济和数字贸易先导区
2020 年 10 月	中关村科技园区管理委员会	《中关村国家自主创新示范区数字经济引领发展行动计划（2020～2022年）》	提出围绕算力提升、算法优化、数据采集传输和重点行业融合应用等，突破一批关键核心技术和应用创新技术。加快培育 10 家以上具有国际影响力的平台型领军企业、100 家独角兽企业和国内细分领域的单项冠军企业，涌现出一批科技创新企业。支持一批数据交易、中试基地、产业协同创新平台建设，积极探索、试点落地一批创新政策，营造符合数字经济发展需求的良好产业生态和政策环境

时间	发布单位	政策	主要内容
2020年11月	北京市西城区人民政府	《北京加快推进国家级金科新区建设三年行动计划（2020~2022年）》	力争用三年时间，推动金科新区建设取得显著成效，引领北京成为全球技术研发和应用场景新高地、产业发展增长极、制度标准策源地、顶尖创新人才首选地和金融科技监管体系引领者
2020年12月	北京市人民政府办公厅	《关于加快推进北京市社会信用体系建设构建以信用为基础的新型监管机制三年行动计划（2020~2022年）》	到2022年，基本形成以信用为基础的新型监管和治理机制，信用监管政策制度和标准体系比较完备，信用数据共享机制日臻完善，信用监管科技化、智能化水平显著提升，信用监管方式在重点行业和领域得到充分应用，在提升对市场主体服务和监管水平、降低监管和治理成本、改革优化营商环境、提高社会治理能力等方面成效显著，社会诚信意识普遍增强
2020年12月	北京市西城区人民政府办公室	《北京市西城区加快推进数字经济发展若干措施（试行）》	提出将西城区建设成为产业数字化赋能示范区和数字应用场景引领示范区的发展目标，明确数字技术与金融、文化、消费等产业深度融合发展成为西城区创新的发展趋势

二 上海金融科技发展现状及政策

（一）发展概述

上海作为长三角地区的引领城市，金融科技发展优势明显。2020年9月，英国智库Z/Yen集团发布第28期全球金融中心指数（GFCI 28），上海首次跻身全球前三，实现历史性突破，尤其是在金融科技方面，上海连续4期排名前三。截至2020年底，上海共有金融科技企业3506家①（不包含P2P网络借贷和网络众筹），位居全国第二。

2020年上海国际金融中心基本建成。上海通过国际金融中心建设，集聚了全国大部分金融要素市场和各类金融机构，如推进建设中的上海科创中

① 数据来源于中国金融科技企业数据库。

心，正在探索人工智能、大数据、云计算、区块链等金融科技关键技术在金融领域的应用发展。此外，2020 年，上海吸引了很多优质的金融科技企业落户，上海与阿里巴巴、蚂蚁集团签署战略合作协议，阿里巴巴、蚂蚁集团将进一步优化在上海的产业布局，加大产业投资力度，发挥在数字技术、区块链、移动支付、跨境汇款等方面的优势，推进支付宝总部、盒马总部、本地生活总部以及阿里巴巴上海研发中心、阿里巴巴新零售中心、蚂蚁科技中心等加速发展；虹口区人民政府与京东数科签署战略合作协议，并启动京东数科上海运营中心；招商银行获银保监会批准，与网银在线（北京）商务服务有限公司共同筹建的招商拓扑银行股份有限公司（招商拓扑银行）落地上海。此外，上海还先后成立了金融科技产业联盟、智能投研技术联盟等，将为上海金融科技中心建设提供助力。

金融科技创新监管试点工作稳步推进。2020 年 7 月和 12 月，中国人民银行上海总部分别公示了第一批和第二批共 13 个监管沙盒试点项目，其中金融产品和科技产品的比例为 6∶7，项目侧重于新技术促进金融、产业链、数字政务的融合。

（二）政策

上海金融科技发展相关政策见表 3。

表 3　上海金融科技发展相关政策

时间	发布单位	政策	主要内容
2020 年 1 月	上海市人民政府办公厅	《关于加快推进上海金融科技中心建设实施方案》	计划 5 年内将上海打造成金融科技的技术研发高地、创新应用高地、产业集聚高地、人才汇集高地、标准形成高地和监管创新试验区，将上海建设成为具有全球竞争力的金融科技中心
2020 年 2 月	中国人民银行、中国银行保险监督管理委员会、中国证券监督管理委员会、国家外汇管理局、上海市人民政府	《关于进一步加快推进上海国际金融中心建设和金融支持长三角一体化发展的意见》	从积极推进临港新片区金融先行先试、在更高水平加快上海金融业对外开放和金融支持长三角一体化发展等方面提出 30 条具体措施，涉及科创企业、理财子公司和保险资金投资新方向、金融开放等多方面内容

时间	发布单位	政策	主要内容
2020年5月	上海市人民政府	《上海市推进新型基础设施建设行动方案（2020～2022年)》	到2022年,全市新型基础设施建设规模和创新能级迈向国际一流水平,高速、泛在、融合、智敏的高水平发展格局基本形成,5G、人工智能、工业互联网、物联网、数字孪生等新技术全面融入城市生产生活,新型基础设施成为上海经济高质量发展和城市高效治理的重要支撑

三　深圳金融科技发展现状及政策

（一）发展概述

深圳金融科技发展实力强劲,根据2020年第27期全球金融中心指数（GFCI 27）,深圳排名第11位,连续两年保持全球金融中心前20名。根据深圳市金融科技协会湾区国际金融科技实验室发布的《2020年中国金融科技头部企业调研分析报告》,目前深圳市拥有金融科技独角兽企业6家,数量仅次于北京。2020年是深圳特区乘风破浪的40周年,在吸引全球视野的同时,深圳展现出其作为先行示范区和粤港澳大湾区中心城市的实力,在推动金融科技发展方面进一步发力,实现了更高水平、更高质量的发展。2020年11月,"2020深圳高科技高成长20强暨深圳明日之星颁奖盛典"评选结果显示,在深圳20强企业中,按行业分布,互联网和软件类企业占比最高,为25%;其次是智能制造类企业,占比为15%;硬件类企业占比为10%。获奖的软件类企业包括人工智能、大数据、区块链等"新基建"中热门的前沿技术企业。科技领域的长期积累为深圳金融科技的发展提供了坚实的技术基础,让深圳在打造世界金融科技中心方面有更充足的底气。

多个重大项目的成立赋能金融科技发展。2020年,深圳国家金融科技测评中心正式成立,该测评中心由中国人民银行批准成立,是我国金融风险防控、金融科技发展的重要基础设施,承担了银行卡联网通用、芯片化迁移和金融科技创新的重要技术保障工作，赋能金融科技健康发展；中汇金融科技（深圳）有限公司揭牌，由中国外汇交易中心发起设立，是其在粤港澳大湾区的核心商业存在，协助中国外汇交易中心推进全球人民币及相关产品交易主平台和定价中心建设，打造银行间市场交易员社群的互联网流量入口和开放服务平台，并通过金融科技实验室加快核心技术攻关和应用，更好地服务于我国银行间市场改革创新发展；全国第一个关于金融科技伦理建设的专业组织——深圳市金融科技伦理委员会成立，旨在探索建立金融科技道德标准、金融科技创新与监管机制，增强金融服务实体经济与防范化解金融风险的能力，推动实施深港澳金融科技师专才计划的三地（深圳市金融科技协会、香港中国金融协会、澳门金融学会行政管理委员会）实现签章互认互通。

积极开展金融科技创新监管试点，率先开展数字人民币红包试点。2020 年 7 月，深圳对外公示首批 4 个创新应用，项目涉及商业银行、征信机构、科技公司等，突出金融普惠、技术示范和风险可控三大特性。2020 年 10 月，深圳在全国率先开展数字人民币红包试点，此次试点确定了数字人民币发放的基本流程，并且较为完整地展示了数字钱包 App 安装与使用、数字人民币转账、支付、充值、绑卡等主要环节的操作过程，是进行公众教育和市场推广的有效实践。[①]

（二）政策

深圳金融科技发展相关政策见表 4。

表 4 深圳金融科技发展相关政策

时间	发布单位	政策	主要内容
2020 年 8 月	深圳市人民政府、央行深圳市中心支行、深圳银保监局、深圳证监局	《深圳市贯彻落实〈关于金融支持粤港澳大湾区建设的意见〉行动方案》	在金融科技发展上,将研究制定出台金融科技专项扶持政策,开展金融科技节主题活动,开展金融科技创新监管试点,积极参与、支持、协调中国人民银行数字货币各个场景应用在深圳试点等

---

① 《1.1 亿、877 万：从六轮红包试点看数字人民币进程》，网易，2021 年 2 月 22 日，https://www.163.com/dy/article/G3EEOM1E05198086.html。

续表

时间	发布单位	政策	主要内容
2020 年 10 月	中共中央办公厅、国务院办公厅	《深圳建设中国特色社会主义先行示范区综合改革试点实施方案（2020～2025 年）》	首批 40 条授权事项清单中涉及金融业的共10 项，占 1/4，尤其是支持在资本市场建设上先行先试、推出深市股票股指期货、开展本外币合一跨境资金池业务试点、完善金融支持科技创新的体制机制等，深圳将用足用好综合改革试点清单，在人民币国际化、资本市场改革、创投私募市场准入环境等领域先行先试，力争形成金融领域可复制可推广的制度成果，为全国金融业深化改革探索路径
2020 年 11 月	深圳市地方金融管理局	《深圳市扶持金融科技发展若干措施（征求意见稿）》	重点扶持五类金融科技企业，其中持牌金融机构设立的金融科技子公司、大型互联网公司发起设立或控股的金融科技子公司、为金融机构提供独立服务的技术公司、其他致力于推动信息技术与金融业务深度融合的公司准予符合条件的公司在名称和经营范围中使用"金融科技"字样
2020 年 12 月	深圳市市场监督管理局	《金融行业区块链平台技术规范》	规定了金融行业区块链平台的基本原则、分层框架、功能组件及其技术要求，是国内首个地方标准，与国家工信部的标准一起，完善了我国多层次的区块链标准体系

四　杭州金融科技发展现状及政策

（一）发展概述

在强劲的增长势头下，杭州金融科技发展再迈上新台阶。根据全球八大金融科技中心排名情况，杭州作为我国金融科技发展的第一梯队连续三年榜上有名。在金融科技体验方面，杭州已经连续三年排名全球第一，金融科技使用者占比高达 93.5%，杭州也是全球唯一一个金融科技应用率超过 90%的城市。目前杭州拥有 10 多家融资多但暂未上市的企业，融资总额超过230 亿美元。此外，杭州作为"移动支付之城"和"数字治理第一城"，其产业优势对形成金融科技中心必定会产生较大的国际影响力。

数字化成为城市经济发展的主动力。随着城市数字化治理能力的不断增强，城市生活和工作中的各个应用场景越来越数字化、智能化。中国经济信息社、中国信息协会和中国城市规划设计研究院联合发布的《中国城市数字治理报告(2020)》显示，杭州数字治理指数在全国排名第一，在全国45个城市居民的数字生活满意度调查中，杭州居民的数字生活满意度也为最高。目前，杭州建成了覆盖公共交通、城市管理等11个重点领域的48个应用场景和168个数字驾驶舱，数字赋能使在杭州生活的人通过一部手机就能完成很多需求。2020年，围绕数字经济核心产业，杭州实现营业收入4290亿元，较上年增长13.3%。杭州超过70%的企业实现了数字化改造，建成12153个基站，实现了5G网络的广泛覆盖，覆盖面积达1400平方公里。可见，数字引擎为杭州经济的发展注入了新动能。

2020年，杭州成为全国第二批启动金融创新监管试点工作的城市。截至2020年6月，杭州第一批5个金融科技监管沙盒试点应用项目出炉。应用项目发挥杭州金融科技业态先发优势，利用大数据、人工智能、区块链、卫星遥感等技术，赋能农村金融、智能银行、跨境电商融资等领域，推动金融服务场景化、数字化、精准化发展。

（二）政策

杭州金融科技发展相关政策见表5。

表5　杭州金融科技发展相关政策

时间	发布单位	政策	主要内容
2020年9月	杭州市人民政府金融工作办公室	《2020年度推进杭州国际金融科技中心暨钱塘江金融港湾建设的工作要点》	着力构建多层次、多元化的金融供给体系，着力构建较为完善的金融基础设施体系，着力构建国际一流的专业配套服务体系，着力构建严密高效的现代金融治理体系
2020年10月	杭州市上城区人民政府办公室	《杭州市上城区进一步加强科技创新促进转型升级的若干扶持政策》	28项政策推进科技发展，包括培育创新主体，改善创新环境；鼓励创业孵化体系建设，打造创业创新基地；鼓励产学研合作，促进科技成果转化；鼓励知识产权创造，支持知识产权培育；加强科技金融创新

五　广州金融科技发展现状及政策

（一）发展概述

2020年，广州市金融业实现增加值2234.06亿元，同比增长8.3%，金融业增加值占GDP的比重为8.9%，拉动GDP增长0.7%。全市金融业实现税收489.3亿元，同比增长9.1%，占全市总税收的比重为9.14%，金融业比重稳步提高。

广州市作为广东省金融科技发展的前沿城市之一，自2018年出台《关于促进金融科技创新发展的实施意见》以来，一直在探寻具有广州特色的发展新模式，结合粤港澳大湾区建设实际，开展金融科技创新监管试点工作，引导持牌金融机构、科技公司运用新兴技术驱动金融创新。2020年，中国人民银行广州分行对首批5个金融科技创新应用进行公示，这些创新应用围绕金融科技、普惠金融、跨境贸易结算等领域的问题展开，体现了金融科技兼容并包、融合赋能的特点。

目前，广州已经初步在支持金融科技企业发展中寻找到了自有发展模式，尤其是在支持金融机构与金融科技研发企业进行客户获得和风控管理等方面取得了长足的发展，同时鼓励金融机构与金融科技研发企业、其他金融机构，以及机构客户业务场景和个人客户生活场景提供商在创新技术支撑、同业金融互惠和金融场景应用等领域加强合作。依托广州先进制造业、现代服务业以及战略性新兴产业等产业基础和优势，金融科技研发企业利用征信评估技术解决信用评价问题，利用大数据技术解决信用支持和担保等问题，利用区块链技术解决信息不对称问题，利用资产标准化技术解决应收账款等资产风险定价问题，搭建不同的金融业务场景，优化金融机构开展业务的生态圈，在产业金融、科技金融、普惠金融、绿色金融等各领域形成具有广州特色的线上化金融模式。

（二）政策

广州金融科技发展相关政策见表6。

表6　广州金融科技发展相关政策

时间	发布单位	政策	主要内容
2020年4月	中国人民银行、中国银行保险监督管理委员会、中国证券监督管理委员会、国家外汇管理局	《关于金融支持粤港澳大湾区建设的意见》	深化粤港澳大湾区金融科技合作，加强金融科技载体建设。在依法合规、商业自愿的前提下，建设区块链贸易融资信息服务平台，参与银行能以安全可靠的方式分享和交换相关数字化跨境贸易信息。支持粤港澳大湾区内地研究区块链、大数据、人工智能等创新技术及其成熟应用在客户营销、风险防范和金融监管等方面的推广。便利港澳居民在内地使用移动电子支付工具进行人民币支付，推动移动支付工具在粤港澳大湾区互通使用。支持内地非银行支付机构在港澳扩展业务
2020年5月	广州市地方金融监督管理局	《广州市加快推进企业上市高质量发展"领头羊"行动计划（2020～2022年)》	支持上市公司打造技术创新中心。引导上市公司增加科研投入，通过股权、期权等制度设计加大对科研人员的激励。支持上市公司设立研发机构，在重大关键技术上取得突破，形成产业发展技术优势。支持上市公司通过许可使用、专利转让、折算入股等方式，拓展其专利或技术在同行业或相关行业的应用，推动行业整体技术水平提升，助力国际科技创新中心建设
2020年6月	广州市地方金融监督管理局、中国人民银行广州分行营业管理部、中共广州市委统战部、广州市工业和信息化局、广州市科学技术局、广州市工商业联合会、国家税务总局广州市税务局	《关于加强金融支持广州市民营企业发展的实施意见（修订)》	银行业金融机构要积极开发知识产权质押贷、股权质押贷、排污权质押贷、碳排放权质押贷等创新融资产品，积极开展政府订单贷款、仓单质押贷款、应收账款质押贷款、票据贴现、保理、信用证等供应链金融服务，进一步运用互联网、大数据、云计算等信息技术，创新民营企业金融服务模式，探索推广"互联网＋缴税信息""互联网＋交易信息"等金融服务新模式

时间	发布单位	政策	主要内容
2020年8月	广州市科学技术局	《关于公开征集孵化器、众创空间、银行机构、股权投资机构（首批）开展科技金融工作站和科技金融特派员试点工作的通知》	通过科技金融工作站与科技金融特派员的联动，为科技金融工作站入驻企业提供"债权＋股权"的科技金融精准服务，探索科技金融赋能孵化育成体系的"1＋1"模式（两个"1"分别指银行机构科技金融特派员、股权投资机构科技金融特派员）
2020年9月	广州市地方金融监督管理局	《关于贯彻落实金融支持粤港澳大湾区建设意见的行动方案》	从推进重大项目和平台建设、促进粤港澳大湾区跨境贸易和投融资便利化等六个方面提出66条具体措施
2020年12月	中国人民银行广州分行营业管理部、广州市地方金融监管局	《关于金融支持广州科学城建设"中小企业能办大事"先行示范区的实施意见》	完善民营科技型中小企业金融创新服务超市。强化部门联动，依托金融服务超市，应用大数据、人工智能等金融科技手段，为中小企业提供信用画像、建模评级服务，打通银政企信息互通渠道，加强水电气缴费、缴税、社保等定量数据在支持中小企业融资中的运用。结合加速器、孵化器、产业园区中小企业的金融需求，加强金融服务超市线下实体店等载体建设，强化网络化配套服务，开展制度化、常态化的"融资汇""知融汇""融智汇""创享汇"等产融对接品牌活动，为中小企业提供多角度、专业化、精准化的融资对接服务。推动金融服务超市与"粤信融"等重大综合性金融服务平台的对接，提升银政企融资对接效率

六　成都金融科技发展现状及政策

（一）发展概述

当前，成都正加快国家西部金融中心建设，着力以金融科技为突破口，加快现代金融产业生态圈建设。近年来，成都按照国家有关金融科技发展的战略部署，以制度促创新、以场景促落地、以开放促发展，实现了"金融科技应用先进可控、金融服务能力稳步增强、金融风控水平明显提高、金融监管效能持续提升、金融科技支撑不断完善、金融科技产业繁荣发展"的良好局面。目前，成都在金融科技研发水平、企业集聚数量、数字金融场景应用等方面已基本位居全国第一梯队。近年来相继获批数字货币试点和金融科技创新监管试点，进一步推动了成都金融科技的创新发展。2020年7月，成都市正式获批开展中国人民银行总行金融科技创新监管试点。2021年2月，成都加入数字人民币钱包区域性测试工作。

（二）政策

成都金融科技发展相关政策见表7。

表7　成都金融科技发展相关政策

时间	发布单位	政策	主要内容
2020年5月	成都市人民政府、中国人民银行成都分行	《成都市金融科技发展规划（2020~2022年）》	主要包括总体思路、发展重点、金融科技载体布局、重点任务、保障措施五个部分。到2022年底前，努力把成都建设成为具有国际影响力的区域金融科技中心，构建"成都特色、全国影响、国内示范、国际同步"的金融科技创新示范体系，确立成都金融科技在中西部地区领先、全国一流的地位，形成"金融科技应用先进可控、金融服务能力持续增强、金融风控水平明显提高、金融监管效能持续提升、金融科技支撑不断完善、金融科技产业繁荣发展"的良性发展格局
2020年4月	成都市地方金融监督管理局	《关于支持金融科技产业创新发展的若干政策措施》	对金融科技相关企业给予相应鼓励和奖励措施
2020年6月	成都市地方金融监督管理局、成都市财政局	《2020年成都市金融业发展专项资金申报指南》	认定金融科技企业的有关规定

时间	发布单位	政策	主要内容
2020年10月	中共中央政治局	《成渝地区双城经济圈建设规划纲要》	以成渝共建西部金融中心助力区域要素市场一体化。一方面，着力建设金融科技高地，发布《成都市金融科技发展规划（2020~2022）》，搭建全国首个区块链知识产权融资服务平台，开展成都市金融科技创新监管试点。推进不动产抵押登记同城化、共享共建"农贷通"平台等。另一方面，加强与重庆的合作，推动基础金融服务一体化。推动支付结算基础设施一体化建设，与重庆协同推进本外币合一账户体系改革；实现通过云闪付App跨区域银行账户预约开户应用；实现跨省异地缴税，跨区域反洗钱监管协作；推进创建反假币联合示范区，研究推进成渝地方征信平台互联互通

七　重庆金融科技发展现状及政策

（一）发展概述

近年来，重庆金融发展稳健，是中西部金融最为活跃的地区，金融机构加速集聚，金融改革创新有为，金融结算加快发展，地方金融监管有力，金融生态环境良好，这些都为重庆金融科技的应用与发展打下了坚实基础。"十三五"期间，重庆市金融业增加值年均增长7.4%，占GDP的比重为8.9%，资产规模年均增长9.3%。2020年，重庆市全面推动共建西部金融中心，加快建设立足西部、面向东盟的内陆国际金融中心。目前，已初步形成了"四区""两中心""一合作""一高地"的发展战略，其中"四区"和"两中心"即着力打造金融科技产业聚集区、高质量发展制度创新区、金融科技监管先行区、金融科技标准示范区，加快建设基础数据中心和认证中心；"一合作"和"一高地"即推进金融科技开放与合作，建设人才培养合作交流高地。

（二）政策

重庆金融科技发展相关政策见表8。

表8　重庆金融科技发展相关政策

时间	发布单位	政策	主要内容
2020年4月	中国人民银行	《中国人民银行在上海等6市(区)扩大金融科技创新监管试点》	为深入做好金融科技创新监管试点工作,中国人民银行支持在上海市、重庆市、深圳市、雄安新区、杭州市、苏州市六地扩大试点,引导持牌金融机构、科技公司申请创新测试,在依法合规、保护消费者权益的前提下探索运用现代信息技术手段赋能金融"惠民利企",纾解小微民营企业"融资难、融资贵"、普惠金融"最后一公里"等痛点难点问题,助力疫情防控和复工复产,着力提升金融服务实体经济水平
2020年4月	重庆市人民政府办公厅	《关于推进金融科技应用与发展的指导意见》	以推动以人工智能、大数据、云计算、区块链等为代表的信息技术在重庆市金融领域广泛应用为目的,围绕打造金融科技产业聚集区等,规划了重庆市推进金融科技应用与发展的蓝图
2020年6月	重庆市人民政府办公厅	《重庆市建设国家新一代人工智能创新发展试验区实施方案》	抓住推动成渝地区双城经济圈建设的战略机遇,统筹推进国家数字经济创新发展试验区建设,强化核心关键技术攻关,打造智能产业品牌,破解体制机制障碍,促进数字产业化、产业数字化,壮大"芯屏器核网"全产业链,建设"云联数算用"要素集群,推动支柱产业迭代升级,拓展技术融合示范应用,让智能化为经济赋能、为生活添彩,加快建设"智造重镇""智慧名城"
2020年11月	重庆市人民政府	《重庆市金融支持西部(重庆)科学城建设若干措施》	从集聚创投资本、提升直接融资能力、加强信贷资源配置、引导金融机构聚集、打造金融综合服务平台、加快金融科技发展、完善保障支持体系七个方面提出20条措施,助力西部(重庆)科学城建设

八　南京金融科技发展现状及政策

（一）发展概述

截至 2019 年末，江苏省银行业总资产为 19.3 万亿元，同比增长 8.6%，增速比上年提高 2.3 个百分点；全年共实现净利润 2219 亿元，同比增长 10.5%。其中，地方法人银行业金融机构资产总额同比增长 7.4%，净利润同比增长 16.3%。全年全省银行业金融机构网点总数增加 563 家。江苏紫金农村商业银行、苏州银行分别在上交所、深交所挂牌上市，全省上市银行达到 9 家，居全国首位。省内第二家民营银行无锡锡商银行正式获批筹建。江苏银行、南京银行获批成立理财子公司。多家服务于自贸区的金融特色机构陆续成立，南京作为江苏省内的重要城市，为江苏省整体金融业发展提供了有力支撑，同时金融科技发展也凸显了强有力的优势和地位。

未来南京市将重点建设我国东部地区重要的金融中心，积极在河西金融集聚区设立总部、布局资源，共同提升城市的金融集聚力和辐射力。在深化创新名城建设上发挥更大的功能，聚焦新型研发机构、科技型企业以及 8 条产业链精准配置金融资源，以金融"活水"带动人才、企业、项目、成果集聚涌动，共同发掘南京创新发展的"富矿"。在推动金融开放创新上形成更强支点，坚持对标一流、锐意变革，引进国际性金融组织和外资金融机构，共同开创融入"双循环"的崭新局面。深化科技金融体系建设，引导各类金融机构树立长期投资、价值投资理念，推动设立含有孵化创投功能的新型孵化器，大力发展知识产权金融，积极创建金融支持科技创新改革试验区和知识产权金融创新发展试验区。

加快发展数字金融。依托与中国人民银行数字货币研究所共建的应用示范基地，引进和培育一批以区块链为代表的金融科技众创空间、孵化器、实验室等创新载体，构建涵盖孵化器、加速器、产业园全生命周期的金融科技和数字金融生态圈。

（二）政策

南京金融科技发展相关政策见表9。

表9 南京金融科技发展相关政策

时间	发布单位	政策	主要内容
2020年1月	中共南京市委、南京市人民政府	《关于进一步深化创新名城建设加快提升产业基础能力和产业链水平的若干政策措施》	鼓励高新技术企业在宁发展,争创国家技术创新中心
2020年5月	南京市人民政府办公厅	《关于加强金融支持新型研发机构高新技术企业和先进制造业发展的通知》	在南京市金融创新奖中增设"新型研发机构、高新技术企业和先进制造业金融支持创新奖"以及"知识产权质押融资创新奖",对金融机构开发的创新产品并成功应用推广的项目给予表扬激励;增设"金融创新推进奖",对创新组织金融资源、有效服务实体经济的区(园区)进行表扬
2020年10月	南京市金融监管局、南京市财政局	《关于开展2020年度南京市金融创新奖申报工作的通知》	引导和鼓励金融科技企业加强金融创新

九　苏州金融科技发展现状及政策

（一）发展概述

截至2020年12月末,苏州市金融各业态发展平稳。本外币各项存款余额较年初增加3978.8亿元,各项贷款余额较年初增加4317.4亿元;本月实现保费收入48.73亿元,赔付支出18.59亿元。证券市场交易、信托业继续保持平稳发展态势,小额贷款公司稳步发展。

苏州市作为金融科技发展的后起之秀,不断创建自有品牌,积极对标深圳、南京等金融先进地区，抢抓开放发展机遇，加强金融发展规划，提升金融供给能力，打造苏州金融产业发展高地，强化金融消费者权益保护，构筑营商环境"金"字招牌。深化小微企业数字征信实验区建设，打造长三角地区标杆性征信机构。制订苏州征信公司三年行动计划，加大征信平台的市场化运营力度，提高制度、机制、资本输出效益。坚持客户思维、用户导向，深入开展金融服务顾问常态化、制度化走访，提升服务精准度。做好转贷服务，加强政策研究，完善转贷机制，加强对小微企业的周转支持。

2019年3月22日，国家外汇管理局江苏省分局在全国率先启动"跨境金融区块链服务平台"试点。5月24日，江苏省苏州市获中国人民银行批准设立全国首个"小微企业数字征信实验区"。10月12日，江苏省获批成为全国首批金融科技应用试点省份。

（二）政策

苏州金融科技发展相关政策见表10。

表10　苏州金融科技发展相关政策

时间	发布单位	政策	主要内容
2020年1月	中共苏州市委、苏州市人民政府	《关于开改再出发的若干政策意见》	推动金融与科技深度融合。支持企业利用境内外资本市场做强做优，对在境内外资本市场实现IPO的企业，给予不少于300万元的奖励。加大外资持牌金融机构招引力度，支持境外金融机构在苏州设立法人机构。完善地方金融科技产业生态，建设金融科技开放平台、评测平台、监管沙盒试点，引进境内外金融科技龙头公司，创设金融科技实验室。建立投贷联动合作机制，通过信息共享、优化服务、政策支持，吸引头部创投机构，打通投资机构和银行之间的合作通道，激发创新型企业多元化融资发展活力。在税收优惠、绩效奖励、风险补偿、融资补贴、退出机制等方面加大政策扶持力度，鼓励境内外创投资本投资苏州创新创业企业

时间	发布单位	政策	主要内容
2020 年 3 月	中共苏州市委、苏州市人民政府	《苏州市优化营商环境创新行动2020》	全面推进"苏州小微企业数字征信实验区"建设。在小微企业融资扩面、融资方式、融资结构等方面先行先试，构建以征信体系为基础的小微企业融资服务模式。鼓励银行依托地方征信平台数据，通过苏州综合金融服务平台以线上审批方式为企业提供单户 1000 万元及以下的信用贷款。鼓励金融机构通过"中征应收账款融资服务平台"开展在线供应链融资服务，引导更多供应链核心企业加入平台
2020 年 3 月	苏州市人民政府办公室	《苏州市科创板上市后备企业培育计划》	深入实施"瞪羚计划""高成长创新型企业培育计划"，发布《苏州市核心技术产品目录》，构建以高新技术企业为主体、以瞪羚企业和高成长创新型企业为标杆的创新梯队。建立科技、工信与金融部门联动发掘培育"金种子"企业机制。市科技局每年度侧重从具有高成长性的瞪羚企业、具有爆发式增长潜力的高成长创新型培育企业、拥有核心技术产品的企业中推荐；市工信局每年度侧重从专精特新企业中推荐。借助私募股权投资基金、证券公司等市场化机构力量，发掘和推选优质科创企业纳入"金种子"企业名单
2020 年 4 月	中国人民银行		苏州市获中国人民银行批准，开展金融科技创新监管试点
2020 年 6 月	苏州市人民政府	《苏州市加快推进产业资本中心建设行动计划（2020 ~ 2022 年)》	推动金融科技创新发展。充分利用小微企业数字征信实验区、金融科技创新监管、数字货币三项试点在苏州叠加联动优势，引导持牌金融机构与金融科技企业等市场化机构用好试点政策重要窗口期，开展市场化、个性化、深层次合作，集聚金融科技龙头企业，培育创新业态。加强与金融监管部门的合作，争取各类金融科技创新示范项目在苏州先行先试
2020 年 7 月	苏州市人民政府办公室	《苏州市进一步做好金融支持稳企业保就业工作指导意见》	推动创新试点改革。充分发挥中国人民银行在苏州设立"小微企业数字征信实验区"和开展"金融科技创新监管试点"的叠加创新优势，鼓励银行机构加快运用征信大数据、金融科技驱动金融创新，进一步降低获客成本、增强风控能力、提高审批效率，赋能金融提质增效、惠企利民。深入推动物联网金融深度应用，加快产品和服务创新，提升金融服务实体经济能力

十 雄安新区金融科技发展现状及政策

（一）发展概述

雄安新区自建设以来，一直秉持质量为先的原则，加强金融监管，维护金融稳定，有序推进金融科技产业的建设，大力支持自贸区等建设金融创新先行区，稳步推进数字城市建设，加快构建国际一流的金融科技创新平台，成为全国数字经济发展的新标杆、数字金融发展的新高地。目前，雄安新区已逐步设立了中国雄安发展银行（全国性股份制银行）、中国雄安信托公司、中国雄安资产管理公司、中国雄安证券公司、中国雄安基金管理公司、雄安科技股权交易所、中国雄安财产保险公司、中国雄安人寿保险公司、中国雄安健康保险公司、中国雄安保险资产管理公司、雄安农村商业银行等机构。

2019年，雄安新区启动金融岛建设，未来金融岛将是雄安金融经济发展的中心。目前，雄安新区建设链金融服务平台、基于区块链的供应链金融服务、基于智能风控的支付服务、征迁安置资金管理区块链信息系统、基于链式传导的企业风险管理平台5个金融科技应用领域取得了很大发展和突破，同时这些项目也是雄安新区的监管沙盒项目。

未来，雄安新区将创建金融业"雄安"品牌，理顺管理体制，开辟"绿色通道"。支持金融机构在雄安新区的派驻机构升格，直归省级机构管理。引进保险资金投入新区建设，争取保监会等部门研究保险资金支持雄安新区建设的专项政策，鼓励其参与到地方政府投资平台建设中。协调证监会，为雄安新区及周边地区企业挂牌、上市开辟"绿色通道"，对首次公开发行股票并上市的企业，实行"即报即审、审过即发"；对在新三板挂牌的企业，实行"即报即审、审过即挂"，减免挂牌初费；对发行公司债、资产支持证券的企业，实行"专人对接、专项审核、即报即审"。

（二）政策

雄安新区金融科技发展相关政策见表11。

表 11　雄安新区金融科技发展相关政策

时间	发布单位	政策	主要内容
2020 年 4 月	中国人民银行		雄安新区被确立为数字人民币研发试点地区之一
2020 年 7 月	河北省人民政府办公厅	《中国（雄安新区）跨境电子商务综合试验区建设实施方案》	鼓励跨境电子商务活动中使用人民币计价结算,探索数字货币跨境支付。支持符合相关资质的金融机构、支付机构、第三方跨境电子商务平台等大胆创新,为具有真实交易背景的跨境电子商务交易提供在线支付结算、在线融资、在线担保等风险可控的金融服务体系。加大政策性出口信用保险承保支持力度,扩大出口信用保险覆盖面。引导符合相关资质的非银行支付机构创新产品和服务,加强与跨境电子商务企业合作,提供安全高效的本外币支付结算服务
2020 年 8 月	中国人民银行石家庄中心支行	《河北雄安新区金融科技创新监管试点应用公示（2020 年第一批）》	在中国人民银行的支持指导下,河北雄安新区开展金融科技创新监管试点,探索构建符合我国国情、与国际接轨的金融科技创新监管工具,在依法合规、保护消费者权益的前提下探索运用现代信息技术手段支持雄安新区建设,赋能金融惠民利企、提质增效,营造守正、安全、普惠、开放的金融科技创新发展环境

十一　青岛金融科技发展现状及政策

（一）发展概述

2018 年 11 月,青岛金融科技中心、青岛金融科技联盟、国家金融与发展实验室青岛实验基地三大平台成立，金家岭金融区将以金融科技助推金融业新旧动能转换。2019年5月，青岛设立10亿元启信金融科技创投基金，以推动青岛新一代信息技术等科技成果落地转化。2019年11月，青岛获批国家金融科技应用试点城市。

2021年，青岛市将出台支持金融科技发展的升级政策，强化金融科技的顶层设计，出台打造未来金融科技中心的指导意见。一是深化国家金融科技应用试点。聚集金融科技企业，吸引国内外金融机构设立科技赋能平台、金融科技事业部和金融科技子公司等。二是拓展金融科技在普惠金融领域的应用。鼓励商业银行运用大数据等技术建立风险定价和管控模型，优化中小微企业信贷发放流程和模式，推行线上服务、"不见面审批"等便捷服务。三是推动金融科技与工业互联网深度合作。鼓励金融机构设立工业互联网专营机构，定制差异化、场景化、智能化的金融服务产品，为平台及入驻企业提供便利的境内及跨境资金结算。四是发展数字金融服务。推动金融机构数字化转型，拓展交通、商贸、文旅等领域的线上线下支付场景，构建新型数字金融基础设施体系。

（二）政策

青岛金融科技发展相关政策见表12。

表12　青岛金融科技发展相关政策

时间	发布单位	政策	主要内容
2019年12月	青岛市人民政府办公厅	《关于深化民营和小微企业金融服务的通知》	推动科技金融投（保）贷联动业务。对开展投（保）贷联动业务的科技型中小微企业进行贷款贴息，其中500万元以下部分，按照贷款合同上体现的贷款市场报价利率（LPR）予以补贴；500万元至1000万元（含）部分，按照贷款合同上体现的贷款市场报价利率的50%予以补贴。原则上累计补贴不超过3年

续表

时间	发布单位	政策	主要内容
2020 年 2 月	青岛市地方金融监督管理局、中国人民银行青岛市中心支行、中国银行保险监督管理委员会青岛监管局、中国证券监督管理委员会青岛监管局、青岛市工业和信息化局、青岛市财政局、青岛市商务局、青岛市民营经济发展局	《关于促进全市供应链金融发展的指导意见》	推动金融科技在供应链金融领域应用。鼓励金融机构在提供供应链金融相关服务过程中，运用大数据、人工智能、区块链、物联网等技术，在信息挖掘、信用评估、交易开展、风险监测预警等环节实现自动化、智能化，提高供应链金融服务的科技含量、便利化水平和安全性，提升为小微企业提供供应链金融服务的能力。鼓励供应链核心企业、大宗商品类交易场所等建设融资仓库，运用物联网、智能监控等技术确保单货相符，为金融机构开展仓单质押融资等创新业务奠定风控基础

十二 厦门金融科技发展现状及政策

（一）发展概述

2018 年，厦门市金融业实现增加值 524.2 亿元，占 GDP 的比重为 10.9%，2010～2018 年年均复合增长率达 17.3%，对全市第三产业增长的贡献率为 14.2%。金融服务业在 2015 年率先成为厦门三大营收突破千亿元的产业链群之一，2018 年实现营业收入 1528.8 亿元，总资产接近 2 万亿元，实现税收 176.4 亿元，占全市税收总额的 15.6%。截至 2018 年底，厦门金融机构本外币存款余额为 10995.00 亿元，贷款余额为 10554.05 亿元，2010～2018 年年均复合增长率分别为 12.0%、14.3%，保险深度为 4.39%，保险密度为 5121.8 元/人，在全省乃至全国保持领先地位。

2020 年 9 月，厦门市地方金融监督管理局、中国人民银行厦门市中心支行、中国银保监会厦门监管局、中国证监会厦门监管局、厦门市财政局联合印发《关于促进金融科技发展的若干措施》，鼓励引进金融机构科技业务板块，吸引境内外银行、证券、保险等持牌金融机构总部在厦门设立金融科技子公司、研发中心、事业部、实验室等机构,对境内外持牌金融机构总部在本市设立的金融科技子公司给予一次性落户奖励。

2020年10月30日,厦门市第十五届人民代表大会常务委员会第三十八次会议通过《厦门经济特区地方金融条例》,首次明确了由厦门市人民政府安排资金,引导民间资本参与组建产业投资基金、创业投资基金、并购基金等各类股权投资基金,促进金融服务实体经济。支持社会资本在本市设立面向金融科技领域的产业投资基金。对于重点投向本地金融科技企业的股权投资基金,可以在政府引导基金出资规定比例内予以重点支持。同时,鼓励地方金融组织运用金融科技手段优化业务流程,丰富服务渠道,完善产品供给,提升服务水平。

(二)政策

厦门金融科技发展相关政策见表13。

表13　厦门金融科技发展相关政策

时间	发布单位	政策	主要内容
2019年9月	厦门市人民政府	《关于扶持金融业发展若干措施的实施细则》	积极引进具有互联网行业背景的金融科技龙头企业,符合条件的金融科技龙头企业可参照厦门市《关于实施高技术高成长高附加值企业倍增计划的意见》(厦委发〔2019〕17号)享受相关扶持政策。符合厦门市总部经济企业认定条件的,可参照厦门市《进一步促进总部经济发展的若干规定》(厦府办〔2018〕72号)享受经营贡献奖励、人才所得税奖励等激励政策
2019年9月	中共厦门市委、厦门市人民政府	《关于大力建设金融强市打造金融科技之城的意见》	围绕两岸金融中心建设,打造具备一定竞争力的金融科技之城
2019年9月	厦门市人民政府办公厅	《厦门市金融人才计划实施办法》	重点引进和培养本市金融业发展和两岸区域性金融中心建设急需的高层次金融人才

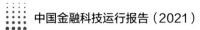

续表

时间	发布单位	政策	主要内容
2019 年 9 月	厦门市人民政府办公厅	《厦门市金融业发展专项规划(2019~2025)》	规划建设金融科技产业集聚区。着力引进银行、证券、保险等持牌金融机构和互联网新经济企业在厦门设立金融科技子公司、研发中心、事业部、金融科技实验室和研发机构，引进金融科技研发团队，增强金融科技创新能力。设立金融科技众创空间、孵化器、加速器，加大政策奖补力度，培育一批金融科技领域新锐企业，抢占金融科技发展先机。设立金融科技产业基金，发挥资本要素驱动作用，加速金融科技企业成长壮大
2020 年 2 月	厦门市地方金融监督管理局、厦门市财政局	《关于扶持金融业发展若干措施的实施细则》	符合第十四条规定的初创型金融科技新锐企业可以申请成长奖励资金等
2020 年 7 月	厦门市地方金融监督管理局、厦门市财政局	《关于促进供应链金融发展的若干措施》	鼓励各金融机构、核心企业以及具备相关技术、管理和服务能力的企业在厦门设立供应链金融配套服务机构，围绕供应链金融业务，提供信息数据、风险管理、安全科技、标准制定、研发培训等配套服务，包括但不限于供应链金融服务平台、金融科技企业、供应链管理服务企业等主体到厦门发展
2020 年 9 月	厦门市地方金融监督管理局、中国人民银行厦门市中心支行、中国银保监会厦门监管局、中国证监会厦门监管局、厦门市财政局	《关于促进金融科技发展的若干措施》	促进金融与科技融合发展，培育厦门金融业发展新动能，加快建设金融强市、打造金融科技之城
2020 年 10 月	厦门市人民政府	《厦门经济特区地方金融条例》	建立金融创新激励和保护机制。鼓励地方金融组织运用金融科技手段优化业务流程，丰富服务渠道，完善产品供给，提升服务水平

图书在版编目（CIP）数据

中国金融科技运行报告. 2021 / 杨涛，贲圣林主编
. -- 北京：社会科学文献出版社，2021.8
ISBN 978 - 7 - 5201 - 8823 - 4

Ⅰ. ①中… Ⅱ. ①杨… ②贲… Ⅲ. ①金融 - 科学技
术 - 研究报告 - 中国 - 2021 Ⅳ. ①F832

中国版本图书馆 CIP 数据核字（2021）第 160571 号

中国金融科技运行报告（2021）

主　　编 / 杨　涛　贲圣林
副 主 编 / 杨　东　宋　科　刘　勇

出 版 人 / 王利民
组稿编辑 / 恽　薇
责任编辑 / 冯咏梅　胡　楠
责任印制 / 王京美

出　　版 / 社会科学文献出版社·经济与管理分社（010）59367226
　　　　　　地址：北京市北三环中路甲 29 号院华龙大厦　邮编：100029
　　　　　　网址：www. ssap. com. cn
发　　行 / 市场营销中心（010）59367081　59367083
印　　装 / 三河市东方印刷有限公司

规　　格 / 开　本：787mm × 1092mm　1/16
　　　　　　印　张：36.5　字　数：545 千字
版　　次 / 2021 年 8 月第 1 版　2021 年 8 月第 1 次印刷
书　　号 / ISBN 978 - 7 - 5201 - 8823 - 4
定　　价 / 188.00 元

本书如有印装质量问题，请与读者服务中心（010 - 59367028）联系